Xpert.press

Die Reihe **Xpert.press** vermittelt Professionals
in den Bereichen Softwareentwicklung,
Internettechnologie und IT-Management aktuell
und kompetent relevantes Fachwissen über
Technologien und Produkte zur Entwicklung
und Anwendung moderner Informationstechnologien.

Joachim Wietzke

Embedded Technologies

Vom Treiber bis zur Grafik-Anbindung

Joachim Wietzke
Karlsruhe
Deutschland

ISSN 1439-5428
ISBN 978-3-642-23995-3　　　　　　　ISBN 978-3-642-23996-0 (eBook)
DOI 10.1007/978-3-642-23996-0

Bibliografische Information der Deutschen Nationalbibliothek
Die Deutsche Nationalbibliothek verzeichnet diese Publikation in der Deutschen Nationalbibliografie; detaillierte bibliografische Daten sind im Internet über http://dnb.d-nb.de abrufbar.

Springer Vieweg
© Springer-Verlag Berlin Heidelberg 2012
Das Werk einschließlich aller seiner Teile ist urheberrechtlich geschützt. Jede Verwertung, die nicht ausdrücklich vom Urheberrechtsgesetz zugelassen ist, bedarf der vorherigen Zustimmung des Verlags. Das gilt insbesondere für Vervielfältigungen, Bearbeitungen, Übersetzungen, Mikroverfilmungen und die Einspeicherung und Verarbeitung in elektronischen Systemen.

Die Wiedergabe von Gebrauchsnamen, Handelsnamen, Warenbezeichnungen usw. in diesem Werk berechtigt auch ohne besondere Kennzeichnung nicht zu der Annahme, dass solche Namen im Sinne der Warenzeichen- und Markenschutz-Gesetzgebung als frei zu betrachten wären und daher von jedermann benutzt werden dürften.

Gedruckt auf säurefreiem und chlorfrei gebleichtem Papier

Springer Vieweg ist eine Marke von Springer DE. Springer DE ist Teil der Fachverlagsgruppe Springer Science+Business Media
www.springer-vieweg.de

Danksagung

In diesem Buch wurden einige Master-Arbeiten und Vorlesungsbeiträge ausgewertet und teilweise integriert. Bei den Autoren, die im Folgenden alphabetisch genannt werden, bedanke ich mich für die wertvollen Beiträge, für ihre Durchsicht und ihre Genehmigung, die Quellen zu verwenden.

- Enrico Bedau: Linux-Treiber, JNI
- Elmar Cochlovius: Multimedia
- Clemens Fischer: Beispiele
- Tobias Holstein: Qt-HMIs
- Andreas Knirsch: MultiCore, Linux
- Simon Kretschmer: QNX-Treiber, Debugging
- Christian Steiger: Beispiele
- Manh Tien Tran: Java
- Sergio Vergata: Virtuelle Maschinen

Vorwort

Design is not just what it looks like and feels like. Design is how it works.

[Steve Jobs]

Wir haben eine Idee oder sogar schon eine SW-Lösung. Nun muss sie noch auf einer Hardware realisiert werden. Übliche Boards laufen in einer Hauptschleife ohne Betriebssystem oder sie nutzen Linux oder QNX. Wenn unsere Lösungen auf existierenden fertigen Geräten installiert werden sollen, könnten wir es auch mit Android oder iOS zu tun haben. Nun wollen wir aber nicht Betriebssysteme studieren und uns auch nicht in sieben verschiedene Frameworks einarbeiten, deren Speicher- und Performance-Merkmale undokumentiert sind, sondern wir möchten nur die erforderlichen Kenntnisse erwerben, um das Board und unsere Applikation inklusive der erforderlichen Treiber und Interrupt-Routinen zum Laufen zu bringen.

Auch wollen wir unsere Lösung nicht noch einmal schreiben, diesmal angepasst an ein beliebiges Fenster-Framework, welches davon ausgeht, dass die ganze Welt als Sammlung von Fenstern beschreibbar ist. Eigentlich wollen wir nur die vorliegende Hardware und die verfügbaren Bedienoberflächen auf großen Displays nutzen. Möglicherweise schreiben wir auch eine HMI in Java und binden sie zu unserer SW hinzu. Dann braucht es geschickte Übergänge zwischen den Welten und für die Java-Welt braucht es ein paar Hinweise, wie wir mit Speicher, Garbage-Collection und Performance umgehen sollten. Vielleicht sollten wir auch verschiedene SW-Komponenten auf verschiedene Cores des Prozessors verteilen, eventuell virtualisieren wir dafür auch Cores, um die Komponenten und ihre Konfiguration voneinander unabhängig zu realisieren. Alle diese Kenntnisse sollten aber so fundiert sein, dass wir nicht, wie in der Informatik-Gemeinde so oft der Fall, qualifizierten Aberglauben walten lassen müssen, welcher Knopf zu welcher Zeit zu drücken ist, damit „es läuft" (das „Ein Huhn schlachten-Phänomen"[1]).

Und wenn dann die Applikation das erste Mal läuft, kann es sein, dass wir einen viel zu langsamen Start konstatieren, ein Speicherleck oder ein Performance-Problem des Gesamtsystems erkennen. Schlimmer noch, nach einiger Zeit bleibt das System vollständig stehen, sogar der Prozessor wird kalt. Auch hier könnten Kapitel über übliche Probleme mit Speichermedien oder über das Tracen und Debuggen eines Systems hilfreich sein. Viel zu oft wird die Methode „mit der Kapuze über den Kopf und der Taschenlampe in der Hand in den dunklen Keller gehen und das Problem suchen" angewendet, das 30 Jahre alte sogenannte „printf-Debugging". Einige vorgestellte kleine Tools könnten helfen, Fehler zu finden oder auch neue Ideen für eigene Tools zu entwickeln.

Noch ein Wort zu den verwendeten Begriffen. Die Kombination aus englischen und deutschen Begriffen ist nicht immer schön, gelegentlich aber unvermeidlich. Die Bezeichnungen „eingebettete" oder „technische" Systeme geben nicht wirklich die Vorstellung wieder, die man von embedded Systemen hat, die sich durch knappe und effizient eingesetzte Ressourcen auszeichnen. Auch die Diskussionen um Bindestriche oder Groß-/Kleinschreibung lassen sich hier nicht widerspruchsfrei führen (man kann root-Verzeichnis wirklich nicht groß schreiben).

Schon möglich, dass einige der eingestreuten Geschichten zur Motivation nach Benzin riechen, das könnte an den letzten 20 Jahren Arbeit für Bosch, Blaupunkt, Harman/Becker, Johnson Controls und andere europäische Automobilhersteller liegen. Diese Geschichten sollen aber immer auch die Relevanz des Themas über die Anekdote und auch über den automotiven Bereich hinaus zeigen.

Ich hoffe, dies gelingt. Viel Spaß beim Lesen.

Karlsruhe, Januar 2012 *Joachim Wietzke*

---

[1] In einem malaysischen Kurzgeschichtenbuch las ich einmal über einen Eingeborenenstamm auf einer Insel, der noch nie mit der Zivilisation zu tun hatte und gerade unter einer großen Hungersnot litt. In letzter Verzweiflung schlachtete man als Opfergabe an die Götter ein Huhn. In der Folgenacht strandete ein vollbeladenes Schiff, das man plündern konnte. Wann immer in den späteren Jahren wieder eine Hungersnot aufkam, wurde ein Huhn geschlachtet, in der Hoffnung, dass das wieder funktionieren würde. Diese Vorgehensweise steht im Widerspruch zu embedded Vorgehensweisen.

Inhaltsverzeichnis

1	**Einleitung**	1
2	**Hauptschleife**	3
	2.1 Serielles EEPROM	3
	2.2 Emulator	4
	2.3 JTAG-Adapter	4
3	**Betriebssysteme**	5
	3.1 Prozesse, Threads	5
	3.2 Der Scheduler	6
	3.3 Kernelspace, Userspace, Kernelmode, Usermode	6
	3.4 Zusammenspiel mit der MMU	7
4	**QNX**	9
	4.1 Microkernel	9
	4.2 Resource-Manager	10
	4.3 Komponentensystem	11
5	**Linux**	13
	5.1 Linux-Build	15
	5.2 Linux als Zielplattform	21
	5.3 Kernel verkleinern	26
6	**Startphase eines Systems**	29
	6.1 Allgemeine Betrachtungen	32
	6.1.1 Ausführungsmodell einer CPU	32
	6.1.2 Phase 1: Power-On, IPL	32
	6.1.3 Phase 2: Bootloader, Ausführung des Startup Image	35
	6.1.4 Phase 3: Start des OS	37
	6.1.5 Booten: Zusammenfassung	37
	6.2 Booten unter QNX	38
	6.2.1 Beispiel QNX-IPL	38

	6.2.2	Erkennen der Systemkomponenten und Konfiguration	39
	6.2.3	Kernel	41
6.3	QNX Imagevarianten		42
	6.3.1	IFS	42
	6.3.2	Flash-Filesystem	43
	6.3.3	EFS	44
	6.3.4	ETFS	44
6.4	Beispiel-Build für ein BeagleBoard, QNX		44
	6.4.1	BeagleBoard	44
	6.4.2	Bootvorgang	45
	6.4.3	Minimal-Buildfile	46
	6.4.4	Beispiel-Konfigurationen	47
	6.4.5	Formatieren einer ETFS-Partition	48
	6.4.6	MMC partitionieren und formatieren	49
	6.4.7	Flashen von X-Loader und U-Boot2	50
	6.4.8	Flashen von IPL und IFS-Image	51
	6.4.9	Logfile Startup X-Loader und U-Boot, QNX	51
	6.4.10	Logfile Startup IPL/QNX	52
6.5	Booten unter Linux		53

7 Speichermodell für die Applikation 55

8 Reset und On/off 57
- 8.1 Reset bei On 57
- 8.2 Reset durch Watchdog 60
  - 8.2.1 SW-Watchdog 61
  - 8.2.2 Priorität des WD-Threads 61
  - 8.2.3 Reset-Strategie 62
  - 8.2.4 Welche Fehler-Situationen soll ein WD lösen 62
  - 8.2.5 SW-DUMMY-Watchdog 63
  - 8.2.6 Watchdog-Reset, Analysen 64

9 Umgang mit Flash-Memory 67
- 9.1 Flash-Probleme 67
- 9.2 Reclaim 71
  - 9.2.1 Snippet eines Reclaimers (QNX) 71
- 9.3 Notfall-Persistenz 72
  - 9.3.1 Persistenz restaurieren 72

10 HDD 75
- 10.1 HDD-Probleme 75
- 10.2 Fazit 76

11 Treiber ... 77
- 11.1 Systemaufrufe ... 78
- 11.2 Linux-Treiber ... 78
  - 11.2.1 Treiber/Kernel-Modul ... 79
  - 11.2.2 Build des hello-Beispiels ... 81
- 11.3 Geräte, Devices ... 83
  - 11.3.1 Character-Devices ... 83
- 11.4 Kopierfunktionen zum Überwinden der Speicherkapselung ... 91
- 11.5 Mapping-Funktion zum Überwinden der Speicherkapselung ... 91
  - 11.5.1 Warteschlange zum blockierenden Lesen ... 93
- 11.6 Treiber-Snippets für Linux ... 94
  - 11.6.1 Beispiel eines einfachen Systemaufrufs ... 94
  - 11.6.2 Beispiel einer einfachen chardev-Implementierung ... 96
  - 11.6.3 procfs, Datenaustausch ... 100
- 11.7 QNX-Treiber mit Resource-Manager Implementierung ... 107
  - 11.7.1 Registrieren des Resource-Managers ... 108
  - 11.7.2 Implementieren der Dateioperationen ... 110
  - 11.7.3 Füllen des Anwort-Buffers: ... 111
  - 11.7.4 Der Rückgabewert ... 111

12 Interrupts ... 113
- 12.1 Interrupt-Latenz ... 114
  - 12.1.1 Anforderungen an Interrupt-Service-Routinen (ISR) ... 115
  - 12.1.2 Implementierungen der ISR ... 116
  - 12.1.3 Nested-Interrupts ... 117
- 12.2 Shared-Interrupts ... 118
  - 12.2.1 Flankensteuerung ... 118
  - 12.2.2 Pegelsteuerung ... 120
  - 12.2.3 Zusammenfassung ... 121

13 Interrupts unter Linux ... 123
- 13.1 Implementierungskonzepte ... 124
- 13.2 Interrupt-Ablauf unter Linux ... 125
- 13.3 SW-Snippets für Linux ... 126
  - 13.3.1 Registrierung eines Interrupt-Handlers ... 126
  - 13.3.2 Deregistrierung ... 127
  - 13.3.3 Interrupt-Handler ... 127
  - 13.3.4 Shared-Interrupt-Handler ... 127
  - 13.3.5 Design-Regeln ... 128
  - 13.3.6 Kritische Bereiche schützen ... 128
  - 13.3.7 Ringpuffer oder Doppelpuffer ... 129
  - 13.3.8 Interrupts sperren ... 130
  - 13.3.9 Einzelne Interrupts sperren/maskieren ... 131
  - 13.3.10 Spinlocks ... 132

13.4 Bottom-Half Implementierungen ... 134
13.4.1 SoftIrq ... 134
13.4.2 Tasklets ... 135
13.4.3 Work-Queues ... 136
13.4.4 Auftrag schedulen (beauftragen) ... 137
13.4.5 Threaded-Interrupts ... 138
13.4.6 Welche Bottom-Half ... 139

14 Interrupts unter QNX ... 141
14.1 Die ISR unter QNX ... 141
14.2 SW-Snippets für QNX ... 143
14.2.1 Registrieren der ISR ... 143
14.2.2 Beispiel eines Interrupt-Handlers ... 145
14.2.3 InterruptAttachEvent ... 146
14.2.4 Deregistrieren ... 147

15 MultiCore-Systeme ... 149
15.1 Embedded MultiCore-Systeme ... 149
15.2 AMP – Asymmetric Multiprocessing ... 150
15.3 SMP – Symmetric Multiprocessing ... 151
15.4 BMP – Bound Multiprocessing ... 151
15.4.1 BMP mit CPU-Affinities: Linux ... 152
15.4.2 BMP mit Interrupt-Affinities: Linux ... 152
15.4.3 BMP mit CPU-Affinities: QNX ... 153
15.5 MultiCore-Scheduling ... 154
15.5.1 Memory-Hierarchien, exklusiver und gemeinsamer Speicher ... 154
15.5.2 Memory – Konsistenz und Kohärenz ... 155
15.5.3 Neue Möglichkeiten mit BMP ... 156

16 Virtuelle Maschinen ... 157
16.1 Kategorien virtueller Maschinen ... 159
16.2 Virtualisierungsvarianten ... 159
16.2.1 Application-Virtualisierung ... 159
16.2.2 Para-Virtualisierung ... 160
16.2.3 Binary-Translation ... 161
16.2.4 OS-Level-Virtualisierung ... 162
16.2.5 Speicher-Virtualisierung ... 162
16.2.6 Ressourcen-Virtualisierung ... 163
16.3 CPU mit Virtualisierungs-Unterstützung ... 164
16.4 Sicherheit von Virtualisierungs-Lösungen ... 165

17 Zusammenspiel zwischen MultiCore-Konzept und virtuellen Maschinen ... 167

18 HMI 169
- 18.1 Einführung 169
- 18.2 HMI-Entwicklung 169
- 18.3 Mensch-Maschine-Schnittstelle 170
- 18.4 Aktuelle Trends in der HMI-Entwicklung 171
  - 18.4.1 OpenGL 171
  - 18.4.2 Adobe Flash 171
  - 18.4.3 HTML (HTML5), JavaScript, CSS 172
  - 18.4.4 Qt 172
- 18.5 Einsatz von Grafik-Paketen in embedded Systemen 172
  - 18.5.1 Variante 1, Extra-Thread 173
  - 18.5.2 Variante 2, HMI-System 174
  - 18.5.3 Variante 3, zwei FSMs 175
  - 18.5.4 Variante 4, Remote-Display 176
  - 18.5.5 Variante 5, Terminal-Mode 176
- 18.6 HMI in OpenGL, Snippets 176
  - 18.6.1 Variante 1 in OpenGL 177
  - 18.6.2 Variante 2 in OpenGL 181
  - 18.6.3 Variante 3 in OpenGL 184
  - 18.6.4 Variante 4 in OpenGL 184
  - 18.6.5 Variante 5, Nokia-Terminal-Mode 192
- 18.7 HMI in Qt, Snippets 194
  - 18.7.1 Qt-Features 195
  - 18.7.2 Signale und Slots 196
  - 18.7.3 Ereignisse (Events) in Qt 197
  - 18.7.4 UI-Entwicklung 198
  - 18.7.5 Anbindung einer GUI an eigene Applikationen 198
  - 18.7.6 Variante 1 in Qt 199
  - 18.7.7 Variante 2 in Qt 201
  - 18.7.8 Variante 3 in Qt 205

19 Java für Embedded Systeme 207
- 19.1 Grafik 207
  - 19.1.1 Performance-Überlegungen 207
  - 19.1.2 Garbage-Collection 208
- 19.2 Java-HMI Anbindung 209
  - 19.2.1 Sockets 210
  - 19.2.2 Pipes 210
  - 19.2.3 Marshalling für serielle IPC 210
  - 19.2.4 Shared-Memory 211
  - 19.2.5 JNI-Anbindung 212
  - 19.2.6 Performance-Tipps 218

20 Einfaches Multimedia-Framework, Linux 231

21 Fehler ... 237
- 21.1 Gründe für Fehler ... 237
- 21.2 Fehlerarten ... 238
  - 21.2.1 Einfache Applikationsfehler ... 238
  - 21.2.2 Teure Applikationsfehler ... 238
  - 21.2.3 System-Fehler ... 239
- 21.3 Debugging ... 244
  - 21.3.1 Remote-Debugging ... 244
- 21.4 Weitere Tools und Methoden zur Fehlersuche/Findung ... 246
  - 21.4.1 Banale aber wirksame Debugging-Methoden ... 246
  - 21.4.2 Reviews ... 247
  - 21.4.3 Trace-Client, Trace-Server ... 247
  - 21.4.4 Performance-Tools, Profiler ... 248
  - 21.4.5 pidin (QNX) ... 249
  - 21.4.6 malloc-Library ... 249
  - 21.4.7 Library-Interposer ... 252
  - 21.4.8 Post-mortem-Analyse, Core-Dump ... 253
  - 21.4.9 Kernel-Traces in QNX ... 257
- 21.5 Kernel-Traces in Linux ... 269
  - 21.5.1 LTT ... 269
- 21.6 Eigene Tools (QNX) ... 274
  - 21.6.1 CyclicCheck ... 274
  - 21.6.2 Speichercheck ... 275
  - 21.6.3 Speicherversteck (QNX) ... 276
  - 21.6.4 Speicherversteck (Linux) ... 277
  - 21.6.5 CPU-Last ... 277
  - 21.6.6 IP-Scanner ... 279
  - 21.6.7 Proc-Tracker ... 280
  - 21.6.8 Snoopy (QNX) ... 280
  - 21.6.9 Script-Launcher ... 281
- 21.7 Neue Probleme bei MultiCore ... 281

22 Anhang ... 283
- 22.1 /procfs-Beispiel ... 283
- 22.2 Producer-Consumer-Beispiel mit Semaphore ... 285
- 22.3 tint-Beispiel mit procfs ... 290
- 22.4 tint-Beispiel mit chardev und Nutzung von cdev ... 294
- 22.5 Treiber mit Threaded-Interrupt und Speichermapping ... 298
  - 22.5.1 User-Prozess ... 298
  - 22.5.2 Kernel-Prozess ... 299
- 22.6 QNX Treiber (ISR + Resource-Manager) ... 302
- 22.7 QNX Treiber (ISR + Resource-Manager) für BeagleBoard ... 307
- 22.8 Links ... 314
  - 22.8.1 QNX ... 314
  - 22.8.2 BeagleBoard ... 315

	22.8.3	Java 315
	22.8.4	GStreamer 316
	22.8.5	Linux 316
	22.8.6	Arbeiten am ICM, h_da 316

Literatur 317

Sachverzeichnis 319

Abbildungsverzeichnis

4.1	Microkernel	11
5.1	Linux-Konfiguration	15
6.1	Minimalsystem	32
6.2	Vektortabelle im persistenten Speicher	33
6.3	Erste Phase des Bootloaders	33
6.4	Zweite Phase des Bootloaders	35
6.5	Dritte Phase, Start des OS	37
6.6	IFS-Image laden	37
6.7	Komprimiertes IFS-Image, QNX	38
6.8	Kernel-Callouts	40
6.9	IFS-Boot	42
8.1	Reset-Erzeugung aus der Ladespannung	58
8.2	Beispiel einer üblichen Reset-Schaltung	58
8.3	Reset-Schaltung mit Löschen der Restladung	58
8.4	Master-Reset	59
8.5	Daisy-Chain für Reset	60
8.6	Beispiel einer WD-Schaltung	60
8.7	Beispiel des Zusammenwirkens von HW- und SW-WD	61
9.1	NOR-Flash Life-Cycles	68
9.2	Ausschnitt NOR-Flash-Datenblatt, life cycles und erase times	69
9.3	Ausschnitt eines NOR-Flash Datenblatts, erase times	70
11.1	Resource-Manager Interface	108
12.1	Interrupt-Latenz	115
12.2	Linux-Modell, Aufteilung in Top-, Bottom-Half	117
12.3	QNX-Modell, Aufteilung in Top-, Bottom-Half	117
12.4	Nested-Interrupts	118

12.5	Maskierungsproblem bei flankengesteuerten shared-Interrupts	119
12.6	Zwischenspeicherung von Interrupts führt zu „missed-Ints"	120
12.7	Prozessor mit PIC	121
12.8	Verdeckungsproblem bei pegelgesteuertem Interrupt	121
13.1	Unterbrechungsmodell im Linux-Kernel, 4 Ebenen	123
15.1	AMP – Asymmetric Multiprocessing	150
15.2	SMP – Symmetric Multiprocessing	151
15.3	BMP – Bound Multiprocessing	151
15.4	Setzen der Affinität von Tasks	154
15.5	Shared-Memory zur Kommunikation	155
15.6	Cache-Trashing	155
15.7	Strukturierung in Execution-Domains	156
15.8	Komponenten werden Execution-Domains zugeordnet	156
16.1	VMM	158
16.2	Instruktions-Kategorien	158
16.3	Application-Virtualisierung	160
16.4	Para-Virtualisierung	161
16.5	Binary-Translation	161
16.6	OS-Level-Virtualisierung	162
16.7	Ressourcen-Virtualisierung	163
16.8	Virtualisierungs-Unterstützung	165
16.9	Interaktionen zwischen VM und VMM	165
16.10	Zwei Gast-Betriebssysteme auf einer HW	166
16.11	VM, Typ2-Plattform	166
17.1	Mögliche Gesamtarchitektur	167
17.2	Weitere mögliche Gesamtarchitektur	168
18.1	Flash-Entwicklungsumgebung	171
18.2	OpenGL-Architektur	177
18.3	Variante 1, grafische Ausgabe in separatem Thread	178
18.4	Variante 2, Grafik-Framework kontrolliert Zustände des Geräts	181
18.5	Variante 3, zwei Zustandsmaschinen	184
18.6	Gears	185
18.7	Zusammenspiel von Qt-Dateien, Kompiler und Quellcode	195
18.8	Zusammenspiel zwischen Framework und Grafik-Thread	199
18.9	Prototyp: QtGUIDynamicLoader, v.l.n.r.: GUI 1-3	200
18.10	Prototyp: Event-Mapping	202
18.11	Prototyp: HMI-Kommunikation	206
20.1	GStreamer	231
20.2	Source-Element	232
20.3	Sink-Element	232

20.4	Filtergraph	232
20.5	Einfacher Audioplayer	232
20.6	Hello-World-Graph	233
21.1	Blockierendes Warten	258
21.2	Blockierung durch Preemption	259
21.3	Blockierung durch Request	259
21.4	Audioaussetzer	261
21.5	Interrupt-Behandlung	261
21.6	Zoom in die Problemzone	262
21.7	Interrupt-Handler braucht zu lange	263
21.8	Lange Pausen	263
21.9	Ausbleiben der Daten	263
21.10	Performance-Problem	264
21.11	CPU-Usage	265
21.12	Timeline	266
21.13	Prioritätsinversion	266
21.14	CPU-Load während des Start-Up	268
21.15	CPU-Load während des Start-Up, Zoom	268
21.16	CPU-Load während des Start-Up, Timeline	268
21.17	CPU-Load während des Start-Up, Timeline Zoom	269
21.18	Bedienoberfläche von LTT	270
21.19	Legende von LTT	270

Listings

5.1	Toolchain-Builder laden und installieren	16
5.2	Konfiguration des Toolchain-Builders	17
5.3	Toolchain aufnehmen und Image-Build	17
5.4	Einbindung der Busybox	18
5.5	Einbinden der Dateisysteme	19
5.6	Rechtevergabe	19
5.7	Archiv initramfs	20
5.8	Kernel kopieren, Dateisystem installieren	20
5.9	Systemstart	21
5.10	Menügestützte Konfiguration	22
5.11	Zusätzliche Konfigurationen für DHCP und DNS	23
5.12	Netzwerkdienste	24
5.13	Automatisiertes Deployment	24
5.14	telnet.expect	25
5.15	ftp.expect	25
6.1	Systempage unter QNX	39
6.2	Main()-Methode des Startup	41
6.3	Buildfile für IFS-Image	43
6.4	Minimalbeispiel eines IFS	46
6.5	Formatieren einer ETFS-Partition	48
6.6	BeagleBoard-Recovery	49
6.7	MMC partitionieren/formatieren	50
6.8	Flashen von X-Loader und U-Boot	50
6.9	Startskript mit IFS von SD	51
6.10	Flashen von IPL / IFS-Image	51
6.11	Logfile vom Startup des X-Loader/U-Boot/QNX	51
6.12	Logfile vom Startup IPL(QNX)	52
8.1	SW-Dummy-WD, Implementierung	63
8.2	SW-Dummy-WD, Ausgabe der Vorwarnung	65
8.3	SW-Dummy-WD, weitere Ausgabe der WD-Analyse	66
8.4	SW-Dummy-WD, finaler Reset	66

9.1	Snippet eines Reclaimers, QNX	71
9.2	Persistenz restaurieren	72
11.1	Kernel-Modul „Hello world"	79
11.2	Init- und Cleanup-Funktionen beliebigen Namens	80
11.3	Laden als Modul	80
11.4	Installation der Kernel-Header	81
11.5	Makefile zum Build des Kernel-Moduls	81
11.6	Aufruf des Kernel-Moduls	82
11.7	Kernel-Deklarationen freischalten	82
11.8	fops-Struktur	84
11.9	Eigene Device-Funktionen	84
11.10	Eigene Device-Funktionen, Zuweisung	85
11.11	Registrierung eines chardev	85
11.12	Anlegen einer Gerätedatei, Node-Erstellung	86
11.13	Beispiel: Anlegen einer Gerätedatei	86
11.14	Zugriff auf den Treiber	86
11.15	Registrieren eines Device-Nodes	86
11.16	Registrieren eines Device-Nodes	87
11.17	Neue Version der Registrierung	87
11.18	Beispiel: Neue Version der Registrierung	87
11.19	Neue Version der chardev-Anmeldung	87
11.20	Bei einer Treiber-Klasse registrieren	88
11.21	Registriertes Device	88
11.22	Prototyp von open() für ein Device	89
11.23	Die Device-Struktur	89
11.24	Freigabe des Device	89
11.25	read() und write() des Devices	90
11.26	Datentransfer zwischen Kernel- und User-Space	90
11.27	Datentransfer zwischen Kernel- und User-Space	90
11.28	Funktionen zum Überwinden der Speicherkapselung	91
11.29	Aufruf von User-Programmen aus dem Kernel	91
11.30	Konfiguration ohne Swapping	92
11.31	Funktionen zur Allokation von Kernel-Speicher	92
11.32	Initialisierung einer Wait-Queue	93
11.33	Initialisierung einer Wait-Queue zur Kompilierzeit	93
11.34	Blockierendes Warten auf eine Wait-Queue	94
11.35	Wecken von blockierten Prozessen	94
11.36	Eigene Systemaufrufe	94
11.37	Anfügen des eigenen Systemaufrufs	95
11.38	Beispiel eines eigenen Syscalls	95
11.39	Eintrag des Makefiles	96
11.40	Testprogramm für einen eigenen Syscall	96
11.41	Eigener chardev-Treiber myChardev	97
11.42	Korrespondenzen zwischen User- und Kernel-Funktionen	99
11.43	Makefile für das chardev-Beispiel	100

Listings   xxiii

11.44 Erzeugen eines Files im /proc 100
11.45 Eintrag eigener read()- und write()-Funktionen für das File 101
11.46 Setzen des „owner" 101
11.47 Setzen der Attribute 101
11.48 Entfernen des Files aus procfs 101
11.49 Setzen eines symbolischen Links 101
11.50 Setzen eines symbolischen Links, Entsprechung im Userspace 101
11.51 read_func()-Funktion 102
11.52 Initialisierung des Datenfelds 103
11.53 procfs-write()-Funktion 103
11.54 Modul laden 104
11.55 Beispiel eines procfs-Treibers 104
11.56 Makefile für den procfs-Treiber 107
11.57 Initialisieren des RM-Frameworks 108
11.58 Anlegen der Funktionstabellen 109
11.59 Initialisieren der Funktionstabellen 109
11.60 Device-spezifische Daten initialisieren 109
11.61 Anmelden des RMs am Process-Manager 110
11.62 Dispatch-Kontext-Struktur allokieren 110
11.63 Dispatch-Schleife starten 110
11.64 io_read-Funktion 111
11.65 Füllen des Antwort-Buffers 111
12.1 Pseudo-Code einer Interrupt-Implementierung 118
13.1 Registrierung eines Interrupt-Handlers 126
13.2 Deregistrierung des Interrupt-Handlers 127
13.3 Deklaration des Int-Handlers 127
13.4 Atomare Befehle 128
13.5 Atomare Bit-Operationen 128
13.6 wake-up eines Konsumenten 129
13.7 Race-Condition beim Schlafengehen 130
13.8 Race-freie Makros 130
13.9 Sperren des Interrupts als Linux-Funktion 130
13.10 Sperren des Interrupts in Assembler 131
13.11 Sichern des Interrupt-Status 131
13.12 Einzelne Interrupts sperren/maskieren 131
13.13 Pseudo-Implementierung eines Spinlocks 132
13.14 Schutz eines kritischen Bereichs mit Spinlock() 132
13.15 Synchronisation mit Spinlock und disable SoftIrq 133
13.16 Synchronisation mit Spinlock() und disable local Ints 133
13.17 Synchronisation mit Spinlock(), save Flags, disable local Ints 133
13.18 Umsetzung des Spinlock() auf SingleCore 134
13.19 Synchronisierung der Zugriffe von ISR und Bottom-Half 134
13.20 Tasklet 135
13.21 Aufruf des Tasklets 135
13.22 Zusammenspiel zwischen ISR und Tasklet 135

13.23	Erzeugen eines Worker-Threads	136
13.24	Erzeugen eines Arbeitsauftrags	136
13.25	Work-Queue-Handler	137
13.26	Schedulen des Arbeitsauftrags in der Work-Queue	137
13.27	Beispiel einer Work-Queue-Implementierung	137
13.28	Registrierung eines Threaded-Interrupts	138
14.1	IO-Privilegien erlangen	142
14.2	Atomare Funktionen	143
14.3	Registrierung eines Interrupt-Handlers	143
14.4	Prototyp des Interrupt-Handlers	144
14.5	QNX-Interrupt-Handler	144
14.6	Erzeugung eines int-Threads	145
14.7	Implementierung des int-Threads	145
14.8	Implementierung der ISR	146
14.9	Wecken per Int-Event	146
14.10	Beispiel eines sehr einfachen Interrupt-Handlers	147
14.11	Deregistrieren des Interrupts	147
14.12	Registrieren und Deregistrieren	147
15.1	Setzen der Affinität, Linux	152
15.2	Interrupts auf Core 0	153
15.3	Interrupts auf Core 0 und Core 1	153
15.4	Setzen der Affinität Library	153
18.1	HMI-Variante 1 in OpenGL	177
18.2	init() und display() der HMI-Variante 1	178
18.3	Main-Loop der Grafik	178
18.4	Der Map-Drawer	179
18.5	HMI-Anbindung Variante 2, main()	181
18.6	OpenGL::init der Variante 2	181
18.7	Hauptschleife der Variante 2	182
18.8	Display-Funktion der Variante 2	182
18.9	MapDraw()-Funktion der Variante 2	182
18.10	Display()-Funktion der Variante 3	184
18.11	Header der eigenen gl.cpp	186
18.12	Serialisierung umgeleiteter Befehle, ebenfalls gl.cpp	187
18.13	Weitere Beispiele speziellerer überladener Funktionen	187
18.14	Dekodierung auf der KFZ-Server-Seite	189
18.15	Auslesen des Framebuffers, Linux-Konsole	192
18.16	Auslesen des Framebuffers, X11	193
18.17	Anzapfen des Framebuffers unter OpenGl, IPAD	194
18.18	Signal und Slot Beispiel	196
18.19	Beispiel Qt-GUI	200
18.20	Beispiel: Qt und Variante 1	201
18.21	Variante 2, Initialisierung	203
18.22	Variante 2, Event-Mapping	203
18.23	Variante 2, Benutzer-QT-Event	203

Listings

18.24	Variante 2, Qt-Event-Loop	204
18.25	Variante 2, Verarbeitung des Customized-Events	204
19.1	Marshalling für serielle IPC	211
19.2	JNI-Funktionen get/send-Message()	213
19.3	Laden der notwendigen JNI-Library	213
19.4	Implementierung der JNI-InitSharedMem-Funktion	213
19.5	Erfragen der Klassendefinition	214
19.6	Erfragen des CMessage Klassendefinitionsobjekts	214
19.7	Schreibzugriff auf ein Objekt-Attribut	214
19.8	Zugriff auf ein Attribut der Klasse eines Objekts, Signaturen	214
19.9	Dispatchen einer empfangenen C++-Nachricht nach Java	215
19.10	Senden einer Java-Nachricht ins C++-Framework	216
19.11	Object-Pool	219
19.12	Recycling von Objekten	220
19.13	Verbieten der toString-Methoden	221
19.14	Berechnung zur Run-Time	221
19.15	Berechnung zur Compile-Time	221
19.16	Vermeiden float und double in Kombination	222
19.17	Testen mit Synchronisation	222
19.18	Double-Checking	223
19.19	Nested-Class	223
19.20	Zugriffsmethoden auf innere Klasse	224
19.21	Zusammenfügen von Strings	224
19.22	Datentypen long und int	225
19.23	Alternative Implementierungen	226
19.24	return this statt void	227
19.25	Debug-Nachrichten	227
19.26	Interfaces	228
19.27	switch-case vs. if	229
20.1	Filtergraph-Implementierung eines einfachen Audioplayers	232
20.2	Konsolenaufruf eines einfachen Ogg/Vorbis-Audioplayers	233
20.3	Konsolenaufruf eines einfachen allgemeineren Audioplayers	233
20.4	Konsolenaufruf eines einfachen MP3-Audioplayers	233
20.5	C-Implementierung des „Hello World"Players	233
21.1	hogs-Syntax	249
21.2	hogs-Ausgabe	249
21.3	Überladen von malloc()	250
21.4	alloc_stat() zum Eintragen der ID	250
21.5	RM-Ausgabe der malloc-Statistik	251
21.6	Beispiel einer Instrumentierungsausgabe	251
21.7	malloc_interposer, Linux	253
21.8	Core-Dump	254
21.9	Ausgabe mit bt full	255
21.10	Disassembly	256
21.11	Die fehlerhaften Zeilen	256

21.12	Bugfix	256
21.13	SIGABRT, eigener Panik-Handler	257
21.14	Kernel-Trace, QNX	258
21.15	KT, Blockierung durch Request	259
21.16	KT, Blockierung durch Request, Fortsetzung	259
21.17	KT, Blockierung durch Request, Fortsetzung	260
21.18	KT, Textausgabe	262
21.19	SystemTap, häufigste Kernel-Aufrufe der letzten 5 Sekunden	271
21.20	SystemTap, Systemcalls mit Polling	271
21.21	Ausgabe des Skripts	274
21.22	Struct stat, QNX	275
21.23	Pidin, Systemstatistik	276
21.24	Verstecken von Speicher, QNX	277
21.25	Verstecken von Speicher, Linux	277
21.26	CPU-Last messen	277
21.27	Showmem	278
21.28	IP-Scanner	279
21.29	Proc-Tracker	280
21.30	Funktionsaufrufe, die durch Snoopy überwacht werden, QNX	280
21.31	Devctls, die durch Snoopy überwacht werden, QNX	280
21.32	Ausgabe von Snoopy	281
22.1	/procfs-Beispiel	283
22.2	/procfs-Beispiel, Makefile	285
22.3	Producer-Consumer, chardev-Beispiel	286
22.4	tint-Ausgabe	290
22.5	tint, Implementierung mit procfs	290
22.6	tint-Ausgabe	294
22.7	tint, Implementierung mit cdev	294
22.8	Treiber-Beispiel mit Speichermapping, User-Applikation	298
22.9	Treiber-Beispiel mit Speichermapping, Applikation	299
22.10	Treiber-Beispiel in QNX	302
22.11	Treiber-Beispiel in QNX, BeagleBoard	308

Kapitel 1
Einleitung

Wann ist das eigentlich fertig? Na, so wie immer, gegen später...

[...]

Die einfachsten technischen Systeme nutzen eine Hauptschleife (Run-Loop), sind also recht einfach und schnell zum Laufen gebracht. Vorausgesetzt, wir können mit JTAG-Adapter, Emulator und Bootloader umgehen. Eine kurze Einführung in diese Themen ist im Kap. 2 gegeben. Die nächste Stufe der Expertise wird erreicht, wenn wir es mit technischen Systemen zu tun haben, auf denen ein Betriebssystem läuft oder eigentlich laufen sollte. Zwei wichtige Betriebssysteme in der embedded Welt sind Linux und QNX. Sie sind in manchen Eigenschaften sehr ähnlich, an anderen Stellen unterscheiden sie sich stark. Speziell im Interrupt-Handling und in der Architektur der Treiber weichen sie voneinander ab.

Im 3.–5. Kapitel wird es deshalb um Kurzbeschreibungen der Betriebssysteme und um Betriebssystem-Funktionen gehen, die wir brauchen, um eigene Treiber, Applikationen und Grafiken zu realisieren. Auch eigene optimierte Builds werden Thema sein.

Die Startphase eines embedded Systems wird immer dann wichtig, wenn sie zu lang ist und negativ auffällt. Ein iPAD, das neu gestartet werden muss, ein Blackberry, aber auch KFZ-Headunits mit Navigation, Telefon und Rückfahrkamera. Die Tricks, hinter einem Stand-by die tatsächliche Startzeit zu verstecken, werden immer dann sichtbar, wenn man die Batterie tauschen musste oder wenn es einen Totalabsturz des Systems gab. Unverzeihlich wird die zu lange Startphase, wenn man beim Ausparken die Stoßstange des Autos oder einen Passanten beschädigt, weil das Parksystem noch nicht funktioniert. Das Kap. 6 mit Prinzipien für kurze Startzeiten und die Durchsprache der Bootvorgänge für Linux und QNX beschäftigt sich mit diesem Thema.

Es folgen im Kap. 8 unterschiedliche Reset-Strategien, die ja mit dem Startphase-Thema direkt verwandt sind. Zwei kleine Kap. 9 und 10 über Speicheraspekte beschreiben im Wesentlichen Sonderprobleme von HDD und Flash, insbesondere bei Flash-Memory gibt es viel zu beachten und viel zu lernen.

Ein System, welches neu aufgesetzt werden soll, braucht Treiber, sowohl für Standard-Aufrufe als auch für Interrupts. Hier unterscheiden sich Linux und QNX beträchtlich, weshalb die Konzepte und viele Beispiele in den Kap. 11–14 präsentiert werden.

Ein sehr interessantes Feld neuer Lösungen sind die MultiCore-Systeme im Kap. 15. Hier bieten sich neue Möglichkeiten, Applikationen verschiedener Lieferanten schmerzfreier als bisher zu integrieren.

Nun könnte ein Einwand sein, dass embedded Systeme ja typischerweise nicht mehr als einen Core, vielleicht zwei haben. Kapitel 16 über virtuelle Maschinen und Kap. 17 über die Kombination von VMs und MultiCore-Ansätzen beantworten diesen berechtigten Einwand.

Moderne technische Systeme können nicht mehr, so wie früher, nur von Experten mit Konsolenbefehlen bedient werden. Eine komfortable Bedienoberfläche wird erwartet, und sei es nur für Grundfunktionen und Selbstdiagnose. Es gibt diese immer wiederkehrende Aufgabenstellung, die im Wesentlichen auf drei verschiedene Arten gelöst werden kann. Diese werden für OpenGL und Qt, auch mit kleinen Beispielen, im Kap. 18 dargestellt.

Auch wenn Java eigentlich keine Programmiersprache für embedded Realtime-Systeme ist, wird sie dennoch wegen erwarteter höherer Produktivität im Entwicklungsprozess oft für die HMI-Implementierung verwendet. Dafür muss es eine Kommunikation mit der darunterliegenden C++-Welt geben und das Garbage-Collection-Problem muss handhabbar sein. Auch gibt es einige praktische Hinweise im Kap. 19 zu dem embedded Umgang mit Java.

Mittlerweile ist es auch Anforderung an embedded Systeme, Warntöne oder sogar gesprochene Texte ausgeben zu können. Ein kleines Kap. 20 beschreibt eine Minimaleinbindung eines Multimedia-Frameworks unter Linux.

Das Buch schließt im Kap. 21 mit einem größeren Fundus an praktischen Methoden und Tools zur Fehler- und Performance-Suche in embedded Systemen (Kernel-Traces, Dumper, Malloc-Libraries, Memory-Checks, Lastmessungen, IP-Scanner, Snoopy, Script-Launcher, Library-Interposer).

Kapitel 2
Hauptschleife

Die Hauptschleife (Run-Loop) ist die einfachste Methode, ein embedded System zu betreiben. In dieser Schleife werden nacheinander Unterprogramme aufgerufen, die zur Kommunikation, Steuerung oder für andere Aufgaben dienen. Tatsächlich gibt es das Hauptschleifenkonzept auch als Prinzip in Betriebssystemen. Apple hat in seinen Dokumentationen zum iOS-Betriebssystem (iPhone, iPAD) lange die Run-Loop gegen Multithread-Programmierung verteidigt. Wir nutzen das Hauptschleifenkonzept, wenn für unser System keine Betriebssysteme erhältlich sind oder sich nicht leicht bauen lassen oder wenn der Speicher zu knapp für ein OS ist. Abgesehen von möglicher Interrupt-Programmierung ist dieses Hauptschleifenprogramm nicht nebenläufig, sondern streng sequenziell. Das reicht für überschaubare Probleme oft aus und ist sehr kompakt. Am Beispiel dieser Nische können wir gut studieren, wie wir ein solches System zum ersten Mal in Betrieb nehmen können. Für einen ersten Start eines Prozessorsystems bei der Inbetriebnahme braucht man einen Minimal-Lader, der in einer Schleife ein Programm von einer Schnittstelle (z. B. seriell) in den RAM-Speicher lädt und dort schließlich startet. Läuft dieser Bootloader, dann können alle weiteren Funktionen wie zum Beispiel die Flash-Programmierung, weitere HW-Settings etc. programmiert werden. Anschließend können wir ein erstes Hauptschleifenprogramm starten und dieses schrittweise aufbauen und mit Unterprogrammen ergänzen.

2.1 Serielles EEPROM

In früheren Systemen wurde dieser erste Start oft mit einem EEPROM (Boot-ROM) realisiert, das zum Programmieren ausgebaut werden musste oder mit Pin-Adaptern in der Schaltung programmiert wurde. Mittlerweile wurde dieses Vorgehen durch den Einsatz der JTAG-Adapter abgelöst, siehe unten.

2.2 Emulator

Alternativ gab und gibt es Emulatoren, die man statt des Prozessors in die Platine einsetzt. Im Emulatorkopf befindet sich ein verdrahteter Spezialprozessor, der den Zugang zu allen Registern und Adressbereichen erlaubt. Die Verdrahtung wird dann zu einer weiteren Schaltung im PC geführt, auf der dann die Emulator-Logik und -Ansteuerung läuft. Auch ein Single-Stepping mit einem Debugger wird in Hardware unterstützt. Von Nachteil ist oft, dass man eine spezielle Entwicklungsplatine braucht und nicht in Serien-Hardware Fehler suchen kann. Weiterhin hat dieser Aufbau durch die zusätzliche Verkabelung oft nicht das Serien-Timing und naturgemäß eine andere Einbaugeometrie.

2.3 JTAG-Adapter

Ein JTAG-Adapter ist ein Stecker, mit dem man einem IEEE-Standard entsprechende elektronische Hardware zum Testen und Debuggen adaptieren kann. Der Standard definiert auch eine Beschreibungssprache, in der mit dem Boundary-Scan-Verfahren integrierte Schaltungen im eingelöteten Zustand auf Funktion getestet werden können. Insbesondere für die Inbetriebnahme von Prozessorsystemen hat sich JTAG mittlerweile etabliert. Jedes übliche Prozessorboard sieht einen 10-poligen JTAG-Stecker vor. Es können Debugger adaptiert werden, die auf Register-Ebene vollständig debuggen können, und angeschlossene Flash-Bausteine sind aus Prozessorsicht vollständig programmierbar. Für die effiziente Inbetriebnahme neuer Boards sind ein JTAG-Interface und ein passender Adapter/Debugger/Flasher übliche Voraussetzung. Oft schreibt man ein erstes Bootloader-Programm mit dem JTAG-Adapter in den Flash-Baustein und lädt mit diesem anschließend über eine Schnittstelle alle weiteren Programme ins RAM, um sie dort auszuführen. Auch professionelle Bootloader, die viele Monitor- und Debug-Funktionen mitbringen, lädt man über JTAG das erste Mal in den Flash-Speicher.

Kapitel 3
Betriebssysteme

In frühen embedded Systemen war kein Betriebssystem (OS) notwendig. Das Gerät basierte auf einer einfachen Hauptschleife, die nacheinander Bedienelemente abfragte und entsprechende Gerätefunktionen ansteuerte. Wegen zunehmender Funktionalitäten, sich ändernder Hardware-Plattformen und wegen der hohen Anforderungen an gefühlte Bedienbarkeit kam man bereits früh zur Notwendigkeit von Betriebssystemen, die eine scheinbare Parallelität erlaubten, so dass nun, wenn zum Beispiel in einer Applikation auf eine Tastatureingabe gewartet wird, eine andere inzwischen weiterarbeiten konnte.

Betriebssysteme organisieren die

- quasi parallele Abarbeitung verschiedener Prozesse oder Threads,
- sie verwalten Hardware- und Software-Ressourcen,
- sie kapseln und abstrahieren Hardware-Funktionen und Schnittstellen mit sogenannten Treibern
- und stellen zum Teil standardisierte Services zur Verfügung wie zum Beispiel Speicherverwaltung, Kommunikations-Schnittstellen, Lader, Fehlerroutinen, Synchronisations- und Kommunikationsmethoden.

Der Betriebssystemkern, der sogenannte Kernel, ist mindestens für die Speicherverwaltung und die Prozessverwaltung zuständig. Durch den Einsatz eines Betriebssystems lassen sich Aufgaben leicht parallelisieren, das Erzeugen von parallelen Threads oder Prozessen ist mit wenigen Befehlen erledigt.

3.1 Prozesse, Threads

Ein Prozess ist ein Ablauf auf einem quasi idealen Prozessor, d. h. Prozesse haben virtuell unendlich viel Speicher und ihr Speicher ist gut gegen andere Prozesse geschützt. Eine Memory-Management-Unit (MMU) wird eingesetzt und kann bei Bedarf weiteren Arbeitsspeicher zuteilen (mappen).

Threads sind ebenfalls eigene Ablauffäden auf einem virtuell eigenen Prozessor, allerdings teilen sich Threads gemeinsamen Speicher für den Stack innerhalb eines Prozesses.

3.2 Der Scheduler

Der Scheduler organisiert, in welcher Abfolge und für wie lange verschiedene Aufgaben auf einem SingleCore-Rechner quasi parallel abgearbeitet werden. Er kennt und scheduled nur Threads, Prozesse sind für ihn Main-Threads. Auf einem MultiCore-System bestimmt er auch, auf welchen Cores welche Threads parallel bearbeitet werden. Er teilt Rechenzeit zu und verwaltet die Zustände (aktiv, blockiert, bereit, ...) der Threads. Die Threads haben nach ihrer Wichtigkeit unterschiedliche Prioritäten, die beim Start eines Threads festgelegt oder dynamisch zur Laufzeit verändert werden.

Interrupt-Routinen, die HW-Interrupts bedienen, werden nicht vom Scheduler bedient, sondern direkt durch prioritätsgesteuerte Hardware.

3.3 Kernelspace, Userspace, Kernelmode, Usermode

Die meisten Betriebssysteme unterscheiden zwischen Kernel- und Userspace, zwei Speicherbereichen, die voneinander unabhängig vom OS verwaltet werden. Der Kernelspace ist für die Ausführung von Kernelcode sowie Gerätetreibern vorgesehen. Im Userspace befinden sich die Anwendungsprogramme und deren Daten. Diese Trennung dient dem Schutz des Gesamtsystems vor Applikationsfehlern. Sie wird in Software und mit der MMU (memory management unit) realisiert, die das Umschalten und Schützen von Speicherbereichen erleichtert.

Dazu korrespondierend gibt es den Kernelmode (auch root-Mode, privileged Mode, Kernel-Kontext), in den der Prozessor durch besondere Befehle oder Interrupts umgeschaltet wird. Dieser Modus erlaubt die Ausführung spezieller Befehle und den Zugriff auf den Kernelspace.

Applikationen werden im Usermode im eigenen Speicher, dem Userspace, betrieben. Im Usermode oder auch User-Kontext kann nicht direkt auf den Kernelspace zugegriffen werden, umgekehrt gibt es nur wenige Möglichkeiten (Kopierfunktionen, upcalls, mmap()), aus dem Kernel-Kontext in den Userspace zu greifen. Diese Trennung benötigt Hardware, es werden Registersätze umgeschaltet und im Kernel-Kontext zusätzliche Befehle erlaubt.

3.4 Zusammenspiel mit der MMU

Eine MMU setzt logische Adressen des Prozessors in physikalische des Speichers um. Sie mapped dafür Speicherkacheln, die zum Beispiel 4 KByte groß sind. Der virtuelle, logische Adressraum ist größer als der tatsächliche physikalische. Die CPU bekommt einen ideal großen Speicher vorgespielt, in dem die MMU nicht gebrauchte Kacheln ummappen kann oder noch relevante Kacheln auf Massenspeicher auslagert (swapping).

Weiterhin hält die MMU Attribute der Kacheln, Informationen wie Code- oder Daten-Page, schreibbar, lesbar, ausführbar, User-Mode, Kernel- Mode. Wird versucht, diese Attribute zu verletzen, löst die MMU eine Exception, ein Signal oder einen Interrupt beim Prozessor aus.

Mit performanten MMUs kann das Problem der möglichen Speicherfragmentierung reduziert werden, da sie freie Kacheln logisch neu zusammenfügen können.

Kapitel 4
QNX

QNX ist ein von der Firma QNX (derzeitiger Eigentümer RIM) entwickeltes, proprietäres Betriebssystem, welches hauptsächlich auf den Markt der embedded Systeme ausgerichtet ist. Wichtige Eigenschaften sind:

- Standard POSIX API
- Microkernel
- Echtzeitfähigkeit
- Soweit es die Plattform zulässt, werden POSIX-Prozesse durch MMU (Memory Management Unit) geschützte, virtuelle Adressräumen unterstützt.
- Unterstützung verschiedener Architekturen
- Teilweise quelloffen
- Entwicklungsumgebung mit Eclipse

4.1 Microkernel

Als Microkernel bezeichnet man einen Betriebssystem-Kern, der nur die grundlegenden Dienste im Kernel-Kontext implementiert, im Fall von QNX sind dies die Speicher- und Prozessverwaltung sowie die Kommunikation (IPC, Inter-Process-Communication) und der Path-Manager. Alle Komponenten sind in eigenen Prozessräumen realisiert, wenige im Kernelspace, viele im Userspace (z. B. Treiber). Deshalb kann es keine gegenseitigen einfachen Funktionsaufrufe geben, für jede Kommunikation ist IPC erforderlich. Normalerweise wird in QNX „message passing" gewählt. Diese Modularisierung macht Microkernel-Betriebssysteme sehr robust, allerdings benötigt man für die IPC-Kommunikation oft den, im Vergleich zu Funktionsaufrufen in einem gemeinsamen Kontext und Speicher, etwas aufwendigeren Kontextwechsel zwischen Kernel- und Userkontext.

- **Scheduling:** Der Kernel ist für das Scheduling von Threads zuständig und implementiert die Basis-Timerfunktionen. Er selbst kennt keine Prozesse, weshalb z. B. auch Mutexe über Prozessgrenzen hinweg funktionieren.

- **Message-Passing:** Im QNX-OS ist Message-Passing die Basis für alle Schnittstellen zwischen den einzelnen OS-Modulen und den Userspace-Programmen.
- **Process-Manager:** Der Process-Manager ist ein eigenständiges Modul neben dem Kernel, läuft jedoch auch im Kernel-Kontext (procnto).
- **Address Space:** Der Process-Manager ist für das Anlegen und Verwalten des virtuellen Adressraums eines Prozesses verantwortlich. Da der Kernel nur Threads kennt, muss er für das Umschalten auf einen anderen Adressraum den PM nutzen, wenn er zwischen Threads aus unterschiedlichen Prozessen scheduled.
- **Memory-Management:** Die Allokation, sowie das Mappen von Speicher ist Aufgabe des MM. Hierbei kann es sich um physikalischen, virtuellen oder auch shared Speicher handeln.
- **Pfadnamen-Management:** Der PM verwaltet die Pfadnamen und entscheidet, wer für das Verarbeiten eines Pfad-Zugriffs verantwortlich ist. Es kann sich dabei z. B. um den Kernel oder einen Resource-Manager handeln.

Die QNX-Entwickler haben vor allem Wert auf kurze und schnelle Kernel-Funktionen gelegt. So sind Kernel-Routinen nicht unterbrechbar. Im Unterschied zu einem monolithischen Kernel (Linux) laufen Gerätetreiber nicht im Kernel-Kontext, sondern in eigenen Prozessen mit eigenem Adressraum im Userspace. Damit ist hier die Unterbrechung durch Interrupts erlaubt (siehe auch die Kapitel über Treiber und Interrupts).

4.2 Resource-Manager

Resource-Manager (RM) stellen anderen Programmen Dienste zur Verfügung und sind die Treiber eines QNX-Systems. Es handelt sich dabei um normale Userspace-Programme, welche gegen die RM-Bibliothek gelinkt sind und sich beim Process-Manager als Handler eines Pfadnamens registrieren. Dies hat verschiedene Vorteile, welche die Programmierung von QNX-Treibern sehr einfach macht:

- Linken gegen die Standard-C-Bibliothek ist erlaubt. In QNX-Treibern kann man die Standard-C-Funktionen nutzen und auch gegen andere Bibliotheken linken.
- Debugging ist wie bei anderen Userspace-Programmen möglich. Einen QNX-Treiber kann man z. B. unter gdb (GNU-Debugger) laufen lassen.

Das QNX-Neutrino-OS enthält einen POSIX-Layer und ist deshalb vollständig POSIX-kompatibel. Der POSIX-Layer ist in der Standard-QNX C/C++-Dinkum-Library implementiert und abstrahiert den Zugriff auf alle QNX-Resourcen. Zum Beispiel werden aus einem Aufruf der C-open()-Funktion mehrere Nachrichten. Eine Nachricht geht an den Process-Manager, um den Pfadnamen aufzulösen, und anschließend geht eine io-open()-Nachricht an den zuständigen Resource-Manager. Laut den QNX-Entwicklern wurde der POSIX-Layer sehr „Low-Level" implementiert und ist sowohl performant als auch Echtzeit-fähig.

4.3 Komponentensystem

Das Gesamtsystem besteht aus separierten Komponenten, daraus resultieren einfache Skalier- und Austauschbarkeit sowie Stabilität des Kernels, siehe Abb. 4.1.

QNX nutzt zur Kommunikation innerhalb des Kernels ein hoch optimiertes Messaging mit QNX-Events. Dank dieses synchronen Event-Systems bietet QNX ausgezeichnete Profile- und Debug-Möglichkeiten auf einem angeschlossenen Target, darauf wird im Kapitel über Fehler-Debugging ausführlich eingegangen. Der Kernel ist sehr robust und verhält sich auch bei dauerhafter Hochlast stabil und gutmütig. Es gibt eine Strategie der Prioritätsvererbung, die in der Zukunft ein Konzept der „Job-Priorisierung" erlauben könnte. Durch den kommerziellen Anbieter sind die im professionellen Bereich oft wichtigen Verantwortlichkeiten klar. Schließlich werden alle relevanten Architekturen mit verschiedenen Prozessoren unterstützt:

- ARM
- MIPS
- PPC
- SH
- X86

QNX liefert für die meisten Prozessorfamilien nur einen gemeinsamen Kernel, der direkt verwendet werden kann. Im Abschn. 6.2 wird dies näher erläutert.

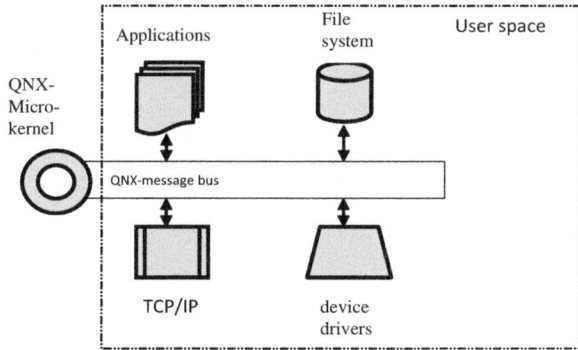

Abb. 4.1 Microkernel

Kapitel 5
Linux

Linux ist ein monolithischer Betriebssystem-Kern, der durch eine Gemeinde von Entwicklern implementiert und gepflegt wird und damit eines der größten kooperativen Software-Projekte ist. Es ist vollständig quelloffen. Oftmals werden mit dem Begriff Linux auch vollständige Betriebssysteme bezeichnet, was zusätzliche Systemwerkzeuge und Benutzerapplikation mit einschließt. Um an dieser Stelle den Kernel von einem vollständigen Betriebssystem abzugrenzen, bezeichnet die Free Software Foundation (FSF) Unix-ähnliche Systeme, welche auf dem Linux-Kernel und zusätzlicher GNU Software basieren, als GNU/Linux. Monolithische Kernel haben eine lange Tradition und waren ursprünglich vollständig in einem einzigen Prozess in einem Speicherraum implementiert. Dadurch ist die Kommunikation zwischen Services sehr einfach und Funktionsaufrufe genügen. Mittlerweile wurde auch Linux modularisiert, allerdings als Threads in einem (oder wenigen) Prozessen und der Kernel selbst ist unterbrechbar und zu schedulen. Das dynamische Laden von Modulen wird erlaubt und oft genutzt.

Wichtige Eigenschaften von Linux sind:

- Standard POSIX API
- Monolithischer Kernel, Änderungen und neue Treiber müssen in der Regel kompiliert werden.
- Soweit es die Plattform zulässt, werden POSIX-Prozesse durch MMU (Memory Management Unit) geschützte, virtuelle Adressräumen unterstützt.
- Unterstützung verschiedener Architekturen
- Quelloffen
- Entwicklungsumgebung mit Eclipse

Bei einem monolithischen Kern läuft der gesamte Code, einschließlich aller Teilsysteme, wie beispielsweise die Speicherverwaltung, das Dateisystem oder Gerätetreiber, innerhalb des Kernelspace und somit im privilegierten Modus. Jede Funktion hat damit Zugriff auf alle anderen Teile des Kerns. Um schnelle Reaktionen auf externe Ereignisse zu gewährleisten, muss hier der Kernel durch Interrupts unterbrechbar sein.

Bei Linux ist im Gegensatz zu anderen monolithischen Systemen eine dynamische Erweiterung des Kernels durch sogenannte Module möglich (siehe Kap. 11, Treiber). Diese können zur Laufzeit in den Kern geladen oder entfernt werden. Auf diese Weise können mit einer gemeinsamen Quellcode-Basis unterschiedlichste CPU- und Hardware- Architekturen, wie beispielsweise x86, ARM, AVR32, PowerPC, und SH unterstützt werden. Dies bedeutet aber auch, dass für eine Änderung bzw. für die Erstellung eines Treibers die Kernel-Quellen (zumindest die Header) verfügbar sein müssen, was jedoch durch die freie Verfügbarkeit gewährleistet ist.

Weiter werden Linux basierte Betriebssysteme auf Server-Plattformen, auf Desktop-Systemen, bis hin zu embedded Systemen mit sehr begrenzten Ressourcen eingesetzt. Gerade für Letztere erhält Linux eine wachsende Bedeutung, nicht zuletzt aufgrund der Tatsache, dass Lizenzkosten vermieden werden können und durch die Quelloffenheit Anpassungen an spezielle Hardware möglich sind, entsprechendes Know-how vorausgesetzt. Als Beispiel für die stetig wachsende Relevanz von Linux-basierten eingebetteten Systemen kann der Mobiltelefon-Markt angeführt werden.

Mit der breiten Unterstützung von verschiedensten Architekturen sind sowohl Treiber zwischen verschiedenen Plattformen kompatibel, bzw. lassen sich mit überschaubarem Aufwand portieren, da der Systemkern und dessen API (Application Programming Interface) unverändert bleibt. Mit dem Portable Operating System Interface (POSIX) hat die IEEE gemeinsam mit der OpenGroup eine standardisierte Programmierschnittstelle zwischen Betriebssystem und Anwendungen entwickelt. Linux-basierte Systeme unterstützen weitgehend auch den POSIX-Standard, auch wenn sie nicht nach POSIX zertifiziert sind. Dennoch lassen sich dadurch Anwendungen, welche ursprünglich für andere Betriebssysteme implementiert wurden, mit wenig Aufwand zu einem Linux basierten System portieren, solange das ursprüngliche System (zumindest weitestgehend) POSIX-konform ist. Das Gleiche gilt damit auch in die andere Richtung, ein gutes Beispiel ist QNX.

Auch wenn der Linux-Kernel standardmäßig keine Echtzeitanforderungen erfüllt, existieren sowohl kommerzielle als auch quelloffene Erweiterungen, welche die Antwortzeiten auf Ereignisse vorhersagbarer machen bzw. die Latenzen zwischen dem Eintreffen eines Ereignisses und der entsprechenden Reaktion darauf reduzieren. Dies spielt insbesondere bei zeitgesteuerten Ereignissen eine Rolle.

Durch die freie Verfügbarkeit der Quellen des Kernels und der Werkzeuge, welche zum Erstellen von Linux basierten Systemen erforderlich sind, steht es Jedem frei, ein eigenes Komplettpaket bzw. eine Distribution zu erstellen. Als eine Distribution wird im Allgemeinen die vorgegebene Zusammenstellung eines Kernels mit System- und Benutzerapplikationen bezeichnet, wobei der Distributor die Sorge für die Kompatibilität der einzelnen Komponenten trägt. Hierzu kommen üblicherweise Anwendungen für die Paketverwaltung zum Einsatz, die auf, durch den Distributor zur Verfügung gestellte, sogenannte Repositories zugreifen, um auf einfachem Wege das eigene System durch zusätzliche Anwendungen zu erweitern. Diese bietet Server-Administratoren und Desktop-Anwendern die Möglichkeit, das Betriebssystem gezielt auf individuelle Bedürfnisse und abhängig von der aktuell genutzten

Hardware anzupassen. Das heißt, die meisten gängigen Distributionen wie beispielsweise Debian, Fedora, Ubuntu, openSUSE und viele andere lassen sich in bestimmten Grenzen an spezielle Einsatzzwecke und Umgebungen anpassen.

Bei eingebetteten Systemen stehen der Einsatzzweck und die Einsatzumgebung bei der Systemerstellung fest, so dass ein Betriebssystem schon ab Werk angepasst werden kann und auch dynamische Bestandteile zugunsten der Startzeit und des Footprints eingespart werden können.

5.1 Linux-Build

Im Folgenden wird gezeigt, wie ein dediziertes auf Linux basiertes System erzeugt werden kann und welche Mittel dazu notwendig sind, Abb. 5.1.

Ziel ist es, ein lauffähiges Betriebssystem zu erstellen, welches mittels Konfiguration vor Inbetriebnahme auf die Hardware und Zielumgebung angepasst werden kann. Als Zielplattform (Target) wird das sogenannte „BeagleBoard", ein ARM Cortex-A8 basiertes Entwicklungs-Board mit freiem Hardware-Design, verwendet. Als Entwicklungssystem (Host) steht eine x86-Plattform mit der Linux-Distribution Ubuntu zur Verfügung. Die nachfolgenden Schritte sollten jedoch auf allen gängigen Distributionen gleichermaßen ausführbar sein. Alle Schritte zur Erstellung des Ziel-Software-Systems sind ohne Administrator-Privilegien durchführbar. Eine Verbindung zum Internet und grundlegende Kenntnisse zur Benutzung der Kommandozeile unter Unix/Linux werden vorausgesetzt. An dieser Stelle bleibt zu erwähnen,

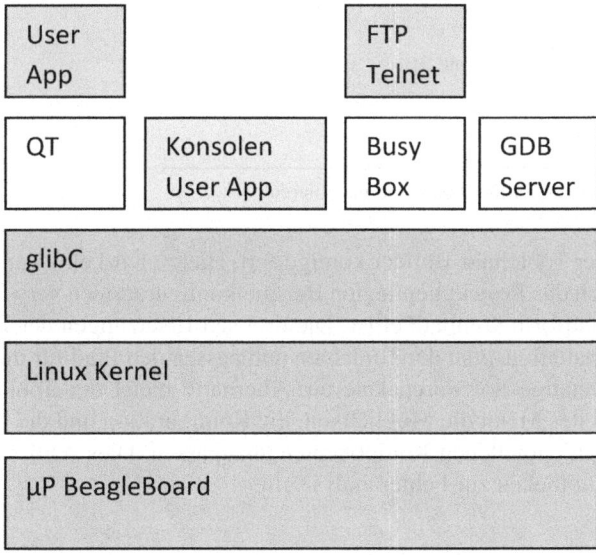

Abb. 5.1 Linux-Konfiguration

dass es verschiedene Werkzeuge und Open-Source-Projekte gibt, die den gesamten Entwicklungsprozess zum Erstellen eines embedded Linux-Systems unterstützen. Als Vertreter solcher Build-Systeme können unter anderem Buildroot, OpenEmbedded, oder PTXdist genannt werden. Auf dem Weg zu einem lauffähigen System müssen auch diese die im Folgenden beschriebenen Schritte durchführen. Zunächst müssen die richtigen Werkzeuge bereitgelegt werden. Die entsprechende Auswahl wird nicht zuletzt auch durch die Rahmenbedingungen vorgegeben, insbesondere durch die Tatsache, dass die Zielplattform eine andere Architektur (ARM) nutzt als das Entwicklungssystem (x86). Das heißt, es wird eine Cross-Entwicklungs-Umgebung benötigt. Hierzu sind bereits fertig nutzbare Versionen von kommerziellen Anbietern verfügbar. Diese erlauben jedoch nur eingeschränkte Möglichkeiten zur Optimierung an die jeweilige Zielplattform. Aus diesem Grund ist es sinnvoll, sich eine eigene sogenannte Cross-Compile-Toolchain aufzubauen. Auch hier gibt es wieder verschiedene Software-Projekte mit dem Ziel, die Erstellung eines Meta-Systems zu unterstützen. Wichtig ist, dass diese dem Entwickler ausreichende Freiheit für Anpassungen lassen. Dies erfüllt beispielsweise crosstool-NG[1].

Die folgenden Schritte zeigen exemplarisch, wie dieser Toolchain-Builder installiert, die Toolchain konfiguriert und schließlich gebaut wird. Hierzu ist eine Terminal-Konsole auf dem Entwicklungssystem zu öffnen. Als Erstes wird der Toolchain-Builder crosstool-NG von der Projektseite heruntergeladen, kompiliert und in das Home-Verzeichnis des aktuellen Benutzers installiert.

```
mkdir -p $HOME/minilinux/src
cd $HOME/minilinux/src
wget http://crosstool-ng.org/download
    /crosstool-ng/crosstool-ng-1.12.0.tar.bz2
cd $HOME/minilinux
tar -xvf src/crosstool-ng-1.12.0.tar.bz2
cd crosstool-ng-1.12.0
./configure --prefix=$HOME/minilinux/ct-ng

make
make install
```

Listing 5.1 Toolchain-Builder laden und installieren

Nun wird der Toolchain-Builder konfiguriert. Hierzu wird eine der in der Installation und durch das Projekt gepflegten Beispielkonfigurationen verwendet, die mit der o. g. Zielplattform kompatibel ist. Die drei sed-Ersetzungen der Konfiguration ändern den Installationspfad der Toolchain und passen den Pfad für im Hintergrund geladene notwendige Softwarepakete an. Alternativ bietet der Toolchain-Builder über ein grafisches Menü die Möglichkeit, die Konfiguration und die in der zu bauenden Toolchain enthaltenen Komponenten anzupassen. Dies schließt auch Werkzeuge und Bibliotheken zur Fehleranalyse ein.

---

[1] Projektseite von crosstool-NG, http://crosstool-ng.org/.

5.1 Linux-Build

```
cd $HOME/minilinux
ct-ng/bin/ct-ng arm-cortex_a8-linux-gnueabi     # Konfiguration
sed "s/x-tools/minilinux/" -i .config           # Installationspfad
sed "s/src/minilinux\/src/" -i .config          # Softwarepakete
# Alternativ via grafischem Menü
# ct-ng/bin/ct-ng menuconfig
ct-ng/bin/ct-ng build                           # Build starten
```

Listing 5.2 Konfiguration des Toolchain-Builders

Nachdem die Toolchain erfolgreich gebaut wurde, können ausführbare Binärdateien für die Zielplattform erstellt werden. Dies schließt auch den Kernel mit ein. Da für den Build der Toolchain die Quellen des Kernels bereits heruntergeladen wurden (hier in der Version 3.0), werden diese aus dem erstellten Verzeichnis für die Softwarepakete verwendet. Auch hier wird eine mit der Zielplattform kompatible Beispiel-Konfiguration verwendet, die diesmal durch die Kernel-Maintainer zur Verfügung gestellt wird. Diese kann über ein Text- oder Grafik-basiertes Menü individuell angepasst werden. Für den Build-Prozess ist zu beachten, dass der Suchpfad die zuvor erstellte Toolchain enthalten muss und beim Aufruf des Befehls „make" Angaben zur Architektur der Zielplattform und zum sogenannten Prefix der Cross-Compile Toolchain notwendig sind. Als Ziel wird ein „uImage" gebaut, damit dieses auf der o. g. Zielplattform direkt von dem Bootloader U-Boot verwendet werden kann.

```
cd $HOME/minilinux
tar -xvf src/linux-3.0.tar.bz2                  # Entpacken
# Umgebung anpassen: die Toolchain in den Suchpfad aufnehmen
export PATH="$HOME/minilinux/arm-cortex_a8-linux-gnueabi/bin:$PATH"
cd linux-3.0
ARCH=arm make omap2plus_defconfig               # Konfigurieren
ARCH=arm CROSS_COMPILE=arm-cortex_a8-linux-gnueabi- make uImage # Build
```

Listing 5.3 Toolchain aufnehmen und Image-Build

Nun steht bereits ein lauffähiger Kernel im Unterverzeichnis zur Verfügung, der mit einer eigenen Toolchain gebaut wurde. Das Kernel-Image liegt bei dem hier vorgestellten Beispiel in:

$HOME/minilinux/linux-3.0/arch/arm/boot/uImage.

Bevor dieser sinnvoll benutzt werden kann, muss noch mindestens eine Benutzerapplikation erstellt werden. Dies könnte zum Beispiel eine einfache „Hello World"-Implementierung sein, welche während des Systemstarts vom Kernel als initiale Anwendung (init) gestartet wird, oder auch ein Skript, welches auf einer Shell basiert. Für beides ist ein Dateisystem notwendig, das die jeweils notwendigen ausführbaren Dateien und gegebenenfalls notwendige Bibliotheken enthält. Das Dateisystem kann, vergleichbar zum Kernel, während des Startvorgangs als Image in den Arbeitsspeicher geladen werden (RAM-Filesystem oder auch RAM-Disk), oder es kann direkt in einem Dateisystem auf einem persistenten Speichermedium abgelegt werden. Dies ist bei eingebetteten Systemen üblicherweise ein Flash-Speicher, welcher während des Startvorgangs als Wurzeldateisystem eingehängt wird.

Im Folgenden wird für das Beispiel-System gezeigt, wie als initiale Anwendung ein Shell-Skript gestartet wird. Hierzu ist eine Shell notwendig. Dazu verwenden wir Busybox, eine quelloffene Anwendung, welche viele Dienstprogramme (u. a. eine Shell) in einer einzigen ausführbaren Binärdatei zur Verfügung stellt. Auch hier lässt sich der Funktionsumfang über ein Konfigurationsmenü an individuelle Bedürfnisse anpassen. Im unten gezeigten Beispiel werden die Quellen von der Projektseite heruntergeladen und entpackt und die Konfigurationsvorgabe des Projekts verwendet, auch wenn hier bei Weitem mehr Funktionen integriert werden, als wir für das Beispiel-System benötigen. Über die Konfigurations-Option CONFIG_STATIC wird eingestellt, dass eine statisch gelinkte Binärdatei erstellt wird. Anschließend wird mithilfe unserer oben erzeugten Toolchain das System gebaut. Danach wird eine Datei <busybox.links> erzeugt, welche alle Dateisystem-Verknüpfungen (symbolische Links) zu der Busybox-Binärdatei enthält, die abhängig von der Konfiguration von Busybox auf dem Zielsystem gesetzt werden sollten, um alle Dienstprogramme mit deren eigenen Namen nutzen zu können.

```
cd $HOME/minilinux/src
wget http://www.busybox.net/downloads/busybox-1.19.0.tar.bz2
cd $HOME/minilinux
tar -xvf src/busybox-1.19.0.tar.bz2
cd busybox-1.19.0/

ARCH=arm CROSS_COMPILE=arm-cortex_a8-linux-gnueabi- \
    make defconfig # Config
sed "s/# CONFIG_STATIC is not set/CONFIG_STATIC=y/" -i .config
sed "s/^\(CONFIG_UBI.*\)=y/# \1 is not set/" -i .config
ARCH=arm CROSS_COMPILE=arm-cortex_a8-linux-gnueabi- make    # Build
ARCH=arm make busybox.links                                 # Links
```

Listing 5.4 Einbindung der Busybox

Nachdem alle notwendigen Dienstprogramme für das Shell Skript vorhanden sind, fehlt nun noch das Skript selbst. Dies wird im Folgenden dargestellt. Es sollte unter

$HOME/minilinux/initramfs/init

gespeichert werden, damit die Befehle zur Erstellung des Beispielsystems in den nachfolgenden Schritten weiterhin lauffähig sind.

5.1 Linux-Build

In der gezeigten Version werden zuerst die virtuellen Dateisysteme „proc" und „sys" eingehängt, welche Schnittstellen zum Kernel darstellen. Hierüber werden Informationen zu System, Prozessen, Treibern und angebundenen Geräten und die Möglichkeit zur Konfiguration während der Laufzeit des Zielsystems zur Verfügung gestellt. Danach wird der Suchpfad angepasst und der init-Prozess, in dem das Skript ausgeführt wird, durch eine interaktive Shell ersetzt, so dass der Benutzer das Zielsystem über eine Kommandozeile bedienen kann.

```
#!/bin/sh                               # shebang - referenziert Shell

/bin/mount -t proc none /proc           # proc Dateisystem einhängen
/bin/mount -t sysfs none /sys           # sys Dateisystem einhängen

export PATH=/bin:/sbin:/usr/bin:/usr/sbin    # Suchpfad
exec /bin/sh                            # an Shell übergeben
```

Listing 5.5 Einbinden der Dateisysteme

Nun sind alle Artefakte vorhanden, die für das Zielsystem benötigt werden. Diese sind in Form eines Dateisystems zu strukturieren. Hierzu kann das Werkzeug „gen_init_cpio" verwendet werden, das mit den Kernel-Quellen zur Verfügung gestellt wird. Damit lassen sich RAM-Dateisysteme über eine Konfigurationsdatei erstellen, welche Informationen über Verzeichnisse, Gerätedateien, Dateien und Verknüpfungen mit den entsprechenden Berechtigungen enthält. Das unten gezeigte Beispiel ist als Datei

$HOME/minilinux/initramfs/initramfs.conf

zu speichern und referenziert die zuvor erstellte Busybox-Anwendung und das oben erstellte Shell-Skript als initiale Anwendung.

```
dir  /dev             755 0 0
dir  /sys             755 0 0
dir  /proc            755 0 0
dir  /bin             755 0 0
dir  /sbin            755 0 0
dir  /usr             755 0 0
dir  /usr/bin         755 0 0
dir  /usr/sbin        755 0 0

nod  /dev/console     600 0 0 c 5 1
nod  /dev/null        640 0 0 c 1 3

nod  /dev/tty0        666 0 0 c 4 0
nod  /dev/tty1        666 0 0 c 4 1

file /bin/busybox     ../busybox-1.19.0/busybox   755 0 0
file /init            ./init                       755 0 0
```

Listing 5.6 Rechtevergabe

Diese Konfiguration ist nun noch durch die Verknüpfungen für Busybox zu erweitern und mit dem oben genannten Werkzeug in ein Archiv im cpio-Format zu konvertieren, welches alle Dateien und die Struktur für das Wurzel-Dateisystem des Beispielsystems enthält.

```
for file in $(cat ../busybox-1.18.519.0/busybox.links); do
  echo "slink $file /bin/busybox 0755 0 0"
done >> initramfs_links.conf
../linux-3.0/usr/gen_init_cpio initramfs_links.conf  > initramfs.cpio
```

Listing 5.7 Archiv initramfs

Zusammen mit dem oben erstellten Kernel ist nun alles vorhanden, was auf die Zielplattform übertragen werden muss, um ein lauffähiges Linux-System starten zu können. Hierzu wird eine SD-Karte benötigt, deren erste Partition als FAT32 formatiert ist, damit der verwendete Bootloader U-Boot diese benutzen kann, und deren zweite für unser Wurzel-Dateisystem als ext2 formatiert ist. Beide Partitionen sind in das Dateisystem des Entwicklungsrechners einzuhängen (im unten stehenden Beispiel als
<EINHAENGEPUNKT_FAT_PARTITION> und
<EINHAENGEPUNKT_EXT2_PARTITION> referenziert).

```
# Kernel kopieren
cp $HOME/minilinux/linux-3.0.4/arch/arm/boot/uImage \
   EINHAENGEPUNKT_FAT_PARTITION

# Wurzel-Dateisystem installieren
cd EINHAENGEPUNKT_EXT2_PARTITION
sudo cpio -i -d -H newc -F $HOME/minilinux/initramfs/initramfs.cpio \
   --no-absolute-filenames
```

Listing 5.8 Kernel kopieren, Dateisystem installieren

Für die Installation des root-Dateisystems auf der zweiten Partition sind Administratorrechte erforderlich. Damit sind sowohl der Erstellungs- als auch der Installationsprozess des Beispielssystems abgeschlossen.

Zur Inbetriebnahme ist die oben vorbereitete SD-Karte in das BeagleBoard einzulegen und die Spannungsversorgung anzuschließen. Zuvor sollte eine Terminalverbindung über die serielle Schnittstelle aufgebaut werden, über welche die unten dargestellten Ausgaben zu beobachten sind und über die der automatische Startvorgang über einen Tastendruck unterbrochen werden kann. Mit den ebenfalls unten gezeigten Befehlen wird die SD-Karte initialisiert, der Kernel aus der ersten Partition an die Speicheradresse 0x80200000 geladen, die Argumentliste für den Kernel definiert und das System von der zuvor angegebenen Speicheradresse des Kernels gestartet. Über die Argumentliste wird dabei konfiguriert, dass die System-Konsole auf die serielle Schnittstelle gelegt wird und dass das Wurzel-Dateisystem die zweite Partition auf der SD-Karte und die initiale Anwendung die Datei </init> ist.

```
Texas Instruments X-Loader ....
U-Boot .....
OMAP3530-GP ES3.0, CPU-OPP2 L3-165MHz
OMAP3 Beagle board + LPDDR/NAND
.....
Hit any key to stop autoboot: <TASTE BETÄTIGEN>

mmc init
fatload mmc 0 80200000 uImage
setenv console tty0,115200n8
setenv rootfs root=/dev/mmcblk0p2 rw rootfstype=ext2 rootwait
setenv bootargs ${console} ${rootfs} init=/init
bootm 80200000
```

Listing 5.9 Systemstart

Nun startet das System und wartet in der seriellen Terminal-Konsole auf Benutzereingaben. Durch Ändern der Konfiguration der Toolchain, des Linux-Kernels oder der Benutzerapplikationen kann das System angepasst werden. Mit den verwendeten Standard-Konfigurationen ist das Beispielsystem hinsichtlich des benötigten Speichers nicht gerade ein Leichtgewicht, was sich aber über entsprechendes Adaptieren der Konfiguration leicht ändern lässt. Weiter ist es so auch möglich, das System auf eine andere Zielplattform zu übertragen. An dieser Stelle wird nicht weiter auf den verwendeten Bootloader eingegangen, der den Kernel wie oben im Beispiel von U-Boot mit entsprechenden Argumenten startet (wobei die Argumente auch als Konfiguration fest in den Kernel eingebaut werden können), da dieser stark von der jeweiligen Plattform abhängt.

5.2 Linux als Zielplattform

Ein eingebettetes System, welches seinem Benutzer lediglich eine lokale Konsole anbietet, wird sich als Produkt am Markt voraussichtlich nur sehr schwer durchsetzen können. Die gewünschte Funktionalität ist über zu implementierende Applikationen hinzuzufügen. Hierzu kommt erneut die im vorhergehenden Abschnitt konfigurierte und gebaute Toolchain (oder wahlweise eine zur Plattform kompatible) zum Einsatz. Mit dem oben dargestellten System könnte man zusätzliche Funktionalität in Form von ausführbaren Binärdateien und zugehörige Konfigurationdateien auf die Speicherkarte kopieren und dort in der Zielumgebung testen. Effizienter wäre jedoch eine Installation über vorhandene Kommunikationsschnittstellen, welche gleichzeitig Möglichkeiten für Laufzeittests und Analysen bieten. Aus diesem Grund wird im Folgenden dargestellt, wie das beschriebene System angepasst werden kann, wie zusätzliche Applikationen über Ethernet vom Host auf das Target übertragen werden und wie diese vom Entwicklungssystem aus zur Laufzeit analysiert werden können. Im Einzelnen heißt dies, dass Dateien via FTP (File Transfer Protocol) übertragen werden, eine Terminal-Konsole über TELNET nutzbar ist und Applikationen mithilfe des GDB (GNU-Debugger) zur Laufzeit analysiert werden. In diesem Zusammenhang muss die Konfiguration des Kernels, das Wurzel-Dateisystem und das Startverhalten angepasst werden. Das hier als Beispiel verwendete BeagleBoard stellt als Target keine Netzwerk-Hardware zur Verfügung. Diese kann über die vorhandene USB (Universal Serial Bus) Schnittstelle in Form eines USB-Ethernet Netzwerkadapters nachgerüstet werden. Damit dieser verwendet werden kann, muss das Betriebssystem um einen geeigneten Treiber erweitert werden. Glücklicherweise werden durch die Linux-Entwicklergemeinde eine Vielzahl von Geräten bereits unterstützt, so dass eine solche Erweiterung für sehr viele solcher Geräte lediglich eine Selektion der entsprechenden Option in der Konfiguration und eine erneute Kompilierung des Kernels bedeutet. Voraussetzung hierfür ist die Kenntnis über den verwendeten Chipsatz des Netzwerk-Adapters. Wie der richtige Treiber für ein Gerät identifiziert und die Konfiguration des Kernels entsprechend angepasst werden kann, beschreibt [Kro] ausführlich in einem frei verfügbaren Buch. Für das hier angeführte Beispiel kann die menügestützte Konfiguration wie folgt gestartet werden:

```
cd $HOME/minilinux/linux-3.0
make menuconfig
```

Listing 5.10 Menügestützte Konfiguration

Für die Beispielplattform wird ein 100 MBit USB 1.0 Netzwerkadapter genutzt, welcher einen Realtek RTL8150 Chipsatz verwendet und über einen aktiven USB 2.0 Hub angebunden ist. Mit einem '/' kann im Konfigurationsmenü gesucht werden. Alle Suchergebnisse werden in einer Liste aufgeführt, zusammen mit Informationen, in welchem Untermenü, `"defined in?"`, sich die Treiber befinden, und weiterhin, welche Abhängigkeiten gelöst werden müssen, `"depends on"`. Für das Beispiel hier sind zusätzlich folgende Konfigurationsoptionen zu selektieren:

- USB_RTL8150 (Treiber für den verwendeten Netzwerkadapter)
- USB_EHCI_HCD (USB 2.0 Host Controller Interface)

Nachdem der Kernel mit der veränderten Konfiguration wie im vorherigen Abschnitt beschrieben erneut kompiliert und auf die Speicherkarte kopiert wurde, zeigt der Befehl `<ifconfig -a>` in der Terminal-Konsole des Targets neben dem sogenannten „loopback device" (lo0) auch ein Ethernet Adapter (eth0) an. Das heißt, das Betriebssystem abstrahiert den Zugriff auf die neue Hardware. Bereits jetzt kann die Verbindung über die durch Busybox zur Verfügung gestellten Werkzeuge konfiguriert und genutzt werden. Um diese jedoch über DHCP (Dynamic Host Configuration Protocol) automatisiert zu konfigurieren und gleichzeitig die Namensauflösung über DNS (Domain Name Service) nutzen zu können, sind einige Änderungen am Wurzel-Dateisystem des Targets notwendig. Es werden zusätzliche Konfigurationsdateien und die Installation von „shared libraries" notwendig. Wegen Letzteren wird das System grundsätzlich auf „shared libraries" umgestellt, welche beim Erzeugen der Toolchain bereits erstellt wurden (das heißt für die Busybox-Konfiguration, dass die Option „STATIC" abgewählt werden kann). Bei dieser Gelegenheit werden auch

5.2 Linux als Zielplattform

die Analysewerkzeuge `gdbserver` und `strace` mit in die Installation aufgenommen.

```
cd $HOME/minilinux/initramfs
echo minilinux > hostname
touch resolv.conf

ln -s ../arm-cortex_a8-linux-gnueabi
        /arm-cortex_a8-linux-gnueabi/debug-root dbg-root
ln -s ../arm-cortex_a8-linux-gnueabi
        /arm-cortex_a8-linux-gnueabi/sysroot sys-root

cat >> $HOME/minilinux/initramfs/initramfs.conf << EOF
nod /dev/ptmx                      640 0 0 c 5 2

dir /dev/pts                       755 0 0
dir /etc                           755 0 0
dir /usr/share/udhcpc              755 0 0

file /etc/hostname       ./hostname       755 0 0
file /etc/resolv.conf    ./resolv.conf    755 0 0
file /usr/share/udhcpc/default.script
     ../busybox-1.19.0/examples/udhcp/simple.script 755 0 0

slink /usr/lib           /lib             777 0 0

file /lib/ld-2.9.so      sys-root/lib/ld-2.9.so      555 0 0
slink /lib/ld-linux.so.3 /lib/ld-2.9.so              777 0 0

file /lib/libc-2.9.so    sys-root/lib/libc-2.9.so    755 0 0
slink /lib/libc.so.6     /lib/libc-2.9.so            777 0 0

file /lib/libgcc_s.so.1  sys-root/lib/libgcc_s.so.1  755 0 0
slink /lib/libgcc_s.so   /lib/libgcc_s.so.1          777 0 0

file /lib/libpthread-2.9.so sys-root/lib/libpthread-2.9.so 755 0 0
slink /lib/libpthread.so.0  /lib/libpthread-2.9.so   777 0 0

file /lib/libstdc++.so.6.0.13 sys-root/lib/libstdc++.so.6.0.13 755 0 0
slink /lib/libstdc++.so    /lib/libstdc++.so.6.0.13     777 0 0
slink /lib/libstdc++.so.6  /lib/libstdc++.so.6.0.13  777 0 0

file /lib/libm-2.9.so    sys-root/lib/libm-2.9.so    755 0 0
slink /lib/libm.so.6     /lib/libm-2.9.so            777 0 0

file /lib/librt-2.9.so   sys-root/lib/librt-2.9.so   755 0 0
slink /lib/librt.so.1    /lib/librt-2.9.so           777 0 0

file /lib/libnss_files-2.9.so sys-root/lib/libnss_files-2.9.so 755 0 0
slink /lib/libnss_files.so.2  /lib/libnss_files-2.9.so 777 0 0

file /lib/libnss_dns-2.9.so sys-root/lib/libnss_dns-2.9.so 755 0 0
slink /lib/libnss_dns.so.2  /lib/libnss_dns-2.9.so   777 0 0

file /lib/libresolv-2.9.so sys-root/lib/libresolv-2.9.so 755 0 0
slink /lib/libresolv.so.2  /lib/libresolv-2.9.so     777 0 0

file /usr/bin/strace     dbg-root/usr/bin/strace     755 0 0
file /usr/bin/gdbserver  dbg-root/usr/bin/gdbserver  755 0 0

EOF
```

Listing 5.11 Zusätzliche Konfigurationen für DHCP und DNS

Nun sind alle Vorbereitungen getroffen, um den Netzwerkadapter des Targets automatisch zu konfigurieren und die Server-Dienste für FTP und TELNET zu starten. Hierzu sind die folgenden Eingaben auf dem Zielsystem in das init-Skript aufzunehmen.

```
# Pseudo TTY für telnetd vorbereiten
/bin/mount -t devpts devpts /dev/pts

udhcpc                        # Netzwerk via DHCP konfigurieren
tcpsvd -vE 0 21 ftpd -w / &   # FTP Server starten
telnetd -l /bin/sh            # TELNET Server starten
```

Listing 5.12]Netzwerkdienste]

Damit ist das Target via TELNET erreichbar, Anwendungen können mittels FTP-Upload installiert bzw. aktualisiert und via Remote-Debugging zur Laufzeit analysiert werden. Da das Installieren der Anwendungen (deployment) während des Entwicklungs- und Wartungsprozesses häufig wiederholt werden muss, ist es sinnvoll, die hierzu notwendigen Schritte zu automatisieren. Dies kann beispielsweise mit einem Buildtool wie <GNU make> gelöst werden, welches direkt in eine Entwicklungsumgebung eingebunden werden kann.

```
PREFIX     := arm-cortex_a8-linux-gnueabi-
CXX        := $(PREFIX)g++
PATH       := $(HOME)/minilinux/arm-cortex_a8-linux-gnueabi/bin:$(PATH)"
PROG       := hello_linux

HOST       := 192.168.1.113
TARGET     := 192.168.1.111
TARGET_DIR := /usr/bin

all: $(PROG)

$(PROG):
        $(CXX) -g hello.cpp -o $(PROG)

clean:
        rm -f $(PROG)

deploy: $(PROG)
  ./telnet.expect $(TARGET) 'killall $(PROG) gdbserver'
  ./ftp.expect $(PROG) $(TARGET) $(TARGET_DIR)
  ./telnet.expect $(TARGET) 'chmod +x $(TARGET_DIR)/$(PROG)'

run: deploy
  ./telnet.expect $(TARGET) '$(TARGET_DIR)/$(PROG)'

debug: deploy
  ./telnet.expect $(TARGET)'gdbserver $(HOST):2345$(TARGET_DIR)/$(PROG)'

.PHONY: clean deploy run debug
```

Listing 5.13 Automatisiertes Deployment

5.2 Linux als Zielplattform

Auf die Verwendung des GDB Servers wird im Kapitel Remote-Debugging unter Linux eingegangen. Die Skripte `telnet.expect`

```
#!/usr/bin/expect -f
# telnet.expect | führt einen Befehl via telnet aus

set target [lindex $argv 0]
set cmd [lindex $argv 1]

spawn telnet ${target}

expect " # "
send "${cmd}\r"
expect " # "
send "exit\r"

exit 0
#EOF
```

Listing 5.14 telnet.expect

und `ftp.expect` unterstützt das Makefile, indem diese Befehle als Batch auf dem Target mithilfe des Werkzeugs `expect` ausführen.

```
#!/usr/bin/expect -f
# ftp.expect | lädt eine Datei in ein Verzeichnis via ftp

set prog [lindex $argv 0]
set target [lindex $argv 1]
set target_dir [lindex $argv 2]

spawn ftp ${target}

expect "):"
send "anonymous\r"
expect "successful"
expect "ftp>"

send "cd ${target_dir}\r"
expect "successful"
expect "ftp>"

send "put ${prog}\r"
expect "successful"
expect "ftp>"

send "bye\r"
expect "successful"

exit 0
#EOF
```

Listing 5.15 ftp.expect

5.3 Kernel verkleinern

In der oben beschriebenen Konfiguration ist das Kernel Image 3,11 MByte groß. Durch die Verwendung der Standard-Konfiguration wird ein breites Spektrum an Systemen unterstützt. Eingebettete Systeme sind jedoch üblicherweise auf ein ganz bestimmtes Ziel zugeschnitten. Für ein System ohne Display kann mit folgenden Konfigurationsanpassungen das System auf 2,19 MByte reduziert werden, was auch direkt Einfluss auf die Startzeit des Systems hat. Diese Anpassungen stellen nur ein mögliches Beispiel dar und erheben nicht den Anspruch auf Vollständigkeit, d. h. es sind darüber hinaus noch weitere Optimierungen möglich. Die folgenden Optionen sind dazu zu wählen:

- General Setup:
  - Embedded Systems

  Die folgenden Optionen sind dazu abzuwählen:

- General Setup:
  - Support for paging of anonymous memory
  - System V IPC
  - BSD Process Accounting
  - Initial RAM filesystem and RAM disk
  - Profiling Support

- System Type
  - Alle Optionen außer „Typical OMAP configuration", „TI OMAP3" und „TI OMAP3 BEAGLE board" sind abzuwählen,

- Boot options
  - Kexec system call

- Power management options
  - Suspend to RAM and standby
  - Power Management Debug Support

- Networking support
  - Networking options
  - IP: IPsec transport mode
  - IP: IPsec tunnel mode
  - IP: IPsec BEET mode
  - Network packet filtering framework
  - Bluetooth subsystem support

5.3 Kernel verkleinern

- Device Drivers
  - Multiple device driver support
  - Network device support
    - Ethernet (10 or 100 Mbit)
    - Ethernet (1000Mbit)
    - Ethernet (10000Mbit)
    - Wireless LAN
    - USB Network Adapters
      - Multi-purpose USB Networking Framework
  - Input device Support
    - Mouse interface
    - Joystick interface
    - Mice
    - Touchscreens
  - Dallas's 1-wire support
  - Graphics support
  - Alles abwählen.
  - Sound card support

- File systems
  - Ext3
  - Quota support
  - Miscellaneous filesystems
  - Network File Systems

- Security Options
  - Enable access key retention suport
  - Enable different security models

Eine ähnliche Vorgehensweise kann auf die Konfiguration der Busybox angewendet werden. Es gibt einige Literatur für eine Vertiefung, so zum Beispiel [Lov01, Kro, Yag] und [Qua].

Kapitel 6
Startphase eines Systems

Unter Systemstart oder auch Boot ist die Bootphase des Systems zu verstehen. Dies ist der Zeitraum, der sich vom Anlegen der Betriebsspannung bis zu Funktionsfähigkeit aus Sicht des Benutzers erstreckt. Die Startzeit eines Rechnersystems ist aus der Anwendersicht Wartezeit, in der das System genutzt werden soll, die Funktionalität jedoch noch nicht abrufbar ist. Hier unterscheiden sich embedded Systeme grundsätzlich nicht von anderen Rechnersystemen. Embedded Systeme sind jedoch für einen konkreten und speziellen Einsatzzweck vorgesehen. Hierfür lassen sich diese anpassen und optimieren. Auch in eingebetteten Systemen wird immer mehr Funktionalität eingebaut, was Einfluss auf die Komplexität dieser Systeme hat. Zusätzliche Abstraktionsschichten wie Betriebssysteme, Bibliotheken und Frameworks helfen, diese Komplexität zu beherrschen und gleichzeitig Qualitätsansprüchen zu genügen. Die zusätzlichen Abstraktionsschichten, die das Entwickeln und das Warten der Systeme erheblich vereinfachen, wirken sich jedoch oft negativ auf Startzeiten aus. Gerade für Systeme und Geräte, die historisch nicht durch Rechnersysteme unterstützt wurden, fällt es schwer, lange Startzeiten in Kauf zu nehmen. Beispiele hierfür sind unter anderem Kameras, Autoradio/ICM-Systeme, Walkman/MP3-Player und Fernsehgeräte/Set-Top-Boxes. Aber auch aus technischen Gründen sind schnelle Startzeiten wichtig, wenn zum Beispiel die zu startenden Systeme im Verbund mit anderen interagieren sollen. Gerade im Echtzeitbereich gibt es Szenarien, in denen ein System innerhalb eines definierten Zeitfensters auf Nachrichten antworten muss, die über ein Feldbussystem eingehen. Typischerweise muss ein Steuergerät im Automobilbereich innerhalb von 50 Millisekunden nach Inbetriebnahme eine Nachricht empfangen und darauf antworten können. Weiter gibt es auch rechtliche, bzw. regulatorische Anforderungen, die hinsichtlich der Startzeit erfüllt werden müssen [Wie Tra]. Um in der Lage zu sein, ein System zu optimieren, ist als Erstes ein ausreichendes Verständnis für die Komponenten und deren gegenseitige Abhängigkeiten notwendig. Dies formulierte Donald E. Knuth vor 36 Jahren [Knu] so: „There is no doubt that the grail of efficiency leads to abuse. Programmers waste enormous amounts of time thinking about, or worrying about, the speed of noncritical parts of their programs, and these attempts at efficiency actually have a strong negative impact when debugging and maintenance are considered. We should forget about small efficiencies, say about 97 % of the time: premature optimization is the root of all evil. Yet we should not pass up our opportunities in that critical 3 %. A good programmer will not be lulled into complacency by such reasoning, he will be wise to look carefully at the critical code; but only after that code has been identified."

Zur weiteren Detaillierung des Starts des Systems wird dieser in drei aufeinanderfolgende Phasen unterteilt, dem Start des Bootloaders, dem Start des Betriebssystems und dem Start der Applikationen bis zum betriebsbereiten Zustand (siehe auch [Kni] und [Tan02]).

Hierbei lässt sich „betriebsbereit" unterschiedlich definieren:

- Das System beantwortet Nachrichten, die über ein Feldbus-System empfangen werden.
- Das System sieht so aus, als ob es läuft, z. B. wird ein „Splash-Screen' dargestellt.
- Das System zeigt eine Benutzerschnittstelle, die Eingaben akzeptiert
- Das System stellt eine Teilmenge der gesamten Funktionalität zur Verfügung.
- Das System verarbeitet Eingaben.
- Alle Applikationen laufen und alle angeschlossenen Geräte sind verbunden.

Eine Definition wird dann bedeutsam, wenn der Systemstart optimiert werden soll.

Zeitanforderungen an die Startphase

Übliche Anforderung an automotive Systeme ist ein vollständiges Hochfahren innerhalb von 2 s. Dies ist zum Beispiel für die im System eingebundene Rückfahrkamera erforderlich. Auch die Gesprächsübernahme eines laufenden Gesprächs vom Handy in das Freisprechsystem des Autos muss schnell erfolgen. Gründlich optimierte Betriebssysteme (embedded Linux, QNX) können den Boot des Betriebssystems in weniger als einer Sekunde schaffen. Oft benötigt die anschließende Startphase der Applikationen allerdings 10–60 s. Es gibt einige Tricks, diese schlechten Zeiten zu verstecken:

- Lazy-Startup, Start-On-Demand:
  Hier werden einige Applikationen erst bei Bedarf gestartet. Damit wird der reguläre Start entlastet, jedoch sind die Zeiten für den Benutzer nicht deterministisch, sondern hängen von Reihenfolgen und letzten Modi ab.
- Early-Modes:
  Kritische Betriebsarten werden durch Sonderbehandlung vorgezogen, gegebenenfalls sogar vor den Start des Betriebssystems. Nach vollständigem Start wird dann die Applikation übernommen. Der Übergang zwischen Sonder- und Normalbetrieb ist naturgemäß schwer beherrschbar.
- Verstecktes Starten von HW und SW beim Türöffnen:
  Damit kann die Zeit bis zum Start des Fahrzeugs genutzt werden. Abweichungen vom üblichen Anwendungsfall können dann aber problematisch werden, bei-

6 Startphase eines Systems

spielsweise wenn ein Handelsreisender, der im verschlossenen Auto Pause macht und schläft dann ohne Türöffnen startet.
- Image-Boots:
  Starten des Systems durch Starten in einen vorher konservierten aktiven Betriebszustand.

Es gibt aber auch Implementierungs-Strategien für die Applikationen, diese Zeiten klein zu halten:
- Sequenzieller Domänenstart statt chaotischem Parallelstart.
- Vermeidung von komplexen Konstruktoren, stattdessen Einsatz von Copy-Operationen.
- Nutzung des Compilers zur Vorberechnung statt Berechnung zur Laufzeit.
- Load/Start-on-Demand, siehe oben.

Zeitanforderungen an die Abschaltphase

Auch die Abschaltzeit muss klein gehalten werden, da erst nach ihrem Ablauf ein Neustart möglich ist. Während der Abschaltung müssen Protokolle beendet, die Festplatte gegebenenfalls abgeschaltet und viele Daten aus dem Cache in das Flash zurück geschrieben werden. Diese Phase kann sehr lange dauern, sogar bis zu einigen Minuten, siehe Abschn. 9.2 Flash, Reclaim.

Das sogenannte Durchstarten, gemeint ist das erneute Starten des Systems während der eingeleiteten Shutdown-Phase, hat sich nie bewährt, es führte zu:
- Hoher Komplexität.
- Speicherlecks, da Objekte neu gebaut wurden, die es noch gab.
- Inkonsistenzen in Zustandsmaschinen.
- Verklemmen in der Kommunikation wegen teilweise nicht existierender Objekte.
- Probleme wegen ausgelassener Initialisierungen.

Reguläre Maßnahmen, um die Abschaltzeiten klein zu halten, sind wie folgt:
- Kein Aufruf von Destruktoren, direktes Abschalten der Betriebsspannung.
- Es gibt Domänen, die erst Daten sichern müssen oder die nicht unterbrochen werden dürfen. Diese müssen sich beim on/off-Handler registrieren und vor dem Abschalten gefragt werden.
- Alle anderen werden einfach per Betriebsspannung abgeschaltet.
- Ständiges house-keeping des Flash, außerdem Flash nie vollständig füllen. Eine Rate genutzt/frei von 2 : 1 hat sich bewährt. Ein anderes Maß für den erforderlichen freizuhaltenden Flash-Block ist die Größe des größten Files, das beim Abschalten wegzuschreiben ist. Dies ist oft das Adressbuch des verbundenen Mobile-Phones.
- Ständiges „house-keeping" des Caches.

6.1 Allgemeine Betrachtungen

Ein einfaches Blockbild eines Minimalsystems wird in Abb. 6.1 gezeigt.

Das zu erörternde Minimalsystem besteht aus einem Prozessor, System-RAM, Flash, einer Watchdog-Schaltung und einer Möglichkeit, Tastatur und Display anzuschließen.

6.1.1 Ausführungsmodell einer CPU

Ein aktiver Prozessor arbeitet stark vereinfacht in einer Schleife die folgenden üblichen Fetch-, Decode- und Execute-Zyklen hintereinander ab:

- Speicheradresse der aktuellen Instruktion wird auf den Adressbus gelegt.
- Control-Bus signalisiert Speicher lesen, Datenbus erhält Wert aus Speicher (Instruktion).
- Instruktion wird im IR (Instruction-Register) gespeichert.
- PC (Program-Counter) wird inkrementiert.
- Instruktion wird dekodiert und ausgeführt (Laden von Daten, Durchführen der Operationen, Speichern des Ergebnisses.
- Gehe zum Anfang.

6.1.2 Phase 1: Power-On, IPL

Nach Anlegen der Versorgungsspannung startet der Prozessor die Programmausführung entweder an der Adresse 0 oder an einer definierten Stelle, auf die der Reset-Vektor zeigt, siehe Abb. 6.2, an der dann das Boot-Programm (IPL) steht. Durch den Reset sind alle Prozessor-Register in einem definierten Zustand.

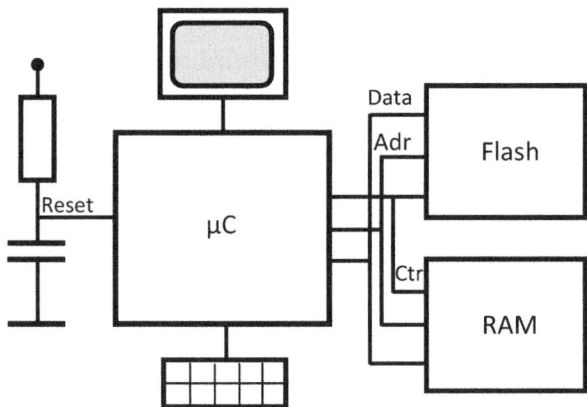

Abb. 6.1 Minimalsystem

6.1 Allgemeine Betrachtungen

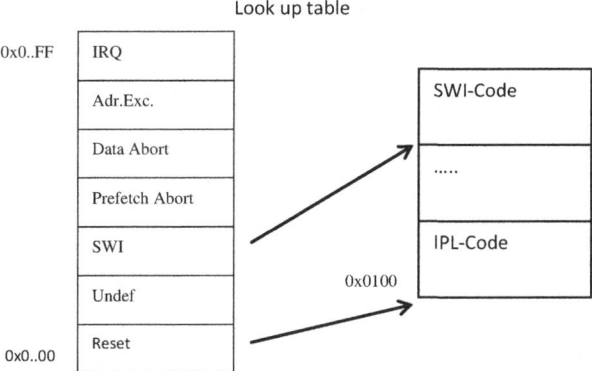

Abb. 6.2 Vektortabelle im persistenten Speicher

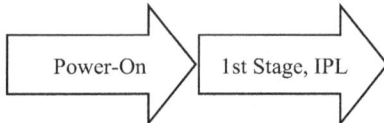

Abb. 6.3 Erste Phase des Bootloaders

An der Startadresse befindet sich in kleinen Systemen direkt das auszuführende Programm (Main-Loop) oder bei Systemen mit Betriebssystem (OS) der sogenannte Bootloader, Bios-Monitor, Boot-ROM oder der Initial-Program-Loader (IPL).

Man spricht von der ersten Phase des Bootloaders, Abb. 6.3. Sowohl Daten als auch der Programmcode sind für den Prozessor adressierbar, liegen also in einem Speicher, der entsprechend angesteuert werden kann. Entsprechend kann man mögliche Speichertypen wie folgt klassifizieren:

- Linear adressierbar: Der gesamte Speicher ist für den Prozessor über den Adressbus zugreifbar
- Nicht linear adressierbar: Daten können nur portionsweise gelesen oder geschrieben werden. Hierzu zählen Speicher, die über spezielle Bussysteme angesteuert werden (HDD) und eventuell blockweise organisiert sind. Manche Speicher können teilweise in den Adressraum des Prozessors eingeblendet werden, welcher Bereich dann zugreifbar ist, legen bestimmte Registereinstellungen fest.

Eine weitere, für unsere Betrachtungen wichtige Unterscheidung:

- Persistent: hierzu zählen ROM/EEPROM, Flash, Harddisk, USB-Stick, SD-card etc.
- Nicht persistent: Arbeitsspeicher (RAM) sowie Peripherie (serielle Schnittstelle, USB, Netzwerk)

Direkt nach dem Einschalten ist der Arbeitsspeicher noch nicht verwendbar. Der RAM-Controller ist noch nicht initialisiert und der RAM-Speicher ist noch nicht initialisiert.

Der Prozessor kann daher nicht von dort starten. Die Startadresse muss deshalb einen persistenten Speicher adressieren, welcher gültigen, direkt ausführbaren Programmcode enthält. Welcher Speicher hier zum Einsatz kommt, hängt von Architektur, Prozessor sowie der konkreten Umsetzung ab. Neben ROM-Speicher (nicht veränderbar) ist es möglich, bestimmten Flash-Speicher (Typ NOR) zu verwenden. Die direkte Programmausführung aus solchen Speichern nennt man XIP (EXecute In Place).

Es gibt viele gebräuchliche Namen für den ersten Bootloader, nennen wir das erste auszuführende Programm IPL. Der IPL konfiguriert den Memory-Controller für Flash- und RAM-Zugriffe, die grundlegende Peripherie, die Bus-Systeme und Display. Ebenso setzt er die System-Clocks und setzt den Stackpointer auf einen nutzbaren Stack-Bereich.

Die Konfiguration ist so minimal und so allgemeingültig wie möglich, erst in späteren Phasen wird die Konfiguration vervollständigt. Ebenfalls in späteren Phasen lädt er ein Startup- und OS-Image aus dem Flash ins RAM und startet den Startup-Teil im RAM. Der Umfang des ersten Programms variiert stark. Ziel dieser Phase ist es meistens, grundlegende Initialisierungen vorzunehmen, wie zum Beispiel das Setzen von Chip-Selects für das Aktivieren von Flash-Speicher, Initialisierung von RAM-Controller mit RAM Refresh-Rate sowie weiterführenden Code in den Arbeitsspeicher zu laden und zu starten (Shadowing). Während ein BIOS (x86) dazu eine umfangreiche Initialisierung/Konfiguration inklusive Selbsttest und Hardwareerkennung durchführt, eine grafische Konfiguration ermöglicht und sogar in der Lage ist, Boot-Code von einer HDD zu laden, können andere Bootloader gerade einmal ein kurzes Programm in den Arbeitsspeicher laden und starten.

Oft findet ein Startup-Image Verwendung, das vom IPL geladen und gestartet wird. Ein Image ist ein direktes Abbild eines start- oder lauffähigen Programmes im Codesegment. Das steht im Gegensatz zum Backup, bei dem nur die Dateien gespeichert werden. Es gibt verschiedene Image-Varianten:

- XIP-Image:
Das Image kann ein Binärfile sein, das direkt an die Ausführungsadresse gemappt und (R/O, execute-in-place, XIP) ausgeführt wird.[1]
- RAM-Image:
Alternativ wird es ins RAM umkopiert und dort gestartet. Die Entscheidung darüber hängt vom verfügbaren Speicherplatz und der Geschwindigkeit des Flash-Speichers ab. Es gibt auch die Möglichkeit, nur das Code-Segment im Flash zu behalten (use-in-place, UIP) und das Datensegment ins RAM zu kopieren.
- Image mit Header:
Es kann aber auch ein Image im ELF-Format (executable and linking format) sein, bei dem im Header Informationen über Lade- und Ausführungsadressen

---

[1] Zum Überdenken: Wie geht das? Wie werden veränderliche Arbeitsdaten gespeichert? Mit welchem Flash-Typ geht das?

6.1 Allgemeine Betrachtungen 35

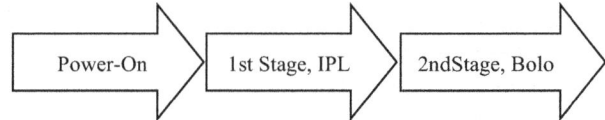

Abb. 6.4 Zweite Phase des Bootloaders

gespeichert sind. Auch kann das Image komprimiert sein und direkt nach dem Einsprung vom Startup-Programm dekomprimiert werden.

6.1.2.1 Beispiel 1, BeagleBoard

Der Prozessor enthält ein integriertes Boot-ROM, in welchem ein IPL einen 2nd-Stage-Bootloader aus diversen Quellen mit einstellbarer Reihenfolge laden kann. Die Quelle wird mithilfe von Eingängen am Prozessor festgelegt, über einen Taster kann die definierte Reihenfolge umgekehrt werden. Großer Vorteil einer solchen Lösung ist die „Unzerstörbarkeit" eines ROM: Ein eventuell gelöschtes oder fehlerhaftes Flash kann jederzeit restauriert werden.

6.1.2.2 Beispiel 2, OEM-MMI-System

Der Prozessor startet die Ausführung ab Adresse 0x0. Der Prozessor (SH4 7785) ist so konfiguriert, dass in diesem Adressbereich (0x0...0x8000000) das NOR-Flash liegt, aus dem der Prozessor XIP starten kann. Damit spart man Kosten für ein ROM, außerdem kann der Bootloader aktualisiert werden. Nachteilig ist, dass ein System mit gelöschtem oder fehlerhaftem Flash nicht mehr gestartet werden kann, da nur über einen JTAG-Adapter ein neuer Bootloader ins Flash geschrieben werden kann. In diesem Fall kommt als Bootloader ein angepasster QNX-IPL zum Einsatz (siehe Phase 2, Abb. 6.4).

6.1.3 Phase 2: Bootloader, Ausführung des Startup Image

6.1.3.1 Allgemein

Das wichtigste Unterscheidungsmerkmal zur Phase 1 ist, dass dieser Bootloader im Unterschied zum Boot-ROM oder BIOS-ROM angepasst werden kann. Die zweite Phase baut natürlich auf dem auf, was in Phase 1 schon erledigt werden konnte. Die Minimalkonfiguration wird weitergeführt und folgende Komponenten werden ggf. konfiguriert:

- Speicherkonfiguration
- Interrupt-Controller

- Timer-Hardware
- Peripherie (z. B. serielle Schnittstelle)
- MMU (Memory Management Unit)

Auch hier muss wieder der Code für die Ausführung der nachfolgenden Phase zur Verfügung gestellt werden. Ein Image wird geladen und ausgeführt. Das bedeutet, dass eventuell Code ins RAM kopiert werden muss. Die meisten Bootloader, sofern sie nicht speziell optimiert sind, unterstützen diverse Image-Quellen:

- Flash (NAND / NOR)
- Wechselbares Speichermedium (MMC, HDD)
- Peripherie (USB, serielle Schnittstelle, Netzwerk)

Wichtig sind diese Optionen insbesondere für die Entwicklungs- und Wartungsphase. Nicht immer kann im laufenden Betrieb und mit funktionierendem Betriebssystem ein Software-Update durchgeführt werden. Zum Beispiel kann es vorkommen, dass das Betriebssystem oder Anwendungen nicht richtig funktionieren und ein Update über die üblichen Mechanismen nicht mehr durchgeführt werden kann. Oder man will den Service-Fall in einer Werkstatt mit Hebebühnenplatz-Abrechnung und Ladegerät vermeiden.

Praktisch ist deshalb auch die Option, ein OS-Image vom Wechselmedium zu laden. Oft wird spätestens jetzt von XIP zur Ausführung aus dem RAM gewechselt. Großer Nachteil der Flash-Speicher ist die im Vergleich zu RAM deutlich geringere Geschwindigkeit beim Lesen, welche den Prozessor trotz Cachings ausbremsen kann.

6.1.3.2 Beispiel Desktop-Applikation

Das BIOS (Phase 1) lokalisiert, lädt und startet einen Bootloader. Dieser kann sich zum Beispiel im sogenannten MBR (Master-Boot-Record) eines Speichermediums befinden. In diesem Fall muss er mindestens ein Dateisystem verstehen, um das Betriebssystem oder einen weiteren Bootloader mit mehr Features in den Speicher zu laden und von dort starten zu können. Beispiele sind GRUB, LILO: Diese Bootmanager kommen mit verschiedenen Dateisystemen klar und können auch unterschiedliche Betriebssysteme starten. Unter Windows kommt hier `<bootmgr>` zum Einsatz.

6.1.3.3 Beispiel U-Boot

U-Boot ist ein universeller Bootloader, der verschiedene Architekturen unterstützt (z. B. ARM und PowerPC). Er unterstützt Speichermedien/Dateisysteme sowie TFTP (ein Dateiübertragungsprotokoll) für den Start über Netzwerk und kann auch nach dem Kompilieren durch Umgebungsvariable und Startskripte konfiguriert werden. Es gibt keine Festlegung auf ein bestimmtes Betriebssystem.

6.1 Allgemeine Betrachtungen

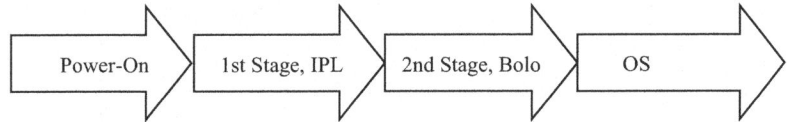

Abb. 6.5 Dritte Phase, Start des OS

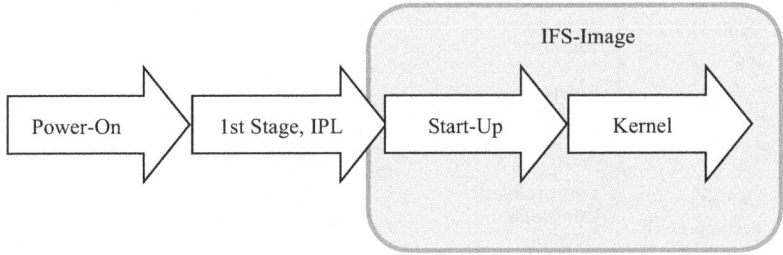

Abb. 6.6 IFS-Image laden

6.1.4 Phase 3: Start des OS

Das System ist nun bereit, das eigentliche Betriebssystem auszuführen, siehe Abb. 6.5. Enthalten ist dieses normalerweise in einem Image, welches in den Speicher geladen wird und wichtige Bestandteile wie Kernel, Treiber sowie eine RAM-DISK enthält. Oft liegt das OS-Image komprimiert vor und muss vor dem Starten in den Arbeitsspeicher entpackt werden.

Unter QNX erfolgen Phase 2 und 3 aus einem gemeinsamen Image, dem IFS-Image. In diesem befinden sich das Startup-Image und das Kernel-Image, siehe Abb. 6.6 und 6.7.

6.1.5 Booten: Zusammenfassung

Das Startup-Programm wird vom IPL oder vom alternativen Bootloader in den Speicher kopiert und ausgeführt, besitzt also ein entsprechendes Format und muss vom Bootloader lokalisiert werden können, siehe auch Kapitel Buildfile. Das Startup-Programm konfiguriert die Peripherie-Hardware, detektiert Ressourcen, lädt und entpackt das Kernel-Image und ruft zu Anfang der Phase 3 schließlich das Betriebssystem auf. Je nach Betriebssystem können auch Peripheriebausteine erst-initialisiert werden, später wird diese Aufgabe von den Treibern übernommen. Zuletzt übergibt das Startup-Programm die Kontrolle an den Kernel, der ein Start-Skript aufruft, das ihm im Image mitgegeben wird. Ab jetzt wird normalerweise auch ein Speicher benötigt, der die aufzurufenden Programme resident gespeichert hat. Das kann Teil des OS-Images sein, als R/O-IFS. Es ist aber auch eine Kombination mit einem R/W-Filesystem EFS (embedded Flash-Filesystem) möglich. Schließlich kann auch ein vom OS-Image unabhängiger Massenspeicher eingesetzt werden. Dies kann ein

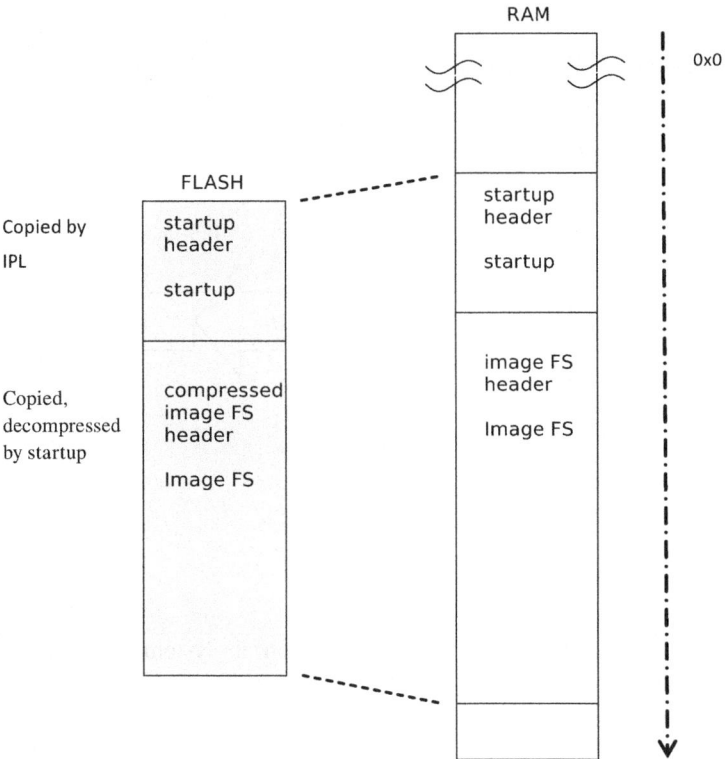

Abb. 6.7 Komprimiertes IFS-Image, QNX

Flash-Raw-Device sein, ein Flash mit einem Flash-Filesystem EFS, eine Festplatte mit Filesystem oder auch ein Netzlaufwerk. UIP- und XIP-Aufrufe funktionieren im normalen Filesystem nicht, weil das EFS blockorientiert ist, die Blöcke im EFS verteilt und verlinkt und damit nicht linear adressierbar ausführbar sind. Die Blöcke müssen also zuerst in einen linearen Speicher kopiert oder im Sonderfall über ein Mapping abgebildet werden. Auch I/O-Kanäle wie serielle oder Ethernet-Konsole und Display-Ausgaben werden nun spätestens benötigt.

6.2 Booten unter QNX

6.2.1 Beispiel QNX-IPL

QNX liefert für unterstützte Plattformen einen eigenen Bootloader mit. Er ist Bestandteil eines sogenannten „BSP" (Board Support Package). Eigene Anpassungen an spezielle Gegebenheiten sind möglich, da der Quelltext verfügbar ist. Der IPL stellt das Startup-Image und das OS-Image zur Verfügung. Der erste Teil des

6.2 Booten unter QNX

Images (Startup) muss auf jeden Fall ins RAM kopiert werden, im Image enthaltene Programme könnten, wenn gewünscht, später auch XIP aus dem Flash ausgeführt werden. Der Aufwand zur Initialisierung ist hier stark unterschiedlich:

- Im Fall eines BIOS ist möglicherweise schon ein komplettes OS-Image im RAM vorhanden, das System ist fertig konfiguriert.
- Bei Start ab Reset-Vektor muss das System noch komplett initialisiert werden (CPU, RAM-Controller, Interrupts und sonstige HW-Einstellungen) bevor ein OS-Image in den Arbeitsspeicher geladen werden kann. Das ist z. B. dann besonders aufwendig, wenn das Image auf HDD liegt (Ansteuerung Disk, Partitionstabelle lesen, Image lokalisieren und laden).

6.2.2 Erkennen der Systemkomponenten und Konfiguration

Abhängig von der konkreten Systemkonfiguration nimmt das Startup-Programm weitere HW-Initialisierungen vor. Hierzu zählt z. B. die Konfiguration der MMU. Für den Kernel wichtige Informationen werden in einem bestimmten Speicherbereich (System-page-Area) für die spätere Verwendung gesichert. Dazu gehören:

- Speicherkonfiguration
- Hardware-Device-Konfiguration
- Prozessortyp
- Uhrzeit

```
struct syspage_entry {
    uint16_t             size;
    uint16_t             total_size;
    uint16_t             type;
    uint16_t             num_cpu;
    syspage_entry_info   system_private;
    syspage_entry_info   asinfo;
    syspage_entry_info   hwinfo;
    syspage_entry_info   cpuinfo;
    syspage_entry_info   cacheattr;
    syspage_entry_info   qtime;
    syspage_entry_info   callout;
    syspage_entry_info   callin;
    syspage_entry_info   typed_strings;
    syspage_entry_info   strings;
    syspage_entry_info   intrinfo;
    syspage_entry_info   smp;
    syspage_entry_info   pminfo;

    union {
        struct x86_syspage_entry     x86;
        struct ppc_syspage_entry     ppc;
        struct mips_syspage_entry    mips;
        struct arm_syspage_entry     arm;
        struct sh_syspage_entry      sh;
    } un;
};
```

Listing 6.1 Systempage unter QNX

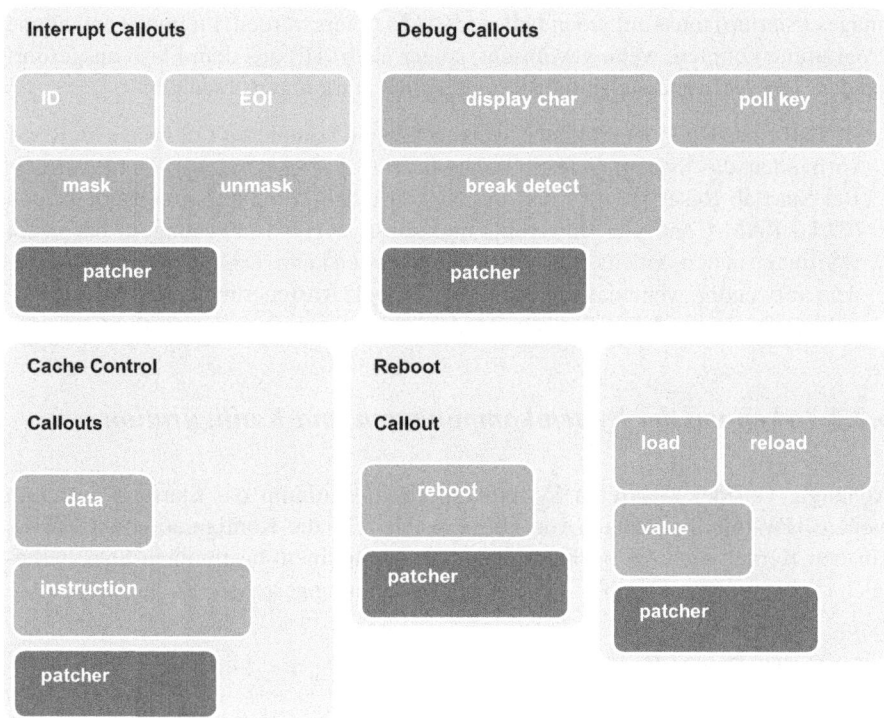

Abb. 6.8 Kernel-Callouts

Der Kernel selbst wird normalerweise nicht speziell an eine bestimmte Plattform (Board) angepasst, sondern unterstützt mehrere Boards einer Architektur. Der Startup-Code ist vollständig oder zumindest bezüglich der Prozessorfamilie generisch. Das erfordert einen sogenannten Hardware-Abstraction-Layer (HAL) im Fall von QNX-Funktionen, die der Kernel aufrufen kann, um Hardware-spezifische Funktionalität (z. B. Timer) zu unterstützen. Alle HW- und Variantenabhängigkeiten werden in sogenannte Kernel-Callouts ausgelagert, siehe Abb. 6.8.

Für mehrere Varianten gibt es dann unterschiedliche Callouts, die beim Aufbau und der Auswertung der System-Page (Discovery-Phase) ausgewählt werden. Diese werden dann von der Startup-Page in die System-Page verschoben (Assembler, relokatierbar). Der Startup wählt dafür aufgrund der HW-Konfiguration die passenden Routinen aus und kopiert diese in die Syspage, weil der Startup selbst eventuell vom Kernel überschrieben wird. Zum Beispiel werden die Interrupt-Routinen mit Callouts bedient. Auch das Power-Management wird mit Callouts angesprochen, zum Beispiel mit

```
Idle self Refresh active, Standby-Refresh off,
wake up with int, Shutdown needs Reset.
```

6.2 Booten unter QNX

Der Cache wird ebenfalls mit Callouts angesprochen, ebenso die Timer. Im Einzelnen:

- Debug-Interface (UART Schnittstelle)
- Clock/Timer-Interface
- Interrupt-Controller-Interface (z. B. mask, unmask)
- Prozessor-Cache
- Power-Management
- Reboot
- ...

Der Aufruf und die Parameterübergabe durch den Kernel erfolgt anhand der ABI (Application-Binary-Interface) Konvention der jeweiligen Architektur.

Basis des Startups ist die Startup-Library, welche generische Methoden, z. B. Kopieren oder Entpacken eines Images enthält und die Entwicklung und Anpassung eines speziellen Startups erleichtert. Schließlich lädt der Startup den QNX-Kernel. Im Folgenden ist eine vereinfachte main()-Methode des Startups gelistet:

```
// global variables: callout array, debug structure
main()
{
   // init hardware
   Call add_callout_array()
   Call handle_common_option() //for commandline arg's
   Call init_raminfo()
   // Remove ram used by modules in the image
   if (virtual) Call init_mmu() to initialize the MMU
   Call init_intrinfo()
   Call init_qtime()
   Call init_cacheattr()
   Call init_cpuinfo()
   // Set hardware machine name
   Call init_system_private()
   Call print_syspage() to print debugging output
}
```

Listing 6.2 Main()-Methode des Startup

6.2.3 Kernel

Aufgrund der funktionalen Beschränkung des Kernels, siehe Einleitung über Microkernel, sowie der Hardware-Abstraktion durch die Kernel-Callouts muss man in den meisten Fällen keinen speziellen Kernel bauen. QNX liefert für die meisten Prozessorfamilien nur einen Kernel, der direkt verwendet werden kann. Im Fall des BeagleBoards kommt z. B. der `<procnto-v6>` zum Einsatz, ein Kernel, der die ARMv6-Architektur unterstützt. Ein Grund für die Prozessorabhängigkeit des Kernels ist z. B. die jeweils verwendete MMU, so hat der ARMv6 z. B. einen größeren virtuellen Adressraum als der ARMv4.

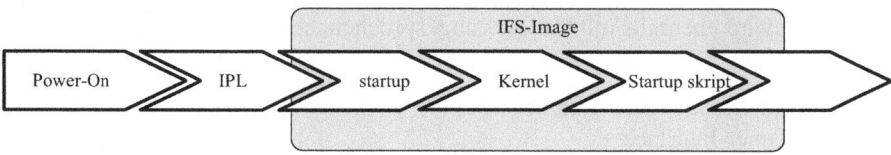

Abb. 6.9 IFS-Boot

Intern ist der Kernel modularisiert, Bestandteile sind:
- Kernel: Grundfunktionalität
- Process-Manager
  - Memory Manager
  - Prozess-/Threadverwaltung (z. B. Scheduling)
  - Debug-Schnittstelle (/proc) für Prozess-/Threadinformationen
- Path Manager
  - Verwaltet den namespace

Nach dem Start des Kernels initialisiert dieser sich selbst und startet das <boot image script>, siehe Abb. 6.9. Dort werden Treiber als normale Prozesse gestartet, die die restliche Hardware initialisieren und anderen Treibern und der Anwendung zur Verfügung stellen.

6.3 QNX Imagevarianten

6.3.1 IFS

Das Image-Filesystem enthält einmal die oben genannten essenziellen Bestandteile eines QNX-Systems (Startup, Kernel, Startskript), aber möglicherweise auch weitere, zum Start des Systems erforderlichen Binaries (Treiber, Applikationen) sowie Konfigurationsdateien. Erzeugt wird ein IFS mit dem QNX-Tool mkifs, welches anhand eines Buildfiles ein flashbares IFS-Image erzeugt. Dort werden spezifiziert:

- Diverse Optionen für die Lokalisierung des Startups durch den IPL (direkt am Beginn, Offset, ELF-Format...)
- Bootstrap (Startup, Kernel)
- Startskript
- Binaries (Applikationen, Treiber)
- Kompressionsformat (Startup-Skript enthält Code, um das Image zu entpacken)

Wichtig ist, dass Binaries in einem IFS-Image nicht in ihrem ursprünglichen ELF-Format enthalten sind, sondern in einem direkt ausführbaren Speicherlayout vorliegen. Zum Beispiel werden einzelne Segmente eines Binaries an Pagegrenzen

6.3 QNX Imagevarianten

von 4 kByte ausgerichtet. `mkifs` berücksichtigt diese Umwandlung bei der Erzeugung eines IFS-Images. Aufgrund dieses Formats kann ein Prozess XIP ausgeführt werden: Zumindest das Codesegment, das nur lesbar ist und nicht geschrieben wird, muss nicht als Kopie für eine Prozessinstanz angelegt werden. Beachtet werden muss:

- Bei Ausführung direkt aus dem Flash müssen variable Segmente (Datensegment .data) vor der Ausführung in das RAM kopiert und dort verfügbar gemacht werden, das nennt man auch UIP.
- Bei XIP aus dem RAM kann auch darauf verzichtet werden, da das Datensegment im RAM schon beschreibbar ist. In diesem Fall wird kein zusätzlicher Speicher mehr benötigt. Beachten muss man hierbei allerdings, dass für Prozesse, die mehrmals ausgeführt werden sollen, nur das Codesegment auf diese Weise wiederverwendet werden kann, die vorinitialisierten Daten (.data-Segment) aber in neuen Speicher kopiert werden müssen. Diese Angaben werden im Buildfile vorgenommen und zur Laufzeit entsprechend berücksichtigt:

```
/usr/bin/my_application = /mnt/home/example/sh4le/my_application
```

Listing 6.3 Buildfile für IFS-Image

Weitere Informationen dazu siehe unten, bzw. QNX Dokumentation zu `mkifs`.

6.3.2 Flash-Filesystem

Ergänzend zu dem Read-Only IFS wird meistens ein Read/Write Dateisystem benötigt. Neben diversen Dateisystemen für HDD und MMC... gibt es für QNX zwei Dateisysteme, die speziell für Flash-Speicher ausgelegt sind. Zusätzlich zu den allgemeinen Voraussetzungen wie POSIX-Semantik mit einheitlichem Zugriff über `open()`, `close()`, `read()`, `write()`... sowie einer möglichen Verzeichnisstruktur müssen diverse Flash-Eigenheiten beachtet werden:

1. Blockstruktur: Flash ist in Blöcken bestimmter Größe organisiert. Der Speicher kann nicht beliebig beschrieben werden, z. B. kann in NOR-Flash eine '1' zur '0' werden, aber nicht umgekehrt. Ein Löschen erfolgt immer blockweise und ist langsam.
2. Abnutzung: ein Löschvorgang nutzt den Block ab, je öfter ein Block gelöscht wurde, desto länger dauert ein Löschvorgang. Typische Spezifikation sind momentan 100.000 Zyklen.
3. NAND-Speicher kann ab Fabrik defekte Blöcke enthalten, die nicht verwendet werden können und in einer Tabelle hinterlegt sind. Diese sollte man nicht löschen. Es existieren CRC-Check sowie ECC-Korrektur.

Der Zugriff auf ein solches Filesystem erfolgt über einen Treiber. Dort werden Flash-Zugriff (HW-Treiber) und das Filesystem implementiert. Für die Anpassung an ein spezielles System steht auch hier ein SDK zur Verfügung.

6.3.3 EFS

Ein EFS-Image liegt im QNX spezifischen Flash-File-System vor. Es handelt sich nicht um ein „sicheres" Filesystem, das bedeutet, dass ein durch Power-Off unterbrochener Schreibvorgang ein inkonsistentes Filesystem oder inkonsistente Benutzerdaten hinterlassen kann. Beim Start des Treibers wird vor dem Mounten das Filesystem analysiert und eventuell repariert. Ein EFS kann zur Laufzeit eines Systems formatiert und beschrieben werden oder mit dem Werkzeug `mkefs` auf dem Host-System erzeugt und dann geflasht werden.

6.3.4 ETFS

Ein transaktionsfestes Filesystem: Es werden sogenannte Transaktionen gespeichert, Ordnerstruktur und Dateien werden beim Zugriff „on-the-fly" daraus generiert. Nach einem Power-Off kann daher ein „Rollback" auf die letzte gültige Version durchgeführt werden. Auch hier gibt es ein Tool zur Erzeugung auf dem Host-System, <`mketfs`>.

6.4 Beispiel-Build für ein BeagleBoard, QNX

6.4.1 BeagleBoard

Das BeagleBoard von Texas Instrument existiert inzwischen in verschiedenen Versionen. Gemeinsam ist der Prozessor ARM Cortex A8, unterschiedlich sind die Geschwindigkeiten sowie die Ausstattung mit RAM, NAND-Flash sowie Peripherie. Die Ausgabe vom Stand 2010 des BeagleBoards besitzt:

- 1 GHz Prozessor (DM3730)
- DSP (800 MHz)
- 512 MB RAM
- Kein integriertes NAND-Flash (Versionsabhängig, hier -xM)
- JTAG Schnittstelle, UART
- 4 USB Ports
- Ethernet
- Micro-SD slot
- DVI-D/S-Video Ausgang
- Analog Audio In/Out

6.4 Beispiel-Build für ein BeagleBoard, QNX

Aufgrund der niedrigen Stromaufnahme kann das Board über einen USB-Anschluss mit Strom versorgt werden.

6.4.2 Bootvorgang

6.4.2.1 Boot-ROM

Der Prozessor startet mit Boot-Code aus einem integrierten ROM. Dieser 1st-Stage-Bootloader stellt diverse weiterführende Startmöglichkeiten zur Verfügung:

- integriertes Flash (soweit vorhanden)
- MMC/SDC
- Remote (USB/UART)

Es werden verschiedene Möglichkeiten gleichzeitig unterstützt, die Reihenfolge detektiert der Boot-Code über 6 dafür vorgesehene Prozessorpins (sys_boot[5:0]). Auf dem BeagleBoard sind sie so verschaltet, dass mit einem Taster zwischen zwei Voreinstellungen ausgewählt werden kann:

- User-Button nicht gedrückt: NAND -> USB -> UART -> MMC
- gedrückt: USB -> UART -> MMC -> NAND

Beim Booten von NAND/MMC/UART/USB wird das Image ins RAM kopiert, an die Adresse 0x80040000. Praktisch ist, dass ein Image-File direkt aus einem FAT-Filesystem auf einer MMC geladen werden kann (passende Formatierung vorausgesetzt, siehe unten). Im nächsten Schritt wird ein 2nd-Stage-Bootloader geladen, das kleiner als 60KB sein muss, normalerweise ist dies der sogenannte X-Loader. Infos zum Boot-ROM findet man in der OMAP35xx Dokumentation, siehe im Literaturverzeichnis Links zum BeagleBoard.

6.4.2.2 Bootloader

Als 2nd-Stage Bootloader wird normalerweise der X-Loader eingesetzt. Dieser führt die weitere Initialisierung des Prozessors, des Speichers, des Flashs und der MMC durch und lädt U-Boot als 3rd-Stage Bootloader. Dieser Loader ist Betriebssystemunabhängig, kann also nicht nur Linux, sondern auch QNX laden. Alternativ zu X-Loader und U-Boot kann man auch einen passenden QNX-IPL einsetzen. Dieser ist in verschiedenen Varianten im BSP für das BeagleBoard enthalten und hat den großen Vorteil, sehr schnell zu sein. Im Unterschied zu U-Boot konzentriert er sich darauf, QNX zu starten, und verzichtet auf zahlreiche Features wie die Unterstützung von MMC und FAT Filesystem. Der Zeitunterschied kann bei einem embedded System ein wichtiges Kriterium sein. Bei Tests mit dem BeagleBoard dauert es mit U-Boot und Image von SDC 12 s, bis das Betriebssystem (inklusive aller Treiber) gestartet wird, mit IPL nur 3 s.

6.4.3 Minimal-Buildfile

Im Folgenden wird ein Minimal-Beispiel für ein IFS gezeigt, welches nur einen Kernel mit Konsole startet. Bei einer passenden QNX-Konfiguration kann man ein IFS mit dem Befehl

```
mkifs <buildfile>.mkifs <result>.ifs
```

bauen. Es folgt die Konfiguration:

```
[image=0x80200000]
[+compress]

[virtual=armle,raw] .bootstrap =
{
  startup-omap3530 -L 0x87E00000,0x200000 -v -
  D8250.0x49020000^2.0.48000000.16 beagle
  [+keeplinked]
  PATH=:/proc/boot:/bin:/usr/bin:/sbin:/usr/sbin
  LD_LIBRARY_PATH=
  :/proc/boot:/lib:/usr/lib:/lib/dll procnto-v6-instr-v
}

# das ist das Startup-Skript
[+script] .script =
{
        # Initialise the console
        procmgr_symlink ../../proc/boot/libc.so.3 /usr/lib/ldqnx.so.2
        display_msg Welcome to QNX Neutrino 6.4.1 on the
        Texas Instruments OMAP3530 (ARMv7 Cortex-A8 core)-Beagle Board
        LD_LIBRARY_PATH=/lib:/lib/dll:/usr/lib:/usr/lib/dll:/proc/boot
        # Seed hardware resources into the Resource database manager
        resource_seed

        display_msg Starting serial driver
        /sbin/devc-seromap -e -F -b115200 -c48000000/16 0x49020000^2,74
        display_msg Waiting 4 seconds for /dev/ser1
        waitfor /dev/ser1 4
        display_msg Reopen stdin/stdout dev/ser1
        reopen /dev/ser1
        SYSNAME=nto
        TERM=qansi
        HOME=/
        PATH=:/proc/boot:/bin:/usr/bin:/usr/sbin:/opt/bin

        [+session] sh &
}

[data=copy code=uip type=file]
/proc/boot/libc.so = libc.so
/sbin/devc-seromap = devc-seromap
/usr/bin/resource_seed = resource_seed
/bin/waitfor = waitfor
/bin/ksh = ksh
/bin/ls = ls
```

Listing 6.4 Minimalbeispiel eines IFS

6.4 Beispiel-Build für ein BeagleBoard, QNX   47

Bemerkungen:
- [virtual=armle,raw] gibt an, dass der Prozessor für Little-Endian konfiguriert ist, „raw" spezifiziert, dass der Startup direkt am Anfang des Images liegt, dort wo ihn ein universeller Bootloader wie U-Boot anspringt, und dass er nicht speziell verpackt ist, da der IPL mehrere Varianten unterstützt.
- Der Startup ist prozessorspezifisch und bekommt zusätzlich den Parameter beagle, der bewirkt, dass eine board-spezifische Konfiguration durchgeführt wird.
- Als letzte Handlung des Bootstrap wird der Kernel <procnto-v6-instr> gestartet.
- .script setzt nun Links, startet Treiber, Applikationen, etc. Am Ende wird die Shell in einer neuen Session gestartet, das Startskript wird beendet.
- Das Datensegment eines Binaries wird kopiert. Das wäre z. B. beim <devc-seromap>,
  dem Treiber für die integrierte serielle Schnittstelle, nicht unbedingt nötig, da dieser nur einmal gestartet wird. Das Codesegment wird Use-In-Place benutzt.

6.4.4 Beispiel-Konfigurationen

Im Folgenden werden einige mögliche QNX-Installationen mit entsprechendem Flash-Layout vorgestellt. Löschen und Programmieren des Flashs sowie die persistente Speicherung eines Bootskripts wird anschließend erläutert.

U-Boot – IFS auf SDC
Flash-Layout:

Offset [bytes]	Partition size		
0x10000000			
...	.		
0x160000	0x..	Frei verfügbar, z. B. ETFS Partition	
0x80000	0x80000	U-Boot	
0x0	0x80000	X-Loader	

- In U-Boot übernimmt ein Startskript das Laden des IFS-Images von MMC -> RAM und das Starten.

```
bootcmd=mmcinit;fatload mmc 0 80200000 beagle.ifs;
go 80200000
```

U-Boot – IFS im NAND
Flash-Layout:

Offset [bytes]	Partition size	
0x10000000		
...		
0x160000	0x..	IFS-Image
0x80000	0x80000	U-Boot
0x0	0x80000	X-Loader

- Startscript:
```
Bootcmd= nand read 0x80200000 280000 400000;
bootm 80200000
```
- Flashen des IFS-Images
  Lesen von MMC:
```
flash=mmc init;fatload mmc 0 80000000 beagle.ifs;
nandecc hw;nand erase 160000;
nand write.i 80000000 160000 700000
```

QNX IPL – IFS im NAND
Flash-Layout:

Offset [bytes]	Partition size	
0x10000000		
...		
0x8000	0x..	IFS-Image
0x0	0x80000	IPL

- Der IPL startet automatisch mit einem IFS ab 0x80000.

6.4.5 Formatieren einer ETFS-Partition

Das BeagleBoard-BSP enthält einen ETFS Treiber für den integrierten Flash-Speicher. Um eine Partition zu erzeugen und zu formatieren, muss man beim Start des Treibers zusätzlich den Parameter -e angeben:

```
fs-etfs-omap3530_micron -r65536 -e -m /fs/etfs
-e: Formatiert den betreffenden Speicherbereich
-r: Offset ab Beginn des Flashs in Kilobytes.
```

Listing 6.5 Formatieren einer ETFS-Partition

Die oben angegebenen 65MB sollten zumindest für den Bootloader ausreichen, bei einem größeren IFS muss man die ETFS-Partition weiter nach hinten verschieben.

6.4.5.1 BeagleBoard-Recovery

Falls das BeagleBoard nicht in den U-Boot-Loader startet, z. B. wegen eines korrupten Images im NAND-Flash oder wegen eines anderen im NAND installierten Bootladers wie z. B. QNX IPL, dann kann dank der MMC-Unterstützung das Boot-ROM einen Bootloader von einer MMC laden. Die MMC muss allerdings speziell partitioniert u. formatiert sein und muss einen speziellen X-Loader sowie U-Boot enthalten. Mit gedrücktem "User-Button" versucht das Boot-ROM zuerst einen Bootloader von der MMC zu kopieren und zu starten:

```
Texas Instruments X-Loader 1.4.2 (Feb 19 2009 - 12:01:24)
Reading boot sector
Loading u-boot.bin from mmc

U-Boot 2009.01-dirty (Feb 19 2009 - 12:23:21)
I2C:   ready
OMAP3530-GP rev 2, CPU-OPP2 L3-165MHz
OMAP3 Beagle board + LPDDR/NAND
DRAM:  256 MB
NAND:  256 MiB
Using default environment

MUSB: using high speed
In:    serial usbtty
Out:   serial usbtty
Err:   serial usbtty
Board revision C
Serial #5ac4000300000000004013f8901001001
Hit any key to stop autoboot:  0
OMAP3 beagleboard.org #
```

Listing 6.6 BeagleBoard-Recovery

6.4.6 MMC partitionieren und formatieren

Die MMC muss eine spezielle vom Boot-ROM unterstützte Partitionierung bzw. Formatierung besitzen. Soweit bekannt, kann man dies nur unter Linux umsetzen. Die erste Partition muss 32MB groß sein, eine bestimmte Geometrie und FAT32-Format aufweisen sowie bootfähig sein. Eine Anleitung befindet sich unter

http://code.google.com/p/beagleboard/wiki/LinuxBootDiskFormat

Ein Hinweis: Beim Erzeugen der primären Partition ist es zuverlässiger, den letzten Zylinder absolut statt relativ anzugeben:

```
$ [sudo fdisk /dev/sdc]

Command (m for help): [n]
Command action
   e    extended
   p    primary partition (1-4)
[p]
Partition number (1-4): 1
First cylinder (1-239, default 1): [(press Enter)]
Using default value 1
Last cylinder or +size or +sizeM or +sizeK (1-239, default 239): 51
```

Listing 6.7 MMC partitionieren/formatieren

Auf diese Partition müssen dann zuerst der X-Loader (MLO) und dann U-Boot (u-boot.bin) in dieser Reihenfolge kopiert werden, außerdem eventuell die Images, die ins NAND geflasht werden sollen. Alle relevanten Dateien sind unter

http://code.google.com/p/beagleboard/downloads/list

erhältlich.

6.4.7 Flashen von X-Loader und U-Boot2

X-Loader und U-Boot für das NAND-Flash unterscheiden sich von jenen für den Start von MMC. Die Anleitung bezieht sich auf die Images, die unter obigem Link erhältlich sind.

```
# mmcinit
# fatload mmc 0 80200000 x-load.bin.ift
# nand unlock
# nandecc hw // enable hardware ECC
# nand erase 0 80000
# nand write.i 80200000 0 80000
# fatload mmc 0 80200000 u-boot-rvc4.bin
# nand unlock
# nandecc sw
# nand erase 80000 160000
# nand write.i 80200000 80000 160000
```

Listing 6.8 Flashen von X-Loader und U-Boot

Zum Befehl `<nandecc hw>`: Der X-Loader wird vom Boot-ROM gestartet, welches beim Lesen HW-ECC benutzt, daher muss es beim Schreiben auch aktiv sein. Soll U-Boot automatisch ein IFS-Image von SD-Karte laden, kann man wie folgt ein Startskript einrichten:

6.4 Beispiel-Build für ein BeagleBoard, QNX

```
# setenv bootdelay=1
// damit wartet U-Boot eine Sekunde
# setenv bootcmd=mmc init;fatload mmc 0 80200000 beagle.ifs;go 80200000
# saveenv
```

Listing 6.9 Startskript mit IFS von SD

6.4.8 Flashen von IPL und IFS-Image

Anschließend muss man den Beagle-IPL sowie das IFS-Image auf SD-Karte kopieren und das BeagleBoard unter U-Boot starten.

```
// Flashen des IPL
# mmc init
// temporären Speicherbereich löschen
// (schreibt 0x40000 Bytes 0xff ab Adresse 0x80200000
# mw.b 80200000 ff 40000
// IPL nach 0x80200000 kopieren
# fatload mmc 0 80200000 nand-ipl-omap3530beagle_fastboot.bin
// Flash löschen
# nand erase 0 40000
# nandecc hw
// IPL ins NAND-Flash schreiben
# nand write.i 80200000 0 40000

// IFS-Image schreiben
# mw.b 80200000 ff 600000
# fatload mmc 0 80200000 beagle.ifs
# nand erase 80000 600000
# nand write.i 80200000 80000 600000
```

Listing 6.10 Flashen von IPL / IFS-Image

6.4.9 Logfile Startup X-Loader und U-Boot, QNX

```
00:00:00 Texas Instruments X-Loader 1.4.2 (Feb 19 2009 - 12:01:24)
00:00:00 Reading boot sector
00:00:00 Loading u-boot.bin from nand
00:00:01
00:00:01 U-Boot 2009.11 (Feb 23 2010 - 15:33:48)
00:00:01 OMAP3530-GP ES3.0, CPU-OPP2 L3-165MHz
00:00:01 OMAP3 Beagle board + LPDDR/NAND
00:00:01 I2C:    ready
00:00:01 DRAM:   256 MB
00:00:01 NAND:   256 MiB
00:00:04 In:     serial
00:00:04 Out:    serial
00:00:04 Err:    serial
```

```
00:00:04 Board revision C1/C2/C3
00:00:04 Die ID #5ac400030000000004013f8901001001
00:00:04 Hit any key to stop autoboot:  1   0
00:00:06 mmc1 is available
00:00:06 reading beagle.ifs
00:00:09
00:00:09 1857480 bytes read
00:00:09 ## Starting application at 0x80200000 ...
00:00:09 Beagle Board Revision: c3
00:00:09 CPU0: L1 Icache: 256x64
00:00:09 CPU0: L1 Dcache: 256x64 WB
00:00:09 CPU0: L2 Dcache: 4096x64 WB
00:00:09 CPU0: VFP 410330c1
00:00:09 CPU0: 411fc083: Cortex A8 rev 3 600MHz
00:00:09
00:00:09 System page at phys:80010000 user:fc404000 kern:fc404000
00:00:09 Starting next program at vfe048518
00:00:09 cpu_startnext: cpu0 -> fe048518
00:00:09 VFPv3: fpsid=410330c1
00:00:09 coproc_attach(10): replacing fe076560 with fe075dac
00:00:09 coproc_attach(11): replacing fe076560 with fe075dac
00:00:09 Welcome to QNX Neutrino 6.4.1 on the
         Texas Instruments OMAP3530(ARMv7 Cortex-A8 core)-Beagle Board
00:00:09 Starting serial driver
00:00:09 Waiting for /dev/ser1
00:00:09 Reopen dev/ser1
00:00:09 starting I2C driver...
00:00:09 Configure power management chip
00:00:09 Starting etfs, audio, USB EHCI/OTG, MMC, SPI, graphics driver
00:00:12 #
```

Listing 6.11 Logfile vom Startup des X-Loader/U-Boot/QNX

6.4.10 Logfile Startup IPL/QNX

```
00:00:00 QNX Neutrino Initial Program Loader for
         Texas Instruments OMAP3530 Beagle Board (fastboot)
00:00:00 reading from NAND flash ........
00:00:01 image_scan skipped ........
00:00:01 Found image           @ 0x84000008
00:00:01 Jumping to startup    @ 0x80200480
00:00:01
00:00:01 Beagle Board Revision: c3
00:00:01 CPU0: L1 Icache: 256x64
00:00:01 CPU0: L1 Dcache: 256x64 WB
00:00:01 CPU0: L2 Dcache: 4096x64 WB
00:00:01 CPU0: VFP 410330c1
00:00:01 CPU0: 411fc083: Cortex A8 rev 3 600MHz
00:00:01 EHCI_ViewPort_write timeout 82870090
00:00:01 EHCI_ViewPort_write timeout 82870090
00:00:01
00:00:01 System page at phys:80010000 user:fc404000 kern:fc404000
00:00:01 Starting next program at vfe048518
00:00:01 cpu_startnext: cpu0 -> fe048518
00:00:01 VFPv3: fpsid=410330c1
00:00:01 coproc_attach(10): replacing fe076560 with fe075dac
00:00:01 coproc_attach(11): replacing fe076560 with fe075dac
00:00:01 Welcome to QNX Neutrino 6.4.1 on the
         Texas Instruments OMAP3530(ARMv7 Cortex-A8 core)-Beagle Board
```

```
00:00:01 Starting serial driver
00:00:01 Waiting for /dev/ser1
00:00:01 Reopen dev/ser1
00:00:01 starting I2C driver...
00:00:01 Configure power management chip
00:00:01 Starting etfs, audio, USB EHCI/OTG, MMC, SPI, graphics driver
00:00:03 #
```

Listing 6.12 Logfile vom Startup IPL(QNX)

6.5 Booten unter Linux

Der Startvorgang eines Linux basierten Betriebssystem ähnelt im Wesentlichen dem oben beschriebenen Booten von QNX. Ein 2nd-Stage-Bootloader kopiert ein Kernel-Image in den Arbeitsspeicher und führt dieses aus. Auch der Linux-Kernel ist in einen Header und die eigentliche Kernel-Funktionalität als Kernel-Image aufgeteilt, wobei Letzteres optional während des Kompilieren komprimiert werden kann. Ein komprimierter Kernel kann schneller kopiert werden, muss jedoch beim Start entpackt werden. Welche die schnellere Version ist, muss im Einzelfall ausgemessen werden.

Aufgrund der Tatsache, dass der Linux-Kernel quelloffen ist, lässt sich der Start auch im Quellkode nachvollziehen. Hierzu wird im Folgenden die stabile Version 3.0 referenziert. Der in jedem Fall unkomprimierte Kernel-Header beginnt mit einem von der Hardware-Plattform abhängigen Teil, der in Assembler implementiert ist. Dabei wird vor dem Aufruf der Plattform-unabhängigen Init-Sequenz eine C-Laufzeitumgebung initialisiert und ggf. das Kernel-Image entpackt. Das heißt, der Header bereitet das System für den Start des Kernels vor. Die zugehörigen Assemblerquellen sind beispielsweise für ARM-Architektur basierte Plattformen unter

```
linux-3.0/arch/arm/kernel/head.S
```

bzw.

```
linux-3.0/arch/arm/boot/compressed/head.S
```

zu finden.

Der eigentliche Startvorgang wird durch die Funktion `start_kernel()` in `linux-3.0/init/main.c` eingeleitet. Hier werden unabhängig von der verwendeten Hardware-Plattform beispielsweise die ersten Ausgaben auf die Systemkonsole geschrieben, die Speicherverwaltung, der Scheduler und die Interruptverarbeitung initialisiert. Danach werden konfigurierte Treiber gestartet. Mit der Funktion `init_post(void)` wird schließlich mit Aufruf des `Init`-Programms an den Userspace übergeben.

Das `Init`-Programm hat die Prozess-ID 1 und dient im Wesentlichen zum Starten und Überwachen weiterer Applikationen bzw. zum Vorbereiten der notwendigen

Umgebungen für diese. Dazu kann beispielsweise das Einhängen von zusätzlichen Dateisystemen, das Starten von Netzwerkdiensten gehören. Abhängig von der Komplexität des Systems können auch runlevel-basierte oder ereignisorientierte `Init`-Systeme verwendet werden, die sich bei Desktop- und Server-Systemen bewährt haben.

Ist der Kernel für Ausgaben konfiguriert

(`CONFIG_PRINTK`)

und ist eine Boot-Konsole definiert, so wird jeder Schritt des Startvorgangs und Informationen zu den geladenen Treibern auf dieser Konsole dargestellt. Die ausgegebenen Mitteilungen werden auch in einem Ringpuffer gesichert, der aus dem Userspace über den Befehl `dmesg` abgerufen werden kann.

Es bleibt zu erwähnen, dass der Linux-Kernel in der Lage ist, Argumente zu verarbeiten, die vom 2nd-Stage-Bootloader übergeben werden können. Damit lässt sich ein Kernel konfigurieren, ohne neu kompilieren zu müssen. So lassen sich zum Beispiel Ausgaben auf eine spezielle Schnittstelle umleiten, das Wurzelverzeichnis ändern, das `Init`-Programm definieren oder ein Debug-Modus aktivieren. Eine umfangreiche Dokumentation der Parameter ist in den Quellen in der Datei

`linux-3.0/Documentation/kernel-parameters.txt`

zu finden. Auch die übrigen Dateien im Verzeichnis

`linux-3.0/Documentation`

sind empfehlenswerte Informationsquellen für eine Vielzahl von Themen sowohl zu den Interna, als auch zu den Schnittstellen des Linux-Kernels.

Kapitel 7
Speichermodell für die Applikation

Nach dem vollständigen Hochfahren des Systems können die Applikationen starten. Im Speichermodell eines Systems gibt es vier zur Verfügung stehende Speichersegmente:

Es sind dies das Stack-Segment für die temporäre Speicherung, hier werden die lokalen Daten abgelegt und die Parameter und Rücksprungadressen von Funktionen. Der Stack ist nach dem LIFO (Last In First Out) Prinzip organisiert. Er ist nur durch die Operation push und pop implizit zugreifbar, also nicht frei adressierbar.

Weiterhin das Heap-Segment, der freie Arbeitsspeicher, in dem Speicher allokiert werden kann.

Im Data-Segment werden Daten gehalten, die solange leben wie das Programm selbst. Dies umfasst auch alle globalen und statischen Variablen. Das Datensegment wird in einen Bereich für initialisierte Daten, einen für nicht initialisierte Daten und einen const-Datenbereich unterteilt.

Das Code-Segment oder auch Text-Segment speichert die auszuführenden Programmzeilen, den Startup Code, der vor der eigentlichen main() aufgerufen wird, und den Terminate-Code, der nach Beendigung der main() aufgerufen wird. Das Code-Segment ist im Programmverlauf nur lesbar, sein Attribut steht auf Read-Only. Im Prozessor befinden sich unter anderem zwei Register, ein Stack-Pointer Register und ein Instruction-Pointer Register. Wird ein Programm nach der Kompilierung und Bindung in den Prozessorspeicher geladen, so werden die Maschinenbefehle vom Lader in das Code-Segment abgelegt. Der Instruktionszeiger zeigt dann auf den ersten auszuführenden Befehl im Code-Segment.

Ein Programm im Codesegment kann folgende Daten nutzen, deren Definition in folgender Reihenfolge in einem Startup- oder Init-Code noch vor der main() verläuft:

- Datensegment, BSS-section (block storage segment):
- Konstanten-Definitionen mit Initialisierung (const data)
    - Daten mit Initialisierung (init data)
    - Daten mit Default Initialisierung (uninit data=0)
- Statische und globale Klassenobjekte über Konstruktor

Die eingerückten init- und uninit-data sind in ihrer Reihenfolge nicht festgelegt, sondern vom Compiler abhängig. Die Reihenfolge der Klassenobjekte folgt innerhalb eines Files der Reihenfolge im Source-Code. Die Reihenfolge ist nicht festgelegt, falls zwei Klassenobjekte in verschiedenen Files definiert werden. Sollte sie wichtig sein, müssen beide Definitionen in einer Datei erfolgen. Im dann mit der `main()` anlaufenden Programm werden zur Laufzeit Parameter, Rückgabewerte und lokale Variablen auf dem Stack angelegt, dynamische Variablen liegen auf dem Heap. Diese dynamischen Speicherbereiche werden dem Laufzeitsystem vom Betriebssystem zur Verfügung gestellt, das Laufzeitsystem verwaltet den Speicher. Normalerweise sind diese Segmente zum Start des Programms klein und werden während der Laufzeit auf Anforderung hin vergrößert. Nach Ablauf der `main()` folgt ein Nachspann, in dem die globalen und statischen Objekte aufgeräumt werden. Auch Heap und Stack werden zurückgegeben.

Als weiteres, selbst definiertes Speichersegment könnte man noch das „shared memory" oder eine Ramdisk nennen, ein virtueller Speicherbereich, der physikalisch zusammenhängend mit `mmap()` als selbstverwalteter Speicher in den Adressraum abgebildet wird. Er wird oft für die Inter-Prozess-Kommunikation zwischen Prozessen verwendet, es ist auf dieser Ebene die schnellste und universellste Möglichkeit. Er hat insbesondere für MultiCore-Systeme an Bedeutung gewonnen. Jeder User-Prozess kann diesen Speicher an andere Adressen abbilden, deshalb erfordert die Programmierung eine relative Adressierung über Offsets oder Zeiger. Werden mehrere Prozesse durch `fork()` erzeugt, so nutzen alle dieselben Adressen, was die Programmierung einfacher gestaltet. Auch für den Datenaustausch zwischen dem Kernelspace und dem Userspace ist das Mappen eines gemeinsamen Speicherbereichs eine gute Option.

Kapitel 8
Reset und On/off

Jedes SW-getriebene System sollte regelmäßig Resets zu definierten Zeiten bekommen, damit eventuelle Verklemmungen gelöst werden können. Eine gute Praxis ist, das System beim Starten (On) per Einschalten der Spannung oder per Hauptschalter mit einem Reset zu beaufschlagen. Systeme, die niemals einen planmäßigen Reset bekommen, sind sehr kritisch zu hinterfragen und auch ist zu fragen, ob sich nicht die HW- und/oder SW-Entwickler überschätzen. Zudem gibt es mögliche Störungen durch EMV-Einstrahlung, die außerhalb des eigenen Einflussbereiches sind.

8.1 Reset bei On

Ein Prozessorsystem muss beim Einschalten der Betriebsspannungen einen Reset-Impuls bekommen, um einen definierten Start ohne HW-Races zu gewährleisten. Mit diesem Reset-Signal werden unter anderem alle wichtigen HW-Register auf einen definierten Wert gesetzt. Dieser Reset-Impuls muss beim Hochlaufen der Betriebsspannung aktiv sein und mindestens solange aktiv bleiben, bis die Versorgungsspannung den spezifizierten Wert erreicht hat. Dementsprechend muss die Triggerschwelle gelegt werden, siehe Abb. 8.1.

Oft gibt es zusätzlich eine spezifizierte Mindestdauer, z. B. um das Anschwingen des Taktoszillators, der den Systemtakt erzeugt, abzuwarten.

Einfache Schaltungen bestehen aus einem RC-Glied und einem Komparator, siehe Abb. 8.2. Oft sind sie für den gewählten Prozessor als externe Beschaltung vorgegeben.

Diese Schaltung kann allerdings nicht unter allen Umständen eine Mindestpulsbreite des Reset-Pulses garantieren. Bricht zum Beispiel in einem Auto die Batteriespannung beim Anlassen des Fahrzeugs nur für kurze Zeit ein, könnte ein Reset-Signal beliebig kurz werden. Grund dafür ist die Restladung aus dem letzten Zyklus im Kondensator. Verbesserte Schaltungen entladen in einem solchen Fall den Kondensator zunächst vollständig, siehe Abb. 8.3.

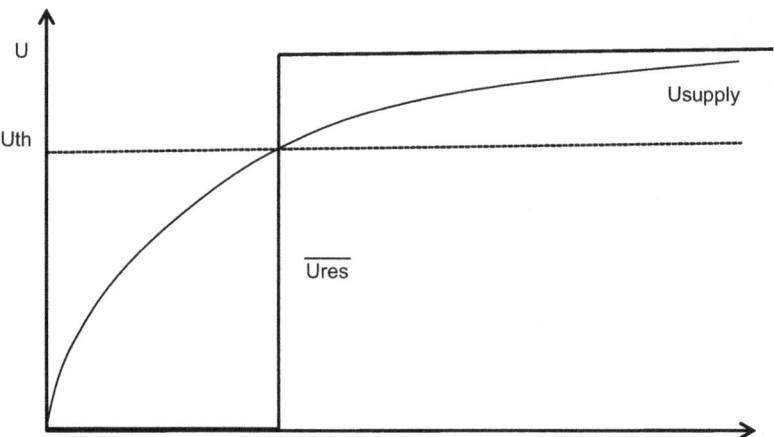

Abb. 8.1 Reset-Erzeugung aus der Ladespannung

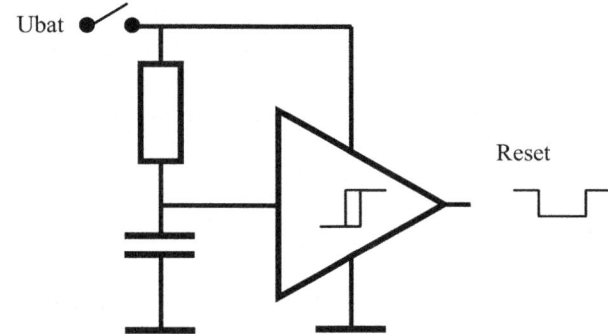

Abb. 8.2 Beispiel einer üblichen Reset-Schaltung

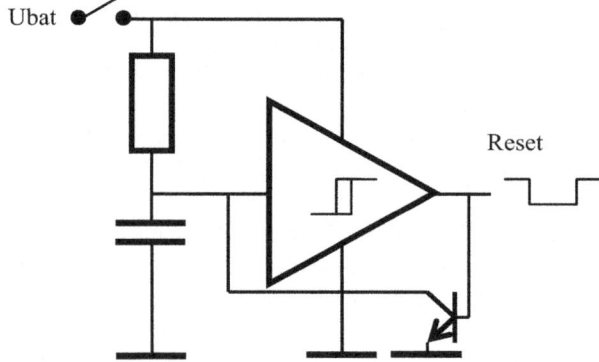

Abb. 8.3 Reset-Schaltung mit Löschen der Restladung

8.1 Reset bei On

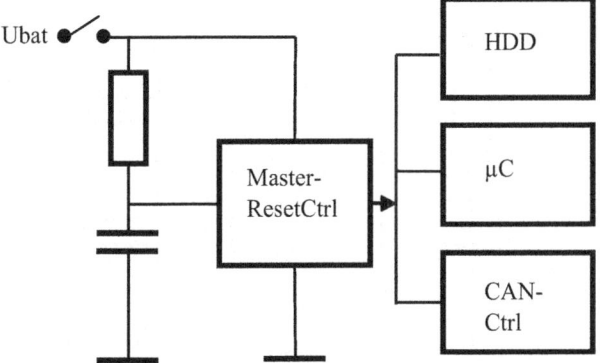

Abb. 8.4 Master-Reset

Besonderes Augenmerk braucht ein System, in dem mehrere Prozessoren mit voneinander unabhängigen Resets genutzt werden, die sich Ressourcen teilen oder miteinander kommunizieren. Es kann immer passieren, dass durch unterschiedliche Trigger-Schwellen ein Prozessor A einen kurzen Reset bekommt und neu startet, während ein anderer Prozessor B ungestört durchläuft. Verklemmer in der Kommunikation, erhöhter Speicherverbrauch oder komplette Blockaden sind dann nicht ungewöhnlich, weil in der Implementierung an einen solchen Fall nicht gedacht wurde. Durch Restladungen kann das gleiche System in einem anderen Fall mit Prozessor A ungestört laufen, während Prozessor B durch einen Reset neu gestartet wird. Dieses Problem wird oft beim HW/SW-Co-Design übersehen und ist Ursache vieler sporadischer Probleme. Zum Beispiel verklemmt sich sporadisch selten die Kommunikation zwischen Hauptprozessor und CAN-Controller beim Hochstarten.

Empfehlenswert sind deshalb entweder ein Master-Reset für alle Komponenten, siehe Abb. 8.4, oder eine „Daisy-Chain" des Resets, siehe Abb. 8.5, in der die Komponenten sequenziell den Reset ausführen und weitergeben. Im schlechtesten Fall müssen in SW alle möglichen Reset-Reihenfolgen in den Kommunikationsmethoden vorgesehen werden, eine Arbeit, die oft mehrere Iterationen braucht und bei Verwendung von Standards auch nicht immer „wasserdicht" möglich ist.

Es gibt Strategien, Prozessorsysteme nur beim erstmaligen Anschalten an die Bordspannung zurückzusetzen, später dann werden sie nie ausgeschaltet, sondern nur in einen stromsparenden Stand-By-Mode gebracht. Solche Strategien sind aus mehreren Gründen nicht empfehlenswert.

- Der Ruhestrom ist zu hoch. Normalerweise ist in der Automotive-Umgebung nur die vollständige Abschaltung der Hauptprozessoren erlaubt.
- Das System wird nie vollständig neu gestartet, Verklemmer, Speicherlecks und Verluste von Settings werden nicht behoben.
- Ein Kunde akzeptiert heute oft Verklemmer und Fehlverhalten, sofern sie sich nach einem off/on (mit implizitem Reset) wieder heilen. Tun sie es nicht, so wird das Problem zum Service-Fall.

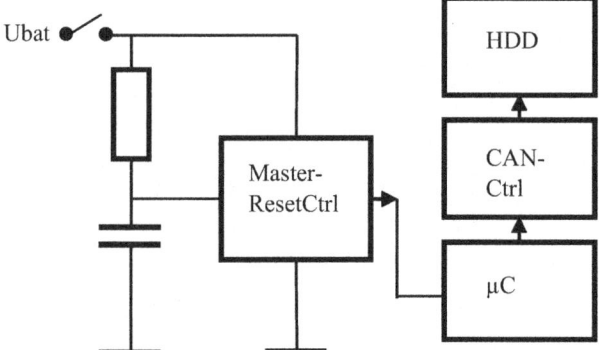

Abb. 8.5 Daisy-Chain für Reset

8.2 Reset durch Watchdog

Ein weiteres Mittel, dauerhafte Verklemmer aufzuheben, ist der sogenannte Watchdog. Eine Überwachungsschaltung außerhalb des Prozessors prüft, ob der Prozessor bzw. das Programm noch ordnungsgemäß läuft, ähnlich einer „Totmann-Schaltung" in Eisenbahnen. Nur wenn das Programm läuft und dabei regelmäßig einen Watchdog triggert, wird es nicht per Reset zurückgesetzt. Ein vereinfachtes Bild 8.6 zeigt ein RC-Glied, das sich langsam auflädt.

Wächst die Spannung über einen Schwellwert, so wird der Prozessor per Reset neu gestartet. Nur wenn die SW zum Beispiel in der Hauptschleife zyklisch das RC-Glied rechtzeitig entlädt, kommt es nicht zum Reset. Mit einem solchen Prinzip kann man Deadlocks und Performance-Probleme auflösen, nicht aber Live-Locks, bei denen der Watchdog noch regelmäßig getriggert wird, obwohl das Programm außer einer Schleife nichts Sinnvolles mehr tut.

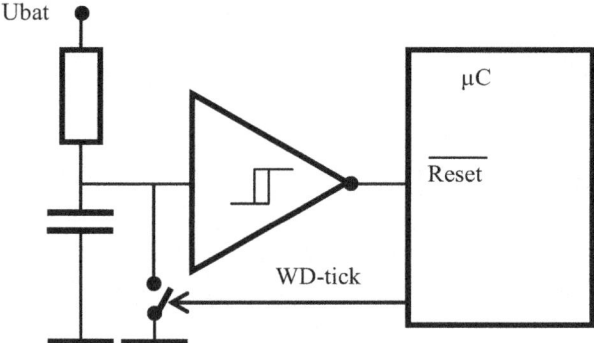

Abb. 8.6 Beispiel einer WD-Schaltung

8.2 Reset durch Watchdog

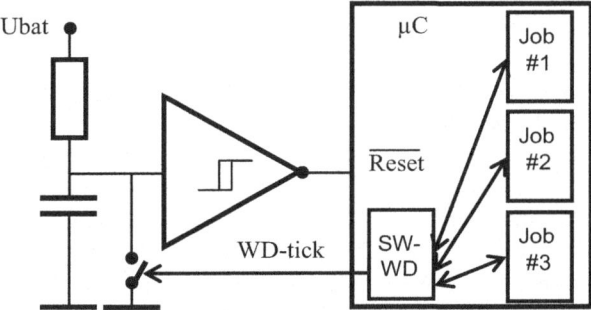

Abb. 8.7 Beispiel des Zusammenwirkens von HW- und SW-WD

8.2.1 SW-Watchdog

Normalerweise laufen im Prozessor mehrere Prozesse und Threads parallel. Sollen diese ebenfalls einzeln überwacht werden, muss es eine Hierarchie von Watchdogs geben. Normalerweise implementiert man dann einen SW-Watchdog, der alle Jobs überwacht und selbst von dem HW-WD überwacht wird und diesen bedient, siehe Abb. 8.7. Ein Framework kennt normalerweise alle Threads und Prozesse, die beim Start oder zur Laufzeit gestartet werden. Deshalb kann ein SW-Watchdog leicht alle registrierten Prozesse/Threads überwachen. Jeder überwachte Thread muss regelmäßig den WD triggern. Hat er dies nicht innerhalb der Überwachungszeit getan, wird nach diversen Analyse-Aktivitäten ein Reset ausgelöst. Mögliche Analysen werden in einem späteren Kapitel über Fehler vorgeschlagen. Die Überwachungszeit kann für jeden Thread spezifisch eingestellt sein.

8.2.2 Priorität des WD-Threads

Zu diskutieren ist die Priorität dieses SW-Watchdogs. Sie kann als niedrigste im System gewählt werden, dann ist keine Kommunikation mit den anderen zu überwachenden Jobs nötig, es reicht schon, wenn der Watchdog eine definierte Zeit lang nicht drankommt. Auch die Wahl einer aktiven Kommunikation mit sehr hoher Priorität ist plausibel. Dann sind innerhalb des SW-Watchdogs aktive Analysen und Dokumentationen der Fehlersituation möglich.

Übliche SW-Watchdogs senden Kontroll-Events an die zu überwachenden Jobs und erwarten rechtzeitige Rückantwort. Alternativ werden SW-Timer aufgezogen, ähnlich dem RC-Glied von oben, die von den überwachten Jobs rechtzeitig rückgesetzt werden müssen. Statt der Timer können auch gut Zähler verwendet werden, deren Stand einen bestimmten Schwellwert nicht überschreiten darf. Er muss deshalb regelmäßig von dem überwachten Job zurückgesetzt werden. Oft besitzt ein solcher SW-WD eine Registry, an der sich die zu überwachenden Komponenten und Jobs anmelden.

8.2.3 Reset-Strategie

Auch der Reset, der vom WD ausgelöst wird, kann verschiedenen Strategien unterliegen. Es kann Ziel sein, den WD möglichst unbemerkt auszulösen (Hidden-Reset). Das bedeutet, dass das System wieder in den vorherigen Zustand gebracht wird. Zum Beispiel wird nach kurzer Reset-Unterbrechung wieder der vorherige Betriebsmode eingestellt, dies könnte der Tuner mit gleichem Sender und gleicher Lautstärke wie vorher sein. Die Last-Modes werden wieder hergestellt. Auch kann versucht werden, normale Shutdown-Sequenzen zu verwenden, damit noch letzte Speicherwerte gerettet werden können. Beides kann allerdings in ungünstigen Fällen dazu führen, dass auch der Fehlerfall immer wieder restauriert wird, das System hängt zyklisch. Daher gibt es auch die Strategie, einen offensichtlichen Reset zu implementieren, der gesichert auf Default-Werte oder ein Rescue-Image zurückfällt. Danach müssen alle persönlichen Einstellungen wieder vorgenommen werden. Vermutlich am geeignetsten sind Strategien, nach mehrmals hintereinander erfolgten versteckten aber erfolglosen Resets einen sichtbaren Reset mit Restaurieren von Default-Zuständen und Werten auszulösen.

Hier stellt sich die Frage, wie durch einen WD ausgelöste Hidden-Resets detektiert und gezählt werden können. Die Antwort ist ein persistenter Speicher, in dem der Grund für ein reguläres Herunterfahren des Systems abgespeichert wird. Ist dieser beim nächsten Start nicht ordentlich gesetzt, kann von einem Hidden-Reset ausgegangen werden, der in einem weiteren persistenten Speicher gezählt wird.

In der Entwicklungsphase muss der Watchdog abgeschaltet werden können, im Produkt nicht (HW-Schalter, Jumper, etc.). Alleinige interne SW-Watchdogs, die per komplexer Sequenz an- und abgeschaltet werden können, sind erfahrungsgemäß nicht sicher.

8.2.4 Welche Fehler-Situationen soll ein WD lösen

Es gibt einige typische Erscheinungen, deren Ursachen allerdings vielfältig sein können.

8.2.4.1 Deadlock:

Ein oder mehrere Jobs stehen für lange oder immer, durch gegenseitige Blockierungen, durch Programmierfehler wie unkontrollierte intlocks, durch HW-Blockaden.

8.2.4.2 Livelock

Die Jobs warten aktiv aufeinander (Polling), laufen also noch, bewirken aber nichts Sinnvolles mehr.

8.2.4.3 Starvation

Ein Job wird mit niedriger Priorität nicht mehr gescheduled, z. B. weil ein hochpriorer Job zu viel oder alle CPU nimmt.[1]

8.2.4.4 Watchdog-Vorwarnung

Bei größeren Systemen wird oft eine WD-Vorwarn-Routine implementiert. Zum Beispiel wird nach Ablauf der halben WD-Zeit ein Programm ausgelöst, das Analysen durchführt, welches Programm-Modul wie viel CPU verbraucht, wer welchen Speicher belegt hat, welche Threads schon länger Ready und welche Funktionen blockiert sind und von wem. Auch Maßnahmen wie Stoppen von Programmen, Backtracing, Ausgabe des Stacks oder temporäre Höher-Priorisierung der blockierten Threads sind üblich. Alle diese Maßnahmen müssen aber CPU-schonend sein, sonst verschärfen sie das Problem. Weiterhin muss beachtet werden, dass sehr oft der klemmende Thread das Opfer, nicht der Täter ist.

8.2.5 SW-DUMMY-Watchdog

Mit dem folgenden SW-Dummy-Watchdog kann man einen HW-WD simulieren, falls das finale HW-System noch nicht zur Verfügung steht. Der Dummy-WD wird aktiviert und muss von der überwachten Applikation regelmäßig getriggert werden. Andernfalls löst er, wie ein richtiger HW-WD, einen unbedingten Reset aus.

```
#include <cstdlib>
#include <iostream>
#include <string.h>
#include <stdio.h>
#include <stdlib.h>
#include <sys/types.h>
#include <sys/stat.h>
#include <fcntl.h>
#include <pthread.h>
struct WdStruct
{
        pid_t App_Pid;
        unsigned char CheckByte;
        char threadname[21];
};

int main(int argc, char *argv[])
{
        int    fd;
        int size_read, size_written;
        pthread_t mOSThreadID=0;
```

---

[1] Für jeden der Fälle kann überlegt werden, mit welcher Art WD er gelöst werden kann.

```
struct sched_param threadparam;
int policy;


// set prio max below kernel
pthread_getschedparam(mOSThreadID, &policy, &threadparam);
threadparam.sched_priority = 254;
pthread_setschedparam(mOSThreadID, SCHED_RR, &threadparam);


WdStruct myWdStruct;
myWdStruct.App_Pid = getpid();
myWdStruct.CheckByte = 0;        // ticked for the start,
                                 // now some time
strcpy(myWdStruct.threadname, "DummyName \n");


// open watchdog >File
fd = open("/dev/shmem/myWatchdogFile.dat",
      O_CREAT|O_RDWR|O_SYNC );
size_written = write (fd, &myWdStruct, sizeof(WdStruct) );
size_read = read (fd, &myWdStruct, sizeof(WdStruct) );


// check contents, must be PID, followed by check byte,
// that has to be
// reset to 0 by the application frequently
while (true)
{
  sleep(1);
  size_read = read (fd, &myWdStruct, sizeof(WdStruct) );
  if (myWdStruct.App_Pid != 0)
  {
    std::cout << "This is the Watchdog" << std::endl;
    if (myWdStruct.CheckByte != 0)              // time out
      {
          cout<< " kill" << myWdStruct.App_Pid
              << myWdStruct.threadname << endl;

          // kill(myWdStruct.App_Pid, SIGKILL);// evtl killpg ?
          system( "shutdown" );        // ganze QNX resetten
          myWdStruct.App_Pid = 0;      // PID löschen, nächstes
                                       // Mal wieder ok
      }
      else
      {
        myWdStruct.CheckByte++;        // activate again
        std::cout << "Activate the Watchdog" << std::endl;
      }
  }
  size_written = write (fd, &myWdStruct, sizeof(WdStruct) );
}
return EXIT_SUCCESS;
}
```

Listing 8.1 SW-Dummy-WD, Implementierung

8.2.6 Watchdog-Reset, Analysen

Wenn es dann doch zum eigentlichen Reset kommt, braucht auf Ressourcen keine Rücksicht mehr genommen zu werden. Wichtiger ist es, alle möglichen Informa-

8.2 Reset durch Watchdog

tionen für eine post-mortem-Analyse auszugeben. Zum Beispiel kann man durch Hinterlegen von Flags beim Abschalten des Systems während des nächsten Starts erkennen, ob der Neustart durch einen WD-Reset, ein reguläres Einschalten oder durch einen Sondermode Diagnose verursacht wurde. Es sind viele Analysen vor dem Absturz möglich, die darüber Aufschluss geben, wer blockiert war, durch wen oder was, die Vorgeschichte auf dem Stack und wenn möglich auf dem Heap. Wer waren die High-Runner, wer hat welchen Speicher beansprucht, welches waren die letzten Modi und Events vor der Blockade?

Ein Hilfsmittel kann der sogenannte Proc-Tracker sein, siehe auch Abschn. 21.6.7, mit dem man eine sogenannte „post-mortem-Analyse" unterstützen kann. Das Beispiel unten zeigt eine typische Hochlastsituation, die zu einem WD-Reset geführt hat. Die Ausgabe zeigt, dass der Thread `io-media` die CPU regelmäßig belegt und einen Request der MME (multi media engine) bearbeitet. Zur Erläuterung: Wenn t(c) zusätzlich erscheint, dann bearbeitet der t(p)-Thread (Server) gerade eine Anfrage des t(c)-Threads (des Clients). Diese Information ist in der Prozessmanagerverwaltung gespeichert. Sie wird vom Proc-Tracker ausgegeben, weil das manchmal eine ganz praktische Information ist.

```
Eine WD-Vorwarnung ist um 10:10 zu sehen.
10:08:54  [t(p)  sbin/io-media  77861  1  15  8090efc]
10:08:54  [t(c)  sbin/mme      200758 14  10  70335e52]
10:08:56  [t(p)  sbin/io-media  77861  1  15  7031fd20]
10:08:56  [t(c)  sbin/mme      200758 14  10  70335e52]
10:08:58  [t(p)  sbin/io-media  77861  1  15  7031fd54]
10:08:58  [t(c)  sbin/mme      200758 14  10  70335e52]
...
10:10:27  [t(p)  sbin/io-media  77861  1  15  7031fd54]
10:10:27  [t(c)  sbin/mme      200758 14  10  70335e52]
10:10:29  [t(p)  sbin/io-media  77861  1  15  8090efc]
10:10:29  [t(c)  sbin/mme      200758 14  10  70335e52]

10:10:30  2010] watchdogWarning: process 163882 (MiscApplication),
          FWthread 190 osthread 27
          (SwdlIpcKeyboardWorkerThread_SoftwareDownloadKeyboard)
...
Load      Pid      Tid Prio Name
87.3%   77861       1  15r  procnto
 5.7%       1       4   0   procnto
 3.6%       1       7   0   procnto
 0.8%   40976       1  15r  devg-graphic
 0.3%   12290       2  15r  devf-generic

Beispiel aus der WD-Vorwarnung: Ausgabe der Prozesse
inkl. Namen, die 10% oder mehr der CPU beanspruchen

# hogs
Load      Pid      Tid Prio Name
45.8%       1       1   0   procnto - Idle
25.1% 1122381       1  10r  simload_25percent
 7.0%  536647       1  10r  myapp - main
 2.0%   45077       2  10r  io-pkt-v4-hc
 1.1%   86052       5  18r  ndr
 0.8%  536647       1  15r  myapp - thread_1
 0.7%  536647       2  17s  myapp - thread_2
```

Listing 8.2 SW-Dummy-WD, Ausgabe der Vorwarnung

Wir sehen in der Warnung: thread 155690 ist länger als 50 s blockiert, pidin zeigt uns REPLY blocked auf io-media.

```
watchdogWarning: process 155690 (MMINavigation),
mv2thread 91 osthread 57 (KombiFileCompressorJobThread_kombiCompressor)
INFO: mocca_watchdog_warn_dump.sh started
backtrace for 155690 - 57:
0x70335094 0x7033ab12 0x83ad272 0x829f97a
0x83c9cd4 0x83c9f6e 0x807d1ba 0x807d8d8
0x83ca14e 0x807def8 0x807ac18 0x7031e4dc
library mapping is following
        pid tid name              prio STATE        Blocked      thread name
          1   1 procnto            0f  READY                     1
          1   2 procnto           16r  RUNNING                   2
          1   3 procnto           16r  RECEIVE      1            3
          1   4 procnto           10r  RECEIVE      1            4
...
      65574   1 in/io-media       10r  MUTEX        65574-02 #1  1
      65574   2 in/io-media       10r  CONDVAR      8382fa0      2
      65574   3 in/io-media       10r  SIGWAITINFO               3
      65574   4 in/io-media       10r  CONDVAR      8389220      4
      65574   5 in/io-media       15r  CONDVAR      83893a0      5
      65574   6 in/io-media       10r  RECEIVE      1            6
      65574   7 in/io-media       10r  REPLY        45077        7
      65574   8 in/io-media       10r  CONDVAR      8389660      8
      65574   9 in/io-media       15r  CONDVAR      8389760      9
      65574  10 in/io-media       10r  CONDVAR      844c498     10
      65574  11 in/io-media       11r  CONDVAR      8389c40     11
      65574  12 in/io-media       10r  CONDVAR      8389e00     12
      65574  13 in/io-media       17r  CONDVAR      8389e20     13
      65574  14 in/io-media       11r  CONDVAR      8389c00     14
      65574  15 in/io-media       12r  CONDVAR      8389d20     15
      65574  16 in/io-media       17r  SIGWAITINFO             16
      65574  17 in/io-media       17r  CONDVAR      8394608    17
...
     155690  57 ps/MMINavigation  10r  REPLY        65574
                KombiFileCompressorJobThread_kombiCompressor
Load        Pid     Tid Prio Name
19.2%    155690      60  10r Navigation - MapTask_map2D
17.5%         1       1   0  procnto - Idle
11.5%     40976       2  21f devg-graphic
11.0%    118811      26  15r j9vm
```

Listing 8.3 SW-Dummy-WD, weitere Ausgabe der WD-Analyse

50 s später:

```
threadTerminated: process 155690 (MMINavigation),
 FWthread 91 osthread 57(KombiFileCompressorJobThread_kombiCompressor)
```

Listing 8.4 SW-Dummy-WD, finaler Reset

Kapitel 9
Umgang mit Flash-Memory

Flash-Bausteine sind die heute üblichen Festwertspeicher im Computer, die ihren Inhalt über Power-off hinweg persistent speichern. Dort werden die Bootloader und die Boot-Images aufgehoben sowie bei embedded Systemen auch die einzigen persistenten File-Systeme (FS). Sämtliche Settings, Last-Modes und Pin-Codes werden in einem solchen FS aufgehoben, die Partition nennt man oft efs-Persistence. Das Speicherprinzip von Flash-Bausteinen ist ein Kondensator, in dem eine Ladung den logischen Pegel darstellt (Bitspeicher). Im Gegensatz zum dynamischen Speicher muss beim Flash die Ladung nicht zyklisch aufgefrischt werden, da die Ladung in einer hochisolierenden Schicht eingebracht ist. Dementsprechend kann diese Ladung auch nicht mit neuem Schreiben des alternativen Pegels verändert werden, die Zelle muss durch erhöhte Spannung gelöscht werden. Bei realen Flash-Speichern sind die Zellen in Blöcken und Sektoren organisiert und können zwar einzeln geschrieben, aber immer nur Sektor-weise gelöscht werden. Übliche Flash-Speicher besitzen eine Wortbreite von Byte oder von Word und eine Sektorgröße von 256 oder 512 kByte. Einzelne Speicherstellen werden deshalb zunächst nur als gelöscht markiert („stale"). Das Überschreiben z. B. des Wertes einer Variablen erfordert demnach das gelöscht Markieren des alten Speicherplatzes und den Eintrag der Variablen in einer neuen Zelle und in der File-Verwaltung. Erst wenn Speicherplatz gebraucht wird, werden Blöcke, in denen alle Speicherstellen leer oder als „stale" markiert sind, komplett auch physikalisch gelöscht, „reclaim". Nach dieser Art Garbage-Collection sind die Sektoren als „free" markiert. Gegebenenfalls müssen dafür auch Speicherstellen vom Treiber und dem Betriebssystem umgelagert werden.

9.1 Flash-Probleme

Flash-Speicher haben mehrere prinzipielle Probleme, siehe auch die folgenden Datenblätter von NOR-Flash-Bausteinen.

Distinctive Characteristics

Architectural Advantages
Single power supply operation
Manufactured on 110 nm MirrorBit process technology
Secured Silicon Sector region
- 128-word/256-byte sector for permanent, secure identification through an 8-word/16-byte random Electronic Serial Number, accessible through a command sequence
- Programmed and locked at the factory or by the customer

Flexible sector architecture
- 64Mb (uniform sector models): One hundred twenty-eight 32 Kword (64 KB) sectors
- 64 Mb (boot sector models): One hundred twenty-seven 32 Kword (64 KB) sectors + eight 4Kword (8KB) boot sectors
- 32 Mb (uniform sector models): Sixty-four 32Kword (64 KB) sectors
- 32 Mb (boot sector models): Sixty-three 32Kword (64 KB) sectors + eight 4Kword (8KB) boot sectors

Enhanced VersatileI/O™ Control
- All input levels (address, control, and DQ input levels) and outputs are determined by voltage on V_{IO} input. V_{IO} range is 1.65 to V_{CC}

Compatibility with JEDEC standards
- Provides pinout and software compatibility for single-power supply flash, and superior inadvertent write protection

100,000 erase cycles typical per sector
20-year data retention typical

Performance Characteristics
High performance
- 90 ns access time
- 8-word/16-byte page read buffer
- 25 ns page read time
  - 16-word/32-byte write buffer which reduces overall programming time for multiple-word updates

Low power consumption
- 25 mA typical initial read current, 1 mA typical page read current
- 50 mA typical erase/program current
- 1 µA typical standby mode current

Package options
- 48-pin TSOP
- 56-pin TSOP
- 64-ball Fortified BGA
- 48-ball fine-pitch BGA

Software & Hardware Features
Software features
- Advanced Sector Protection: offers Persistent Sector Protection and Password Sector Protection
  - Program Suspend & Resume: read other sectors before programming operation is completed
  - Erase Suspend & Resume: read/program other sectors before an erase operation is completed
- Data# polling & toggle bits provide status
  - CFI (Common Flash Interface) compliant: allows host system to identify and accommodate multiple flash devices
  - Unlock Bypass Program command reduces overall multiple-word programming time

Hardware features
- WP#/ACC input accelerates programming time (when high voltage is applied) for greater throughput during system production. Protects first or last sector regardless of sector protection settings on uniform sector models
- Hardware reset input (RESET#) resets device
- Ready/Busy# output (RY/BY#) detects program or erase cycle completion

Abb. 9.1 NOR-Flash Life-Cycles

- Ihr Lebenszyklus beträgt im Moment 100.000 Zyklen (gezählt wird das Löschen), danach werden ihre Zugriffszeiten schlechter und die Löschzeiten laufen aus der Spezifikation (aging).

9.1 Flash-Probleme

Distinctive Characteristics

Single power supply operation
- Full voltage range: 2.7 to 3.6 volt read, erase, and program operations

Manufactured on 90 nm MirrorBit process technology

x8 and x16 Bus width

Page and block sizes
- Page Size of 528 bytes (512 bytes for user area and 16 bytes for spare area)
- Number of Blocks
  - 512Mb: 128 blocks
  - 256Mb: 64 blocks
  - 128Mb: 32 blocks
- Block Size
  - x8 device block size = (512K + 16K) bytes
  - x16 device block size = (256K + 8K) words

Compatibility with NAND Flash I/O
- Provides pinout and command set compatibility with single-power supply NAND flash

100,000 program/erase cycles per sector typical

10-Year data retention typical

Industrial operating temperature range (−40°C to +85°C)

48-pin standard pinout TSOP

Devices with < 2% invalid blocks (requires ECC capable of correcting 1 bit per 512 Bytes)

Optional

100% valid blocks

Enhanced VersatileI/O™ Control
- All input and output levels (address, control and I/O levels) are determined by voltage on V_{IO} input. V_{IO} range is 1.7 to V_{CC}

....
....

Programming And Erase Characteristics

Symbol	Parameter	Min.	Typ. (Note 1)	Max. (Note 2)	Unit
t_{PROG}	Average Programming Time (Standard Mode)		180	1400	µs
	Fast Program/Erase Mode Programming Time		170	1300	µs
N	Number of Programming Cycles on Same Page			1	
t_{BERASE}	Block Erase Time (Standard Mode)		150	400	ms
	Fast Program/Erase Mode Block Erase Time		130	360	ms

Notes
1. Assumes the following conditions: 25°C, 3.3V V_{CC}, 10,000 cycles; checkerboard data pattern.
2. Under worst case conditions: 90°C, 2.7V V_{CC}, 100,000 cycles.

Abb. 9.2 Ausschnitt NOR-Flash-Datenblatt, life cycles und erase times

- Ist ihr Lebenszyklus weit überschritten, kann es auch zu Bitfehlern kommen.
- Ihr Schreib/Lese-Timing ist deutlich langsamer als das von RAMs.
- Während des Löschens eines Speicherblocks kann der Baustein nicht an anderen Adressen geschrieben oder gelesen werden, der gesamte Baustein ist blockiert.
- Laut Datenblatt kann das Hardware-seitige Löschen (Reclaim) eines Blocks je nach Baustein einige Sekunden dauern. Müssen mehrere Blöcke gelöscht werden, um Platz für neue Daten zu schaffen, können Minuten vergehen, in denen

Erase And Programming Performance

Parame		Typ (Note 1)	Max (Note 2)	Unit	Comments
Sector Erase Time		0.5	3.5	sec	Excludes 00h programming prior to erasure (Note 6)
Chip Erase Time	S29GL032N	32	64		
	S29GL064N	64	128		
Total Write Buffer Program Time (Notes 3, 5)		240		µs	Excludes system level overhead (Note 7)
Total Accelerated Effective Write Buffer Program Time (Notes 4, 5)		200			
Chip Program Time	S29GL032N	31.5		sec	
	S29GL064N	63			

Notes
1. *Typical program and erase times assume the following conditions: 25°C, V_{CC} = 3.0V, 10,000 cycles; checkerboard data pattern.*
2. *Under worst case conditions of 90°C; Worst case V_{CC}, 100,000 cycles.*
3. *Programming time (typ) is 15 µs (per word), 7.5 µs (per byte).*
4. *Accelerated programming time (typ) is 12.5 µs (per word), 6.3 µs (per byte).*
5. *Write buffer Programming time is calculated on a per-word/per-byte basis for a 16-word/32-byte write buffer operation.*
6. *In the pre-programming step of the Embedded Erase algorithm, all bits are programmed to 00h before erasure.*
7. *System-level overhead is the time required to execute the command sequence(s) for the program command. See Table 10.1 on page 51 and Table 10.3 on page 53 for further information on command definitions.*

Abb. 9.3 Ausschnitt eines NOR-Flash Datenblatts, erase times

kein anderer Job diesen Baustein ansprechen kann. Ein gravierendes Beispiel ist, wenn vor dem Abschalten einer Infotainment-Headunit im Auto das Telefonadressbuch von z. B. 8 MByte und 32 Sektoren verändert zurückgeschrieben werden muss. Dies kann eine Abschaltverzögerung von ca. 100 sec erfordern. Fehlerhafte Implementierungen anderer Applikationen, die ebenfalls das Flash zugreifen wollen, führen hier leicht zum WD-Reset.
- Neue Bausteine implementieren „suspend/resume"-Strategien, in denen der Reclaim-Vorgang unterbrochen werden kann. Dieses suspend/resume muss aber vom Treiber unterstützt werden und auch Unterspannungs-Situationen fehlerfrei überstehen.
- Wenn Programme immer wieder auf dieselbe Adresse bzw. denselben Sektor des Flash-Bausteins schreiben würden, wäre der Baustein schnell an seinem Lebensende. Deshalb muss der Flash-Treiber eine Strategie implementieren, die die verwendeten Sektoren streut. Man nennt dies „wear leveling". Es gibt auch Strategien, zu schlechte Sektoren nicht mehr zu verwenden, BBM (Bad-Block-Management).
- Übliche Datenbanken wie SQL sind auf HDD-Zugriffe ausgelegt und schonen deshalb Flash-Bausteine nicht. So braucht das Abspeichern eines einzigen Wertes in einer SQL-Datenbank 3–5 Schreibzugriffe.
- Nicht akzeptabel ist ein Lösch-Prozess während der Boot-Phase des Systems, da die zum Booten notwendigen Daten nicht gleichzeitig aus dem Flash gelesen werden könnten. Auch hier droht ein WD-Reset.

9.2 Reclaim

Das Löschen eines oder mehrerer Sektoren, gegebenenfalls mit Umziehen noch valider Daten, nennt man Reclaim. Es ist eine Art Garbage-Collection. Spätestens, wenn für neue Schreibvorgänge nicht mehr ausreichend Platz im Flash ist, muss Reclaiming ausgelöst werden. Die Flash-Treiber beobachten dafür das Verhältnis zwischen freien und als gelöscht markierten Sektoren (free over stale). Beste Strategie gegen kritische Blockade-Probleme während des Reclaims ist die Verlagerung aller wichtigen Daten in einen RAM-Cache, der während des Bootens gefüllt wird und beim Ausschalten des Systems zurückgeschrieben wird. Randproblem ist dabei die Forderung, dass bestimmte Daten nie verloren gehen dürfen, auch nicht bei Unterspannung des Systems. Ein kritisches Szenarium ist zum Beispiel die Eingabe der Telefon-Pin mit anschließendem Starten des Motors (Unterspannung).

Durch Manipulation der „free-over-stale Definition" während der Laufzeit können Reclaims während der Start- und der Abschaltphase des Systems vermieden oder sogar verhindert werden, wenn dafür während der Laufzeit gegebenenfalls Reclaims ausgelöst werden. Um diese diversen und komplexen Probleme nicht in alle Applikationen zu tragen, sollte eine eigene Flash-Controller-Applikation implementiert werden, die das Caching, die Zugriffe und die Reclaim-Prozesse kapselt. Dies ist eine der Aufgaben des Frameworks.

9.2.1 Snippet eines Reclaimers (QNX)

```
int main(...)
{
 // get flash information
 devctl(fd, DCMD_F3S_ARRAYINFO, &arrayinfo, sizeof(arrayinfo), NULL);
 devctl(fd, DCMD_F3S_PARTINFO, &partinfo, sizeof(partinfo), NULL);
 // setup devf-generic with parameters after startup
 devctl(fd, DCMD_F3S_RECLAIMCTL, &control, sizeof(control), NULL);
 // every 10 seconds
 do
 {
   // refresh flash information
   // calculate n := nbr of blocks for reclaim
   devctlCnt = freeSize_destination - freeSize_current;
   n = (devctlCnt < 0) ? 0 : devctlCnt / BLOCK_SIZE + 1;
   do
   {
     devctl(fd, DCMD_F3S_RECLAIMCTL, &control, sizeof(control), NULL);
   }while;
   sleep(10);
 }while(/* not shutdown nor SWDL */);
}
```

Listing 9.1 Snippet eines Reclaimers, QNX

9.3 Notfall-Persistenz

Da heutige FFS immer noch nicht powerfailsafe sind, werden gelegentlich Notfall-Images angelegt, auf die bei Korruption des laufenden FFS zurückgegriffen werden kann. Solche Images werden zum Beispiel nach einer Diagnose-Session gezogen, wenn System-Settings verändert wurden. Wenn das Mounten einer Flash-Partition nicht innerhalb einer vorgegebenen Zeit erfolgreich zurückkommt und auch ein Recovery-Aufruf versagt, so wird neu formatiert und die Notfall-Persistenz hineinkopiert. Natürlich wäre es die bessere Idee, die Ursache für die FFS-Korruption zu finden. Solange aber die Dateisysteme noch nicht absolut sicher sind, ist eine Rückfall-Lösung besser als ein Werkstattfall.

9.3.1 Persistenz restaurieren

Beim Start der Flash-Treibers wird ein Thread gestartet, der z. B. 10 s auf das erfolgreiche Mounten des Flash-Laufwerks wartet. Ist die Persistenz danach immer noch nicht verfügbar, werden die flash-ctl-Utilities von QNX aufgerufen und die defekte Partition neu formatiert. Anschließend wird die Notfall-Persistenz kopiert und das System neu gestartet.

```
int main(int argc, char * const argv[])
{
// parse option, everything is configurable...
// sleep 10 seconds
   int remainingSleepTime = persistenceInfo.mTimeout;
   while (0 < remainingSleepTime)
   {
      remainingSleepTime = sleep(remainingSleepTime);
   }
   int fd = open(persistenceInfo.mPath, O_RDONLY);
   if (-1 == fd)
   {
      // mountpoint for flash partition does not exist...
      if (ENOENT == errno)
      {
         // build command for format:
         // flashctl -e -f -m -v -l <limit> ...
         // spawn process
         int ret = system(formatString);
         if (0 == ret)
         {
            // formatted successfully
            // restore data:
            createFolders(persistenceInfo.mPath);
            if (copyPSTFile(persistenceInfo.mPSTBackup,
                //...
            if (copyFSCFiles(persistenceInfo.mFSCBackup,
                //...
            if (restoreSplashscreen
                   (persistenceInfo.mSplashscreenOriginal,
                    persistenceInfo.mSplashscreen,
                    persistenceInfo.mCopySplashscreen))
                //...
```

9.3 Notfall-Persistenz

```
      }
    }
    else
    {
      return = EXIT_SUCCESS;
    }
  }
  return EXIT_FAILURE;
}
```

Listing 9.2 Persistenz restaurieren

Kapitel 10
HDD

Hard-Disc-Drives sind die heute üblichen Festwertspeicher im Computer, die ihren Inhalt über Power-off hinweg persistent speichern. Dort werden persistente Daten und Programme aufgehoben, die erst nach dem Booten zur Verfügung stehen müssen.

10.1 HDD-Probleme

HDD-Speicher haben mehrere prinzipielle Probleme:
- Ihr Temperaturbereich ist üblicherweise 0–60 °C. Unterhalb und oberhalb dieses Bereichs muss die HDD abgeschaltet werden.
- Die HDD ist robust gegen Stöße, nicht aber gegen Vibration.
- Die HDD-Daten können während des Schreibens durch Vibrationen gestört werden, woraufhin der Schreib/Lese-Kopf verwackelt und benachbarte Spuren oder Partitionen zerstört. Deshalb war die ursprüngliche Strategie im KFZ, sie während der Fahrt nur zum Lesen einzusetzen. Diese Einschränkung wurde im Laufe der Feature-Erweiterungen der Geräte regelmäßig vergessen.
- Mittlerweile versucht man, unbenutzte Schutzpartitionen einzurichten, deren Überschreiben unschädlich ist.
- Die HDD muss über 3000 m Höhe abgeschaltet werden, da der Luftdruckausgleich nicht mehr funktioniert und der Kopf aufsetzen würde.
- Die HDD hat einen anderen Spannungsbereich als das Computersystem und eine eigene Resetschaltung, hier kann das Problem der unterschiedlichen Resets auftreten.
- Die HDD hat eine Startzeit von einigen Sekunden.
- Es gibt Fälle, in denen die HD einfach nicht antwortet ohne einen Fehler zu melden. Dies kann durch die Höhenabschaltung oder durch Unterspannungssituationen passieren. In solchen Fällen muss die Treiber- und die Anwender-SW robust dagegen sein und nicht abstürzen. Eine retry-Strategie muss die HDD nach endlichen Versuchen deregistrieren.

- In Fehlerspeicher-Einträgen muss dieses Verhalten berücksichtigt werden.
- Die HDD bzw. die auf ihr befindlichen Filesysteme sind nicht zuverlässig gegen Unterspannungen geschützt, es kann zu Datenverlusten und Ausfällen ganzer Partitionen kommen.

10.2 Fazit

Aus alldem lässt sich zusammenfassen: Die HDD kann nicht zum Booten im KFZ verwendet werden. Jede Applikations-SW muss damit rechnen, dass die HDD nicht zur Verfügung steht oder nachgemeldet wird. Die HDD muss in Partitionen unterteilt werden, wichtige Daten werden in R/O-Partitionen gespeichert, z. B. die digitale Navi-Karte. Im Treiber müssen Mechanismen verankert sein, die eine Partition neu formatieren, wenn sie sich nicht mehr mounten lässt.

Kapitel 11
Treiber

Man kann Treiber in drei Kategorien unterteilen:

- HW-Treiber dienen als Abstraktionsschicht zwischen einer Applikation und der Hardware.
- SW-Treiber dienen als Abstraktionsschicht zwischen einer Applikation und z. B. dem Betriebssystem.
- Int-Treiber dienen als Abstraktionsschicht zwischen einer Applikation und der Interrupt-Hardware.

Zwei weitere Begriffe sind für die folgenden Betrachtungen wichtig:

- Der Kernelspace ist der Speicherbereich, auf den innerhalb des Kernels zugegriffen werden kann.
- Der Userspace ist der Speicher der Applikationen, auf den wiederum der Kernel nicht oder nur eingeschränkt zugreifen kann.

Unter Linux werden Treiber zumeist mit in den Kernel kompiliert oder als Modul dynamisch zum Kernel dazugeladen und laufen demnach im Kernelspace unter root-Rechten. Der Datenaustausch zwischen dem Treiber und der Applikation muss also die Speicherkapselung überwinden und wird im Folgenden ausführlich besprochen.

In QNX sind übliche Treiber Programme wie andere auch und laufen im Userspace, der Datenaustausch ist kein Problem.

In Linux und QNX sind Treiber-Threads von Threads höherer Priorität unterbrechbar. In beiden Betriebssystemen gibt es IO-Privilegien, die HW-Treiber haben müssen, um ohne Zugriffsverletzungsfehler auf die HW zuzugreifen und z. B. in()- oder out()-Befehle zu verwenden. Versucht man, eigenen Applikationen unter Linux und QNX gleiche Schnittstellen anzubieten, bieten sich Devices unter Linux und Ressource-Manager unter QNX als POSIX-konforme Treiber-APIs an. Deshalb wird im Folgenden speziell auf diese Varianten besonders eingegangen.

11.1 Systemaufrufe

Die Abgrenzung zwischen Kernel-Kontext und User-Kontext wurde bereits besprochen. In der Intel-Terminologie steht im Kernel-Kontext im Ring 0 der komplette Befehlssatz zur Verfügung, in den User-Modi der Ringe 1–3 ist der Befehlssatz beschränkt, zum Beispiel werden direkte Zugriffe auf Hardware nicht erlaubt. Andere Prozessor-Architekturen haben nur einen User-Mode, dafür gibt es aber zusätzliche Interrupt- und andere Kontexte. Für alle POSIX-kompatiblen Betriebssysteme gibt es Standards für Aufrufe, mit welchen zwischen User- und Kernel-Kontext gewechselt werden kann. Diese Standards nennt man Systemaufrufe (Systemcalls). Mit einem Systemaufruf im User-Kontext gibt die Applikations-Software die Kontrolle über die CPU mit einem Kontextwechsel an den Kernel ab und bleibt solange unterbrochen, bis der Systemaufruf abgearbeitet ist und ein erneuter Kontextwechsel zurück in den User-Kontext erfolgt ist. Es gibt also immer zwei Teilprogramme bei Systemaufrufen, einen applikativen Teil im User-Kontext und ein Pendant im Kernel-Kontext. Die Realisierung der Systemaufrufe ist abhängig von der Architektur, zumeist werden jedoch Software-Interrupts genutzt, die im Handler die Nummer der gewünschten Systemfunktion in einem Register an Hand einer Sprungtabelle auswerten. Der Reihe nach wird zunächst ein SW-Interrupt durch den Befehl

```
int $0x80        ; SWI auslösen (Intel), alternativ sysenter, syscall
```

ausgelöst. Dies führt zum Kontextwechsel in den Kernel-Kontext und zum Aufruf des SoftInt-Handlers. Der Handler wertet die mitgegebenen Registerargumente aus, zum Beispiel steht in der X86-Welt im EAX-Register die Nummer des Syscalls. Die entsprechende Kernelfunktion wird anhand dieser Nummer aus einer Sprung- oder Vektortabelle (vsyscall page, call table) ausgewählt und angesprungen. Nach Beendigung der Kernelfunktion wird der Kontext mit einem speziellen Return-Befehl (reti, sysexit oder sysret) zurückgewechselt und im User-Programm fortgefahren. Normalerweise sind die Systemaufrufe hinter Funktionen wie `open()`, `read()`, `write()` verborgen.

11.2 Linux-Treiber

Für Linux-Treiber sollte sich die Frage stellen, warum sie üblicherweise im Kernel-Kontext und im Kernelspace laufen. Es gäbe doch viele Vorteile, sie wie bei QNX im User-Kontext zu behandeln:

- Die Treiber können mit normalen Debuggern ohne Komplikationen analysiert werden.

11.2 Linux-Treiber

- Ein blockierter Treiber würde den Kernel nicht stören und könnte per „kill" entfernt werden.
- Selten genutzte Treiber mit großem Speicherbedarf könnten „geswappt" werden. Dies ist allerdings für embedded Systeme nicht relevant.
- Lizensierungsprobleme sind geringer, wenn ein geschlossener Treiber für den Userspace geschrieben werden soll.
- Userspace-Treiber können die ganze C-Lib nutzen.

Es gibt auch gute Beispiele für Userspace-Treiber wie den X-Server oder einige USB-Treiber. Allerdings überwiegen schließlich zumeist die Nachteile:

- Für viele Hardware-nahe Zugriffe und Systemaufrufe werden root- oder IO-Privilegien gebraucht.
- Es sind keine Interrupts verfügbar.
- Der genutzte Userspace und alle aufgerufenen Libs müssten gegen „Swapping" verriegelt werden.

11.2.1 Treiber/Kernel-Modul

Treiber oder Kernel-Module laufen in Linux mit eigenen Registersätzen im Kernel-Kontext oder im Interrupt-Kontext und mit eigenen Speichersegmenten im Kernelspace. Treiber-Module werden dynamisch zum Kernel geladen oder Treiber werden zum Kernel dazukompiliert und das System muss neu gebootet werden.

Ein erstes, sehr einfaches Kernel-Modul <mymodule.c> folgt unten, es läuft ohne Interrupt und ohne Datenaustausch und registriert sich nur und meldet sich wieder ab.

```
/* mymodule.c */
/* Includes */
#include <linux/module.h>         /* Grundgeruest fuer ein Kernelmodul */

/* Noetig um "Kernel taint" beim Laden zu vermeiden */
MODULE_LICENSE("GPL");

/* Modul laden */
int init_module(void)
{
        printk(KERN_INFO "mymodule: Hello world!\n");
        return 0;
}

/* Modul beenden */
void cleanup_module(void)
{
        printk(KERN_INFO "mymodule: Bye world!\n");
}
```

Listing 11.1 Kernel-Modul „Hello world"

Mit dem Makro `init_module()` registriert sich das Programm beim Kernel. In einem umfangreicheren Programm würde es den späteren Aufruf von weiteren Funktionen des Moduls vorbereiten und die Funktionszeiger in einer Struktur bekanntgeben.

Zum Testen können Treibermodule mit `insmod` und `rmmod` zum Kernel als Super-User hinzugelinkt werden. Im Unterschied zu `insmod` überprüft `modprobe` auch Abhängigkeiten zu anderen Modulen. Treibermodule brauchen mit diesen Aufrufen zunächst zum Testen nicht jedesmal mit dem Kernel neu kompiliert zu werden.

Während das Modul zur Insertion-time mit

```
insmod
```

nur dynamisch dazugeladen wird, kann es auch mit dem Kernel neu kompiliert werden und dann zur Boot-Zeit als `__initcall()` aufgerufen werden. Die Funktion

```
cleanup_module()
```

wird aufgerufen, bevor das Modul mit

```
rmmod oder __exitcall()
```

aus dem Kernel entfernt wird, es würde zum Beispiel angemeldete Funktionen abmelden und Speicher freimachen. Zu diesem Programm dürfen nur Funktionen hinzugelinkt werden, die der Kernel exportiert. Es gibt keine Bibliotheken, die dazugelinkt werden dürfen. Deshalb kann auch nicht `printf()` verwendet werden, es gibt stattdessen eine Kernel-Funktion namens `printk()`, die sich ähnlich verhält. Auch dürfen keine Floating-Point-Funktionen verwendet werden. Alternativ zu den oben genannten Makros kann man beliebige Namen für die Init- und die Cleanup-Funktion verwenden, wenn man die folgenden Makros aufruft:

```
// macros to register the init and exit routines, needed if used as
// kernel module
module_init(mymodule_init);
module_exit(mymodule_exit);
```

Listing 11.2 Init- und Cleanup-Funktionen beliebigen Namens

Zum Übersetzen kann das Kernel-makefile aus den Kernelquellen genutzt werden. Die Option `-C` in untenstehendem `make`-Aufruf wechselt in das angegebene Kernel-Quellverzeichnis. Dort befindet sich das „Top-Level"-`makefile`. Die M-Option gibt das Arbeitsverzeichnis an. Die Option `modules` gibt an, dass das Modul als Kernel-Modul '`*.ko`' gebaut wird.

```
root# make -C /usr/src/linux-headers-3.0.x-x-generic/
              M=$(pwd) obj-m=mymodule.o modules

root# insmod ./mymodule.ko
mymodule: Hello world          // ggf. Ausgabe mit dmesg | tail abholen
```

11.2 Linux-Treiber

```
root# rmmod ./mymodule
mymodule: Bye world          // ggf. Ausgabe mit dmesg | tail abholen
root#
```

Listing 11.3 Laden als Modul

11.2.2 Build des hello-Beispiels

Vor allem wenn der gewünschte Treiber nur für eigene Zwecke dient und nicht der Linux-Gemeinde zur Verfügung gestellt werden soll, muss nicht der ganze Source-Tree eingespielt und mit den Änderungen neu kompiliert werden. Es reicht aus, die unten stehenden Kernel-Header zu installieren:

```
apt-get install linux-headers-3.0.xx.xx.xx      // mit xx als aktueller
                                                // Version und Architektur.
                                                // Gilt z.B. für Ubuntu und Debian
                                                // in anderen Distributionen:
                                                // kernel-headers
```

Listing 11.4 Installation der Kernel-Header

Mit `uname -r` kann man die eigene Version herausfinden. Man kann dies auch gleich in das Kommando einbauen:

```
apt-get install linux-headers-$(uname -r)
```

Nun muss das aktuelle Build-Verzeichnis gefunden werden:

```
ls -d /lib/modules/$(uname -r)/build
```

Oder das Kommando wird gleich wieder im `Makefile` genutzt und mit folgenden Zeilen hinzugefügt:

```
name    := mymodule
obj-m   := $(name).o
KDIR    := /lib/modules/$(shell uname -r)/build
PWD     := $(shell pwd)
MAKE    := make

all:
        $(MAKE) -C $(KDIR) M=$(PWD) modules

clean:
        $(MAKE) -C $(KDIR) M=$(PWD) clean
```

Listing 11.5 Makefile zum Build des Kernel-Moduls

Mit `make` kann nun das eigene Modul gebaut werden, mit `modprobe` oder `insmod` kann es aufgerufen und getestet werden.

```
sudo insmod mymodule.ko
oder
sudo modprobe mymodule       // löst auch Abhängigkeiten auf,
                             // andere Module etc., falls das Modul
                             // in /lib/modules/..einsortiert ist
```

Listing 11.6 Aufruf des Kernel-Moduls

11.2.2.1 Hinweise zum manuellen Bauen

Will man Module manuell bauen, muss man sich um die Suchpfade kümmern. Soll zum Beispiel der Test auf einem externen Target erfolgen, muss die passende Headerdatei <module.h> in den Suchpfad eingebaut werden. Gegebenenfalls muss auch die Versionsunterstützung ausgeschaltet werden, siehe [Rub et al].

Entweder im Source-Code als Präprozessor-Symbol oder im Makefile als -D-Option finden sich in Kernel-Modulen folgende Zeilen:

```
#define __KERNEL__      // Einige Kernel-Deklarationen werden mit
                        // #ifdef __Kernel__ geklammert;
#define MODULE          // damit es ladbar wird,
                        // geht auch mit -D Kompiler-Option
```

Listing 11.7 Kernel-Deklarationen freischalten

Damit werden Kernel-Deklarationen in den `include`-Dateien freigeschaltet. Wichtige Kompiler-Optionen könnten die folgenden sein:

- -c: Ein Kernel-Modul ist ein object-file, das zur Laufzeit zum Kernel gebunden wird. Deshalb muss es mit -c kompiliert werden
- -O2: Der Kernel benutzt viele inline-Funktionen, deshalb muss die Optimierungsstufe -O2 aktiv sein. Andernfalls gibt es Ladefehler beim Aufruf von `insmod`
- -W -Wall: Für Kernel-Programmierung sollten immer alle Warnungen aktiviert sein.
- -isystem /lib/modules/'uname -r'/build/include: Es muss gegen die genannten Header-Dateien kompiliert werden
- -D__KERNEL__: Präprozessor: Der Code wird als Kernel-Code übersetzt, nicht als User-Prozess
- -DMODULE: Präprozessor: Schalter für Definitionen in Header-Dateien für ladbares Kernel-Modul

11.3 Geräte, Devices

Treiber werden für Geräte (Devices) implementiert. Es werden üblicherweise drei Standard-Gerätetypen unterschieden:

- Zeichen-Geräte (character devices), auf die wie auf einen Stream von Bytes zugegriffen werden kann. Man spricht sie mit den üblichen POSIX-Funktionen `open()`, `read()`, `write()`, `close()` mit Hilfe von Dateisystem-Nodes an. Beispielsweise als </dev/tty2> oder als </dev/lp1>. Auf die Daten des Geräts kann typischerweise nur sequenziell zugegriffen werden
- Block-Geräte (block devices), die beliebig viele Bytes auf einmal übertragen können und auch ein Dateisystem aufnehmen können
- Netzwerkschnittstellen

Passt ein neuer Treiber in eine der sehr allgemein gehaltenen Klassen, so kann man den Treiber als Gerät dieser Klasse registrieren, die Standardzugriffsfunktionen nutzen und einige der Default-Zugriffsfunktionen durch die eigenen Implementierungen überschreiben.

11.3.1 Character-Devices

Unter Linux kann ein Treiber einen „Device-Node" mit einer Major-Nummer registrieren. Aus dem Userspace heraus wird der Treiber durch Aufruf der im Filesystem angelegten Gerätedatei erreicht. Man nennt diese Datei „Node". Dieser wird ebenfalls unter Angabe einer Major-Nummer (und einer Minor-Nummer) angelegt.

Mithilfe dieses Nodes kann ein Userspace-Prozess indirekt auf einige definierte Funktionen unseres Treibers im Kernel zugreifen und damit z. B. Daten transferieren. Derartige Funktionen sind zum Beispiel `open()`, `read()` und `write()`, die im Userspace einen Systemcall aufrufen, der dann den Übergang in den Kernel-Kontext bewerkstelligt und auf den Kernelspace-Speicher umschaltet. Für das Registrieren des Treibers gibt es verschiedene Möglichkeiten, je nachdem welches Verhalten benötigt wird, welche Kernel-Version vorliegt und zu welcher Klasse der Treiber gehört.

Im Folgenden gehen wir von einem einfachen Character-Device aus, welches später seine eigene Klasse definiert. Ein Character-Device (kurz: Chardev) ist dazu gedacht, einzelne Bytes (chars) zu lesen oder zu schreiben. Dabei ist es dem Treiber überlassen, welche Funktionen er implementiert. Nicht implementierte Funktionen werden vom Kernel abgearbeitet. Wird z. B. `io_open()` nicht implementiert, so wird dem Userspace-Programm beim Öffnen unseres Device-Nodes immer ein Success zurückgeliefert. Andere Default-Handler liefern einen Fehler, wenn z. B. `io_read()` nicht implementiert ist und versucht wird, vom Device-Node zu lesen. In der sogenannten `file_operations`-Struktur sind Pointer auf die entsprechenden Funktionen hinterlegt. Die Pointer werden oft `fops` genannt. Sie werden durch eigene Kernelspace-Funktionszeiger überschrieben, siehe Kapitel 11.3.1.3. Die Struktur ist in `<linux/fs.h>` definiert.

```
struct file_operations
{
    struct module *owner;
    loff_t(*llseek) (struct file *, loff_t, int);
    ssize_t(*read)(struct file *, char __user *,size_t,loff_t *);
    ssize_t(*aio_read)(struct kiocb *,char __user*, size_t, loff_t);
    ssize_t(*write)(struct file *,const char __user *,size_t,loff_t *);
    ssize_t(*aio_write)(struct kiocb *,const char __user *,size_t,loff_t);
    int (*readdir)(struct file *, void *, filldir_t);
    unsigned int (*poll) (struct file *, struct poll_table_struct *);
    int (*ioctl)(struct inode *,struct file *,unsigned int,unsigned long);
    int (*mmap) (struct file *, struct vm_area_struct *);
    int (*open) (struct inode *, struct file *);
    int (*flush) (struct file *);
    int (*release) (struct inode *, struct file *);
    int (*fsync) (struct file *, struct dentry *, int datasync);
    int (*aio_fsync) (struct kiocb *, int datasync);
    int (*fasync) (int, struct file *, int);
    int (*lock) (struct file *, int, struct file_lock *);
    ssize_t (*readv)(struct file *,const struct iovec *, unsigned long,
                     loff_t *);
    ssize_t (*writev)(struct file *,const struct iovec *,unsigned long,
                      loff_t *);
    ssize_t (*sendfile)(struct file *, loff_t *, size_t, read_actor_t,
                        void __user *);
    ssize_t (*sendpage) (struct file *, struct page *, int, size_t,
                         loff_t *, int);
    unsigned long (*get_unmapped_area) (struct file *, unsigned long,
                         unsigned long, unsigned long, unsigned long);
};
```

Listing 11.8 fops-Struktur

Jedes Device ist im Kernel durch eine `file`-Struktur repräsentiert. Man beachte, dass `file` eine Struktur im Kernel ist und nicht mit FILE verwechselt werden darf, welches eine inode-Struktur als FILE in einem Filesystem darstellt. Der Zeiger, der auf diese Struktur zeigt, wird normalerweise mit filp (file pointer) bezeichnet.

Typischerweise werden mindestens die folgenden Funktionen im Kernelspace-Treiber implementiert:

```
int init_module(void);
void cleanup_module(void);
static int device_open(struct inode *, struct file *);
static int device_release(struct inode *, struct file *);
static ssize_t device_read(struct file *, char *, size_t, loff_t *);
static ssize_t device_write(struct file *,
                            const char *, size_t, loff_t *);
```

Listing 11.9 Eigene Device-Funktionen

Die eigenen Implementierungen werden wie folgt als Funktionszeiger zugewiesen:

```
struct file_operations fops =
{
        .open = device_open,
        .release = device_release
        .read = device_read,
        .write = device_write,
};
```

Listing 11.10 Eigene Device-Funktionen, Zuweisung

Weiter unten in Abschn. 11.6.2 ist ein einfaches myChardev-Programm zu finden, welches nur in einen Kernel-Buffer schreiben oder aus ihm lesen kann. Ein weiteres Beispiel im Anhang nennt sich "tint" (für Timer-Interrupt), und dementsprechend enthalten viele Funktionen und globale Variablen des Beispiels dieses Kürzel. Dies ist in Kernel-Modulen so üblich. Das Beispiel zeigt Implementierungen eines Interrupt-Treibers und erneut den Einsatz eines chardev. Eine weitere Version zeigt die Kombination mit procfs.

11.3.1.1 Verbindung zwischen dem Device und seiner Datei

Mit der Registrierung des Devices zum Beispiel in der init_module() beim Laden des Moduls wird die Verbindung im Kernel zwischen Modul und Device ermöglicht. Es werden die Angaben der Major-Nummer, der Device-Name und die fops-Struktur mit den Adressen der eigenen Funktionen übergeben.

```
int register_chardev ( unsigned int major,
                       const char *name,
                       const struct file_operations *fops);
```

Listing 11.11 Registrierung eines chardev

Ist der übergebene Wert für <major> „0", so wird eine freie Major-Nummer dynamisch zugewiesen und zurückgegeben. In aktuellen Kerneln und für PC-Programme sollte man keine feste Major-Nummern mehr vorgeben. Die Registrierungsfunktion ist ebenfalls in linux/fs.h definiert.

11.3.1.2 Zugriff auf das Device aus dem Userspace

Nach dem Registrieren des Geräts kann es von User-Applikationen benutzt werden. Es wird dafür in Linux wie eine Datei angesprochen. Normalerweise befinden sich die Devices im /dev-Verzeichnis. Um die Verbindung zwischen Datei und Kernel-Modul herzustellen, wird ein Node z. B. manuell mit der obigen Major- und einer Minor-Nummer erstellt. Über die Major-Nummer wird der aufzurufende Treiber bestimmt; die Minor-Nummer kann dann innerhalb des Treibers ausgewertet werden, z. B. für verschiedene Varianten des gleichen Gerätetyps.

```
# mknod /dev/myChardev c 60 0

mknod <name> <typ> <major> <minor>
<name>   Dateiname welcher angelegt werden soll
<typ>    Geräte Typ, z.B. "c" für char device,
             oder b für block device-Struktur
<major> <minor> Nr., auf die sich der Treiber registriert hat
```

Listing 11.12 Anlegen einer Gerätedatei, Node-Erstellung

Beispiel:

```
# mknod /dev/tint c 246 0
# ls -la /dev/tint
crw-rw---- 1 root root 246, 0 Nov 28 17:04 /dev/tint
```

Listing 11.13 Beispiel: Anlegen einer Gerätedatei

Kennt man die Major nicht vorab, weil sie im Kernel dynamisch zugewiesen wurde, so kann man sie z. B. mit

```
# cat /proc/devices
```

nachschauen. Im Anschluss an das Anlegen der Gerätedatei kann ein Programm mithilfe normaler Dateioperationen auf den Treiber zugreifen.

```
int fd = open("/dev/myChardev", O_RDONLY);
...
read(fd, buffer, size);
...
close(fd);
```

Listing 11.14 Zugriff auf den Treiber

11.3.1.3 Registrieren des Devices

Weiter oben wurde die Registrierung schon benutzt. Hier nochmal im Detail:

```
int register_chrdev ( unsigned int major, const char *name,
                     const struct file_operations *fops);
<major>  gibt die Major Nummer an, unter der das Gerät registriert
         werden soll.
         Ist dieser Wert 0, so wird eine freie Major-
         Nummer dynamisch zugewiesen.
         In aktuellen Kerneln sollte man keine feste Major-Nummern
         mehr vorgeben.
<name>   ein Name für das Gerät.
<fops>   ein Pointer auf die Tabelle mit den vom Treiber
         implementierten Funktionen.
```

Listing 11.15 Registrieren eines Device-Nodes

11.3 Geräte, Devices

```
static const struct file_operations myChardev_fops =
{
  .owner = THIS_MODULE,                    // damit als Modul ladbar
  .read = myChardev_read,
  .open = myChardev_open,
  .release = myChardev_release,
};
dev_major = register_chrdev(0,"myChardev",&myChardev_fops);
```

Listing 11.16 Registrieren eines Device-Nodes

Wird als <major> eine „0" mitgegeben, so belegt der Kernel dynamisch eine freie Nummer und gibt sie als Rückgabewert zurück. Manuell oder mit einem Skript kann dann der Node im Filesystem /dev erzeugt werden. Will man diesen Umstand vermeiden, bieten sich die unten aufgeführten Registrierungen mit cdev, als Treiber-Klasse oder eine Implementierung als procfs an, siehe Abschn. 11.6.3 und Abschn. 22.3.

Die neuere Version der Registrierung ab Kernel 2.6 nutzt die Struktur <struct cdev>. In einer eigenen Device-spezifischen Struktur wird <cdev> eingebettet,

```
struct myChardev_dev
{
  struct cdev cdev;
  void **data;
  struct device sys_dev;
  long next_jiffy;
  int irq_attached;
} myChardev_device;
```

Listing 11.17 Neue Version der Registrierung

mit cdev_init() initialisiert und mit eigenen Werten überschrieben.

```
err = alloc_chrdev_region(&device, dev_minor, 1, driver_name);
...
cdev_init(&myChardev_device.cdev, &myChardev_fops);
myChardev_device.cdev.owner = THIS_MODULE;        // als Modul ladbar
myChardev_device.cdev.ops = &myChardev_fops;
```

Listing 11.18 Beispiel: Neue Version der Registrierung

Anschließend wird es beim Kernel angemeldet.

```
err = cdev_add (&myChardev_device.cdev, device, 1);
/* Fail gracefully if need be */
if (err)
{
  printk(KERN_ERR "Error %d adding module %s myChardev\n", err,
    driver_name);
  return err;
}
...
```

Listing 11.19 Neue Version der chardev-Anmeldung

Ein vollständiges tint-Beispiel findet sich im Anhang in Abschn. 22.4

11.3.1.4 Bei einer Treiber-Klasse registrieren

Möchte man den Device-Node automatisch über udev, dem Subsystem für Hot-Plugin-Geräte, anlegen lassen, so muss der Kernel ein uevent anlegen. Dies kann man über kobj und ksets manuell erledigen, aber das würde hier zu weit führen, oder man registriert sein Device bei einer Treiber-Klasse.

Im folgenden Beispiel legen wir kurzerhand unsere eigene Device-Klasse mit dem Namen "tint_class" an und registrieren unser Device dort.

```
/* register class to notify userspace about our device
 * major/minor
 */
tint_class = class_create(THIS_MODULE, "tint_class");
tint_device.sys_dev = *device_create(tint_class , NULL,
             MKDEV(dev_major, dev_minor), NULL, driver_name);
```

Listing 11.20 Bei einer Treiber-Klasse registrieren

Mit folgender „udev-Rule" wird udev beim Laden des Moduls für unser Device einen Link in /dev anlegen und diesen beim Entladen des Modules wieder löschen.

```
Inhalt von /etc/udev/rules.d/80-tint.rules:
ACTION="add", SUBSYSTEM=="tint_class", SYMLINK+="tint", MODE="0666"
```

Listing 11.21 Registriertes Device

Über den symbolischen Link kann dann das Device tint direkt namentlich aus dem Userspace angesprochen werden. Es sollte nun unter /sys/class auftauchen. Beispiel:

```
cat /sys/class/tint_class/tint/dev
```

gibt die Major und Minor aus.

Ein vollständiges tint-Beispiel findet sich im Anhang in Abschn. 22.4. In embedded Systemen sollte die statische und kontrollierte Vergabe der Node-Nummern vorgezogen werden. Auch das Einrichten von Nodes gehört in eine definierte Target-Konfiguration und nicht in dynamische Vorgänge zur Laufzeit.

11.3.1.5 Implementierung der Dateioperationen open(), release()

Ruft ein Programm open() auf unseren Device-Node auf, so wird vom Kernel die Open-Funktion des Treibers aufgerufen, sofern eine in der fops-Struktur registriert wurde. Wurde keine registriert, so gibt der Kernel dem Aufrufer "success" also "0" zurück. Der Prototyp der open()-Funktion wie folgt:

11.3 Geräte, Devices

```
int (*open) (struct inode *, struct file *filp);
```

Listing 11.22 Prototyp von open() für ein Device

Die übergebene inode-Struktur repräsentiert die Datei, die geöffnet werden soll, also z. B. /dev/tint im Kernel. Hierüber lässt sich z. B. unsere Device-Struktur finden.

```
<filp>   Die übergebene file-Struktur repräsentiert eine geöffnete
         Datei. Sie wird den anderen Funktionen (read, write usw.)
         beim Aufruf übergeben und enthält z.B. die
         aktuelle Dateiposition.
filp->private_data
         lässt sich dafür nutzen, eigene Daten für die
         geöffnete Datei zu verwalten. Wird auch als
         "per-open data" bezeichnet
         (Beispiel siehe Anhang: "tint_open"-Funktion).
filp->f_op
         zeigt auf die fops-Struktur, die wir für
         dieses Gerät registriert haben. Diese lässt
         sich hier überschreiben, wodurch
         es möglich ist, verschiedene Funktionen für
         jede geöffnete Datei zu nutzen.
```

Listing 11.23 Die Device-Struktur

open() muss 0 zurückgeben wenn der Vorgang erfolgreich war, oder eine negative Fehlermeldung, wenn es fehlgeschlagen ist. Der Kernel stellt sicher, dass der User-Prozess eine Fehlermeldung bekommt, sollte er versuchen, trotz fehlgeschlagenen Opens auf die Datei zuzugreifen. Die release()-Funktion wird aufgerufen, wenn der letzte Filedescriptor vom User-Prozess geschlossen wurde. Hier muss eventuell allokierter Speicher für filp->private_data wieder freigeben werden. Es kann mehrere File-Deskriptoren geben, wenn der Prozess geforkt wurde. Aus diesem Grund heißt die Funktion auch release() und nicht close().

```
int (*release) (struct inode *, struct filep *);
```

Listing 11.24 Freigabe des Device

11.3.1.6 Die read()- und write()-Funktionen

Die Methoden read() und write() führen ähnliche Aufgaben durch, sie kopieren Daten aus dem und in den Applikationscode. Ihre Prototypen sind daher sehr ähnlich und können gleichzeitig eingeführt werden. Die read()-Funktion wird aufgerufen, wenn von unserem Treiber gelesen werden soll. Die write()-Funktion hat die Aufgabe, Daten von unserem Treiber in das Device zu kopieren.

```
ssize_t read (struct file *filp, char *buff, size_t count,
              loff_t *offp);
ssize_t write (struct file *filp, const char *buff, size_t count,
               loff_t *offp);
```

\<filp\>	Dies ist die file-Struktur, welche im open-Aufruf initialisiert wurde.
\<buff\>	Ein Zeiger auf den vom Userspace-Programm zur Verfügung gestellten Puffer. Enthält im write-Fall die zu schreibenden Daten, im read-Fall ist er leer. Oft wird mit dem Attribt "__user" vor *buffer angezeigt, dass es sich hierbei um Userspace-Speicher handelt, auf den aus dem Kernel heraus nicht direkt zugegriffen werden kann.
\<size\>	ist die Größe von \<buffer\>
\<*offset\>	Der Offset in der Datei, von dem aus der User den Lesevorgang starten möchte.

Listing 11.25 read() und write() des Devices

Der Rückgabewert gibt die Anzahl der wirklich kopierten Daten an. Dabei kann es vorkommen, dass wir keine Daten haben und erst auf diese warten müssen. An dieser Stelle muss die Funktion blockieren. Gibt `read()` 0 zurück, so wird dies dem Userspace-Programm als End-Of-File mitgeteilt. Die implementierten `read()`- und `write()`-Funktionen können weiter unten nachgelesen werden, eine Zeile aus `read()` sei hier herausgestellt:

```
if (copy_to_user(buff, time, count < retval ? count : retval))
{ ... }
```

Listing 11.26 Datentransfer zwischen Kernel- und User-Space

Die blockierende `read()`-Funktion des `chardev` wird von der Applikation im Userspace angestoßen. Ihr Pendant läuft dann aber selbst im Kernelspace, siehe Abschn. 11.6.2.1. Deshalb muss es eine Kernel-Funktion (Systemcall) geben, die einen Speicher `buff` aus dem Kernelspace in den Userspace transferiert. Dies ist die aufgerufene Funktion `copy_to_user()`.

Eine andere mögliche Kernel-Funktion dafür ist

```
put_user(*(msg_Ptr++), buffer++);
```

Listing 11.27 Datentransfer zwischen Kernel- und User-Space

Sie wird weiter unten in dem \<chardev.c Beispiel gezeigt.

Möchte man nicht blockierendes Lesen unterstützen, so muss man die `aio_read()`-Funktion implementieren.

11.4 Kopierfunktionen zum Überwinden der Speicherkapselung

Folgende Systemcalls sind für den Datenaustausch hilfreich (aus den Linux manpages):

```
int get_user ( var, ptr );
// This macro copies a single simple variable from Userspace to kernel
// space. It supports simple types like char and int,
// but not larger data types like structures or arrays.

int put_user ( var, ptr );
// This macro copies a single simple value from Kernelspace to
// Userspace. It supports simple types like char and int,
// but not larger data types like structures or arrays.

unsigned long copy_from_user ( void *to, const void __user *from,
                               unsigned long n );
// Copy data from Userspace to Kernelspace. Caller must check the
// specified block with access_ok before calling this function.

unsigned long copy_to_user ( void *to, const void __user *from,
                             unsigned long n );
// Copy data from Kernelspace to Userspace.
// Caller must check the specified block with access_ok
// before calling this function.

long strncpy_from_user (char * dst,const char __user * src,long count);
// Copies a NULL-terminated string from Userspace to Kernelspace.
// Get the size of a NULL-terminated string in Userspace
// strlen_from_user
// access_ok checks if a ptr to a block of memory in Userspace is valid
```

Listing 11.28 Funktionen zum Überwinden der Speicherkapselung

Diese Funktionen sind in linux/uaccess.h definiert.

Mit folgender Funktion kann man aus dem Kernel-Kontext heraus User-Programme aufrufen. Sie ist mit Vorsicht zu gebrauchen, da man schnell auch den Kernel crashen kann.

```
int call_usermodehelper(char *path,char ** argv,char ** envp,int wait);
```

Listing 11.29 Aufruf von User-Programmen aus dem Kernel

11.5 Mapping-Funktion zum Überwinden der Speicherkapselung

Eine Alternative zum teuren Umkopieren der Daten ist die mmap()-Funktion, mit der man Pufferspeicher des Gerätes in den User-Adressraum einblenden kann.

```
void * mmap(void *addr, size\_t len, int prot,
            int flags, int fd, off\_t off);
```

Nehmen wir an, wir benötigen den Datentransfer für ein `chardev`-Device. Der Aufruf im Userspace führt über den Systemaufruf zur Ausführung der eigenimplementierten Entsprechung im Kernelspace. Dort muss zunächst der Pufferspeicher im Kernelspace in der Modul-Initialisierung des Devices vereinbart werden. Im Gegensatz zur `malloc()`-Funktion im Userspace wird der Speicher für Treiberprogramme physikalisch zusammenhängend benötigt. Auch darf er nicht „geswapped" werden. Dies ist für embedded Systeme ohnehin ratsam und in der Kernel-Konfiguration entsprechend eingestellt.

```
GeneralSetUp->Support for paging anonymous memory (SWAP),
CONFIG_SWAP=N
```

Listing 11.30 Konfiguration ohne Swapping

Weiterhin muss die Allokation normalerweise ohne Verzögerungen und sleeps geschehen. Deshalb wird dafür in `<linux/slab.h>` eine eigene Funktion

```
void * kmalloc(size_t size, int flags);
```

zur Verfügung gestellt. Hiermit kann man Vielfache von 32 Byte allokieren. Mit `flags` stellt man ein, ob man während der Allokation ein Blockieren (Sleep) erlaubt. So definiert `GFP_ATOMIC`, dass kein Blockieren erlaubt wird, da die Allokation z. B. von einer Interrupt-Handler-Routine aufgerufen wird. Demgegenüber kann man in einer normalen Kernelfunktion bei der Allkation `GFP_KERNEL` verwenden.

Weiß man schon, dass man eine oder mehrere Pages benötigt, dann ist die eine der folgenden Funktionen besser geeignet:

```
unsigned long __get_free_page(int flags);

unsigned long __get_free_page(int flags, unsigned int order);

unsigned long get_zeroed_page(int flags);

unsigned long get_zeroed_page(int flags, unsigned int order);
```

Listing 11.31 Funktionen zur Allokation von Kernel-Speicher

Eine ausführliche Beschreibung dieser Kernel-Speicherallokationen ist in [Rub et al] und in [Lov01] zu finden.

Nun kann der allokierte Kernel-Speicher mit `remap_pfn_range()`-in den Userspace gemappt werden.

```
remap_pfn_range()
```

11.5 Mapping-Funktion zum Überwinden der Speicherkapselung

Der Speicherbereich wird der mmap()-Funktion als Anfangszeiger zurückgegeben. Die User-Applikation kann nun auf den Speicherbereich beliebig zugreifen. Abhängig von der Konstellation kann eine Synchronisation der Zugriffe auf diesen Bereich notwendig werden.

Im „Exit" muss die Reservierung wieder aufgehoben werden und mit

```
kfree(kmalloc_ptr);
```

kann der Speicher im Cleanup-Modul wieder freigegeben werden.

Braucht man großen zusammenhängenden Speicher, ist es vernünftig, diesen schon zur Boot-Zeit zu allokieren, bevor der Speicher fragmentiert ist. Eine der verfügbaren Funktionen lautet:

```
void *alloc_bootmem_pages(unsigned long size);
```

Üblicherweise wird der Speicher zur Laufzeit nicht mehr freigegeben.

Im Anhang ist ein vollständiges Beispiel eines Treibers mit Speicher-Mapping beschrieben, siehe Abschn. 22.5.

11.5.1 Warteschlange zum blockierenden Lesen

Will man nicht nur bereitstehende Daten abholen, sondern will zum Beispiel einen Leseauftrag geben, so muss man auf die Erfüllung des Auftrages warten.

Das Warten kann mit einer Signalisations-Semaphore, siehe Beispiel 22.2 oder einer Warteschlange im Kernel realisiert werden. Eine Warteschlange (wait queue) ist eine Queue von Prozessen, die auf ein Ereignis warten. Warteschlangen werden wie folgt deklariert und initialisiert:

```
wait_queue_head_t my_queue;
init_waitqueue_head (&my_queue);
```

Listing 11.32 Initialisierung einer Wait-Queue

Wenn eine Warteschlange statisch deklariert wird (also nicht als automatische Variable einer Funktion oder als Bestandteil einer dynamisch allokierten Datenstruktur), dann kann man die Schlange auch zur Kompilierzeit initialisieren:

```
DECLARE_WAIT_QUEUE_HEAD (my_queue);
```

Listing 11.33 Initialisierung einer Wait-Queue zur Kompilierzeit

In einer read()-Funktion im Kernel-Kontext kann per wait()-Funktion blockierend darauf gewartet werden, dass ein anderer Kernel-Thread neue Daten bereitstellt. Anschließend weckt der selbst geweckte Kernel-Thread mit return der read()-Funktion im Kernel-Kontext die korrespondierende read()-Funktion des Devices im User-Kontext.

```
int wait_event_interruptible(wait_queue_head_t queue, int condition);
```

Listing 11.34 Blockierendes Warten auf eine Wait-Queue

Mit dieser Funktion weckt der Kernel alle Prozesse, die in dieser Warteschlange warten.

```
wake_up_interruptible(wait_queue_head_t *queue);
```

Listing 11.35 Wecken von blockierten Prozessen

Die Endung „interruptible" bedeutet jeweils, dass der Schlaf durch Signale unterbrechbar ist, zum Beispiel durch ein ctrl-C zum Abbrechen des Programms. Umgekehrt muss dann aber auch der return-Wert überprüft werden, ob durch ein Signal oder das gewünschte Event geweckt wurde. Eventuell muss der Thread erneut schlafen gelegt werden. Ein Beispiel für diese Warteschlangen ist im Anhang in dem Modul tint gezeigt, siehe Abschn. 22.3. Das Buch von [Rub et al] eignet sich gut zur weiteren Vertiefung von Warteschlangen.

11.6 Treiber-Snippets für Linux

Im Folgenden werden einige Code-Snippets zu Treiber-Varianten gezeigt. Vollständige Beispiele sind im Anhang zu finden.

11.6.1 Beispiel eines einfachen Systemaufrufs

Ein eigener Syscall in Linux kann mit

```
#define __NR_mysyscall (__NR_SYSCALL_BASE+376) //z.B. 376
```

Listing 11.36 Eigene Systemaufrufe

am Ende der Datei

<arch/arm/include/asm/unistd.h>

für ARM oder in der Datei

<arch/x86/include/asm/unistd_32.h>

für x68 vereinbart werden. Die Zahl 376 ist in diesem Fall die erste freie Nummer und wird zur Nummer des eigenen Systemcalls. Bei x68 muss in dieser Datei noch

11.6 Treiber-Snippets für Linux

```
#define NR_syscalls 376
```

um eins (also in diesem Beispiel auf 377) erhöht werden. Bei ARM ist dies nicht nötig.

Für jede Architektur, in der der Systemcall verwendet werden soll, muss der eigene Systemcall in der entsprechenden `<unistd.h>` hinzugefügt werden und eventuell die Anzahl der Syscalls inkrementiert werden.

Anschließend wird in der Deklaration aller Syscalls in

```
<include/linux/syscalls.h>
```

der eigene Call angefügt.

```
asmlinkage long sys_mysyscall(char __user *data, int len);
```

Listing 11.37 Anfügen des eigenen Systemaufrufs

Auch in nachfolgender Tabelle aller verfügbaren Syscalls muss der eigene Systemcall ergänzt werden. Hierbei ist zu beachten, dass die Tabelle der verfügbaren Syscalls bei jeder Architektur in unterschiedlichen Dateien definiert ist. Für die ARM-Architektur werden beispielsweise alle verfügbaren Syscalls in der Datei

```
<arch/arm/kernel/calls.S>
```

und bei x86 in der Datei

```
<arch/x86/kernel/syscall_table_32.S>
```

definiert.

Bei ARM muss in dieser Datei

```
CALL(sys_mysyscall)
```

und bei x86

```
.long sys_mysyscall
```

hinzugefügt werden.

Der Code des eigenen Systemcalls kann dann in einem neuen Verzeichnis

```
<mysyscall>
```

im Toplevel-Verzeichnis des Linux Sourcetrees abgelegt werden.

```
<mySysCallDir/mysyscall.c>
```

könnte dann so aussehen:

```
// mySysCallDir/mysyscall.c
// Schreibt Text in den vom Userspace übergebenen Buffer
#include <linux/kernel.h>
#include <linux/linkage.h>
#include <asm/uaccess.h>
```

```
asmlinkage long sys_mysyscall(char __user *buf, int len)
{
  copy_to_user(buf, "Kernel says hello", strlen("Kernel says hello")+1);
  printk("mysyscall: %s\n",buf);
  return strlen("Kernel says hello")+1;
}
```

Listing 11.38 Beispiel eines eigenen Syscalls

Nun muss noch ein Makefile in das eigene Verzeichnis eingetragen werden.

```
obj-y:= mysyscall.o
```

Listing 11.39 Eintrag des Makefiles

Zusätzlich muss noch das Makefile des Kernels angepasst werden. An der Stelle:

```
core-y   := usr/
```

muss `mysyscall/`, das ist der Ordner, der den eigenen Systemcall enthält, hinzugefügt werden:

```
core-y   := usr/ mysyscall/
```

Anschließend muss der Kernel kompiliert werden. Eine simple Testapplikation, die den Systemcall verwendet und den Buffer vom Kernel ausgibt, kann die Funktionalität beweisen:

```
#include <stdio.h>
int main()
{
  char buf [20];
  syscall(376, buf, 20);
  printf("Result: %s\n",buf);
  return 0;
}
```

Listing 11.40 Testprogramm für einen eigenen Syscall

11.6.2 Beispiel einer einfachen chardev-Implementierung

11.6.2.1 Aufgabenstellung

Implementierung eines Chardev-Treibers, der maximal 16 Zeichen in einen Device-Buffer schreibt oder diesen ausliest. Der Zugriff erfolgt unsynchronisiert, da jeder Zugriff vom Userspace ausgeht und es in dem Beispiel keine Interrupts gibt. Der Name des Treibers sei `myChardev`.

11.6 Treiber-Snippets für Linux

```c
/* Includes */
#include <linux/init.h>

#include <linux/module.h>      /* Grundgeruest fuer ein Kernelmodul */
#include <linux/fs.h>          /* Chardev Structs und Funktionen */
#include <linux/slab.h>        /* kmalloc und kfree */
#include <linux/uaccess.h>     /* copy_to_user und copy_from_user */

/* Noetig, um "Kernel taint" beim Laden zu vermeiden */
MODULE_LICENSE("GPL");

#define MYCHARDEV_MAJOR        60
#define MYCHARDEV_NAME         "myChardev"

/* Globale variablen */
static char *myChardev_buffer;
static int myChardev_isopen;

/* myChardev oeffnen
 * Der Zugriff auf das Chardev-Device ist auf einen Prozess
 * limitiert (optional).
 */
static int myChardev_open(struct inode *inode, struct file *filp)
{
        /* myChardev bereits offen? */
        if (myChardev_isopen)
                return -EBUSY;

        /* myChardev auf "geoeffnet" setzen */
        myChardev_isopen = 1;

        return 0;
}

/* myChardev freigeben Mit der myChardev_close()-Funktion im Userspace
 * korrespondiert die release()-Funktion im Kernel, die ebenfalls
 * in der fops-Struktur hinterlegt wurde. */

static int myChardev_release(struct inode *inode, struct file *filp)
{
        /* myChardev auf "geschlossen" setzen */
        myChardev_isopen = 0;

        return 0;
}

/* Daten von myChardev lesen. Das Lesen des Devices beschränkt sich
 * in unserem Beispiel auf das Lesen einiger Zeichen, allerdings
 * werden diese Byte aus dem Treiber-Puffer (myChardev_buffer)
 * in den Userspace transferiert.*/
static ssize_t myChardev_read(
                struct file *filp, char *buf,
                size_t count, loff_t *f_pos)
{
        /* Laenge des Strings in myChardev zaehlen */
        int length = 0;
        char *ptr = myChardev_buffer;
        while (*ptr++)
                length++;

        /* Limit fuer Anzahl der zu kopierenden Bytes */
        if (count < length)
                length = count;
```

```c
        /* Limit fuer Positionszeiger */
        if (*f_pos >= length)
                return 0;

        /* Daten vom Kernelspace in den Userspace kopieren */
        copy_to_user(buf, myChardev_buffer + *f_pos, length);

        /* Positionszeiger auf neuen Wert setzen */
        *f_pos = length;

        /* Anzahl der kopierten Bytes zuerueckgeben */
        return length;
}


/* Daten zu myChardev schreiben */

static ssize_t myChardev_write(
                struct file *filp, const char *buf,
                size_t count, loff_t *f_pos)
{
        /* Speicher mit definierten Werten ueberschreiben */
        memset(myChardev_buffer, 0, 16);

        /* Daten aus dem Userspace kopieren (maximal 15 Byte) */
        copy_from_user(myChardev_buffer, buf,(count>15)?15 : count);

        /* Anzahl der geschriebenen Bytes zurueckgeben */
        return count;
}

/* myChardev beenden, Pufferspeicher ordentich freigeben */

void myChardev_exit(void)
{
        /* Chardev entfernen */
        unregister_chrdev(MYCHARDEV_MAJOR, MYCHARDEV_NAME);

        /* Bei der Initialisierung reservierten Speicher freigeben */
        kfree(myChardev_buffer);

        printk(KERN_DEBUG "Removing myChardev module...\n");
}

/* myChardev initialisieren */

int myChardev_init(void)
{
        /*
         * Alle Charakterdevices verwenden die gleichen grundlegenden
         * Funktionen, wie z.B. Daten vom Device lesen oder dorthin
         * schreiben. Die "file_operations"-Struktur myChardev_fops
         * legt dabei fest welche Funktion fuer welchen Teil des
         * Charakterdevices zustaendig ist, z.B. myChardev_write
         * fuer alle Schreiboperationen auf myChardev.
         */
        const struct file_operations myChardev_fops = {
                        .open = myChardev_open,
                        .release = myChardev_release,
                        .read = myChardev_read,
                        .write = myChardev_write
        };

        int result;

        printk(KERN_DEBUG "Starting myChardev module...\n");
```

11.6 Treiber-Snippets für Linux

```
        /* Registriere chardev device */
        result = register_chrdev(
                MYCHARDEV_MAJOR, MYCHARDEV_NAME, &myChardev_fops
        );

        /* Mit Fehlermeldung abbrechen falls
         * Registrierung fehlgeschlagen */
        if (result < 0) {
          printk(KERN_DEBUG "myChardev: cannot obtain major %d\n",
                   MYCHARDEV_MAJOR);
          return result;
        }

        /* Speicherallokation (17 Byte, standard kernel memory) */
        myChardev_buffer = kmalloc(17, GFP_KERNEL);

        /* Auch hier auf Fehler pruefen und ggf. abbrechen */
        if (!myChardev_buffer) {
                result = -ENOMEM;
                myChardev_exit();
                return result;
        }

        /* Speicher mit definierten Werten ueberschreiben */
        memset(myChardev_buffer, 0, 17);

        return 0;
}
/* Init- und Exit-Funktionen festlegen */
module_init(myChardev_init);
module_exit(myChardev_exit);
```

Listing 11.41 Eigener chardev-Treiber myChardev

Wir haben nun also für jede User-Funktion, mit der ein Device bedient wird, eine korrespondierende Kernel-Funktion gefunden, siehe folgende Tabelle zur Zusammenfassung.

```
                       User-Funktion    Kernel-Funktion  Kernel-Events
Lade Modul             insmod           module_init()
Öffne Device           fopen()          file_operations: open()
Lese Device            fread()          file_operations: read()
Schreibe Device        fwrite()         file_operations: write()
Schliesse Device       fclose()         file_operations: release()
Entferne Device        rmmod            module_exit()
```

Listing 11.42 Korrespondenzen zwischen User- und Kernel-Funktionen

Das Modul muss kompiliert werden und kann mit

```
insmod myChardev.ko
```

geladen werden. Die Rechte können mit

```
# chmod 666 /dev/myChardev
```

geändert werden. Schreibt man nun Buchstaben auf das Device,

```
$ echo -n abcdefgh >/dev/myChardev
```

sollten die letzten 16 Buchstaben gespeichert sein. Dies kann man mit

```
$ cat /dev/myChardev
```

überprüfen.

Nun noch das Makefile.

```
name       := mychardev
obj-m      := $(name).o
KDIR       := /lib/modules/$(shell uname -r)/build
PWD        := $(shell pwd)
MAKE       := make

all:
        $(MAKE) -C $(KDIR) M=$(PWD) modules

clean:
        $(MAKE) -C $(KDIR) M=$(PWD) clean
```

Listing 11.43 Makefile für das chardev-Beispiel

11.6.3 procfs, Datenaustausch

Mit dem virtuellen /proc-Filesystem (procfs) kann man Daten zwischen Kernel-Threads und Prozessen im Userspace austauschen. Es existiert nur im Speicher und dient dazu, Programmen im Userspace den Zugang zu Kernel-Daten zu ermöglichen. Im Modul-Code wird zusätzlich folgendes `include` gebraucht:

```
#include <linux/proc_fs.h>
```

Hier stehen vereinfachte Prototypen der `read()`- und `write()`-Funktionen. Zum Beispiel kann sich die `read()`-Funktion die Kernel-Daten in einen Cache-Buffer im Kernelspace per einfachem `memcpy()` kopieren.

11.6.3.1 Erzeugen eines Files

```
struct proc_dir_entry* create_proc_entry(
        const char* name,mode_t mode,struct proc_dir_entry* parent);
```

Listing 11.44 Erzeugen eines Files im /proc

Diese Funktion erzeugt aus dem Kernelspace heraus ein File `<name>` im Verzeichnis `<parent>`. Der Permission-Mode wird in `<mode>` festgelegt. Mit NULL kann man das File im root-Verzeichnis von `procfs` erzeugen. Bei Erfolg gibt die Funktion einen Zeiger auf die erzeugte `proc_dir_entry`-Struktur zurück, andernfalls gibt sie NULL zurück. In dieser Struktur werden wie oben bei Devices eigene `read()`- und `write()`-Funktionen eingetragen, die im Kernelspace und als Kernel-Prozess laufen:

11.6 Treiber-Snippets für Linux

```
struct proc_dir_entry* entry;
....
entry->read_proc = read_func;
entry->write_proc = write_func;
```

Listing 11.45 Eintrag eigener read()- und write()-Funktionen für das File

Wird das `procfs` innerhalb eines Moduls genutzt, muss `<owner>` in der `proc_dir_entry` Struktur auf `THIS_MODULE` gesetzt werden:

```
entry->owner = THIS_MODULE;
```

Listing 11.46 Setzen des „owner"

Mode- und Nutzergruppe können z. B. wie folgt gesetzt werden:

```
entry->mode = S_IWUSR | S_IRUSR | S_IRGRP | S_IROTH;
entry->uid = 0;
entry->gid = 100;
```

Listing 11.47 Setzen der Attribute

Mit

```
void remove_proc_entry(const char* name,
                       struct proc_dir_entry* parent);
```

Listing 11.48 Entfernen des Files aus procfs

wird das File wieder aus `procfs` entfernt.

11.6.3.2 Erzeugen eines symbolischen Links

```
struct proc_dir_entry* proc_symlink( const char* name,
       struct proc_dir_entry* parent, const char* dest);
```

Listing 11.49 Setzen eines symbolischen Links

Diese Funktion erzeugt einen Symlink von `<name>` nach `<dest>` und entspricht

```
ln -s dest name
```

Listing 11.50 Setzen eines symbolischen Links, Entsprechung im Userspace

im Userspace.

11.6.3.3 Lesen eines Files

Die folgenden Bemerkungen über Lesen und Schreiben sind stets aus der Usermode-Sicht gesehen. Das Kernel-Modul zum Lesen schreibt daher Daten in den Übergabe-Buffer.

Die `read_func()`-Funktion ist eine callback-Funktion, die aus dem User-Mode-Prozess heraus aufgerufen wird. Sie hat folgendes Format:

```
static unsigned long proc_buffer_size = 0;
static char proc_buffer[MAX_SIZE];

int read_func(char* page,        // ptr auf Cache page im Kernel
              char** start,      // normalerweise ungenutzt =0
              off_t off,         // Offset, ab dem gelesen werden soll
              int count,         // Laenge in Byte
              int* eof,          // End of File Marker =1
              void* data)        // Datenfeld des struct, das den Aufruf
                                 // ausgeloest hat. Kann dazu verwendet
                                 // werden, um eine einzige read()-Fkt für
                                 // mehrere ProcFS-Dateien zu verwenden
{
  int ret;

  if (off > 0)
  {
    ret = 0;
  }
  else
  {
    memcpy(page, proc_buffer, proc_buffer_size);
                                 // Der Buffer page
                                 // liegt im Kernelspace
                                 // deshalb memcpy möglich
    ret = proc_buffer_size;
  }

  return ret;
}
```

Listing 11.51 read_func()-Funktion

Die Funktion schreibt ihre Daten in `<page>`. Sie sollte ab dem Offset `<off>` in die Seite schreiben, mit einer Anzahl `<count>`. Normalerweise werden diese beiden Parameter ignoriert. `<eof>` wird zum Signalisieren des Endes des Files benutzt, indem eine 1 in den Speicher *eof geschrieben wird. `<start>` wird ebenfalls normalerweise nicht genutzt.

Die Funktion gibt die Anzahl der geschriebenen Bytes zurück. Eine Kombination mit einer threaded-Interrupt-Routine kann man im Beispiel im Anhang 22.3.

Eine Besonderheit bei der `read_proc()`-Funktion ist, dass der Kernel den Inhalt einer Kernelspace-Page cached und den Zeiger übergibt, so dass man einfache `memcpy`-Funktionen verwenden kann.

Parameter direkt aus dem Userspace werden in neueren Literaturstellen normalerweise mit „__user" vor dem Parameternamen gekennzeichnet, so dass leichter zu erkennen ist, aus welchem Speicherbereich sie kommen.

11.6 Treiber-Snippets für Linux

Mit dem Pointer auf ein Datenfeld `data` können verschiedene Datenfelder unterschieden werden. Damit kann eine callback-`read_func()` für verschiedene Files und Userland-Aufrufe verwendet werden. Der Pointer ist vom Typ `void *`, so dass er auf jede Art von Datenfeld zeigen kann.

```
struct proc_dir_entry* entry;
struct my_file_data *file_data;

file_data = kmalloc(sizeof(struct my_file_data), GFP_KERNEL);
entry->data = file_data;
```

Listing 11.52 Initialisierung des Datenfelds

11.6.3.4 Schreiben eines Files

Mit der Schreibfunktion können Userspace-Programme Daten in den Kernel schreiben. Die Anzahl der zu schreibenden Bytes ist `<count>`. Die Daten müssen von `<buffer>` aus dem Userspace in den Kernelspace transferiert werden, da die `write_func()` dort läuft.

```
static char proc_buffer[MAX_SIZE];

int write_func( struct file* file,
                const char* __user buffer,
                unsigned long count,
                void* data)
{
  proc_buffer_size = count;
  if (proc_buffer_size > MAX_SIZE )
  {
    proc_buffer_size = MAX_SIZE;
  }

  ...
  // Hier werden vom Userspace buffer
  // Daten in den Kernelbuffer geholt

  if ( copy_from_user(proc_buffer, buffer, proc_buffer_size) )
  {
    return -EFAULT;
  }
  ...
  return proc_buffer_size;
}
```

Listing 11.53 procfs-write()-Funktion

11.6.3.5 Nutzung

Mit

```
module_init(init_procfs_example);
module_exit(cleanup_procfs_example);
```

Listing 11.54 Modul laden

wird das Modul wieder wie oben beim Kernel an- und abgemeldet. Das `proc`-File kann nun mit den üblichen Systemcalls die Dienste des Kernels anfordern. Die wesentlichen Systemcalls des Interfaces für den Zugriff auf Dateien und Geräte heißen:

`open()`, `close()`, `read()`, `write()`, `select()`, `fcntl()`, `lseek()`, `ioctl()`.

Hier nun ein zusammenhängendes Beispiel, das einen `procfs`-Eintrag implementiert, der einige Zeichen speichern und zusammen mit der Anzahl der Zugriffe wieder ausgeben kann.

```
/*
 * myProcFS
 */

/* Includes */
#include <linux/module.h>      /* Grundgeruest fuer ein Kernelmodul */
#include <linux/proc_fs.h>     /* Funktionen fuer ProcFS */
#include <linux/uaccess.h>     /* Fuer copy_from_user */

/* Noetig, um "Kernel taint" beim laden zu vermeiden */
MODULE_LICENSE("GPL");

/* Pfad und Namen der ProcFS-Datei */
#define MYPROCFS_PATH    "h_da"
#define MYPROCFS_FILE    "myprocfs"

/* Groesse des Content-Buffers */
#define MYPROCFS_CONTENTSIZE   16

/* Zeiger auf einen ProcFS-Pfad, wird bei myprocfs_init erzeugt */
static struct proc_dir_entry *procfs_path;

/* Zeiger auf eine ProcFS-Datei,
   wird ebenfalls bei myprocfs_init erzeugt. */
static struct proc_dir_entry *procfs_file;

/* "counter" zaehlt die Anzahl der Lesezugriffe auf die ProcFS-Datei,
 * "content" beinhaltet z.B. per "echo abc > /proc/.."
   geschriebene Zeichen. */
static char content[MYPROCFS_CONTENTSIZE];
static int counter;


/*
```

11.6 Treiber-Snippets für Linux

```c
 * Diese Funktion implementiert Lesezugriffe auf unsere ProcFS-Datei.
 *
 *~---~Attribute --
 * char *buffer:
 *     Zeiger auf einen Speicherbereich in den die
 *     zu lesenden Daten kopiert werden muessen.
 *     der Speicher ist im Kernelspace als Cache angelegt
 *     wir müssen uns um copy_to_user.. nicht kümmern
 *
 * char **buffer_start:
 *     Zeiger auf eine beliebige Position in einem buffer.
 *     Standardwert ist 0, was den gleichen Effekt hat wie
 *     *buffer_start = buffer;.
 *     Kann dazu verwendet werden, um Daten aus einem eigenen
 *     Buffer zu uebergeben.
 *
 * off_t offset:
 *     Offset in Bytes ab dem in der ProcFS-Datei gelesen werden soll.
 *     Wird benoetigt, um Daten in mehreren Schritten lesen zu koennen.
 *
 * int buffer_size:
 *     Laenge von "buffer" in Bytes.
 *
 * int *eof:
 *     "End of File"-Marker. Wird mit *eof = 1 gesetzt.
 *
 * void *data:
 *     "data"-Feld des "proc_dir_entry"-structs (z.B. myprocfs_file),
 *     das den Aufruf ausgeloest hat. Kann z.B. verwendet werden,
 *     um eine einzige proc_read-Funktion fuer mehrere ProcFS-Dateien
 *     zu verwenden.
 */
static int myprocfs_read(
                char *buffer, char **buffer_start, off_t offset,
                int buffer_size, int *eof, void *data)
{
        /* Anzahl der fuer die Ausgabe verwendeten Bytes */
        int bytes;

        /* Partielles Auslesen wird nicht unterstuetzt, um die Funktion
         * so einfach wie moeglich zu halten. Daher wird bei jedem
         * Aufruf * "End of File" gesetzt... */

        *eof = 1;

        /* ...und Aufrufe mit einem Offset mit "0 Bytes gelesen"
         * quittiert. */
        if (offset > 0)
                return 0;

        /* Den Buffer mit unserer Ausgabe befuellen,
         * die Anzahl der Bytes dabei auf buffer_size limitieren,
         * um einem Buffer-Overflow zu vorzubeugen.*/
        bytes = snprintf(
                        buffer, buffer_size,
                        "[%d] %s\n",
                        counter,
                        content);

        /* Zaehler fuer Lesezugriffe inkrementieren */
        counter++;

        /* Anzahl der gelesenen Bytes zurueckgeben */
        return bytes;
}

/*
```

```c
/*
 * Diese Funktion implementiert Schreibzugriffe auf die ProcFS-Datei
 *
 *~---~Attribute --
 * struct file *file:
 *     normally unused
 *
 * const char __user *buffer:
 *     Speicherbereich im Userspace, der die Daten enthaelt, die
 *     in unsere ProcFS-Datei geschrieben werden sollen.
 *
 * unsigned long buffer_size:
 *     Laenge von "buffer" in Bytes.
 *
 * void *data:
 *     "data"-Feld des "proc_dir_entry"-structs (z.B. myprocfs_file),
 *     dass den Aufruf ausgeloest hat. Kann z.B. verwendet werden
 *     um eine einzige proc_write-Funktion fuer mehrere
 *     ProcFS-Dateien zu verwenden.
 */
static int myprocfs_write(
                struct file *file, const char __user *buffer,
                unsigned long buffer_size, void *data)
{
        /* Anzahl der zu schreibenden Bytes,
         * Standardwert ist die Laenge unseres content-buffers. */
        unsigned long length = MYPROCFS_CONTENTSIZE;

        /* buffer_size ubernehmen falls er kleiner ist als length. */
        if (buffer_size < length)
                length = buffer_size;

        /* Daten aus dem Userspace in unseren Content-Buffer kopieren,
         * bei einem Fehler mit entsprechendem Fehlercode abbrechen. */
        if (copy_from_user(content, buffer, length))
                return -EFAULT;

        /* Das in myprocfs_read verwendete snprintf liest bei einem %s
         * solange Bytes aus einem Speicher bis es auf eine '\0'
         * trifft. Da z.B. echo das Zeichen nicht uebergibt muessen
         * wir sicherstellen, dass uebergebene Daten stets mit
         * einer \0 enden. */
        if (length < MYPROCFS_CONTENTSIZE)
                content[length] = '\0';
        else
                content[MYPROCFS_CONTENTSIZE - 1] = '\0';

        /* Dem Programm dass diese Funktion aufgerufen hat mitteilen
         * dass alle uebergebenen Daten geschrieben wurden. */
        return buffer_size;
}

/* myprocfs initialisieren */
int myprocfs_init(void)
{
        printk(KERN_INFO "myProcFS: Loading module...\n");

        /* ProcFS-Pfad erstellen */
        procfs_path = proc_mkdir(MYPROCFS_PATH, 0);
        if (!procfs_path) {
          printk(KERN_ALERT "myProcFS: Couldn't create /proc/%s!\n",
                  MYPROCFS_PATH);
          return -1;
        }


        /* ProcFS-Datei erstellen */
```

11.7 QNX-Treiber mit Resource-Manager Implementierung

```
        procfs_file =create_proc_entry(MYPROCFS_FILE,0666,procfs_path);
        if (!procfs_file) {
          printk(KERN_ALERT "myProcFS: Couldn't create /proc/%s/%s!\n",
                MYPROCFS_PATH, MYPROCFS_FILE);
          return -1;
        }

        /* Lese- und Schreibfunktionen zuweisen */
        procfs_file->read_proc = myprocfs_read;
        procfs_file->write_proc = myprocfs_write;

        return 0;
}
/* myprocs beenden */
void myprocfs_exit(void)
{
        printk(KERN_INFO "myProcFS: Unloading module...\n");
        remove_proc_entry(MYPROCFS_FILE, procfs_path);
        remove_proc_entry(MYPROCFS_PATH, 0);
}

/* Init- und Exit-Funktionen festlegen */
module_init(myprocfs_init);
module_exit(myprocfs_exit);
```

Listing 11.55 Beispiel eines procfs-Treibers

Der Vollständigkeit halber hier noch das Makefile:

```
// Includes
name     := myprocfs
obj-m    := $(name).o
KDIR     := /lib/modules/$(shell uname -r)/build
PWD      := $(shell pwd)
MAKE     := make

all:
        $(MAKE) -C $(KDIR) M=$(PWD) modules

clean:
        $(MAKE) -C $(KDIR) M=$(PWD) clean
```

Listing 11.56 Makefile für den procfs-Treiber

Im Anhang sind weitere Beispiele zu Kombinationen aus Interrupt-Behandlung und procfs zu finden.

11.7 QNX-Treiber mit Resource-Manager Implementierung

Unter QNX sind Treiber normale Userspace-Programme, welche auch gegen Userspace-Bibliotheken (libc und co.) gelinkt werden können. Unter QNX kann ein

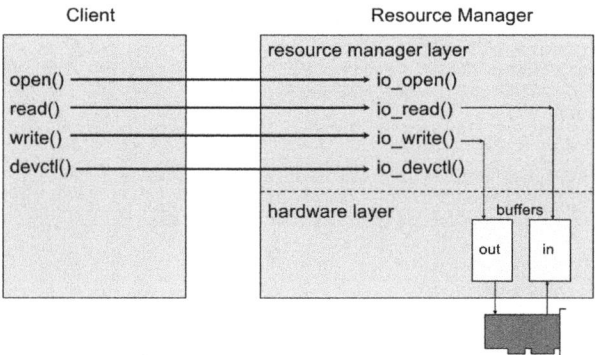

Abb. 11.1 Resource-Manager Interface

Treiber seine Dienste vorzugsweise über ein Resource-Manager-Interface zur Verfügung stellen, Abb. 11.1. Dies kann von einem anderen Prozess genauso genutzt werden wie ein Device-Node unter Linux. Die eigentliche Kommunikation zwischen Treiber und Client-Prozess ist jedoch nicht vergleichbar. Zwischen Resource-Manager (RM) und Client-Prozess wird mittels QNX-Nachrichten kommuniziert. Mithilfe des POSIX-Layers kann man das auf beiden Seiten aber sehr gut verstecken und die Implementierung stark vereinfachen.

Im Anhang kann man die folgenden Funktionen in einem Mini-Treiber ähnlich dem Linux-tint-Beispiel anschauen. Es gibt unter

http://www.qnx.com/developers/docs/6.3.2/neutrino/prog/resmgr.html

und unter

http://www.qnx.com/developers/docs/6.5.0/topic/com.qnx.doc.neutrino_sys_arch/resource.html

sehr ausführliche Anleitungen zur Erstellung von RM-Interfaces, zur Vertiefung sei darauf verwiesen.

11.7.1 Registrieren des Resource-Managers

1. Initialisieren des RM-Frameworks:

```
dispatch_t *dpp;
dpp = dispatch_create ();
```

Listing 11.57 Initialisieren des RM-Frameworks

2. Anlegen der Tabellen, welche auf unsere Funktionen für Dateioperationen zeigen. Dies sind (im Gegensatz zu Linux) zwei:

11.7 QNX-Treiber mit Resource-Manager Implementierung

- `resmgr_connect_funcs` enthält die Funktionen, welche die Verbindung zum RM auf- bzw. abbauen
- `resmgr_io_funcs_t` enthält die I/O-Funktionen wie z. B. `read()` und `write()`.

```
typedef struct _resmgr_connect_funcs {
        unsigned nfuncs;
        int (*open) (/* actual prototype */);
        int (*unlink) (...);
        int (*rename) (...);
} resmgr_connect_funcs_t;
```

Listing 11.58 Anlegen der Funktionstabellen

3. Initialisieren der Funktionstabellen mit Default-Funktionen (mit `iofunc_func_init()`) und Überschreiben der Funktionen, die wir selbst implementieren wollen.

```
resmgr_connect_funcs_t connect_funcs;
resmgr_io_funcs_t io_funcs;

iofunc_func_init (_RESMGR_CONNECT_NFUNCS,
                  &connect_funcs,
                  _RESMGR_IO_NFUNCS,
                  &io_funcs);

connect_funcs.open = io_open;
io_funcs.read = io_read;
io_funcs.write = io_write;
```

Listing 11.59 Initialisieren der Funktionstabellen

`_RESMGR_CONNECT_NFUNCS` und `_RESMGR_IO_NFUNCS` geben die Anzahl der verfügbaren Default-Funktionen an. Laut Dokumentation sollen diese Defines benutzt werden, um eine Art Versionskontrolle zu erhalten. Sollte sich diese Anzahl in einer späteren RM-Lib ändern, so könnte das der RM anhand dieser Werte feststellen und entsprechend reagieren (z. B. in dem er die Tabellen mit den alten Funktionen füllt).

4. Device-spezifische Daten initialisieren. Man kann `iofunc_attr_t` mit eigenen Daten erweitern.

```
iofunc_attr_t ioattr;
iofunc_attr_init (&ioattr, S_IFCHR | 0666, NULL, NULL);
```

Listing 11.60 Device-spezifische Daten initialisieren

5. Anmelden unseres RMs am Process-Manager. Nach dem Aufrufen dieser Funktion können Clients diesen RM ansprechen. Ohne eine Dispatch-Schleife werden ankommende Nachrichten aber noch nicht verarbeitet, siehe 6.

```
id = resmgr_attach (dpp, &rattr, path, file_type, flags,
                    &connect_funcs, &io_funcs, &ioattrr);
<rattr>          weitere Resource-Manager Attribute.
                 Kann auch NULL sein.
<path>           Pfad im Namespace, welcher dieser RM verwalten soll
                 (z.B. /dev/qnx_int)
<file_type>      für unsere Zwecke immer _FTYPE_ANY
<flags>          beeinflusst die Pfadnamen-Auflösung im PM, meist 0
```

Listing 11.61 Anmelden des RMs am Process-Manager

Der Rückgabewert enthält die Attach-ID und wird für das Abmelden mit `resmgr_detach` benötigt. Bei einem Fehler wird −1 zurückgegeben.

6. Eine Dispatch-Kontext-Struktur allokieren. Diese Kontextstruktur wird den I/O- und Connect-Funktionen übergeben und wird für die Dispatch-Schleife benötigt. Sie enthält auch einen Zeiger auf unseren Empfangspuffer und die aktuelle `rcvid`. Sie wird benötigt, um auf die Nachrichten antworten zu können.

```
dispatch_context_t *ctp;
ctp = dispatch_context_alloc (dpp);
```

Listing 11.62 Dispatch-Kontext-Struktur allokieren

7. Dispatch-Schleife starten, um ankommende Nachrichten zu bearbeiten.

```
while (1)
{
        ctp = dispatch_block (ctp);
        dispatch_handler (ctp);
}
```

Listing 11.63 Dispatch-Schleife starten

11.7.2 Implementieren der Dateioperationen

Implementiert man einen Resource-Manager, wie er oben beschrieben ist, ohne eigene Connect- oder I/O-Funktionen zu implementieren, so erhält man ein Device, welches sich wie das bekannte /dev/null verhält. Um einen einfachen Treiber zu erstellen, welcher Daten von einem Hardware-Gerät lesen kann, muss man mindestens die `io_read()`-Funktion implementieren.

```
int io_read ( resmgr_context_t *ctp,io_read_t *msg,RESMGR_OCB_T *ocb);
```

<ctp>   der Kontextpointer enthält Infos über die empfangende Nachricht
       und wird benötigt, um antworten zu können.
<msg>   in dieser Struktur findet man die Anzahl Bytes, welche der Device
       Client lesen möchte (msg->i.nbytes).
<ocb>   Der Open Control Block enthält die {\glqq}per-open{\grqq}-Daten, wie
       wie z.B. einen Zeiger auf unsere Device-Struktur. Der ocb wird von
       io_open (bzw. der Default-Funktion ofunc_open_default) angelegt
       und kann zusätzlich in io_calloc angepasst werden,
       um z.B. Treiber spezifische Daten zu initialisieren.

Listing 11.64 io_read-Funktion

11.7.3 Füllen des Anwort-Buffers:

```
_IO_SET_READ_NBYTES (ctp, nbytes_read);
SETIOV (ctp->iov, data, nbytes_read);
```

Listing 11.65 Füllen des Antwort-Buffers

11.7.4 Der Rückgabewert

Über den Rückgabewert der `io_read`-Methode wird spezifiziert, wie die Antwort an den Client aussehen soll.

- `return _RESMGR_NPARTS(0);`
  Es sind keine Daten vorhanden. Dies entspricht einem EOF an den Client.
- `return _RESMGR_NPARTS(x);`
  Wir haben (mit SETIOV) x Buffer gefüllt, welche an den Client geschickt werden sollen. Normalerweise ist x = 1.
- `return (_RESMGR_NOREPLY);`
  `_RESMGR_NOREPLY` verhindert, dass die RM-Bibliothek eine Antwort an den Client schickt. Das kann der Fall sein, wenn wir die Nachricht selbst abgeschickt haben oder wenn wir noch auf Daten von der Hardware warten und den Client blockiert lassen möchten. Im letzteren Fall müssen wir uns die `rcvid` merken, um später auf die Nachricht antworten zu können und damit den Client zu entblocken.
- `return (error_val);`
  Wird ein Fehler zurückgeben, so wird im Client `<errno>` auf diesen Wert gesetzt. Mögliche Fehlercodes findet man in `<errno.h>`.

11.7.4.1 Mehrere gleichzeitige Zugriffe zulassen

Möchte man zulassen, dass mehrere Prozesse gleichzeitig auf den RM zugreifen, so muss dieser die Zugriffe normalerweise unterscheiden können. Zu diesem Zweck kann man den Open Control Block mit eigenen Daten erweitern.

- Das Define IOFUNC_OCB_T auf unseren selbst definierten OCB setzen.
- Eine eigene Struktur mit unseren Daten anlegen, welche als erstes Attribut den normalen OCN enthält.
- Die Funktion <ocb_calloc> implementieren, welche unsere Daten initialisiert.

Kapitel 12
Interrupts

Oft stellt sich die Frage, wie man in einem Prozessorsystem mit vielen Threads oder Prozessen und einem darunter liegenden Betriebssystem Echtzeitanforderungen von außen aus der HW sicherstellt. Die Antwort ist normalerweise: mit Interrupts. Mit einem HW-Signal (IRQ) direkt am Prozessor wird ein höchstprior und schnellstmöglicher Kontextwechsel in einen eigenen Kontext mit eigenen Registersätzen und einer spezielle Routine ausgelöst. Das HW-Signal kann die Interrupt-Routine mit einer Flanke oder mit einem Pegel auslösen. Welchen Unterschied das macht, wird später erläutert. Das spezielle Unterprogramm, das aufgerufen wird, bezeichnet man als Interrupt-Service-Routine, ISR. Übliche Prozessoren besitzen ein Vektorfeld am unteren Ende des Adressbereichs, in dem Reset- und Interrupt-Vektoren hinterlegt sind. Bei Auftreten eines Reset- oder Interrupt-Signals wird der Inhalt der zugeordneten Adresse als Sprungziel der Bearbeitungsroutine verwendet. Entsprechend werden für die Implementierung dieser Vektortabellen Strukturen von Funktionszeigern verwendet.

Interrupts sind die Alternative zu Polling. Interrupt-Routinen laufen autark, d. h. außerhalb einer Kernel-Kontrolle. Würde eine Int-Routine verklemmen, stünde das ganze System. Weder Scheduler noch Timer-Routinen kämen noch zum Zug. Dies ist auch der Grund, warum es einige Einschränkungen bei der Verwendung von Systemaufrufen aus der Interrupt-Routine heraus gibt. In den verschiedenen Betriebssystemen gibt es unterschiedliche Strategien, ob Kernel- und Interrupt-Routinen selbst durch weitere Interrupts unterbrechbar sind. Dies wird im Folgenden erörtert.

Normalerweise laufen Interrupt-Routinen im root/Admin-Mode/Kernel-Kontext, damit der direkte Zugriff auf die HW erlaubt ist. Ihr zugänglicher Speicher ist der Kernelspace.

Dagegen nutzen Applikationen den Userspace. Es muss also für jedes Betriebssystem auch hier wieder Möglichkeiten geben, wie Daten zwischen Kernel- und Userspace ausgetauscht werden können. Zusätzlich können bei Interrupt-Treibern die Speicherbereiche quasi-parallel zugegriffen werden, da Interrupt- und User-Applikation ebenfalls quasi-parallel laufen können. Eine Synchronisation gegen kritische Zugriffe ist deshalb erforderlich. Auch das wird im Folgenden für Linux und QNX erörtert.

12.1 Interrupt-Latenz

Es gibt verschiedene Anforderungen an die Reaktionszeit eines Systems, welche z. B. durch die Hardware oder durch Kundenanforderungen entstehen. Hierzu ist es notwendig, die Interrupt-Latenz und die Scheduling-Latenz seines Systems zu kennen, bzw. abschätzen zu können. Der Prozessor braucht einige Zeit, bis er den ersten Befehl in der Interrupt-Routine bearbeiten kann. Nach der Detektion des Interrupt-Signals muss er den letzten laufenden Befehl abschließen (worst case der längste Befehl wie z. B. stmfd bei ARM), vor dem Kontextwechsel einige Register und die Rücksprungadresse (PC) retten, gegen weitere Interrupt-Signale sperren, gegebenenfalls die MMU umsetzen, in den neuen Kontext springen und dort gegebenenfalls einen neuen Stack ansprechen.

Zeitweise können IRQs auch durch privilegierte Prozesse deaktiviert oder durch Spinlocks verzögert werden, z. B. zur Synchronisation von Datenzugriffen. Die Interrupt-Latenz verlängert sich dann entsprechend. Falls es mehrere Interrupt-Quellen gibt, kann auch die Abarbeitung eines Interrupts die Abarbeitung eines anderen verzögern. Zum Beispiel kann der neue Interrupt eine niedrigere Priorität haben oder die laufende Routine hat alle weiteren Interrupts gesperrt. Auch erlaubt Linux keinen Interrupt im Interrupt, QNX dagegen erlaubt keinen Interrupt während der Ausführung von Kernel-Routinen. Die Summe aller Reaktions- und Latenzzeiten bestimmt die Echtzeitfähigkeit des Systems, Abb. 12.1. Als Interrupt-Latenz bezeichnet man die maximale Zeit zwischen dem Auftreten eines Interrupts bis zum Ausführen des ersten Befehls der zugehörigen Interrupt-Service-Routine. Detektiert die CPU einen Interrupt, so werden nach Beendigung des laufenden Befehls in etwa folgende Schritte ausgeführt (Schritt 1-5 durch die CPU-HW selbst, ab Schritt 6 durch das jeweilige Betriebssystem):

1. Die Erkennung weiterer Interrupts wird abgeschaltet (Interrupts werden maskiert).
2. Der Programm-Counter und einige Register werden gesichert.
3. Es wird in den privilegierten Kernel-Kontext geschaltet.
4. Registerbank umschalten, bzw. Stack umschalten wenn nötig.
5. Anspringen des Interrupt-Vectors des Betriebssystems.
6. Betriebssystemabhängige Manipulationen wie z. B.

    - MMU konfigurieren,
    - Register anpassen,
    - gegebenenfalls andere Interrupts wieder zulassen.

7. ISR anspringen
8. In der ISR die Interrupt-Quelle bedienen, z. B. Daten lesen, Flags löschen.
9. Gegebenenfalls übergeordnete Programme benachrichtigen, Daten transferieren.
10. Interrupt-Freigabe (oder Interrupt-Maskierung aufheben, unmask) und Rücksprung zum unterbrochenen Programm.

12.1 Interrupt-Latenz

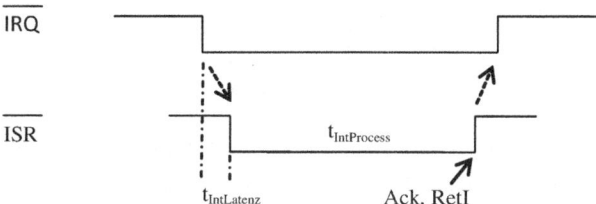

Abb. 12.1 Interrupt-Latenz

An Ende der ISR in Schritt 10 wird in einem unteilbaren Befehl (atomic) der Interrupt wieder freigegeben und zurück in den vorherigen Kontext gesprungen.

Als Scheduling-Latenz bezeichnet man die Zeit zwischen dem Wechsel eines Threads in den Status „Ready" bis zum Ausführen des nächsten Befehls dieses Threads (Status „Running"). In Bezug auf Interrupts geht es hierbei um ISRs, welche einen Teil ihrer Arbeit in einen Userspace-Thread (QNX) bzw. in ein Kernel-Modul (Linux) auslagern.

12.1.1 Anforderungen an Interrupt-Service-Routinen (ISR)

ISRs müssen immer kurz bzw. schnell sein, da sie direkten Einfluss auf die Interrupt- und die Scheduling-Latenz haben. Deshalb ist der Grundsatz bei der ISR-Programmierung, langwierige Aufgaben außerhalb des ISR-Kontexts auszuführen. Da eine ISR dennoch zu lang sein kann, um bestimmte HW-/Echtzeit-Anforderungen zu erfüllen, unterstützt QNX Nested-Interrupts, d. h. es lässt Interrupts in Interrupts zu. Zusammengefasst sind ISRs Programme:

- die kurz und schnell die HW bedienen,
- die im root-Mode laufen,
- die im Kernelspace laufen,
- die ohne Parameter angesprungen werden,
- die ohne Rückgabewert beendet werden,
- die keine oder nur wenige ausgewählte Kernel-Calls nutzen werden, die nicht blockieren können,
- Register nicht verändern dürfen, sonst stören sie den Ablauf des normalen Programms,
- deren Beginn und Ende oft in Assembler geschrieben sind, da man die Kontrolle über die verwendeten Prozessor-Register benötigt.

Daher speichern Interrupt-Handler meist einige Register zu Beginn auf dem Stack und restaurieren sie vor der Rückkehr zum normalen Programmablauf. Alternativ sichern und restaurieren CPUs einige oder alle Register automatisch in HW. Auf manchen CPUs gibt es auch einen Interrupt-Kontext (atomic context), in dem die Prozessoren dafür eigene Registersätze anbieten, auf die sie umschalten. Ein gutes Beispiel dafür sind die ARM-Prozessoren. Jede Interrupt-Leitung hat ihren eigenen Interrupthandler (ISR), der beim Betriebssystem registriert wird. Hierfür wird eine Interruptvector-Tabelle gefüllt, anhand derer der Prozessor die passende Routine anspringen kann.

Anmerkung: Betriebssysteme wie Linux und QNX registrieren einen generischen oder primären Interrupt-Handler, welcher abhängig vom aufgetretenen IRQ die passenden eigenen Handler aufruft. Diese Handler werden von den Treibern installiert und ebenfalls als Interrupt-Handler bzw. Interrupt-Service-Routinen bezeichnet, was oft zu Missverständnissen führt. Es gibt Literaturquellen, die mit ISR den kurzen generischen Teil bezeichnen und mit Interrupt-Handler die folgenden Interrupt-Routinen. Der generische Interrupt-Handler des Betriebssystems kapselt die oben genannten Besonderheiten von ISRs und ermöglicht dadurch relativ plattformunabhängige Treiber. Plattformunabhängig meint hier unabhängig von CPU und Board, nicht unabhängig vom Betriebssystem.

12.1.2 Implementierungen der ISR

Die ISR muss kurz sein, damit folgende Interrupts schnell angenommen werden können. Auch blockiert eine ISR ja asynchron die laufende Verarbeitung. Deshalb wird die Aufgabe, die von einem Interrupt ausgelöst wird, oft in zwei Teile zerlegt, einen zeitkritischen kurzen Response-Teil in der ISR (Top-Half), in dem Daten weggerettet, Acknowledges gegeben und Interrupts wieder freigegeben werden (unmask), und in einen Weiterverarbeitungsteil (Bottom-Half) im regulären und unterbrechbaren Prozess- oder im User-Kontext. Zwischen diesen beiden Teilen muss es ggf. eine Signalisation zum Wecken des Weiterverarbeitungsteils und gegebenenfalls einen Datentransfer geben, der OS-spezifisch ist. Während des Zugriffs der Bottom-Half-Routine muss ggf. der Zugriff durch die Top-Half verhindert werden, um Zugriffe auf gemeinsame Daten nicht zu stören. Umgekehrt kann der Zugriff der Top-Half auf Daten wegen der Priorisierung nicht durch Bottom-Half Programme gestört werden. Abbildung 12.2 zeigt das Unterbrechungsmodell für Linux.

Beide Hälften befinden sich im Interrupt- oder im Kernelspace. Abbildung 12.3 zeigt das gleiche Modell für QNX. Hier läuft die BH im Userspace.

Innerhalb der ISR sind nur wenige spezielle Kernelaufrufe zulässig, mit denen Interrupts maskiert oder disabled werden können. Verriegelnde Mutex- und Semaphoren-Aufrufe sind z. B. nicht möglich, da sie zu Dauerklemmern der ISR führen könnten. Auf MultiCore-Rechnern sind die Funktionen `intlock` oder `DI` nicht ausreichend, da diese Funktionen den falschen Core sperren könnten. Spinlocks sind daher bei MultiCore-Systemen das Mittel zur Synchronisation. Sie müssen allerdings mit Intlocks kombiniert werden, damit es nicht zu Dauerklemmern kommt. Spinlocks werden später noch besprochen. Eine klemmende und nicht zurückkehrende ISR bringt den Prozessor bzw. den Core oft vollständig zum Stillstand, auch Debugger, die per Konsole angebunden wurden, funktionieren nicht mehr. Der Prozessor verbraucht dann nur noch wenig Leistung, man kann man einen solchen

12.1 Interrupt-Latenz

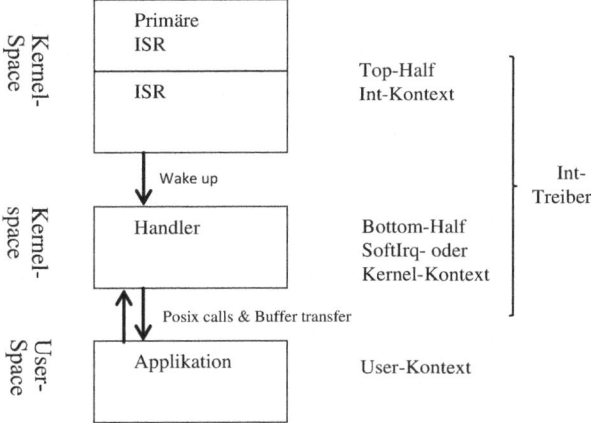

Abb. 12.2 Linux-Modell, Aufteilung in Top-, Bottom-Half

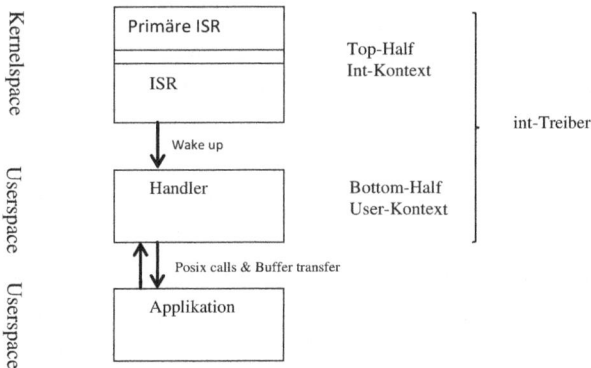

Abb. 12.3 QNX-Modell, Aufteilung in Top-, Bottom-Half

Zustand per Thermometer detektieren. Es gibt verschiedene Eigenschaften, mit denen man ISRs charakterisiert:

- Threadsafe
- Reentrant
- Preempt-Safe

12.1.3 Nested-Interrupts

Nested-Interrupts sind Interrupts im Interrupt, eine laufende Interrupt-Routine wird von einem weiteren Interrupt unterbrochen, siehe Abb. 12.4. Normalerweise hat dieser höhere Priorität, die durch HW-Beschaltung oder durch Programmierung des PIC (Programmable Interrupt Controller) festgelegt wird.

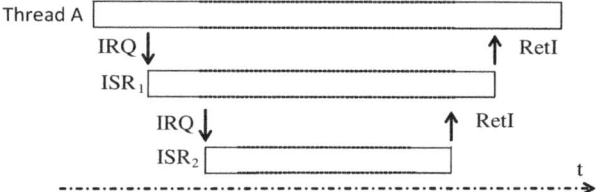

Abb. 12.4 Nested-Interrupts

12.2 Shared-Interrupts

Um Pins zu sparen, gibt es auch die Möglichkeit, nur eine Interrupt-Leitung zu nutzen (shared Int). Das zu erörternde Minimalsystem hat am Prozessor zwei Interrupt-Quellen angeschlossen, die wahlweise die Bearbeitung ihrer InterruptService-Routine auslösen können. In der ISR muss dann festgestellt werden, welche der Quellen den Interrupt tatsächlich ausgelöst hat. Dies ist nur mit Interrupt-Quellen möglich, die shared-Interrupts unterstützen, denn sie müssen nach dem Verursacher abgefragt werden können (z. B. Statusregister-Abfrage).

12.2.1 Flankensteuerung

Bei einer Flankensteuerung wird der Interrupt bei einem Pegelwechsel ausgelöst. Dazu schickt die HW einen Puls, welcher lang genug sein muss, um von der CPU erkannt zu werden. Die Flankensteuerung ist kritisch, wenn die Interrupt-Bearbeitung zu lang ist und schon die nächste Flanke kommt, bevor die ISR verlassen bzw. das Interrupt-Flag gelöscht wurde. In diesem Fall kann diese Flanke und damit die Int-Anforderung verloren gehen. Deshalb muss das Flag so früh wie möglich gelöscht werden, gegebenenfalls implizit bei Eintritt. Dieses Problem wird im shared Fall noch verschärft, da hier ein anstehender Interrupt einen anderen maskieren kann, Abb. 12.5. Sind beide Interrupt-Quellen asynchron zueinander, lässt sich dieses Problem mit Flankensteuerung möglicherweise nicht lösen.

```
DI;                      // disable int oder mask, falls das nicht der
                         // Proz. implizit bei Eintritt
                         // in die ISR tut, gegen nested ints
do
{
  clearIntUP();          // ggf. loeschen int-Flag des uP falls nicht implizit
  if checkDevice1()      // lese Device1 und lösche den Int
  {
    clear_intDevice1();  // falls nicht implizit, dann hier löschen
    ...                  // und bearbeiten
  }
```

12.2 Shared-Interrupts

```
    if checkDevice2()      // lese Device2 sicherheitshalber
                           // und lösche den Int
    {
      clear_intDevice2();  // falls nicht implizit, dann hier löschen
      ...                  // und bearbeiten
    }
    ...
} while (interrupt_pending) // noch nicht alle ints erledigt?
//ggf:
EI;                        // falls nicht implizit im nächsten Befehl
RETI;                      // hiermit wird atomar der Int
                           // des uP freigeben und
                           // zurückgesprungen
```

Listing 12.1 Pseudo-Code einer Interrupt-Implementierung

Angenommen seien zwei Interrupt-Devices, die ihr aktives Interrupt-Flag löschen, wenn sie mit `clear_intDevice()` angesprochen werden. Begonnen werde mit einem Int1-Signal. Die fallende Flanke löst die Interrupt-Bearbeitung des Prozessors aus. In der ersten if-clause wird das `Device1` gelöscht und der Int1-Pegel wird wieder inaktiv. Zwischen der aktiven Flanke und dem `clear_intDevice1()` könnte eine Interrupt-Flanke von `Device2` verloren gehen, da sie durch den aktiven Int1-Pegel maskiert wird. Daher müssen in einer ISR am Ende nochmal alle Devices abgefragt werden, ob weitere Devices zwischenzeitlich einen Interrupt angelegt haben. Die Abfrage aller HW-Geräte muss zyklisch wiederholt werden, bis kein Gerät mehr Kommunikationsbedarf meldet. Dies ist notwendig, da sonst ein IRQ verloren gehen kann, wenn während der Interrupt-Verarbeitung ein Gerät versucht, einen IRQ auszulösen, welcher von einem bereits durchlaufenden Treiber behandelt werden muss, siehe Abb. 12.5.

Das zyklische Ausführen von ISRs wird von QNX und Linux nicht unterstützt, weshalb diese Schleife innerhalb der ISR implementiert werden muss. Andernfalls sollte diese Art von Interrupt-Sharing nicht eingesetzt werden.

Lässt sich der Interrupt nicht mit dem Rücksprung RETI wieder freigeben, so bleibt zwischen dem letzten `EI` und `RETI` ein kritischer Zeitraum, in dem Interrupt-Flanken eines Devices verloren gehen können oder es zu einem Nested-Interrupt kommen kann. Je nach Innenschaltung und Art der Maskierung würde der Prozessor gleich nach `RETI` erneut in die ISR gehen, was korrekt wäre, oder, falls Flanken während der maskierten Zeit verloren gehen, auch den Interrupt verlieren.

Das Pseudo-Code-Beispiel und die verschiedenen Warnungen sind sehr allgemein formuliert, das Verhalten des Prozessors im Interrupt muss im Einzelnen geklärt werden.

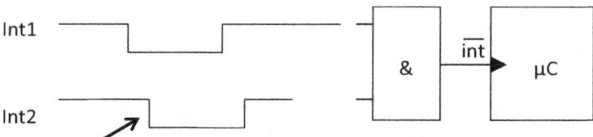

Abb. 12.5 Maskierungsproblem bei flankengesteuerten shared-Interrupts

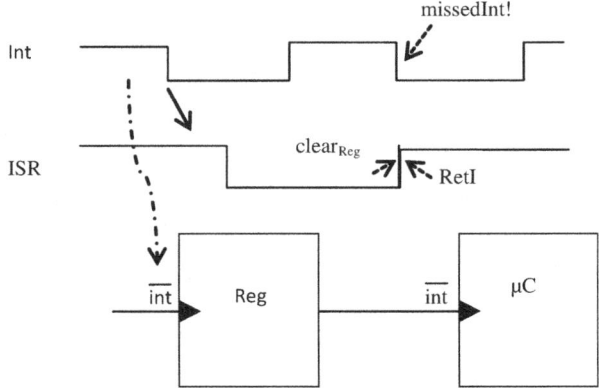

Abb. 12.6 Zwischenspeicherung von Interrupts führt zu „missed-Ints"

12.2.1.1 Kritische Zwischenspeicherung

Ebenfalls sehr kritisch bzw. nicht zulässig ist die Zwischenspeicherung von flankengetriggerten Interrupt-Signalen. Am Ende der Interrupt-Routine muss der Zwischenspeicher gelöscht werden, anschließend wird die Prozessor-eigene Interrupt-Maske freigegeben und mit RETI zurückgesprungen. Die Freigabe und der Rücksprung sind atomic, zwischen dem Löschen und dem atomic-Befehl kann jedoch insbesondere bei shared-Interrupts eine neue Interrupt-Flanke auftreten, die verloren gehen würde, siehe Abb. 12.6. Gibt es eine solche Maßnahme nicht, ist die Flanken-Triggerung für Shared-Interrupts gegebenenfalls nicht fehlerfrei einsetzbar. Tückisch an diesem Problem ist, dass es zwischen dem Knowhow der Hardwerker und der Softwerker liegt und dass es nur sporadisch selten auftritt, demnach schwer testbar ist. Eine solche Schaltung ist „nicht zu retten".

Bei früheren Prozessoren (z. B. Z80) wurde das Problem dadurch gelöst, dass die Peripheriebausteine mit ihrem Zwischenspeicher den RETI am Bus mitbekamen und ihren Interrupt synchron und atomar mit zurücknahmen.

Man sieht auch in neuen Application-Notes noch Empfehlungen, den Interrupt-Status regelmäßig in der main()-Loop abzufragen, um verpasste Interrupts zu bedienen. Dies kann ein Hinweis auf eine eingebaute Int-Konzeptschwäche nach obigen Mustern sein.

Besser ist die Variante mit einem PIC, der in der Regel mit auf dem Chip integriert ist und das atomare Löschen und Freigeben beherrscht, siehe Abb. 12.7.

12.2.2 Pegelsteuerung

Die zweite Möglichkeit ist die sogenannte Pegelsteuerung. Sie ist weniger kritisch bezüglich Stör-Spikes auf der Int-Leitung. Es wird eine Mindestzeit des Low-Pegels spezifiziert, bevor der Interrupt detektiert wird. Solange der Int-Pegel aktiv ist, wird

12.2 Shared-Interrupts

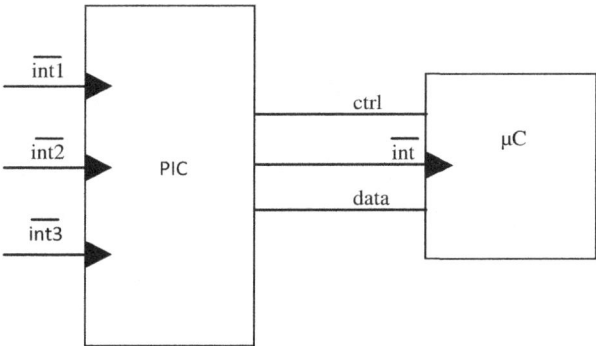

Abb. 12.7 Prozessor mit PIC

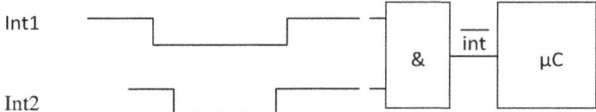

Abb. 12.8 Verdeckungsproblem bei pegelgesteuertem Interrupt

die Interrupt-Routine aufgerufen. Bleibt also der Pegel aktiv, wenn die Int-Routine retourniert, wird sofort erneut in die Int-Routine gesprungen. Auch hier kann es zu Problemen kommen, wenn ein langes Interrupt-Signal ein anderes kurzes verdeckt, siehe Abb. 12.8. Der Pegel des detektierten Devices sollte schnell zurückgesetzt werden (clear-Device) und es müssen am Ende der ISR nacheinander die Devices abgefragt und gegebenenfalls bedient werden, bis das shared-Int Signal inaktiv wird. Diese Version wird im Mittel schneller sein als die Flankensteuerung, weil in der Regel nicht alle Quellen abgefragt werden müssen.

12.2.3 Zusammenfassung

Es gibt eine Vielzahl möglicher Komplikationen bei Interrupt-Steuerungen im Zusammenspiel zwischen Hardware und Software, die zu höchst sporadischen Fehlern und langer Suche führen können. Immer dann, wenn eigene Schaltungen wie z. B. FPGAs oder spezielle Peripherie-Bausteine als Interrupt-Quellen in Betriebssysteme eingebracht werden müssen, sind oben beschriebene Warnungen und Überprüfungen angebracht.

In den folgenden Kapiteln über Interrupts in Linux und QNX wird von Standard-Schaltungen wie PICs, INTCs oder Controllern gemäß der ARM-GIC (Generic Interrupt Controller Architecture Spcification, ARM limited) ausgegangen, die bereits in den generischen Interrupt-Routinen der Betriebssysteme vorgesehen sind. Für diese gibt es keine Hinweise auf verlorene Interrupts.

Kapitel 13
Interrupts unter Linux

Linux kennt verschiedene Kontexte, in denen eine Bearbeitung stattfinden kann, siehe Abb. 13.1 und [Qua]. Dieser Kontext ist wichtig, um entscheiden zu können, welche Kernelfunktionen sich für die aktuelle Bearbeitung eignen. Auf der User-Ebene (User-Kontext) stehen alle Dienste des OS zur Verfügung. Hier laufen normale Benutzeranwendungen im Userspace. Der Code ist jederzeit unterbrechbar, durch Interrupts in HW oder SW. Userspace-Programme haben keinen Zugriff auf den Adressraum des Kernels, sie können aber SoftIrqs auslösen und darüber Kernel-Funktionen aufrufen.

Im Kernel-Kontext von Linux stehen nur die Funktionen des Kernels zur Verfügung. Sie sind in der Kernel-API beschrieben. Die Funktionen sind durch Kernel-Funktionen (auch durch sich selbst) und durch IRQs unterbrechbar. Die Kernel-Ebene hat eigene Registersätze und eigenen Speicher, man nennt dies auch den Prozesskontext. Kernel-Funktionen können auf MultiCore-Systemen auch mehrfach

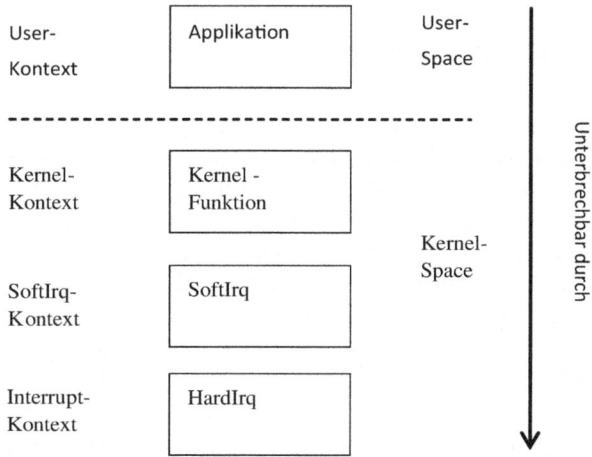

Abb. 13.1 Unterbrechungsmodell im Linux-Kernel, 4 Ebenen

parallel laufen. Kernel-Threads kann man in zwei Kategorien unterteilen, die für spätere Betrachtungen wichtig sind:

- Kernel-Threads mit Userspace-Zugriff. Ruft ein Userspace-Prozess eine Kernel-Funktion auf, so wird daraus nach dem Umschalten auf den Kernelspace ein korrespondierender Kernel-Thread. Dieser bekommt mit der Struktur <task _struct current> Informationen über den aufrufenden Prozess und kann dadurch Daten in und aus dem User-Prozess kopieren.
- Kernel-Threads ohne Userspace-Zugriff. Ein KThread, welcher im Kernel selbst erzeugt wurde, z. B. für eine Work-Queue oder ein zu einem ISR gehörender Thread bei Threaded-Interrupts, hat keinen Zugriff auf den Userspace.

Code der SoftIrq-Ebene ist nur durch HW-Interrupts unterbrechbar. Der Code läuft im Interrupt-Kontext mit eigenem SoftIrq-Stack. Von dort können nur wenige Kernelfunktionen aufgerufen werden, da Code im Interrupt-Kontext nicht blockieren oder schlafen darf. Nur Hardware-Interrupts können laufenden Programmcode der SoftIrq-Ebene unterbrechen.

Code in der ISR-Ebene ist unter Linux nicht unterbrechbar und darf selbst nicht blockieren oder schlafen. Das ISR-Programm läuft im Interrupt-Kontext und ist damit außerhalb der OS-Kontrolle. Es kann nicht schlafen und könnte auch nicht geweckt werden, da es dem Scheduler nicht bekannt ist. Aktionen wie Semaphoren zu locken, Speicherinhalte vom Userspace oder in den Userspace zu kopieren oder nichtatomar Speicher zu allokieren ist demnach nicht möglich oder nicht ratsam.

Blockiert ein Interrupt-Programm, steht daher auch der Kernel. Braucht ein Interrupt-Programm zu lange, verschiebt sich zum Beispiel der Kerneltimer-Tick und die Systemuhr verstellt sich. Übliche Zeit für den Timer-Tick ist zum Beispiel 1 msec, ISRs sollten daher immer deutlich weniger Laufzeit als 1 msec haben. Nested-Interrupts sind unter Linux nicht erlaubt.

13.1 Implementierungskonzepte

Die Bottom-Half läuft unter Linux entweder im SoftIrq-Kontext (siehe Tasklets) oder in einem anderen Kernel-Thread im Prozesskontext (siehe Work-Queues oder Threaded-Interrupts). Funktionen, die sich auf SoftIrq-Funktionen beziehen, enthalten auch heute noch oft ein „bh" im Namen für Bottom-Half. Da SoftIrqs, Tasklets, Work-Queues und Kernel-Threads durch HardIRQs unterbrechbar sind, kann die ISR selbst sehr kurz sein und dennoch ihre Aufgabe innerhalb des ISR-Kontexts ausführen. Unter Linux dürfen alle Kernelfunktionen aufgerufen werden, die nicht schlafen. Welche das sind, findet man manchmal in der Dokumentation oder man nutzt ein Kernel-Debug-Flag CONFIG_DEBUG_SPINLOCK_SLEEP, welches zur Laufzeit warnt, wenn man gefährliche Funktionen aufruft. Da Schlafen in der ISR selbst nicht erlaubt ist, können Mutex und Semaphore nicht zur Synchronisierung von Zugriffen der ISR und der Bottom-Half auf gemeinsame Daten verwendet werden. Die Implementierung ist zwar ohne Fehlermeldung des Compilers möglich, man kann damit aber schöne Probleme programmieren. Allerdings ist die Freigabe von Semaphoren in der ISR zur Signalisation nützlich und ungefährlich, siehe auch die Snippets im folgenden Kapitel. Zur Synchronisation können Interrupts kurzzeitig disabled werden oder es können Spinlocks verwendet werden. Dies ist auf MultiCore-Systemen notwendig, da hier Interrupts und normale Threads gleichzeitig laufen können.

13.2 Interrupt-Ablauf unter Linux

Ein HW-Gerät sendet ein Interrupt-Signal an den Interrupt-Controller. Der PIC sendet seinerseits einen Interrupt an den Prozessor. Vorausgesetzt der Interrupt ist enabled, dann rettet und verlässt der Prozessor seinen aktuellen Kontext, disabled die Interrupts auf diesem Core und springt entsprechend der hinterlegten Vektor-Tabelle in ein Programmstück. Dort wird die Nummer des Interrupts gesichert und eine generische

`<do_IRQ-Funktion>`

aufgerufen. In dieser Funktion werden eventuell weitere Stati gerettet und der Handler

`do_Level_IRQ oder do_edge_IRQ`

für flanken- oder pegelgesteuerte Interrupts aufgerufen.

Dieser entprechende Handler bestätigt den Interrupt (acknowledge) und löscht damit das Int-Flag im PIC. Anschließend maskiert er ggf. den speziellen Interrupt mit

`disable_irq()`

im PIC und enabled die Interrupts auf diesem Core wieder, bevor die registrierte ISR in der Funktion

`handle_IRQ_event()`

aufgerufen wird. Tritt nämlich während der Interrupt-Behandlung auf einem Multi-Core-System dieser IRQ noch einmal auf, so könnte der IRQ von einem anderen Core angenommen werden. In dem Fall würde ein Pending-Flag gesetzt werden. Nach der aktuellen Interrupt-Behandlung wird dann der IRQ wieder demaskiert und eine weitere Interrupt-Behandlung durchgeführt. Das Disablen einer Interrupt-Nummer auf dem PIC ist allerdings nur für Interrupts, die nicht geshared sind, zulässig. Da für PCI-Devices int-Sharing immer spezifiziert ist, kommt das Sperren eines speziellen Interrupts kaum noch vor. Alternativ wird deshalb mit einem Spinlock sichergestellt, dass während des Int-Handlings kein anderer Core den gleichen Interrupt erneut bearbeiten kann.

Im Anschluss an den registrierten ISR-Handler wird der Interrupt wieder gesperrt und zur

`do_IRQ-Funktion`

zurückgekehrt. Dort werden ggf. in einer Funktion

`ret_from_intr()`

Bottom-Half-Threads oder Wait-Queues, die von der ISR geweckt wurden, gescheduled. Schließlich erfolgt der Rücksprung in den ursprünglichen Kontext. Mit dem Rücksprung wird auch der Interrupt auf dem PIC wieder freigegeben.

13.3 SW-Snippets für Linux

13.3.1 Registrierung eines Interrupt-Handlers

Wie erwähnt werden Interrupt-Handler in der Initialisierungsphase beim OS registriert. Dafür wird die folgende Funktion aufgerufen:

```
int request_irq( unsigned int irq, irq_handler_t handler, unsigned long
                 flags, const char* name, void *dev)

oft mit folgender Notationsvereinfachung:

typedef irqreturn_t (*irq_handler_t) (int, void *);

oder seit 2.6.30 für Threaded-Interrupts:

int request_threaded_irq(unsigned int irq, irq_handler_t handler,
                 irq_handler_t thread_fn, unsigned long flags,
                 const char *name, void *dev)
```

`<irq>`	gibt die Nummer des Interrupts an. Sie ist in manchen Fällen in der HW verankert, in anderen Fällen kann sie dynamisch festgelegt werden.
`<handler>`	ist der Funktionszeiger auf die zu registrierende Handler-Routine (ISR, Top-Half). Ist thread_fn nicht NULL, so sollte dieser Handler nur überprüfen, ob die HW den Int ausgelöst hat und wenn nötig den zugehörigen Kernel-Thread (Bottom-Half) mit der Rückgabe von IRQ_WAKE_THREAD schedulen.
`<thread_fn>`	registriert eine Handler-Funktion (Bottom-Half), welche vom Handler-Thread aufgerufen wird. Wenn nicht NULL, so wird ein Kernel-Thread-für diesen IRQ gestartet.
`<flags>`	definiert unter anderem in einem Bitfeld, ob der Interrupt geshared wird. Siehe auch <linux/interrupt.h>
`<name>`	gibt den device-Namen an. Hauptsächlich zu statistischen und debug Zwecken ({\zb} cat /proc/interrupts)
`<dev>`	Zeiger auf einen beliebigen Wert oder Struktur, welcher dem ISR-Handler beim Aufruf übergeben wird. Hier übergibt man meistens eine Device-Struktur. Im Falle eines Shared-Interrupts darf dieser Zeiger nicht NULL und muss eindeutig sein, da er zur Unterscheidung von ISRs auf einem IRQ dient. Wird {\zb} zum De-registrieren des ISR benutzt.

Listing 13.1 Registrierung eines Interrupt-Handlers

13.3 SW-Snippets für Linux

Die Funktion gibt 0 zurück, wenn die Registrierung akzeptiert wurde, oder einen Fehler, wenn z. B. dieser Interrupt schon belegt und nicht geshared ist. Die Funktion darf nicht aus dem Interrupt-Kontext heraus aufgerufen werden, da sie selbst beim Registrieren und Speicherallokieren zeitweise blockiert werden könnte.

13.3.2 Deregistrierung

Mit unten stehender Funktion wird ein Handler aus der Registrierung entfernt und, falls es der letzte oder einzige Handler war, der Interrupt-Eingang maskiert. Auch diese Funktion muss aus dem Prozess-Kontext heraus aufgerufen werden.

```
void free_irq( unsigned int irq, void * dev )
```

Listing 13.2 Deregistrierung des Interrupt-Handlers

13.3.3 Interrupt-Handler

Eine Deklaration eines Int-Handlers sieht wie folgt aus:

```
static   irqreturn_t intr_handler( int irq, void * dev)
```

Listing 13.3 Deklaration des Int-Handlers

Der Rückgabewert ist entweder IRQ_NONE, wenn der Handler den Interrupt nicht bearbeitet hat, oder IRQ_HANDLED. Bei Threaded-Interrupts kann IRQ _WAKE_THREAD zurückgegeben werden, um den zugehörigen Kernel-Thread zu schedulen.

13.3.4 Shared-Interrupt-Handler

Bei der Registrierung eines Shared-Handlers muss das IRQF_SHARED-Flag gesetzt sein. Als Cookie für <dev*> kann die Device-Struktur genutzt werden. Schließlich muss der Handler im Zusammenspiel mit der HW schnell herausfinden, ob seine Interrupt-Quelle den Interrupt initiiert hat. Normalerweise fragt er dazu sein Int-Device nach seinem Status ab. War es nicht sein Device, returniert er IRQ_NONE und der Kernel ruft den nächsten registrierten Handler auf. Normalerweise sind in Linux keine nested Interrupts (Interrupt im Interrupt) erlaubt. Daher müssen die ISRs auch nicht reentrant sein.

13.3.5 Design-Regeln

ISRs müssen kurz sein, da sie laufende Prozesse oder sogar andere ISRs unterbrechen. Sie dürfen keinen Code enthalten, der blockieren oder schlafen kann. Der Stack muss so sparsam wie möglich verwendet werden, da er konfigurations- und situationsabhängig vom Kernel-Stack oder vom Stack des unterbrochenen Prozesses abgezweigt wird. Die Aufgabe im Anschluss an ein Interrupt-Signal wird meistens zwischen der ISR (top half = First-Level Interrupt Handler (FLIH)) und einem Programm im Prozesskontext (bottom half = Second-Level Interrupt Handlers (SLIH)) geteilt. Die ISR ist kurz und einfach und läuft mit teilweise gesperrten Interrupts im Interrupt-Kontext. Das Folgeprogramm läuft im Prozesskontext im Anschluss mit freigegebenen Interrupts. Zwischen ihnen muss es eine Synchronisation geben oder es müssen sogar größere Datenmengen übermittelt werden. Der Zugriff auf diese Daten ist kritisch und darf nicht unterbrochen werden. Von Linux werden SoftIrqs, Tasklets, Threaded-Interrupts und Work-Queues für die Folgeprogramme unterstützt.

13.3.6 Kritische Bereiche schützen

Es gibt mehrere Konzepte, kritische Bereiche zu schützen. Betont sei hier, dass nicht der eigentliche Code kritisch ist, sondern die zugegriffenen Daten sind es. Nutzt man nur gemeinsame Variablen, die mit einem einzigen Assembler-Befehl zugegriffen werden können (atomic), sind sie implizit geschützt. Aktuelle Compiler stellen auch einen eigenen `atomic_t`-Datentyp in `include/asm/atomic.h` zur Verfügung. Dafür gibt es Befehle wie:

```
atomic_set()
atomic_add()
atomic_inc()
atomic_dec_and_test() // returns true if it was decremented to zero
```

Listing 13.4 Atomare Befehle

Man beachte, dass diese Funktionen langsamer als die normalen arithmetischen Funktionen sein können, man sollte sie deshalb nicht unnötig verwenden. Es gibt auch atomare Bitoperationen in `include/linux/bitops.h\`, eine mitgegebene Bitnummer 0 bedeutet das LSB (least significant bit).

```
set_bit(),
clear_bit()
change_bit()
test_and_set_bit()
test_and_clear_bit()
test_and_change_bit()
```

Listing 13.5 Atomare Bit-Operationen

13.3 SW-Snippets für Linux

Jeder Befehlssatz stellt unteilbaren Befehle wie test-and-set zur Verfügung, sie sind die Voraussetzung für zusätzliche Schutzmechanismen wie Semaphore und Mutexe.

13.3.7 Ringpuffer oder Doppelpuffer

Sofern es nur einen Produzenten und einen Konsumenten gibt, was bei der Übergabe von Interrupt-Daten zwischen Top-Half und Bottom-Half meist der Fall ist, kann man kritische Bereiche durch Verwendung von Doppel- oder Ringpuffern vermeiden. Lese- und Schreibzugriffe betreffen dann immer unterschiedliche Bereiche in einem gemeinsamen Speicher. Der Puffer wird mithilfe folgender Zeiger und eines Füllstandszählers (ggf. nur implizit nötig) verwaltet:

mHead, mTail, mFill.

Hierbei gehört mHead dem Produzenten, mTail dem Konsumenten. Es gibt keine nebenläufigen Zugriffe auf diese Zeiger oder die Speicher, auf die sie zeigen. Gibt es in dem Puffer keine Einträge mehr, so soll sich der Konsument mit einem Eintrag in eine Wait-Queue (siehe Abschn. 11.5.1 „Warteschlange zum blockierenden Lesen" schlafen legen. Er kann dann durch ein

```
wake_up_interruptible(wait_queue_head_t *queue);
```

Listing 13.6 wake-up eines Konsumenten

der Top-Half wieder aufgeweckt werden. Allerdings muss man sehr sorgfältig auf die Verwaltung der Zeiger und des Füllstandszählers mFill achten, hier gibt es schon die Möglichkeit nebenläufiger Zugriffe. So kann sich in dem Moment, in dem der Füllstand vom Konsumenten abgefragt wird, dieser gerade durch einen nebenläufigen Zugriff des Produzenten verändern. Dies wiederum kann zum Schlafen des Konsumenten führen, obwohl neue Daten im Puffer auf ihre Abholung warten, siehe nächsten Abschnitt. Eigentlich wäre hier eine Synchronisierung oder ein atomic-Befehl einfach, der unterbrechungsfrei die Leer-Bedingung testet und schlafen geht. Weiterhin gibt es bei Überlauf des Puffers ein Problem. Da man den Produzenten nicht anhalten darf (Top-Half), muss man Daten verwerfen oder überschreiben.

13.3.7.1 Schlafen gehen ohne Synchronisierung

Das geschilderte Problem ist ein allgemeines und gilt zum Beispiel auch für den Halt-Befehl einiger Prozessoren. Liest man eine Eingangs-Event-Queue leer, „enabled" anschließend alle Interrupts und geht im nächsten Befehl auf Halt, so dass nur noch ein neuer Wert in der Queue den Prozessor per Interrupt aufwecken kann, so kann man genau zwischen dem Lesen und dem enable-Befehl einen neuen Datenwert per Interrupt bekommen haben und trotzdem schlafen gehen, ihn also verpassen. Es gab vor 20 Jahren deshalb ein Autoradio, bei dem man selten sporadisch das

Telefon noch klingeln hörte, den Anruf aber nicht mehr annehmen konnte, da das Gerät abschaltete. Der Fehler war, dass Int-enable und Halt zusammen nicht atomar waren.

```
while (mFill == 0) {
    interruptible_sleep_on(&short_queue);
    /* ... */
}
```

Listing 13.7 Race-Condition beim Schlafengehen

Wie erläutert, könnte sich der Wert genau zwischen der Abfrage in der while-Anweisung und dem Aufruf von interruptible_sleep_on ändern. In diesem Fall würde der Treiber schlafen gehen, obwohl neue Daten eingetroffen sind. Dies kann zu Datenverlusten oder zu Blockaden führen. Ein typisches Vorgehen ist, sich nach Überprüfung der Bedingung den Status „schlafend" zu geben, dann aber noch einmal die Bedingung zu prüfen (siehe [Rub et al]). Diese Vorgehensweise ist in zwei Makros realisiert:

```
wait_event(wq, condition);
wait_event_interruptible(wq, condition);
```

Listing 13.8 Race-freie Makros

Beide Makros fragen <condition> während des Schlafengehens ab und vermeiden so Race-Conditions. Die gleiche <condition> wird zum Wecken verwendet.

13.3.8 Interrupts sperren

Der aktuelle Linux-Kernel ist vollständig preemptiv. Ein Kernel-Thread kann somit auch auf einem SingleCore System jederzeit von einem anderen Kernel-Thread oder einem Soft-/Hard-Interrupt unterbrochen werden. Auf MultiCore-Systemen können sogar verschiedene Interrupts gleichzeitig laufen. Kritische Daten, auf die gleichzeitig zugegriffen werden könnte, müssen deshalb geschützt werden. Linux kennt hier eine Vielzahl von Möglichkeiten, welche für verschiedene Anwendungen optimiert sind. Im Folgenden sollen nur die wichtigsten vorgestellt werden. Mit den C-Funktionen

```
local_irq_disable()
local_irq_enable()
```

Listing 13.9 Sperren des Interrupts als Linux-Funktion

13.3 SW-Snippets für Linux

oder den Assembler-Befehlen

```
cli, sti
```

Listing 13.10 Sperren des Interrupts in Assembler

können alle Interrupts gesperrt werden. Damit wird allerdings auch der Scheduler gesperrt und auch der System-Timer kommt in Verzug. Auf MultiCore-Systemen wird nur dieser eine Core in seinen Interrupts gesperrt, weshalb andere Cores immer noch in gemeinsame kritische Bereiche greifen können. Für das Locking auf MultiCore-Systemen sind sie deshalb nicht geeignet. Eine weitere Gefahr ist, dass man nicht immer die Vorgeschichte der Interrupt-Masken kennt. Es ist besser, mit dem Disablen der Interrupts die vorherige Einstellung zu sichern und später wieder zu restaurieren.

```
unsigned long flags;
local_irq_save(flags);
local_irq_restore(flags);
```

Listing 13.11 Sichern des Interrupt-Status

Die Funktionen müssen aus derselben Funktion aufgerufen werden, mit demselben Stack-Frame.

13.3.9 Einzelne Interrupts sperren/maskieren

Es können auch gezielt Interrupts gesperrt werden, mit folgenden Funktionen:

```
void disable_irq( unsigned int irq);
void disable_irq_nosync( unsigned int irq);
void enable_irq( unsigned int irq);
void synchronize_irq( unsigned int irq);
```

Listing 13.12 Einzelne Interrupts sperren/maskieren

Mit diesen Funktionen wird bei MultiCore-Systemen die entsprechende Interrupt-Nummer im Int-Controller gesperrt; da dieser gemeinsam für alle Cores ist, betrifft die Sperrung alle Cores, im Gegensatz zum Befehl Cli, der nur den aktuellen Core gegen Interrupts sperrt. Mit der Sperrung des Interrupts im PIC kann demnach vermieden werden, dass ein gesperrter Interrupt durch einen anderen Core doch ausgeführt werden könnte. Da im shared Fall alle Devices gesperrt werden, werden die o.g. Funktionen selten genutzt. Stattdessen können Spinlocks eingesetzt werden.

13.3.10 Spinlocks

Mit einem Spinlock wird versucht, ein vorher definiertes Lock zu bekommen. Ist es frei, wird es gelockt. Ist es bereits gelockt, wird in einer Dauerschleife gewartet. Der Mechanismus ist klein und schnell, belastet allerdings die CPU. Spinlocks sollten daher nur verwendet werden, wenn die Wartezeit voraussehbar kurz ist, z. B. wenige Befehlszyklen lang. Ein Spinlock könnte wie folgt implementiert sein, ein anderer Prozess/Thread muss <a> freigeben (auf 0 setzen).

```
volatile int a = 1;
...
while (a)
{ }
```

Listing 13.13 Pseudo-Implementierung eines Spinlocks

Mit diesem Konzept können gemeinsame Data-Bereiche im MultiCore-System geschützt werden, z. B. auch wenn zwei ISRs verschiedener Cores auf gemeinsame Daten zugreifen würden. Weitere Anwendungen sind der konkurrierende Zugriff einer ISR und einer Bottom-Half-Routine auf gemeinsamen Speicher und der Zugriff einer Kernel-Routine und eines Syscalls auf gemeinsamen Speicher.

Linux stellt mehrere Spinlock-Varianten in

`include/asm/spinlock.h` und in `include/linux/spinlock.h`.

zur Verfügung. Die Linux-Funktion `spin_lock()` deaktiviert die Präemption sobald der Lock akquiriert wird.

Diese Funktion ist aber nur geeignet, Unterbrechungen durch andere Threads und Kernel-Threads zu verhindern, da sowohl Soft- als auch Hard-IRQs nicht abgeschaltet werden. Diesen Lock kann man deshalb nur zur Synchronisation des Speicherzugriffs zwischen User-Context und dazugehörigem Kernel-Code im Syscall verwenden.

```
DEFINE_SPINLOCK( lock);        // anlegen und initialisieren des
                               // Spinlocks
spin_lock( &lock);
...                            // kritischer Abschnitt
spin_unlock( &lock);
```

Listing 13.14 Schutz eines kritischen Bereichs mit Spinlock()

`spin_lock_bh()` verhält sich wie `spin_lock()`, deaktiviert jedoch zusätzlich Soft-IRQs auf dem aktuellen Prozessor, lässt HardIRQs aber weiterhin zu. Dies könnte für den Schutz eines Speicherbereichs nützlich sein, der von mehreren Systemaufrufen oder von SoftIrqs genutzt wird.

13.3 SW-Snippets für Linux

```
DEFINE_SPINLOCK( lock );           // Anlegen und Initialisieren
                                   // des Spinlocks
spin_lock_bh( &lock );
...                                // kritischer Abschnitt
spin_unlock_bh( &lock );
```

Listing 13.15 Synchronisation mit Spinlock und disable SoftIrq

Diese Variante ist aber immer noch nicht für den Schutz eines Speichers zwischen ISR und Bottom-Half ausreichend. Hier wäre es möglich, dass im Interrupt-Handler aktiv auf den Lock gewartet wird, dieser aber von der BH-Routine im Prozesskontext nicht freigegeben werden kann, da sie nicht gescheduled wird.

Dafür gibt es zwei weitere Spinlock-Funktionen:

```
DEFINE_SPINLOCK( lock );           // anlegen und initialisieren
                                   // des Spinlocks
unsigned long flags;
spin_lock_irq( &lock );
...                                //kritischer Abschnitt
spin_unlock_irq( &lock );
```

Listing 13.16 Synchronisation mit Spinlock() und disable local Ints

Kennt man die Vorgeschichte nicht, kann es passieren, das man nach der Int-Behandlung den Interrupt wieder freigibt, obwohl er noch durch andere gesperrt war. Deshalb gibt es auch eine Version mit Wiederherstellung des vorherigen Status.

```
DEFINE_SPINLOCK( lock );           // Anlegen und initialisieren
                                   // des Spinlocks
unsigned long flags;
spin_lock_irqsave( &lock, flags );
...                                //kritischer Abschnitt
spin_unlock_irqrestore( &lock, flags );
```

Listing 13.17 Synchronisation mit Spinlock(), save Flags, disable local Ints

Sie funktioniert wie `spin_lock_bh()`, deaktiviert aber auch die HardIRQs auf dem aktuellen Prozessor. Die Funktion disabled lokal alle Interrupts und aktiviert einen Spinlock. In einer ISR wird zusätzlich die aktuelle Interrupt-Nummer für alle Cores gesperrt. Dies deshalb, damit nicht eine weitere ISR im Spinlock wartet und gleichzeitig der Bottom-Half-Thread bzw. der User-Thread, der den Spinlock freigeben könnte, weg-gescheduled wird. Spinlocks sind wie viele andere Kernelfunktionen auch darauf optimiert, nur die nötigsten Schritte durchzuführen. Sie verzichten auf das Akquirieren des Locks, wenn das System ohne MultiCore-Support übersetzt wurde. In diesem Fall kompiliert der Code nur zu:

```
unsigned long flags;
save_flags(flags);
cli();
...                            //kritischer Abschnitt
restore_flags(flags);
```

Listing 13.18 Umsetzung des Spinlock() auf SingleCore

Damit wird der unnötige Spinlock vermieden. Nochmal als Zusammenfassung die beiden erforderlichen Code-Stellen in der ISR und in der Bottom-Half-Routine.

```
spinlock_t my_lock = SPIN_LOCK_UNLOCKED;

my_ioctl()                     // Routine im Userspace
{
  spin_lock_irqsave(&my_lock);
  /* critical section */       // {\zb} Daten abholen
  spin_unlock_irqrestore(&my_lock);
}

my_irq_handler()               // ISR
{
  spin_lock(&my_lock);
  /* critical section */       // {\zb} Daten bereitstellen
  spin_unlock(&my_lock);
}
```

Listing 13.19 Synchronisierung der Zugriffe von ISR und Bottom-Half

Spinlocks in Linux dürfen nicht rekursiv verwendet werden.

13.4 Bottom-Half Implementierungen

In aktuellen Kerneln (seit 2.6.30) werden Threaded-Interrupts als bevorzugte Methode zum Implementieren der Bottom-Half angesehen. Sie sollen nach dem Willen der Kernel-Entwickler Work-Queues, SoftIrqs und Tasklets als Bottom-Half-Lösung ersetzen. Dennoch sollen alle vier Methoden kurz erklärt werden, da sie zurzeit noch alle sehr häufig genutzt werden.

13.4.1 SoftIrq

Siehe Tasklets. Tasklets sind SoftIrqs, bei denen die parallele Abarbeitung auf mehreren Cores verboten ist.

13.4.2 Tasklets

Tasklets laufen im SW-Interrupt-Kontext und dürfen deshalb nicht schlafen. Sie werden immer auf dem gleichen CPU-Kern ausgeführt, auf dem sie auch gescheduled wurden. Als großer Nachteil von Tasklets wird häufig aufgeführt, dass sie die Scheduling-Latenz verschlechtern, da sie nicht durch anderen Kernel-Code (außer HW-Interrupts) unterbrochen werden können. Locking zwischen ISR und Tasklet kann nötig sein, da während der Ausführung ein weiterer Interrupt auftreten kann.

```
DECLARE_TASKLET(name, function, data)
<name>             der Name des Tasklets
<function>         Funktion, welche aufgerufen wird, wenn das Tasklet
                   ausgeführt werden soll. Notation:
                   void (*func)(unsigned long);

<data>             ein Wert, welcher der Tasklet-Funktion beim Aufruf
                   übergeben wird
```

Listing 13.20 Tasklet

Die folgende Funktion scheduled das Tasklet. Mehrfaches Schedulen summiert sich nicht auf. Das Tasklet würde in diesem Fall nur einmal ausgeführt.

```
void tasklet_schedule(struct tasklet_struct *t)
```

Listing 13.21 Aufruf des Tasklets

Ein Beispiel des erforderlichen Codes in der ISR und dem Tasklet

```
void my_func(void *data);
DECLARE_TASKLET(my_tasklet, my_func, 0);

void my_func(void *data)
{
        ...
}

my_irq_handler()
{
  tasklet_schedule(&my_tasklet);
  return IRQ_HANDLED;
}
```

Probehalber kann das Tasklet auch als Modul aufgerufen werden:
```
int init_module(void)
{
  /* Schedule Bottom Half */
  tasklet_schedule(&my_tasklet);
  return 0;
}
```

```
void cleanup_module(void)
{
  /* Stop tasklet before we exit */
  tasklet_kill(&my_tasklet);
  return;
}
```

Listing 13.22 Zusammenspiel zwischen ISR und Tasklet

13.4.3 Work-Queues

Eine einfache Art, eigene Bottom-Half-Programme einzubinden und zu starten ist, sie aus der Top-Half-Routine heraus in einer angebotenen Kernel-Queue als Struktur mit eingetragenen Funktionsadressen zu hinterlegen. Diese Queue wird als Struktur des Typs <work_struct> realisiert und wird durch ein Makro <create_workqueue> erzeugt. Ein Kernel-Thread namens <events/X> wird nach einem Interrupt aufgerufen. X ist die Nummer des Cores. Der Thread entnimmt die hinterlegten Aufrufe und ruft die entsprechenden Handler-Funktionen (Bottom-Half) auf.

Eine Work-Queue ist einem Tasklet sehr ähnlich. Jedoch läuft hier ein Kernel-Thread in einer endlosen Bearbeitungsschleife, der schläft, wenn keine Programme warten. Eine Work-Queue ist ein Thread, der asynchron gestartet wird. Es gibt einen Work-Queue-Thread pro Core. Die Programme in der Work-Queue werden nur einmal aufgerufen und dann aus der Queue gelöscht. Erzeugen eines neuen Worker-Threads vom Typ name, falls nicht die Default-Queue events/n (n = Prozessornummer) genutzt wird:

```
struct Work-Queue_struct *create_Work-Queue(const char * name);
```

Listing 13.23 Erzeugen eines Worker-Threads

Ein Arbeitsauftrag wird erzeugt mit:

```
statisch:
  DECLARE_WORK(name, void (*func)(void *),void *data);
dynamisch:
  INIT_WORK(struct work_struct *work,void (*func)(void *), void *data);
```

Listing 13.24 Erzeugen eines Arbeitsauftrags

Der Funktions-Pointer zeigt dabei auf den gewünschten Work-Queue-Handler, das eigene Bottom-Half-Programm:

```
void work_handler(void *data);
```

Listing 13.25 Work-Queue-Handler

Dieser Handler läuft im Prozesskontext ohne direkten Userspace-Zugang und darf schlafen, d. h. er kann gescheduled werden. Damit ist es hier möglich, Synchronisierungen mit anderen Programmen zu implementieren, z. B. um User-Programme zu wecken. Allerdings ist ihm als Kernel-Thread kein Speicher im Userspace zugeordnet. Deshalb muss das User-Programm zum Beispiel auf einem device-read() blockierend warten oder auf einer Semaphore.

13.4.4 Auftrag schedulen (beauftragen)

Nach der Erzeugung des Arbeitsauftrags wird dieser mit folgenden Funktionen gescheduled:

```
int schedule_work(&work);
int schedule_delayed_work(&work, unsigned long delay ); // after delay

//Für selbst erzeugte Worker-Queues:
int queue_work(struct Work-Queue_struct *wq,struct work_struct *work);
int queue_delayed_work(struct Work-Queue_struct *wq,
                       struct work_struct *work, unsigned long delay);
```

Listing 13.26 Schedulen des Arbeitsauftrags in der Work-Queue

Manchmal muss sichergestellt werden, dass der Auftrag abgeschlossen ist, bevor weitere Aufgaben begonnen werden.

```
void flush_scheduled_work(void);
```

Ein zusammenhängendes Beispiel schreibt testweise schon bei der Initialisierung zwei Aufrufe in die Workqueue:

```
#include <linux/kernel.h>
#include <linux/module.h>
#include <linux/workqueue.h>

MODULE_LICENSE("GPL");

static struct workqueue_struct *my_workqueue;

typedef struct {
  struct work_struct my_work;
  int     data;
} my_work_t;

my_work_t *work1, *work2;

static void my_wq_function( struct work_struct *workp)   // BH handler
```

```
{
  my_work_t *my_work = (my_work_t *)workp;
  printk( "my_BH_work.data %d\n", my_work->data );
  kfree( (void *)work1 );
  return;
}
int init_module(void)                           // init the module &
                                                // put two loads in
{
  int ret;
  my_workqueue = create_workqueue("my_queue");
  if (my_workqueue)
  {
    /*Queue work item 1*/
    work1 = (my_work_t *)kmalloc(sizeof(my_work_t), GFP_KERNEL);
    if (work)
    {
      INIT_WORK((struct work_struct *)work1, my_wq_function );
      work1->x = 1;
      ret = queue_work( my_workqueue, (struct work_struct *)work1 );
    }

    /*Queue work item 2*/
    work2 = (my_work_t *)kmalloc(sizeof(my_work_t), GFP_KERNEL);
    if (work2)
    {
      INIT_WORK((struct work_struct *)work2, my_wq_function );
      work2->x = 2;
      ret = queue_work( my_workqueue, (struct work_struct *)work2 );
    }
  }
  return 0;
}
void cleanup_module(void)                       // flush & unload
{
  flush_workqueue( my_workqueue );
  destroy_workqueue( my_workqueue );
  return;
}
```

Listing 13.27 Beispiel einer Work-Queue-Implementierung

13.4.5 Threaded-Interrupts

Bei Tasklets und Work-Queues ist nicht sichergestellt, dass zu jedem IRQ der Code genau einmal läuft. Es kann passieren, dass zwei Interrupts aufgetreten sind, aber der Code nur einmal ausgeführt wird. Deshalb muss man hier ggf. im ISR schon Listen mit den Aufgaben anlegen und diese auch locken. Das kann beim Threaded-Ansatz entfallen, da hier wirklich für jeden IRQ der KThread-Handler einmal aufgerufen wird. Bei der Registrierung des Interrupts werden zwei Handler vereinbart, der eine läuft im Interrupt-Kontext und bearbeitet die Top-Half, der andere wird als Kernel-Thread aufgerufen und bearbeitet die Bottom-Half.

```
int request_threaded_irq
(
        unsigned int irq,
        irq_handler_t handler,          // quick check handler, ISR
```

```
             irq_handler_t thread_fn,         // das ist der handler thread
             unsigned long flags,
             const char *name,
             void *dev
)
```

Listing 13.28 Registrierung eines Threaded-Interrupts

Bei Threaded-Interrupts läuft die Bottom-Half in ihrem eigenem Kernel-Thread im Kernel-Kontext. Das hat verschiedene Vorteile gegenüber Tasklets und Work-Queues:

- KTs können normal gescheduled werde. Dadurch können Interrupts auch ohne HW Support priorisiert werden. Dies verbessert das Real-Time-Verhalten. Threaded-Interrupt Handler stammen ursprünglich aus dem Linux-RT-Branch.
- Da wie bei normalen ISRs jeder IRQ zu genau einer Ausführung der Thread-Funktion führt, können mehr Aufgaben im Thread-Kontext ausgeführt werden und es ist weniger bzw. kein Locking zwischen Top- und Bottom-Half notwendig. Das Locking zwischen Bottom-Half und Applikation ist weiterhin erforderlich, ist aber unkritisch.
- Das Debuggen ist einfacher, da die Top-Half-ISR kaum Code enthält und ein Fehler im Bottom-Half nicht den Kernel zum Stillstand bringt.

Im Idealfall enthält die „echte" ISR nur noch die Abfrage, ob die HW den IRQ ausgelöst hat und das Freigeben des Interrupts. Die ISR muss dann mit <IRQ_WAKE_THREAD> retournieren, damit anschließend die Bottom-Half aufgerufen wird. In der Bottom-Half wird dann zum Beispiel ein Programm einer Wait-Queue freigegeben, siehe auch Programm `tint` im Anhang oder eine Semaphore, siehe auch Programm „Producer-Consumer-Beispiel mit Semaphore" im Anhang. Beides führt dann zum Lösen einer `read()`-blockierten User-Applikation.

Treiber, die keine Shared-Interrupts unterstützen müssen, können auch völlig auf diese ISR verzichten. In diesem Fall würde unser Threaded-ISR einfach bei jedem IRQ gescheduled.

13.4.6 Welche Bottom-Half

Die Frage, welche Bottom-Half Version man nutzen sollte, ist nicht schnell zu beantworten. SoftIrq und Tasklet laufen im Interrupt-Kontext und dürfen daher nicht blockiert werden. SoftIrqs haben keine Serialisierung, weshalb mit eigenen Maßnahmen auf parallele gleichartige SoftIrqs auf verschiedenen Cores geachtet werden muss. SoftIrqs sind schlank und schnell. Tasklets schützen implizit vor parallelen Aufrufen auf mehreren Cores. Work-Queues wie auch Threaded-Interrupts laufen im Prozess-Kontext und dürfen blockiert und gescheduled werden. In den meisten Fällen sollte der Threaded-Interrupt die richtige Wahl sein.

Kapitel 14
Interrupts unter QNX

14.1 Die ISR unter QNX

Auch hier hat die ISR folgende Aufgaben:
- Feststellen, welches Device den Int ausgelöst hat.
- Die HW bedienen.
- Gegebenenfalls als Primary-ISR detektieren, welcher Shared-Int aktiv ist und dessen Handler aufrufen.
- Gegebenenfalls Daten aus der HW abholen und diese aus der ISR in eine Applikation transportieren.
- Der Applikation signalisieren, dass neue Daten verfügbar sind.

Auch unter QNX können innerhalb der ISR nur wenige Kernelfunktionen aufgerufen werden:
- InterruptMask()
- InterruptUnmask()
- TraceEvent()

Die ersten beiden Funktionen maskieren eine spezielle Int-Leitung aus. Damit wird im Interrupt-Controller dieser Interrupt gesperrt, ohne dass der Interrupt an der Quelle gelöscht wird. Das kann nützlich sein, wenn das Löschen der Int-Quelle zu lange dauert oder erst mit dem Abholen der Daten implizit geschieht.

Semaphoren- oder Mutex-Verwendung ist in ISRs grundsätzlich nicht erlaubt.

Folgende Funktionen werden ebenfalls benötigt, sind aber keine Kernel-Calls:
- InterruptEnable() (not recommended)
- InterruptDisable() (not recommended)
- InterruptLock()
- InterruptUnlock()

Auch hier muss sich die Applikationsroutine gegen parallelen Zugriff aus der Int-Routine schützen, wenn sie gerade auf den kritischen gemeinsamen Datenbereich zugreift. Mit

```
InterruptDisable()
```

wird der gesamte Core gegen Interrupts gesperrt, weshalb der Bereich kurz gehalten werden muss. Zudem ist dieser Lock bei MultiCore-Prozessoren nicht wirksam, ein anderer Core kann auf den Bereich konkurrierend zugreifen. Deshalb muss in diesem Fall auch hier eine andere Funktion verwendet werden,

```
InterruptLock(), InterruptUnlock()
```

die für SingleCore-Systeme wie bei Linux zu `InterruptDisable()` und `InterruptEnable()` kompilieren. Diese Funktionen entsprechen den Spinlocks unter Linux (siehe auch `spin_lock_irqsave()`). Sie deaktivieren Interrupts auf dem aktuellen CPU-Kern und versuchen aktiv, den Lock zu akquirieren. Dadurch können sie in Interrupt-Handlern und auch auf Mehrkern-Systemen eingesetzt werden.

Die Linux-Aufteilung in Top-Half und Bottom-Half findet sich auch in QNX wieder. Es gibt eine ISR-Handler-Routine, die die HW und Interrupt-Masken bedient und dann per `<SIGEV_INTR>` eine nachfolgende Applikations-Routine weckt. Die Top-Half läuft wie bei Linux im ISR-Kontext, jedoch hier im Adressraum des Prozesses, welcher die ISR registriert hat. Sie kann deshalb direkt auf den Applikationsspeicher zugreifen. Lediglich der Stack wird vom Kernel benutzt und die Priorität wird auf Interrupt-Priorität gesetzt. Auch darf die ISR viele Funktionen aus der libc verwenden, wenn sichergestellt ist, dass

- diese nicht schlafen können,
- diese keine Kernel-Calls absetzen, da diese nicht reentrant sind (abgesehen von 7 Funktionen zum Int-Handling),
- diese keine Floating-Point-Register verändern, da sie vor ISR-Eintritt aus Performance-Gründen nicht gesichert werden.

Welche Funktionen genau erlaubt sind findet man in der QNX Dokumentation.

Die ISR nutzt den Kernel-Stack, wodurch der verfügbare Platz mit 200 Byte relativ gering ist. Unter Linux sind es etwa 4000 Bytes, abhängig von der Page-Size. Zu große lokale Variablen und/oder tief verschachtelte Funktionsaufrufe können zu Stack-Überschreibern und damit zum Kernel-Crash führen.

Die Bottom-Half läuft unter QNX immer in einem normalen User-Kontext. Um die HW-Funktionen ausführen zu dürfen, benötigt man io-Privilegien. Mithilfe des folgenden Aufrufs kann sich ein Programm diese Rechte verschaffen, wenn man Root-Rechte besitzt:

```
ThreadCtl(_NTO_TCTL_IO, 0)
```

Listing 14.1 IO-Privilegien erlangen

Auch unter QNX gibt es atomare Operationen, die auch in MultiCore-Systemen threadsafe sind

```
atomic_add_value(),
atomic_clr(),   atomic_clr_value(),
atomic_set(),   atomic_set_value(),
atomic_sub(),   atomic_sub_value(),
atomic_toggle(), atomic_toggle_value()
```

Listing 14.2 Atomare Funktionen

In QNX wird in den mitgelieferten Callouts BSP-abhängig der Interrupt maskiert. Ein weiterer Impuls würde also verloren gehen, wenn er vor dem Verlassen des ISR auftritt. Möchte man HW unterstützen, welche nicht auf eine Meldung vom Treiber wartet, bevor sie einen weiteren IRQ schickt, so muss man die Callouts anpassen.

QNX unterstützt verschachtelte Interrupts (Nested-Interrupts). Ein Interrupt kann durch einen anderen Interrupt mit höherer Priorität unterbrochen werden. Shared-Interrupts heißen bei QNX manchmal fälschlicherweise „stacked-Interrupts".

14.2 SW-Snippets für QNX

Im Unterschied zu Linux darf der Kernel bei QNX nicht per Interrupt unterbrochen werden. Da es sich um einen Micro-Kernel handelt, ist das vertretbar. Die Interrupt-Latenz wird demnach vom längst möglichen Kerneldurchlauf bestimmt oder von einer Applikation im System, falls diese für eine Zeit den Interrupt sperrt. In beiden Fällen sind diese Zeiten definiert, während bei Linux der Kernel durch eine Interrupt-Routine unterbrochen worden sein kann, die ihrerseits nicht unterbrechbar ist.

14.2.1 Registrieren der ISR

Auch unter QNX wird eine Interrupt-HW-Leitung bzw. ein Eintrag im Interrupt-Vektor einer ISR zugewiesen. Es gibt dafür zwei verschiedene Funktionen, `InterruptAttach()` oder `InterruptAttachEvent()`.

```
int InterruptAttach (int intr,
                const struct sigevent * (*handler)(void *, int),
                const void * area, int size,
                unsigned flags );
<intr>          der Interrupt, für den ein ISR registriert werden soll
<handler>       dieser Handle (BH)r wird aufgerufen,
                wenn der IRQ <intr> auftritt.
<area>          Zeiger auf einen benutzerdefinierten Speicherbereich,
                welcher dem Handler übergeben wird.
                QNX stellt sicher, dass dieser Speicher nicht
                ausgelagert wird (bei Systemen mit paging),
<size>          die Größe des mit <area> übergebenen Speicherbereichs.
```

```
<flags>              definiert {\zb} wann der Handler de-registriert wird
                     (default: beim Beenden des Threads,
                     welcher InterruptAttach* aufgerufen hat).
```

Listing 14.3 Registrierung eines Interrupt-Handlers

InterruptAttach() registriert einen eigenen ISR-Handler und kann dadurch besonders zeitkritische Aufgaben im hochprioren Interrupt-Kontext ausführen oder auch entscheiden, ob es überhaupt notwendig ist, einen User-Thread zu schedulen. Dies ist vor allem bei Shared-Interrupt-Handlern wichtig oder für die Implementierung kleiner Schreib- oder Lesepuffer. Da im Gegensatz zu Linux die ISR hier im Userspace läuft, ist die Kommunikation einfach. Die Einschränkung, dass der Aufruf nur weniger Kernel-Funktionen erlaubt ist, gilt aber auch hier. Auch unter QNX dürfen keine Funktionen verwendet werden, die blockieren oder schlafen könnten. Die Handler-Funktion hat folgenden Prototyp:

```
const struct sigevent *handler (void *area, int id);
```

Listing 14.4 Prototyp des Interrupt-Handlers

wobei <id> die ID ist, die von <InterruptAttach()> zurückgegeben wird. Der Handler gibt einen Zeiger auf ein Event zurück, wenn ein User-Thread gescheduled werden soll, oder NULL falls es nichts zu tun gibt. Wie bereits erwähnt, darf der Handler keine Funktionen aufrufen, welche schlafen könnten, oder selbst Kernelcalls aufrufen. Es ist also im Gegensatz zu Linux auch nicht möglich, Speicher zu allokieren. Der Handler hat einen Default-Stack von 200 Byte.

```
struct sigevent event;
const struct sigevent *handler (void *not_used, int id)
{
  if (check_status_register())
    return (&event);
  else
    return (NULL);
}

main ()
{
  ThreadCtl (_NTO_TCTL_IO, 0);
  SIGEV_INTR_INIT (&event);
  id = InterruptAttach (intnum, handler, NULL, 0, ...);
  for (;;) {
    InterruptWait (0, NULL);
    // do some or all of the work here
  }
}
```

Listing 14.5 QNX-Interrupt-Handler

14.2.2 Beispiel eines Interrupt-Handlers

Eine elegante Art, Interrupts zu nutzen ist, einen eigenen Thread (hier `int_thread`) zu vereinbaren, der zunächst die HW initialisiert, die ISR (hier `isr_handler`) attached, den Interrupt initialisiert und schließlich blockierend schläft und auf einen `SIGEV_INTR` Interrupt-Event aus der ISR wartet.

```
main ()
{
    // perform initializations, etc.
    ...
    // start up a thread that is dedicated to interrupt processing
    pthread_create (NULL, NULL, int_thread, NULL);
    ...
    // perform other processing, as appropriate
    ...
}
```

Listing 14.6 Erzeugung eines int-Threads

Erzeugen des Threads. Im zweiten Parameter können bei Bedarf Scheduling und User-Priorität gewählt werden. Die Aufgabe des Threads ist `Attach()` und dann `Wait()`:

```
// this thread is dedicated to handling and managing interrupts
void * int_thread (void *arg)
{
    // enable I/O privilege
    ThreadCtl (_NTO_TCTL_IO, NULL);
    ...
    // initialize the hardware, etc.
    ...
    // attach the ISR to IRQ 3
    InterruptAttach (IRQ3, isr_handler, NULL, 0, 0);
    ...
    // perhaps boost this thread's priority here
    ...
    // now service the hardware when the ISR says to
    while (1)
    {
        InterruptWait (NULL, NULL);
        // at this point, when InterruptWait unblocks,
        // the ISR has returned a SIGEV_INTR, indicating
        // that some form of work needs to be done.


        ...
        // do the work
        ...
        // if the isr_handler did an InterruptMask, then
        // this thread should do an InterruptUnmask to
        // allow interrupts from the hardware
    }
}
```

Listing 14.7 Implementierung des int-Threads

Hier die ISR, die auf Int-Priorität und mit Kernel-Stack im User-Thread Kontext läuft:

```
// this is the ISR
const struct sigevent *
isr_handler (void *arg, int id)
{
    // look at the hardware to see if it caused the interrupt
    // if not, simply return (NULL);
    ...
    // in a level-sensitive environment, clear the cause of
    // the interrupt, or at least issue InterruptMask to
    // disable the PIC from reinterrupting the kernel
    ...
    // return a pointer to an event structure (preinitialized
    // by main) that contains SIGEV_INTR as its notification type.
    // This causes the InterruptWait in "int_thread" to unblock.
    return (&event);
}
```

Listing 14.8 Implementierung der ISR

14.2.3 InterruptAttachEvent

Man kann zur Vereinfachung auch dem Kernel das Interrupt-Maskieren `InterruptMask()` ohne eigene ISR überlassen und per `SIGEV_INT` direkt die eigene Applikationsroutine aufrufen lassen. Die Funktion lautet dann:

```
int id = InterruptAttachEvent(int intr, struct sigevent *event,
unsigned flags);
<intr>          der Interrupt, für den ein ISR registriert werden soll
<event>         das Event, welches bei Auftreten des IRQ an den
                User-Prozess geschickt werden soll
<flags>         definiert {\zb} wann der Handler de-registriert wird
                (default: beim Beenden des Threads,
                welcher InterruptAttach* aufgerufen hat)
```

Listing 14.9 Wecken per Int-Event

Die Funktion `InterruptAttachEvent()` registriert eine default-ISR für den angegebenen Interrupt und schickt dem aufrufenden Prozess/Thread das angegebene Event, wenn ein Interrupt auftritt. Diese Implementierung kommt somit ohne eigene implementierte Top-Half aus (ähnlich wie Threaded-Interrupts unter Linux). Da der Default-Handler das Gerät nicht kennt und nicht ansprechen kann, muss er den Interrupt maskieren. Der empfangende Thread ist in diesem Fall dafür zuständig, InterruptUnmask() aufzurufen. Durch den länger maskierten Interrupt ist dieses Verfahren meist nicht für shared Interrupts geeignet, aber der Interrupt-Handler ist sehr einfach, wie das folgende Beispiel zeigt.

14.2 SW-Snippets für QNX

```
struct sigevent event;
void main ()
{
  ThreadCtl (_NTO_TCTL_IO, 0);
  SIGEV_INTR_INIT (&event);
  id = InterruptAttachEvent (intnum, &event, ...);
  for (;;) {
    InterruptWait (0, NULL);
    // do the interrupt work here, at thread priority
    InterruptUnmask (intnum, id);
  }
}
```

Listing 14.10 Beispiel eines sehr einfachen Interrupt-Handlers

14.2.4 Deregistrieren

Wird der Interrupt nicht mehr benötigt, kann man sich mit der folgenden Funktion deregistrieren.

```
InterruptDetach (int id);
```

Listing 14.11 Deregistrieren des Interrupts

Der Parameter `<id>` gibt die Interrupt ID an, welche von InterruptAttach zurückgegeben wird. Dies ist nicht die IRQ-Nummer. Das Deregistrieren der ISR kann durch `InterruptDetach()` erfolgen, wird aber auch automatisch erledigt, wenn der Thread, welcher `InterruptAttach()` aufgerufen hat, beendet wird (Default) oder wenn der Prozess beendet wird (InterruptAttach-Flag `_NTO_INTR_FLAGS_PROCESS`).

Im unten stehenden Beispiel wird auch gleich gezeigt, wie man sich mit `ThreadCTL()` zunächst I/O Privilegien holt.

```
#define IRQ3 3

/* A forward reference for the handler */
extern const sigevent *serint (void *, int);
...
/*
 * Associate the interrupt handler, serint,
 * with IRQ 3, the 2nd PC serial port
 */
ThreadCtl( _NTO_TCTL_IO, 0 );
id = InterruptAttach (IRQ3, serint, NULL, 0, 0);
...
/* Perform some processing. */
...
/* Done; detach the interrupt source. */
InterruptDetach (id);
```

Listing 14.12 Registrieren und Deregistrieren

Kapitel 15
MultiCore-Systeme

In den letzten Jahren entstanden, getrieben von Intel und AMD, zunehmend Systeme mit mehreren Prozessoren (Cores) auf einem Chip. Diese teilen sich Peripherie, Speicher und andere Ressourcen. Zunächst waren das nur Konzepte, um bei nicht immer weiter erhöhter Taktrate und Verlustleistung die Gesamtrechenleistung zu erhöhen und damit die Energieeffizienz zu optimieren. Es folgten in Software und Hardware Strategien, wie Aufgaben parallelisiert werden können, Stichworte seien Hyperthreading „HT" und Simultaneous Multi Threading „SMT". Es entstanden verschiedene Betriebssystem-Optionen wie AMP, SMP und BMP, die im Folgenden erläutert werden.

15.1 Embedded MultiCore-Systeme

Die Energieeffizienz ist auch für embedded Systeme ein wichtiges Thema. Schließlich erlauben die neuen Strukturen neue Konzepte, wie man unterschiedliche Aufgaben geschickt auf unterschiedliche Cores verteilen kann. Ein gutes Beispiel für große embedded Projekte sind Headunits für Kraftfahrzeuge. Dort werden viele verschiedene Applikationen verschiedener Domänen und auch verschiedener Lieferanten auf einem Prozessor integriert. Jedoch verfolgen die SW-Lieferanten zunehmend Plattformstrategien, die die Anpassung von einmal gewählten Scheduling-Strategien oder Prioritäten nicht mehr erlauben. Auch ist die Art, wie CPU-Leistung genutzt wird, zum Beispiel mit Hintergrund-Threads oder mit Cache-Strategien, nicht gut spezifizierbar und vor allem nicht leicht zu ändern. Schließlich gibt es Software-Lieferanten (Google, NVidia), die nur noch Binärcode liefern und keinen Einblick in die Quellen gewähren. Aus all den genannten Gründen bietet es sich an, verschiedene Domänen auf verschiedenen Cores zu installieren (Sandbox) und damit die oben genannten Probleme zu lösen. So kann es in der automotiven Domäne erforderlich sein, sicherheitsrelevante Aufgaben von Unterhaltungsaufgaben zu separieren. Es ist quasi ein Rückschritt in die Zeit, als jede Domäne noch ihren eigenen Prozessor hatte, mit eigenem Gehäuse, Netzteil und Speicher, und nur über eine serielle Schnittstelle mit den anderen Komponenten kommunizieren konnte. MultiCore-Systeme erfordern aber auch ein anderes Denken. Das Paradigma, dass der Prozessor zu einer Zeit nur an einem Befehl arbeiten kann und deshalb zum Beispiel Synchronisation bei kooperativem Scheduling nicht nötig ist, gilt nun nicht mehr. Auch das Int-Locking funktioniert nicht mehr in gewohnter Weise, siehe auch Kapitel Interrupts. Umgekehrt löst sich so manches Starvation-Problem durch den parallelen Einsatz der Cores. Entwickler müssen deshalb zunehmend das real-parallele Programmieren erlernen, obwohl schon das quasi-parallele Programmieren schwierig war. Erweiterungen und Bibliotheken wie POSIX-Threads, Boost-Threads, OpenMP u. a. können dabei helfen. Auch die Werkzeuge zum Tracen und Debuggen bekommen eine neue Qualität.

15.2 AMP – Asymmetric Multiprocessing

Die verfügbaren Kerne werden auf mehrere Betriebssysteme aufgeteilt, siehe Abb. 15.1. Es gibt wenig Kommunikation untereinander über Sockets oder Shared-Memory. In typischen für AMP ausgelegten Systemen hat jeder Core großen eigenen Hauptspeicher und eigenen Cache. Synchronisierungsmittel wie Mutex und Semaphor stehen nicht zur Verfügung. Es muss einen Boot-Prozessor geben, der die MMU- und Schnittstellen-Programmierung vornimmt. Eine aktuelle Anforderung ist zurzeit, auch die Apps-Welt von Android ins Auto zu bringen. Dafür wäre das vorgestellte AMP gut einsetzbar, so könnte ein Core mit QNX oder Linux die automotiven Applikationen tragen, der andere Core könnte für Android zur Verfügung stehen. Allerdings müsste diese Konstellation von einem BSP auf dem root-Prozessor unterstützt werden, siehe Abb. 15.1. Dies wird zur eigenen Aufgabe. Ein weiteres Problem entsteht, wenn ein Prozessor zur Laufzeit MMU-Einträge umkonfigurieren will, wie es zum Beispiel für die Vereinbarung von SHM nötig ist, ihm aber die MMU nicht zugeordnet ist.

Abb. 15.1 AMP – Asymmetric Multiprocessing

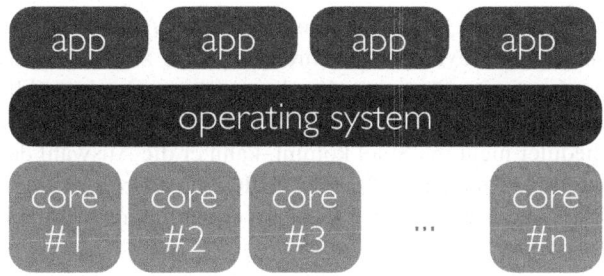

Abb. 15.2 SMP – Symmetric Multiprocessing

15.3 SMP – Symmetric Multiprocessing

Ein Betriebssystem verwaltet mehrere Kerne und verteilt mit einem Scheduler anstehende Threads auf die Cores, Abb. 15.2. Diese Betriebsart verteilt die verfügbare Rechenleistung gut.

Typische SMP-Systeme haben großen gemeinsamen Speicher und der L2-Cache ist ebenfalls gemeinsam ausgelegt.

Für den Applikateur erscheint das System wie ein SingleCore-System mit verbesserter Leistung. Allerdings gibt es die oben genannte neue Denkweise, dass zwei Cores zur selben Zeit verschiedene Programmzeilen bearbeiten können, echte Parallelität ist nun möglich.

15.4 BMP – Bound Multiprocessing

Die Denkweise ist wie bei SMP, es gibt nur ein OS und nur einen Kernel, jedoch können Threads an bestimmte Kerne gebunden werden, siehe Abb. 15.3. Diese Version ist besonders gut geeignet, ehemals für SingleCore geschriebene Software ohne Risiko umzustellen. Werden alle Threads sinnvoll gebunden, gilt wieder das ursprüngliche Paradigma, dass ein Prozessor zu selben Zeit nur eine Codezeile bear-

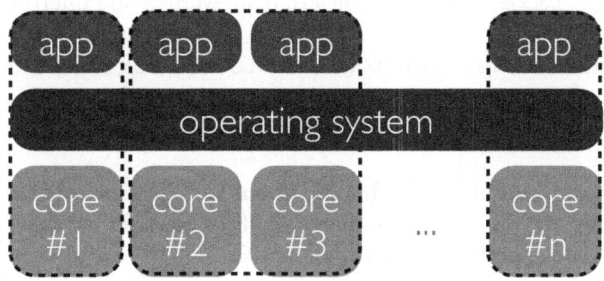

Abb. 15.3 BMP – Bound Multiprocessing

beiten kann; es bleibt beim Quasi-Parallelismus. Da die Affinität vererbt wird, muss man sich um unbekannte dynamische Threads z. B. in zugelieferten Binaries, die erst während der Laufzeit erzeugt werden, keine Sorgen machen. Allerdings muss man sich um die Affinität von ISRs separat kümmern. Man nennt sie IRQ-Affinität. Da hier der Scheduler nicht ins Spiel kommt, kann er die Auswahl des Cores nicht steuern. Der Interrupt-Controller (PIC oder APIC) hat allerdings eine runmask, mit der man ihm definieren kann, welcher Core mit einem Interrupt aufgerufen wird.

15.4.1 BMP mit CPU-Affinities: Linux

Mit einem Befehl kann ein Thread auf einen bestimmten Core gebunden werden.

```
/**
* set affinity for current thread to bind on designated CPU*/
void bindToCPU(int cpu)
{
  cpu_set_t runmask;
  CPU_ZERO( &runmask );
  CPU_SET(cpu,&runmask );

  if( sched_setaffinity(0, sizeof(runmask), &runmask) == -1)
    printf("failed to bind thread with pid=%d tid=%d to cpu=%d
    (%s)/n");
}
```

Listing 15.1 Setzen der Affinität, Linux

Kontrolliert werden kann das mit:

```
shell> ps -eLo psr, pcpu, cmd, pid, tid
```

15.4.2 BMP mit Interrupt-Affinities: Linux

Wie oben besprochen, kann man dem Interrupt-Controller (PIC oder APIC) per runmask definieren, welcher Core mit einem Interrupt aufgerufen wird. Wird er in den `physical/fixed`-Mode initialisiert, dann werden alle Interrupts per default Core 0 zugestellt.

Mit der Initialisierung in den `logical/low-priority`-Mode werden die Aufrufe verteilt. Mit

```
# cat /proc/interrupts
```

kann man sich die Verteilung der Interrupts auf Cores anschauen. Betrachten wir IRQ 54, welcher für das Netzwerkinterface eth3 zuständig ist. Nach 5 Pings auf google.de sieht die Tabelle wie folgt aus:

15.4 BMP – Bound Multiprocessing

```
cat /proc/interrupts
           CPU0       CPU1       CPU2       CPU3
   0:        26          0          0     346896    IO-APIC-edge    timer
   1:         0          0          0          2    IO-APIC-edge    i8042
   3:         0          0          0          2    IO-APIC-edge
   4:         0          0          0          2    IO-APIC-edge
   8:         0          0          0          1    IO-APIC-edge    rtc0
....
  54:      3063          0          0          0    PCI-MSI-edge    eth3
  55:         0      57320          0          0    PCI-MSI-edge    ahci
```

Listing 15.2 Interrupts auf Core 0

Im Linux-Verzeichnis `/proc/interrupts` gibt es für jede Interrupt-Nummer ein Unterverzeichnis namens `smp_affinity`. Dort kann man die Affinität der Interrupt-Routine festlegen. Setzt man zum Beispiel die CPU für IRQ54 auf CPU7:

```
echo "80" > /proc/irq/54/smp_affinity,
```

dann sieht nach 5 Pings auf google.de die Tabelle so aus:

```
cat /proc/interrupts
           CPU0       CPU1       CPU2       CPU3
   0:        26          0          0     392617    IO-APIC-edge    timer
   1:         0          0          0          2    IO-APIC-edge    i8042
   3:         0          0          0          2    IO-APIC-edge
   4:         0          0          0          2    IO-APIC-edge
   8:         0          0          0          1    IO-APIC-edge    rtc0
...
  54:      3063         35          0          0    PCI-MSI-edge    eth3
  55:         0      62952          0          0    PCI-MSI-edge    ahci
```

Listing 15.3 Interrupts auf Core 0 und Core 1

15.4.3 BMP mit CPU-Affinities: QNX

```
/**
 * set affinity for current thread to bind on designated CPU
 */
void bindToCPU(int cpu)
{
  int runmask = 0;
  runmask = 1 << cpu;
  if (ThreadCtl(_NTO_TCTL_RUNMASK, (int*) runmask) == -1)
  {
    printf("failed to bind thread with pid=%d tid=%d to cpu=%d
        (%s)/n", getpid(), (int)pthread_self(), cpu, strerror(errno));
  }
}
```

Listing 15.4 Setzen der Affinität Library

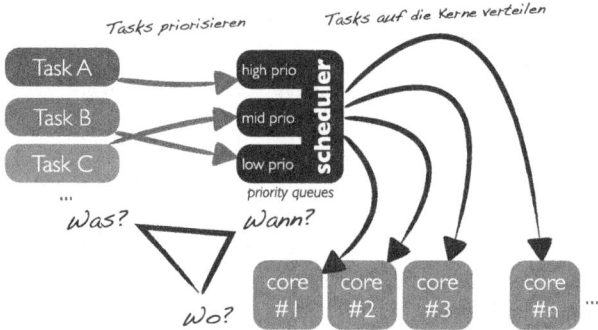

Abb. 15.4 Setzen der Affinität von Tasks

Dies kann in der ausführlichen QNX-Internet-Dokumentation[1] nachgelesen werden. Kontrolliert werden kann das Setzen der Affinität mit:

```
shell> pidin -f lunab
```

15.5 MultiCore-Scheduling

Der Scheduler ist eine zentrale Komponente des Betriebssystems. Er verteilt die Rechenleistung des Systems auf die Threads auf. Neben „Was?" und „Wann?" stellt sich bei MultiCore-Architekturen nun auch die Frage „Wo?", siehe Abb. 15.4.

Der Scheduler ist Teil des Betriebssystems, welches neben den Applikationen ebenfalls über die vorhandenen Kerne verteilt werden muss. Es bietet sich an, einen root/boot-Prozessor zu definieren, der das Betriebssystem und die meisten Treiber bindet.

15.5.1 Memory-Hierarchien, exklusiver und gemeinsamer Speicher

MultiCore-Systeme besitzen gemeinsamen Hauptspeicher (RAM), schnellen lokalen Speicher (Cache) und auch gemeinsamen schnellen Speicher (shared Cache). Die Kommunikation über ein Shared-Memory oder über spezielle Kommunikationskanäle zwischen den Cores bietet sich an, siehe Abb. 15.5.

---

[1] Quellen: QNX Developer Support, ThreadCtl(), QNX Documentation, http://www.qnx.com/download/download/20963/multicore_user_guide.pdf.

15.5 MultiCore-Scheduling

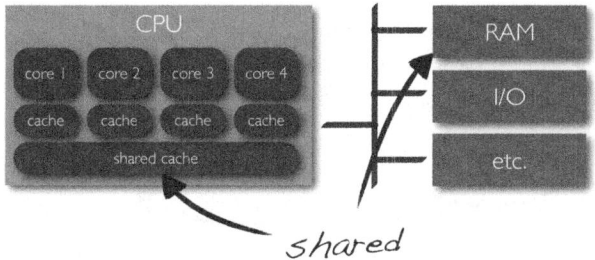

Abb. 15.5 Shared-Memory zur Kommunikation

15.5.2 Memory – Konsistenz und Kohärenz

Ein Thema vieler Untersuchungen ist das Cache-Verhalten in einem MultiCore-System. Wird in einem SMP-System eine Aufgabe auf einen anderen Core verlegt, muss gegebenenfalls auch der Speicher umgezogen werden, Stichworte sind Cache-Trashing und Invalidation. Beim Wechsel des Rechenkerns wird der gesamte Cache eines Tasks „invalid" und muss neu aufgebaut werden, siehe Abb. 15.6.

Zwei Begriffe sind in diesem Umfeld wichtig.

- Daten-Konsistenz: Es wird sichergestellt, dass zu keinem Zeitpunkt verschiedene Kopien des gleichen Datenblocks existieren.
- Daten-Kohärenz: Es wird sichergestellt, dass beim Lesen eines Datenblocks immer der zuletzt geschriebene Wert gelesen wird (= abgeschwächte Bedingung im Vergleich zur Konsistenz).

Beides wird mit dem MESI Cachekohärenz-Protokoll realisiert [Ben et al].

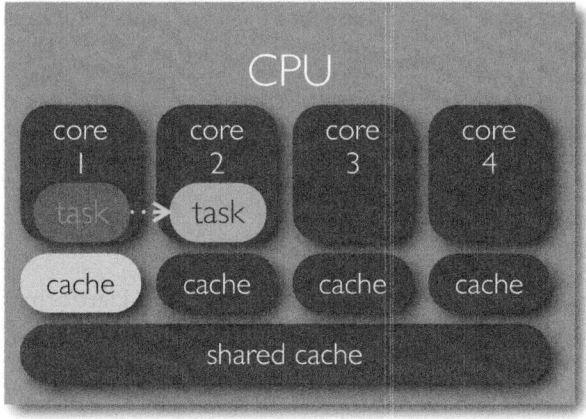

Abb. 15.6 Cache-Trashing

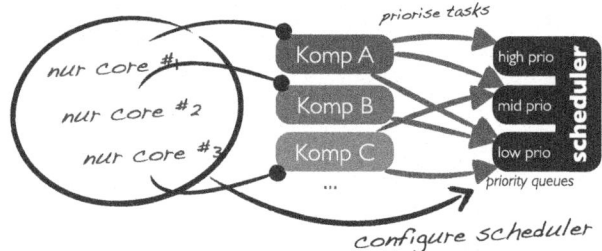

Abb. 15.7 Strukturierung in Execution-Domains

15.5.3 Neue Möglichkeiten mit BMP

Wie gezeigt ist die Strukturierung von komponentenbasierten Software-Systemen durch Abbilden von Komponenten oder Domänen auf Kerne möglich geworden. Dazu werden CPU-Affinities gesetzt, um so den Ort der Berechnung festzulegen. Zeitliche Bedingungen und logische Abhängigkeiten können berücksichtigt werden.

In dem in [Wie Tra] vorgestellten ICM-Framework gibt es die Möglichkeit zur Definition von Execution-Domains. Im Build- oder im Integrationsprozess können diese definiert werden. Obwohl die verschiedenen SW-Pakete der verschiedenen Domänen unterschiedliche und inkompatible Priorisierungen aufweisen, können sie als Execution-Domains auf einem MultiCore-System ohne Eingriff in die Domänen-SW sinnvoll konfiguriert werden, siehe Abb. 15.7 und 15.8. Allerdings muss die darunterliegende Ressourcenvergabe geregelt werden, siehe auch [Kni et al]. Vorteilhaft ist dann die Existenz eines root-Cores, auf dem das Betriebssystem läuft und der fast alle gemeinsamen Ressourcen und Treiber kontrolliert. Hier kann eine Vergabeschicht implementiert werden, die den Zugriff priorisiert und systemweit regelt. Dies wird in [Kni et al1] näher erarbeitet.

Weitere Quellen zum Thema MultiCore-Systeme sind: [Ben et al, Lov02, Sut, Rau] und [Dow].

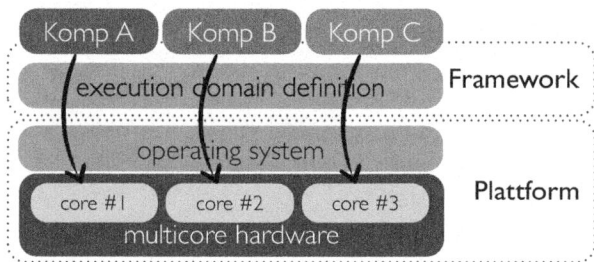

Abb. 15.8 Komponenten werden Execution-Domains zugeordnet

Kapitel 16
Virtuelle Maschinen

Virtualisierungskonzepte gibt es seit 1967. Während Virtualisierungen bereits seit vielen Jahren intensiv in Servern genutzt werden, finden sie erst jetzt auch allmählich Verwendung in embedded Systemen.

Eine Virtualisierung versteckt die physikalischen Charakteristika des Systems vor den Anwendungen, so wie ein Betriebssystem auch. Während aber ein OS die Charakteristika mithilfe von Schnittstellen „nach oben" abstrahiert, virtualisiert und vervielfacht eine VM typischerweise alle verfügbaren HW-Ressourcen wie CPU, MMU, HDD und Peripherie und bleibt auf der Zugriffsebene, auf die seinerseits ein OS aufsetzen kann. Virtuelle Maschinen dienen dem Sandboxing, der Simulation anderer Hardware, der Sicherheit durch bessere Isolation von Prozessen untereinander und zum Testen hardwarenaher Anwendungen, wenn die reale Hardware noch nicht verfügbar ist.

Popek und Goldberg [Pop Gol] haben 74 Spezifikationen beschrieben, in denen virtuelle Maschinen (VM) und virtuelle Maschinenmonitore (VMM) unterschieden und spezifiziert werden.

Der VMM generiert und verwaltet Kontexte gemäß der Konfiguration für die darüberliegenden virtuellen Rechner, die VMs. Er stellt auf Anforderung Systemressourcen zur Verfügung und entscheidet über deren Zuteilungen.

Der VMM tunnelt Zugriffe in die Hardware oder bildet sie durch MMU-Programmierung ab (mapping) oder stellt virtuelle Devices zur Verfügung, z. B. ein Netzwerkdevice mittels eines Switchs. Er implementiert den Speicherschutz zwischen dem Host und den virtuellen Maschinen.

Die Anordnung eines VMM oder auch Hypervisors als Abstraktions- und Verwaltungsschicht zwischen der Hardware und einem OS oder weiteren VMs ist in Abb. 16.1 dargestellt.

Müssen Instruktionen simuliert oder emuliert werden, dann bietet der VMM für jede zu simulierende Instruktion eine Interpreter-Routine.

Der VMM teilt Assembler-Instruktionen in untenstehende vier Kategorien ein und schreibt sie gegebenenfalls um. Dies ist z. B. erforderlich, wenn die privilegierten Befehle aus der Virtualisierung eines Fremdprozessors auf der Hardware nicht

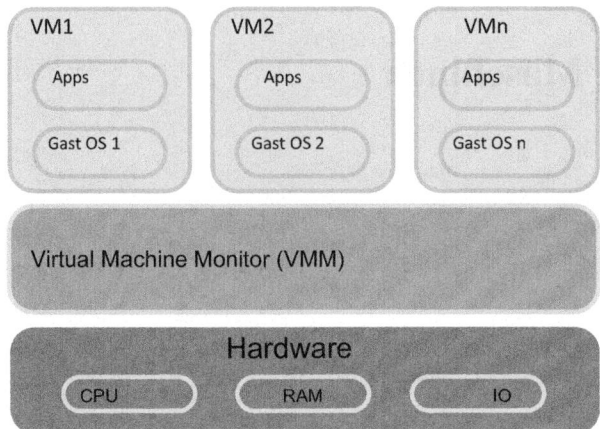

Abb. 16.1 VMM

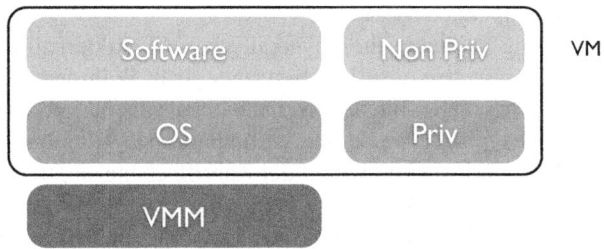

Abb. 16.2 Instruktions-Kategorien

unterstützt werden oder die Hardware keine Virtualisierungs-Unterstützung für den Kontextwechsel bietet, siehe Abb. 16.2.

- Nichtprivilegierte Instruktionen
- Privilegierte Instruktionen (root, supervisor, Ring0, ...)
- HW-Kontrollinstruktionen (OS)
- Applikationsinstruktionen (SW)

Die Anforderungen an einen VMM sind: Effizienz, Gleichwertigkeit und Ressourcen-Kontrolle. Zur Erreichung ausreichender Effizienz werden Instruktionen direkt an die Hardware durchgereicht, wenn möglich ohne Eingriff des VMM. Mit Gleichwertigkeit ist gemeint, dass sich die VM wie eine HW-Maschine mit vergleichbarer Ausstattung anfühlen sollte. Alle Ressourcen sind unter ständiger Kontrolle des VMM.

16.1 Kategorien virtueller Maschinen

Es gibt 2 Kategorien nach [Pop Gol], die unterschiedliche VMMs charakterisieren:

- Typ1 (bare metal Virtualisation, HW-Virtualisierung)
  - VMM läuft direkt auf der HW
  - VMM stellt Scheduler, Ressourcenverwaltung und Gerätetreiber
  - Nutzt die HW-Virtualisierungsunterstützung des Prozessors.

  Beispiele für HW-Virtualisierung sind VMware ESX, XEN-Server und VLX.
- Typ2 (OS gestützte Virtualisierung)
  - Der VMM ist ein Prozess des Host-OS
  - nutzt das Host-OS als Scheduler und Ressourcenverwaltung
  - nutzt dessen Treiber
  - nutzt ggf. die HW-Virtualisierungsunterstützung des Prozessors

  Beispiele sind Linux mit XEN, KVM, Virtual-Box und Parallels
- Typ3 (Non-HW-Virtualisierung) Vor der HW-Virtualisierung gab es VMs auf Software Basis, die man zu einem zusätzlichen Typ3 erweitern könnte.
  - Virtualisierung läuft ohne HW-Unterstützung im VMM

16.2 Virtualisierungsvarianten

Es gibt einige Virtualisierungs-Varianten, die im Folgenden näher vorgestellt werden:

- Application-Virtualisation, Anwendungslevel-Virtualisierung, z. B. JVM, Xen-App, Dalvik
- Para-Virtualisierung (XEN, VMware ESX)
  - Gast-OS ist speziell modifiziert
  - VMM bekommt spezielle Hypercalls
- Binary-Translation (Xen, VMware)
  - Gast OS in Ring1
  - OS-Level Virtualisierung
  - Leichtgewichtig

16.2.1 Application-Virtualisierung

Es wird ein Virtualisierungs-Framework genutzt, in dem OS-Eigenschaften emuliert werden, siehe Abb. 16.3. Das eigentliche OS ist von der Anwendungsvirtualisierung unberührt. Meist wird eine Kapselung aller benötigten Schnittstellen (Libs und

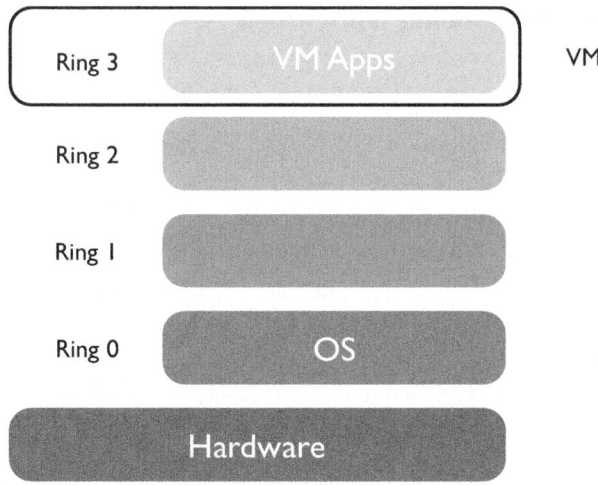

Abb. 16.3 Application-Virtualisierung

OS-Configs) bereitgestellt und die Anwendungsvirtualisierung als Gesamt-Binary zusammengeführt. Mit Application-Virtualisierung kann keine fremde HW virtualisiert werden.

Die VM-Applikation läuft im Ring3, also im Usermode. Die Kategorie der Virtualisierung wäre Typ 2 oder Typ 3. Ein gutes Beispiel wäre eine Java-VM.

16.2.2 Para-Virtualisierung

Privilegierte Calls (Ring 0) werden im Gast-OS durch Hypercalls ersetzt, vom VMM entgegengenommen und im Hostsystem ausgeführt, siehe Abb. 16.4. Dafür sind Eingriffe am Gast-OS notwendig, die nicht für alle Betriebssysteme realisierbar oder gewünscht sind. Diese Lösung ist optimierbar und im Resultat sehr performant. „Userland"-Befehle (nichtprivilegiert, Ring3) werden direkt vom OS an die HW durchgereicht, ohne dass der VMM eingreift. Es gibt keine dynamischen Übersetzungen. Mit Para-Virtualisierung kann keine fremde HW wie z. B. ein anderer Prozessor mit einem anderen Befehlssatz virtualisiert oder emuliert werden. Die Kategorie der Virtualisierung wäre Typ 1, ggf. auch Typ 2 oder 3. Die Typisierung ist nicht immer klar zu entscheiden, der Unterschied zwischen OS und VMM verschwimmt, ein Beispiel dafür wäre KVM in einem stark reduzierten Linux.

16.2 Virtualisierungsvarianten

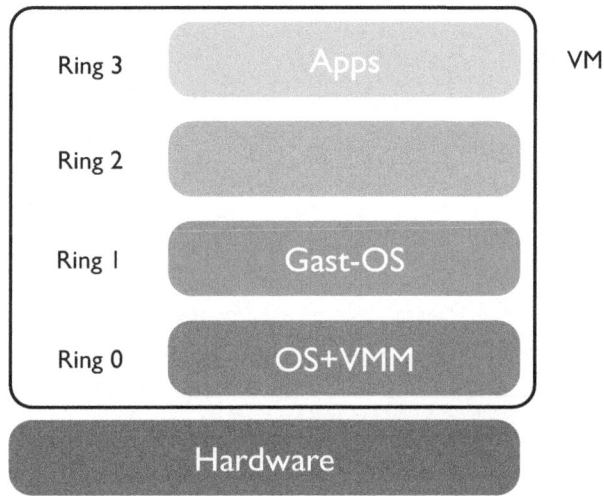

Abb. 16.4 Para-Virtualisierung

16.2.3 Binary-Translation

Binary-Translation wird meist zur Emulation von HW mit fremdem Befehlssatz genutzt, siehe Abb. 16.5. Hier werden also die Befehle dynamisch zur Laufzeit umgesetzt, weshalb keine Modifikationen in der Gast-SW nötig sind. Bei gleicher HW werden die nichtprivilegierten Befehle direkt ausgeführt. Privilegierte Befehle lösen Exceptions in der Hardware aus, diese werden vom VMM abgefangen und

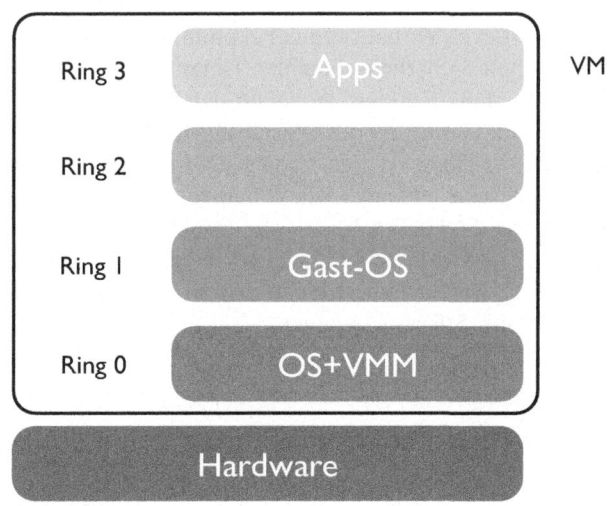

Abb. 16.5 Binary-Translation

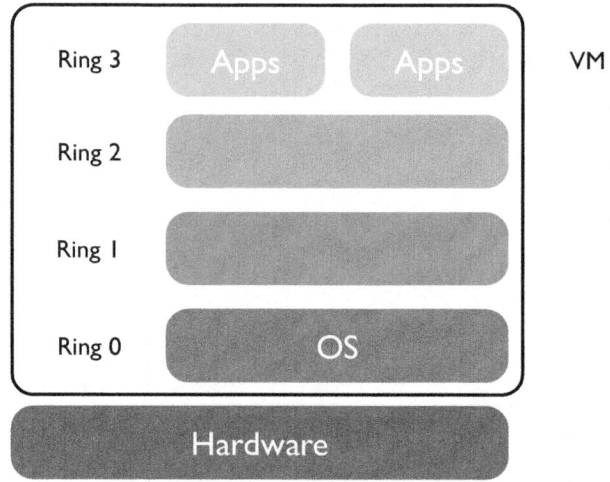

Abb. 16.6 OS-Level-Virtualisierung

durch eigene Befehle ersetzt. Das OS des Gastes läuft im Ring 1. Die Kategorie der Virtualisierung kann Typ 1 oder Typ 2 bzw. Typ 3 sein.

Binary-Translation ist ebenfalls für Emulationen möglich z. B. in Apple's Rosetta (PPC->X86).

16.2.4 OS-Level-Virtualisierung

Bei der OS-Level-Virtualisierung gibt es nur einen Betriebssystem-Kern, siehe Abb. 16.6. Für die OS-Level-Virtualisierung bekommt jeder Gast bzw. jede Applikation im Host-OS einen Sicherheitscontainer. Damit werden alle Prozesse eines VM-Gastes im OS-Scheduler markiert und teilen sich die CPU mit allen konkurrierenden Prozessen anderer Gäste oder des OS selbst. Man kann sich dies als zweistufiges Scheduling im Host-OS vorstellen, zunächst wird der Container ausgewählt, dann wird innerhalb dieses Containers wie üblich gescheduled. Die Kategorie der Virtualisierung wäre Typ 2 oder Typ 3.

Die Virtualisierung auf OS-Level ergibt eine sehr schlanke Lösung, ein Kernel, multiple Libraries (für jeden Container eigene) und wenig Overhead. Beispiele sind Linux VServer, BSD Jails, Solaris Container.

16.2.5 Speicher-Virtualisierung

Speichervirtualisierung wurde früher in SW realisiert, der VMM simulierte eine MMU, indem er die virtuellen Seiten-Tabellen im RAM hielt. Dies führte allerdings

16.2 Virtualisierungsvarianten

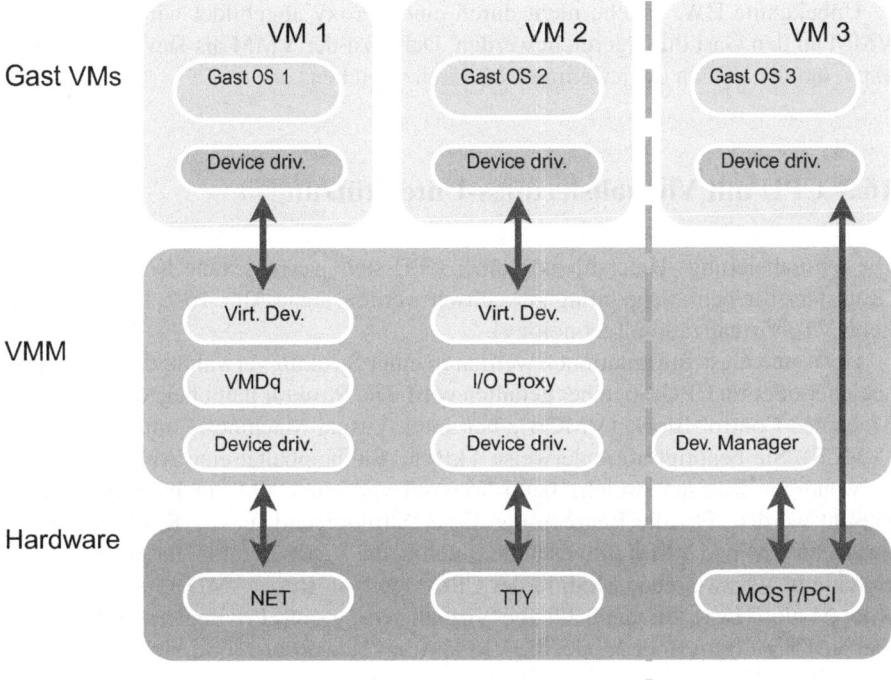

Abb. 16.7 Ressourcen-Virtualisierung

zu einer Zugriffszeit über die Tabellen von einigen 1000 Zyklen. Heute wird die vorhandene MMU mit ihrem TLB genutzt. Außerdem wurden Erweiterungen in HW eingeführt, so dass der VMM eine eigene Seitenverwaltung für jede VM mit HW-Unterstützung führen und umschalten kann.

16.2.6 Ressourcen-Virtualisierung

Der VMM sorgt für die Bereitstellung von virtualisierten Ressourcen, z. B. von Netzwerk, Grafik und Audio, siehe Abb. 16.7. Der VMM stellt Treiber zur Verfügung, mit denen jeweils ein physikalisches Gerät auf n virtuelle Geräte abgebildet werden kann. Es gibt auch erste Ansätze von Intel, mittels VM-Device-Queue virtuelle Netzwerkkarten und mit HW-Unterstützung einen Switch aufzubauen, mit dem das Netzwerk virtualisiert und parallel verwendet werden kann. Auch direkte HW-Ressourcen wie der PCI-Speicher können in den jeweiligen Adressraum der Gäste gemappt werden.

Unbekannte HW, welche nicht durch einen Proxy abgebildet wird, kann vom VMM an den Gast durchgereicht werden. Dabei ist der VMM als Device-Manager aktiv, um die HW an die jeweilige VM durchzureichen.

16.3 CPU mit Virtualisierungs-Unterstützung

Die Virtualisierungs-Unterstützung einer CPU stellt verschiedene Kontexte bereit (Register), die beim Scheduling gewechselt werden, siehe Abb. 16.8. Der Standard heißt VT (Virtualization-Technology).

Host- und Gast-Informationen werden in einer Struktur verwaltet, die im Hauptspeicher oder im CPU-Speicher gehalten wird. Die Struktur heißt bei AMD Virtual-Machines-Control-Block (VMCB), bei Intel Virtual-Machines-Control-Structure (VMCS). Sie benötigt normalerweise 4 kByte. Sie beinhaltet eine Abbildung aller notwendigen Register, welche beim Wechsel von einer VM zur nächsten ausgetauscht werden. Für die Bearbeitung dieser Struktur und für die Kommunikation zwischen VM und VMM gibt es neue Befehle, die VMX-Befehle. Es gibt für diese Befehle in VT zwei neue Modi in der CPU, den Non-Root (AMD, Guest) und den Root-Mode (Host), die auch für die Virtualisierung eine Privilegierung erlauben. Der VMM läuft im Root-Mode, die VM läuft im Non-Root-Mode, siehe Abb. 16.9.

Im Root-Mode können die VT-Erweiterungen konfiguriert und genutzt werden, er erlaubt also den Zugriff auf die VMCS-Struktur. Die Modi können mit den entsprechenden VT-ASM Befehlen betreten bzw. verlassen werden. Die Virtualisierungsunterstützung greift für die Kategorien Typ 1 und Typ 2 der Virtualisierung.

- Control register
- Debug register
- RSP, RIP, RFLAGS, CS ,SS, DS, ES, FS, GS, ...
- Segment Access Rights
- ...

Es gibt einige Befehle, um die VM-Erweiterungen zu nutzen:

- MXON/VMXOFF
- CPU VM on off
- VMCLEAR
- VMCS Clear
- VMPRTLD/VMPTRST
- Load / Store VMCS
- VMREAD/VMWRITE
- Write / Read VMCS
- VMLAUNCH/VMRESUME
- Enter / Resume VM
- VMCALL
- VMM Call

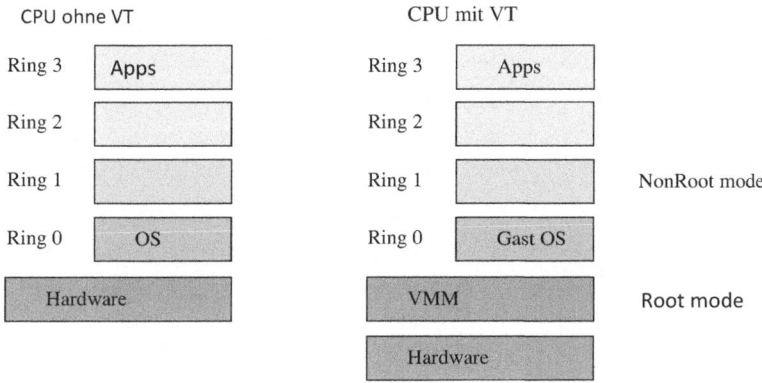

Abb. 16.8 Virtualisierungs-Unterstützung

16.4 Sicherheit von Virtualisierungs-Lösungen

Ein sehr aktuelles Thema ist die Frage der Angreifbarkeit der virtuellen Maschinen. Kann eine virtualisierte Android-Maschine durch sabotierte Kernel-Zugriffe den Prozessortakt für das ganze QNX-System „nebenan" verändern oder das Display und die Schnittstellen für das „Realtime-System" blockieren, siehe Abb. 16.10.

Die Para-Virtualisierung benötigt ein kooperatives Gast-System, das selbst OS-Befehle in Hypercalls umsetzt. Diese Varianten sind vermutlich sehr angreifbar. Dagegen sind die HW-gestützten Virtualisierungen vermutlich robuster, da sie nichtgewünschte Zugriffe detektieren können.

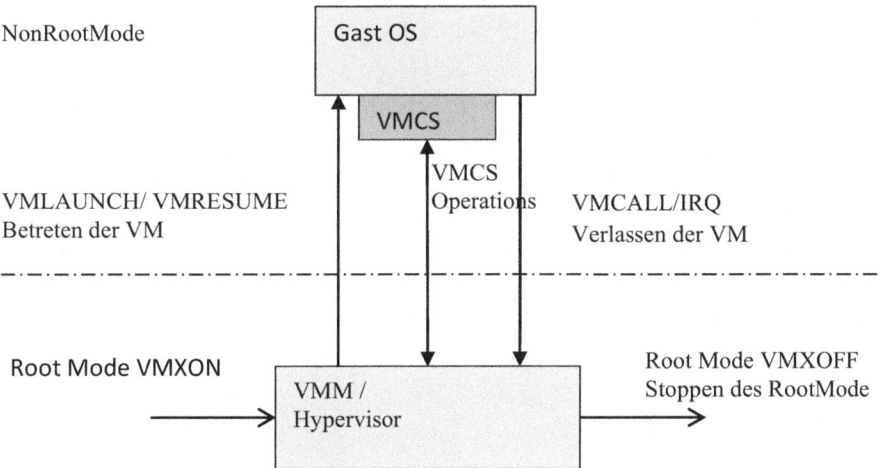

Abb. 16.9 Interaktionen zwischen VM und VMM

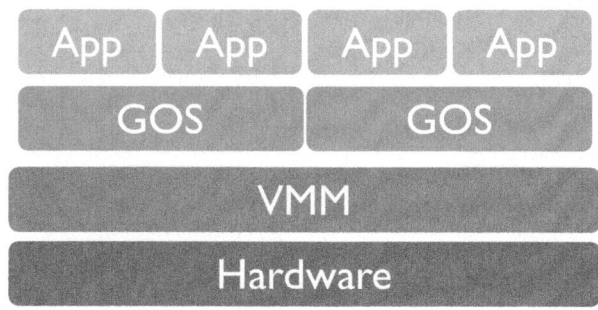

Abb. 16.10 Zwei Gast-Betriebssysteme auf einer HW

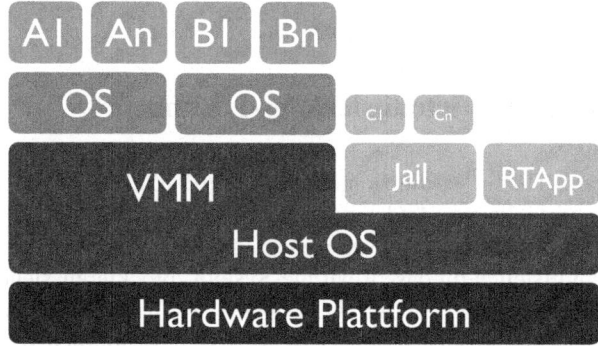

Abb. 16.11 VM, Typ2-Plattform

Eine gute Kombination der besprochenen Varianten könnte die in Abb. 16.11 dargestellte Konfiguration sein.

Kapitel 17
Zusammenspiel zwischen MultiCore-Konzept und virtuellen Maschinen

Selten wird die Anzahl der gewünschten Domänen, die mit eigenen Prioritätsstrategien laufen sollen, zu der Anzahl der Cores passen. Es ist möglich, sich mithilfe eines VM-Konzeptes die passende Anzahl von Cores zu schaffen. Eine mögliche Architektur könnte wie in Abb. 17.1 aussehen.

Die VM für QNX ist in diesem Beispiel auf 8 Cores konfiguriert, und die Domänen werden per BMP auf die virtuellen Cores verteilt. Gegenüber einer Version mit 8 VMs hat dies den Vorteil geringeren Overheads, leichterer Kommunikation zwischen den Domänen und nur einmaliger Lizenzkosten für das OS. Eine weitere VM ist für Applikationen aus der Mobile-Welt vorgesehen und nutzt z. B. Android, siehe Abb. 17.2.

Soll ein Core dediziert für zeit- oder sicherheitskritische Anwendungen bevorzugt werden, bietet sich die Struktur in Abb. 17.1 an. Die Domäne 0 läuft ohne Virtualisierung direkt auf dem root-Core und ggf. auf weiteren Cores. Sie kontrolliert

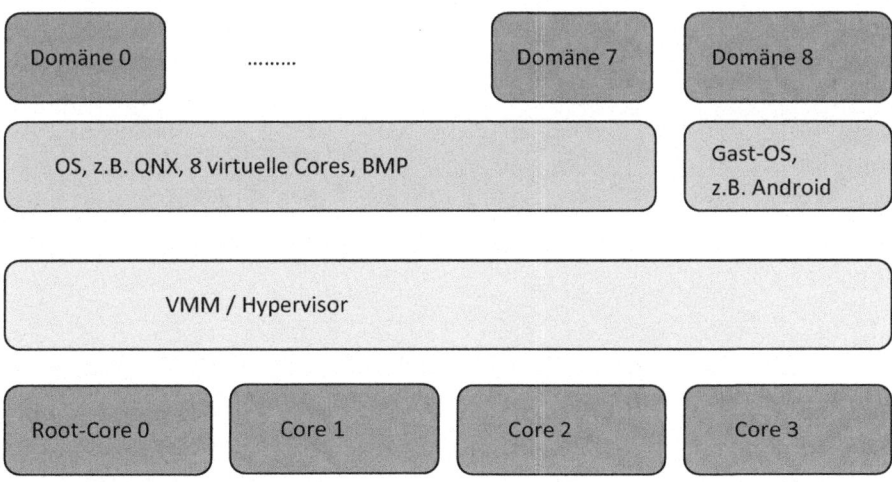

Abb. 17.1 Mögliche Gesamtarchitektur

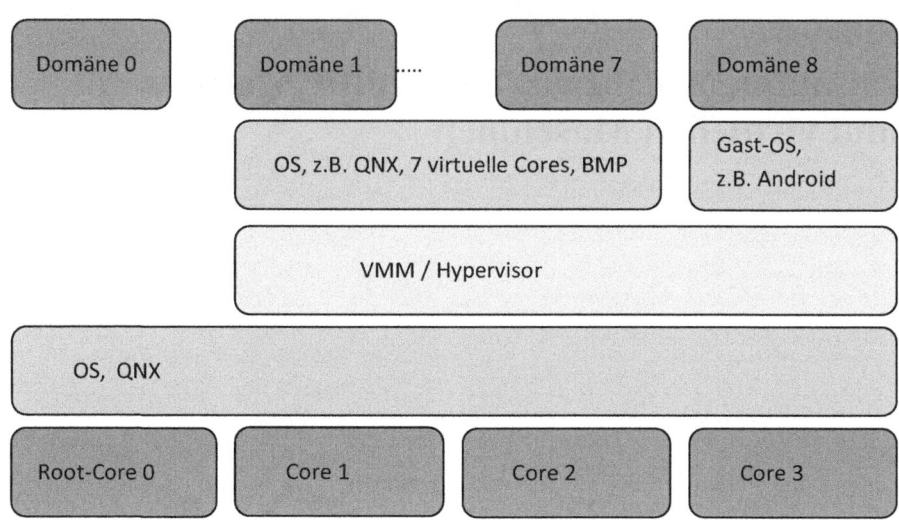

Abb. 17.2 Weitere mögliche Gesamtarchitektur

die meisten Ressourcen. Weitere VMs laufen als Prozesse, deren Priorität und/oder Affinität gewählt werden kann, auf diesem Betriebssystem.

Kapitel 18
HMI

18.1 Einführung

Die Interaktion mit elektronischen Geräten, insbesondere mit Computern, ist aus dem heutigen Alltagsleben kaum mehr wegzudenken. Nur wenige Geräte funktionieren heute noch ohne Mikroprozessor. Selbst im Auto, in der Waschmaschine oder in der einfachen Personenwaage wird Software eingesetzt, um das Gerät zu steuern. Der Benutzer sieht meist nur die hoffentlich intuitiv gestaltete Benutzerschnittstelle, die sich dem Benutzer z. B. durch Tasten, Displays oder sogar Touch-Screens präsentiert. Derartige embedded Systeme unterscheiden sich stark von Systemen wie z. B. Desktop-Computern. An Systeme im embedded Bereich werden weit höhere Anforderungen gestellt. Die Rechenleistung solcher Systeme ist meist geringer, auch Arbeits- und nichtflüchtige Speicher sind oft stark begrenzt im Vergleich zu normalen Systemen. Gleichzeitig muss das System zu 100 % verlässlich sein, wenn z. B. hoch komplexe Berechnungen in Echtzeit durchgeführt werden müssen. Das Verhältnis der Rechenleistung zwischen technischen Systemen und Desktop-Systemen hat sich in den vergangenen Jahren jedoch stark verändert. Rechenleistung, die vor einigen Jahren nur auf High-End Computer-Systemen verfügbar war, ist heute auch in embedded Systemen verfügbar. Hardware wurde billiger, die Funktionalität der Systeme umfangreicher. Software, die zuvor nur für Desktop-Computer entwickelt wurde, wird immer häufiger auch auf embedded Systeme portiert. An erster Stelle steht hier die grafische Animation der Bedienungsführung.

18.2 HMI-Entwicklung

Die Software-Entwickler werden durch die geschilderten Tendenzen vor neue Herausforderungen gestellt. Durch die rasante Entwicklung innerhalb des Marktes für embedded Systeme (z. B. in Blick auf mobile Geräte wie Smartphones etc.) muss auch der Entwicklungsprozess der verwendeten Software angepasst werden. Software muss für verschiedene Plattformen und Geräte gleichzeitig entwickelt werden. Im gleichen Zug soll der Entwicklungsprozess schneller vorangetrieben werden. Entwickler versuchen daher stets, Verbesserungen und Optimierungen an ihrem Arbeitsablauf und der verwendeten Werkzeuge durchzuführen. Eine solche Möglichkeit bietet sich vor allem im Bereich der Benutzerschnittstellen, also in den Ebenen oder Komponenten der Software, in denen eine Interaktion zwischen Benutzer und Software stattfindet. Auf dieser Ebene muss Software oft herstellerspezifisch angepasst werden. So war zum Beispiel die grafische Oberfläche einer Headunit der Firma BMW auf Softkey-Funktionen ausgerichtet, während Audi für die Hauptfunktionen Hardkeys zuwies. Auch die Undo- oder Return-Keys wurden sehr unterschiedlich interpretiert. Tatsächlich verbargen sich aber hinter beiden Produktlinien das gleiche Framework und sehr ähnliche HW-Komponenten. An dieser Stelle spielt der Aufwand (u. a. Entwicklungskosten und Zeit) für eine solche Anpassung eine große Rolle. Dieser Aufwand wird maßgeblich durch die eingesetzten Software-Komponenten beeinflusst, die für die Darstellung bzw. die Benutzerschnittstelle genutzt werden. Wenn zum Beispiel die komplette Software für die Änderung der Farbe neu kompiliert werden müsste, wäre dies wesentlich aufwendiger als die Änderung einer XML-Datei, in der die Farbe festgelegt werden kann. Einstellungen bezüglich der Farbe sind offensichtlich ein Minimalbeispiel. Komplizierter und aufwendiger werden z. B. Änderungen im Layout der Oberfläche, in der Strukturierung des Menüs oder wenn Oberflächen auf verschiedene Display-Formate angepasst werden müssen. Generell ist die Änderungshäufigkeit von unten (HW) nach oben (HMI) steigend, Bedienkonzepte werden noch bis zur Serie erprobt und angepasst. Gefürchtet sind Vorstandserprobungstermine, weil danach mit größeren Änderungen gerechnet werden muss.

18.3 Mensch-Maschine-Schnittstelle

Die Mensch-Maschine-Schnittstelle MMS (engl.: Human-Machine-Interface [HMI]) beschreibt die Möglichkeiten der Interaktion zwischen Mensch und Maschine. Eine grafische Benutzerschnittstelle (engl.: graphical user interface GUI) ist heute Standard, während Sprachschnittstellen oder Gestenerkennung noch eine geringere Verbreitung aufweisen. Die Gestenerkennung auf modernen Multitouch-Geräten, wie Mobiltelefonen, beschränkt sich auf einige wenige Gesten, die durch einen Benutzer ausgeführt werden können. Oft wird nicht explizit die Bezeichnung „grafische Benutzerschnittstelle" verwendet, sondern der Einfachheit wegen nur „Benutzerschnittstelle" (engl.: User Interface UI).

18.4 Aktuelle Trends in der HMI-Entwicklung

18.4.1 OpenGL

OpenGL ist ein Industriestandard. Er bietet APIs für 2D- und 3D-Grafiken und ist unabhängig vom Betriebssystem und einem Window-System. OpenGL-ES ist ein Subset, der für embedded Systeme skaliert wurde. OpenGL behandelt nur das Rendern von 2D/3D-Grafiken und unterstützt zunächst keine GUI-Programmierung. Für die unterstützte Implementierung von GUI-Widgets sind Frameworks oder Toolkits wie Motif auf X-Plattformen, Microsoft Foundation Classes (MFC) unter Windows oder GLUT oder Qt auf beiden Plattformen erforderlich. OpenGL ES 1.x bedient Hardware mit festverdrahteter Funktionalität, während OpenGL ES 2.x für programmierbare Hardware inklusive Shader-Funktionalitäten eingesetzt wird.

18.4.2 Adobe Flash

Flash-Programmierung hat in der HMI-Welt Einzug gehalten, nachdem Adobe Flash bereits einige Jahre lang für interaktive Webseiten eingesetzt wurde. Der Flash-Player kann Programme, Skripte und Animationen abspielen und Pixel- sowie Vektor-Grafiken anzeigen und mit Audio-Dateien verknüpfen. Es gibt eine große Zahl von Designern, die mit Flash umgehen können. Um Programme oder Animationen mit Flash im SWF-Format zu erstellen, kann z. B. die von Adobe bereitgestellte Entwicklungsumgebung „Adobe Flash Professional" verwendet werden, siehe Abb. 18.1.

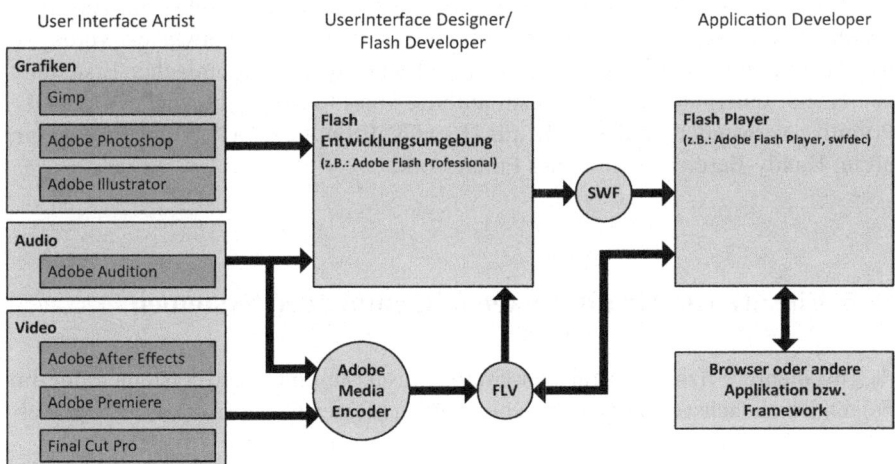

Abb. 18.1 Flash-Entwicklungsumgebung

Für embedded Systeme gibt es skalierte FlashLite-Versionen. Diese Player bauen auf der Basis des normalen Flash-Players auf und sind für das jeweilige Gerät optimiert, haben aber einen limitierten Funktionsumfang. Mit der Flash-Entwicklungsumgebung können Animationen erstellt werden. Je nach Flash-Version ist dies auch per ActionScript möglich. Weiterhin können Programme wie z. B. Bestellformulare oder Spiele programmiert werden. Flash bietet dazu eine umfangreiche Auswahl an Steuerelementen (Buttons, Textfelder, etc.) und Funktionen. Flash-Programme können Animationen enthalten und umgekehrt. Zum Beispiel könnten die Steuerelemente eines Bestellformulars animiert werden, sodass sich die Hintergrundfarbe der Steuerelemente ändert. Flash-Programme, die durch Flash-Player interpretiert werden können, haben ein binäres Format, das SWF-Format. Lizenzfragen und Fehleranfälligkeit verhinderten bisher den größeren Einsatz von Flash in embedded Systemen. Zur Vertiefung sei auf die Literatur verwiesen.

18.4.3 HTML (HTML5), JavaScript, CSS

HTML ist die Grundlage des World Wide Web (WWW). HTML-Dokumente sind zunächst nur statisch, mit JavaScript können aber auch dynamische Inhalte eingebunden werden. Lösungen für embedded HMIs benötigen einen Browser und viel Speicher (64–128 MByte), so dass auch hier auf weiterführende Literatur verwiesen wird. Interessant wird diese Variante für Systeme, die ohnehin einen Browser anbieten müssen.

18.4.4 Qt

Qt ist ein in C++ geschriebenes Framework, das für die plattformübergreifende Entwicklung von Software und grafischen Benutzerschnittstellen entwickelt wurde. Es bietet eine Reihe von GUI-Objekten und ein Event-System zur einfachen Erstellung von HMIs. Innerhalb von Qt können mithilfe von Plug-Ins auch wieder OpenGL-Primitive verwendet werden, z. B. für OpenGL-ES mittels QGLWidget. Qt ist ein oft im Handy-Bereich eingesetztes Framework.

18.5 Einsatz von Grafik-Paketen in embedded Systemen

Es gibt mehrere Szenarien für den Grafik-Einsatz in embedded Systemen, die im Folgenden zunächst erklärt und anschließend in kleinen Code-Snippets gezeigt werden.

18.5 Einsatz von Grafik-Paketen in embedded Systemen

18.5.1 Variante 1, Extra-Thread

Ein typischer Fall ist, dass man zu einer existierenden Steuerungs-Software nachträglich eine Bedienoberfläche schaffen will, die über eine Konsolenbedienung hinausgeht. Typischerweise erzeugt man dafür in der existierenden Bedienlogik einen neuen Thread, in dem man ein HMI-Programm startet und das dort laufende Event-System mit eigenen, umgesetzten Events bedient. Der separate Thread ist notwendig, da die GUI-Programme in einer eigenen `main()`-Loop laufen müssen und entweder blockierend stehen, solange keine neuen Events auftreten oder mit der Bildwechselfrequenz synchronisiert sind, was beides ohne einen parallelen Thread/Prozess nicht für ein Realtime-System brauchbar wäre.

In der ersten Variante besteht die HMI-Komponente demnach aus mindestens zwei Threads: dem Main-Thread und einem Grafik-Thread. Im Main-Thread wird die Kommunikation zum Framework gehandhabt, d. h. alle Eingaben, die ein Benutzer tätigt, kommen hier an. Der Main-Thread verwaltet alle Zustände des Systems mit einer Zustandsmaschine, entscheidet, welche Benutzereingaben zur Zeit erlaubt sind, und steuert andere Komponenten durch das Senden entsprechender Nachrichten. Der Grafik-Thread wird einzig dazu genutzt, Daten aus einem Shared-Memory zu holen und für den Benutzer grafisch auszugeben bzw. die GUI zu zeichnen. Dieser weiß nicht, in welchem Zustand das System ist oder welche Benutzeraktionen als nächstes erlaubt sind. Der Main-Thread triggert den Grafik-Thread z. B. durch einen Semaphor oder ein Event. Solange dieser nicht freigegeben wurde, ist der Grafik-Thread blockiert und schläft, um System-Ressourcen zu sparen. Wird der Grafik-Thread geweckt, greift er zunächst auf ein Shared-Memory zu. Dort wird durch einen Wert signalisiert, welche Oberfläche gerade angezeigt werden soll.

Jede Oberfläche hat eigene Daten-Container, aus denen sie ihre Daten bezieht. Wird z. B. die Oberfläche des MP3-Players geladen, werden die Daten aus dem Daten-Container des MP3-Players geholt, der zuvor von der entsprechend zuständigen logischen Komponente gefüllt wurde. Ist eine Oberfläche fertig gezeichnet, blockiert sich der Grafik-Thread wieder, bis der Main-Thread ihn freigibt bzw. eine Aktualisierung auslöst.

Etwas komplizierter gestaltet sich das Zusammenspiel, wenn die Grafik größere eigenständige Animationen rechnet und anzeigt. Dann führt der Grafik-Thread ein paralleles Eigenleben und ein Semaphor zwischen den Threads darf dann nur zur Datensynchronisation oder Notifizierung dienen und nicht zur Blockierung. Im Grafik-Thread kann z. B. OpenGL verwendet werden, um die Oberfläche zu zeichnen. Auch andere Frameworks wie Qt sind für diese Variante geeignet, wenn Qt ausschließlich zum Darstellen der GUI verwendet wird. Sobald das eingesetzte Grafik-Framework ein eigenes Event-System nutzt und unabhängig vom Applikations-Framework selbstständig Events generiert, kann diese Variante aber zu Blockierungen führen oder ist zumindest gegebenenfalls zu mächtig und zu groß. Sehr schnell kommt es dann auch zwischen den Lagern zu Diskussionen, welche Priorisierung vergeben werden sollte und ob es wichtiger ist, eine ungestörte Grafik zu zeigen oder technische Zeitanforderungen einzuhalten. Die Vorteile sind:

- Die grafische Ausgabe ist Ressourcen-sparend.
- Die Grafikentwicklung bleibt unabhängig von der embedded Entwicklung.
- Das Applikations-Framework hat volle Kontrolle über die grafische Ausgabe.

Die Nachteile:

- Das genutzte Grafik-Framework ist gegebenenfalls zu mächtig und groß und wird nur wenig genutzt.

18.5.2 Variante 2, HMI-System

Der andere typische Fall ist, dass man von Beginn der Entwicklung an ein HMI-System konzipiert. Dies ist vor allem möglich, wenn es keine strengen Realtime-Anforderungen gibt. Dann bietet es sich an, sich für ein HMI-Framework zu entscheiden und das dort vorhandene Event-System zu nutzen. Diese Variante bindet ein GUI-Framework für sämtliche Aufgaben ein und überlässt ihm alle Steuerungsaufgaben. Dazu zählen u. a. die Verwaltung der Zustände des Systems in einer Zustandsmaschine und die grafische Ausgabe. In Variante 1 werden die Zustände des Systems von der embedded Applikation gesteuert, in der Variante 2 von dem eingesetzten Grafik-Framework. Die jeweils andere Seite braucht dann eigentlich kein eigenes Event-System. Tatsächlich gibt es auch viele Fälle, in denen es einfacher ist, die Events mittels eines Event-Mappers auf die andere Seite umzusetzen.
Die Vorteile:

- Sehr schnelle Entwicklung neuer Features des GUI-Moduls.
- Nutzung eines vorhandenen Event-Systems.

Die Nachteile:

- Applikations-Framework hat keine Kontrolle über das GUI-Modul, sondern ist nur lose gekoppelt.
- Wenn ein GUI-Modul eingesetzt wird, das nicht in der Programmiersprache des Applikations-Moduls geschrieben wurde, wird ein Event-Mapping notwendig. Dies kann, je nach Implementierung des GUI-Moduls, mehr Speicher in Anspruch nehmen. Beispielsweise müssen beim Einsatz von Flash C++ Datentypen erst in ActionScript-Datentypen umgewandelt werden, da aus ActionScript nicht direkt auf Daten-Container oder C/C++ Datentypen zugegriffen werden kann.
- Qt ist zunächst auf Multithread-Umgebungen beschränkt. In einer Multi-Prozess-Architektur muss der Event-Mapper auch die Speicherkapselung überwinden, zum Beispiel durch ein Übertragen der Events über ein Shared-Memory.

Die daraus folgende Variante 3 ist eine plausible Zusammenführung der zwei Event-Systeme.

18.5.3 Variante 3, zwei FSMs

Das embedded System nutzt sein Event-System zur Verwaltung und Steuerung seiner Aufgaben, während das Event-System des Grafik-Frameworks zur Steuerung der grafischen Animationen und Interaktionen genutzt wird. Die Bedienlogik wird demnach im Grafik-Framework realisiert (HMI und GUI). Eine Zustandsmaschine im Main-Thread verwaltet die Zustände des Systems. Eine weitere Zustandsmaschine im HMI/GUI-Modul verwaltet die grafische Ausgabe. Es können Befehle sowohl direkt an den Main-Thread als auch an das HMI/GUI-Modul gesendet werden. Die Zustände der Bedienlogik werden in dem HMI/GUI-Modul gespeichert, zum Beispiel die Hauptmodi der Bedienung (Telefon, Radio, CD, Navi, ...), die vermutlich im embedded System nicht bekannt sind und nicht gebraucht werden, da die Komponenten parallel laufen können. Eine genaue Trennung der Aufgaben zwischen Applikations-Framework und GUI-Modul ist schwierig. Auch hier sei wieder auf [Wie Tra] verwiesen.

Es bietet sich an, Bedienlogik und Bedienzustände im HMI/GUI-Modul zu verwalten. Als Faustregel könnte das all die Logik sein, welche in der Bedienungsanleitung beschrieben wird. Dazu gehören dann auch die Soll-Daten und -Zustände des Systems, zum Beispiel CD-Mode und gewählte Spur (Track) der CD, wobei der Mode ein Zustand ist und die Spur ein Datum. Die Gerätelogik zur Verwaltung und Ansteuerung von Devices gehört auf die embedded Seite, inklusive der Ist-Daten und -Zustände, zum Beispiel der aktivierte CD-Mode und die aktuelle Spur (Track) der CD.

Die Komplexität der HMI-Komponente ist höher als in Variante eins und zwei, da nun zusätzlich an zwei Stellen Informationen verwaltet werden müssen. Eine Regel, nach der die Aufteilung geprüft werden kann, ist, dass es keine Zustandskopien geben sollte. Die Soll- oder Ist-Container der jeweils anderen Seite werden also nicht in Kopie gehalten, sondern nur bei Lesebedarf angefragt und benutzt. Ein Worst-Case-Szenario wäre die Synchronisation der beiden Zustandsmaschinen. Obwohl die Trennung der beiden Domänen komplex erscheint, ist sie intuitiv einfach und für parallele Entwicklung durch unterschiedliche Expertenteams oft auch für unterschiedliche Varianten von Vorteil. Ein kleiner Event-Mapper wird für Events erforderlich sein, der allerdings nur einige wenige Events zwischen den beiden Automaten übersetzen muss. Ein Event wie `request-Event`, das nach dem Einstellen neuer Soll-Daten an das embedded System gegeben wird, und `update-Event`, mit dem das Vorhandensein neuer Ist-Daten an die HMI gemeldet wird, sind gute Beispiele dafür.

Vorteile:

- Flexibilität der grafischen Benutzeroberfläche. Animationsaufgaben werden dort gelöst und verwaltet, wo sie hingehören.

Nachteile:

- Höhere Komplexität und Kommunikationsaufwand als in den anderen Varianten
- Ein kleiner Event-Mapper ist erforderlich.
- Das Applikations-Framework hat keine Kontrolle über den GUI-Thread.

18.5.4 Variante 4, Remote-Display

Die vierte oft gewählte Variante ist die eines intelligenten Displays. Ein zweites System wird für die Anzeige des eigentlichen embedded Systems angeschlossen und die Grafik wird „ferngesteuert". Das wird gebraucht, wenn zum Beispiel Laufwerke und Verstärker wegen ihres Platzbedarfs und ihrer thermischen Leistung in Standard-Gehäusen im Kofferraum eines KFZ verbaut werden und nur eine Anzeigeeinheit in das Design des Armaturenbretts integriert wird. Wenn man analysiert, welcher Variante diese Version am nächsten kommt, ist das die Variante 1. Das Display hat keine eigenen Kenntnisse über das System, jegliche Bedienlogik ist im embedded System implementiert und nicht im Display.

18.5.5 Variante 5, Terminal-Mode

Die oben vorgestellte Variante beinhaltet nur das Display, weiter ausgebaut überträgt das Terminal seine Tasten-Codes oder die Koordinaten der berührten Touch-Keys. Dies ist eine gute Lösung, wenn zum Beispiel Telefon-Applikationen im Auto auf der Headunit gezeigt und gesteuert werden sollen, die Bedienlogik und die Grafik aber auf dem Telefon implementiert sind und nicht auf die Headunit geladen werden sollen. Von Nokia und anderen Partnern gibt es dazu einen vorgeschlagenen Standard.

18.6 HMI in OpenGL, Snippets

Oft werden HMI-Grafiken in OpenGL realisiert. OpenGL ist ein Grafik-Standard, der für viele Betriebssysteme verfügbar ist. Zudem ist die Anbindung an ein bestehendes System recht einfach. Es muss lediglich ein Framebuffer vereinbart werden, in den OpenGL seine Grafiken rendern kann, siehe Abb. 18.2. Fenster- und Layer-Verwaltung können und müssen außerhalb von OpenGL implementiert werden. Ein Beispiel dafür ist die GLUT-Bibliothek, die die Darstellungsfenster, Layering und ein Event-System zur Verfügung stellt. OpenGL selbst bietet als Grafik-Primitive nur Punkte, Linien, Polygone, Images und Bitmaps an. Komplexere Widgets und Objekte müssen selbst implementiert werden oder müssen vielzähligen Utilities-Libraries entnommen werden. Üblicherweise gibt es einen OpenGL-Client im Framework, der auf der CPU als Grafiktreiber läuft und die Grafikbefehle der Applikation annimmt. Er selbst transportiert dann Daten und Befehle an den OpenGL-Server auf dem Grafikprozessor, der verschiedene Grafikoperationen wie Rotationen und Transformationen eigenständig im Framebuffer ausführen kann.

18.6 HMI in OpenGL, Snippets

Abb. 18.2 OpenGL-Architektur

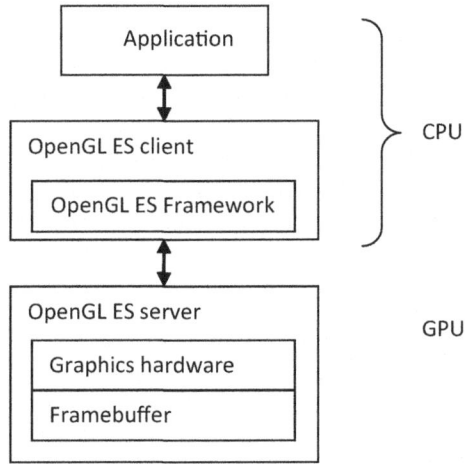

18.6.1 Variante 1 in OpenGL

In der Variante 1 wird bereits am Anfang des Programms ein Prozess oder Thread abgespaltet, in dem OpenGL und in unserem Beispiel ein Mapviewer laufen, siehe Abb. 18.3.

```
int main(int argc, char **argv)
{ // hier werden zu einem empfangenen GPS-Node die Nachfolger gesucht
  // und beides in der Map angezeigt
  typedef void * (* threadProc)(void *);
  Init();
  pthread_create(&threadID1, NULL,(threadProc) myGrafikThread,NULL);

  while (true)
  {
    mySock.recv(&GpsPosition[0], sizeof(GPS));    // orig Position
    myMapMatcher(GPSPosition[0], GPSPosition[1]); // match
    getAllSuccessors([GPSPos[0], &SuccAnzahl, &GPSPosition[2]);
    Notify = true;
  }
  return 0;
}
```

Listing 18.1 HMI-Variante 1 in OpenGL

Der besseren Sichtbarkeit wegen steht der `pthread-create()`-Aufruf direkt in der `main()`. Normalerweise wäre er im Aufruf einer Erzeugung einer runnable-Komponente versteckt, siehe auch [Wie Tra]. In der Start-Funktion `myGrafikThread` des neuen Threads wird das OpenGL-Objekt initialisiert (`OpenGL::init()`) und dann gestartet (`OpenGL::run()`).

Die `main()` selbst empfängt in einer Dauerschleife blockierend GPS-Positionen. Sie werden auf eine digitale Straßenkarte abgebildet, man nennt dies Map-Matching. Im nächsten Schritt werden alle möglichen Nachfolgeknoten bestimmt und im

Abb. 18.3 Variante 1, grafische Ausgabe in separatem Thread

Array `GPSPosition[]` abgespeichert. Mit dem Notify-Flag wird dem Mapviewer signalisiert, dass neue Daten vorliegen.

In der Grafik-Komponente wird OpenGL initialisiert und gestartet. In Ausschnitten:

```
void COpenGL::init(void)
{
  int width=1024;
  int height=768;

  myMapviewer.init();

  glutInitWindowSize(width,height);
  glutInitDisplayMode(GLUT_DEPTH | GLUT_DOUBLE | GLUT_RGB );
  glutInitWindowPosition(100, 100);

  glutCreateWindow( "OSM" );

  glClearColor(0.45, 0.43, 0.41, 0.0);
  glEnable( GL_VERTEX_ARRAY );
  glEnable(GL_DEPTH_TEST);
  glClearDepth(1.0);
  glDepthFunc(GL_LESS);

  glutDisplayFunc(display);
  glutReshapeFunc ();
  glutMouseFunc ();
  glutMotionFunc();
  glutKeyboardFunc();
  glutSpecialFunc();
  glutIdleFunc( OnIdle );

}
void display(void)
{
        myMapViewer.Draw();
        glFlush();
        glutSwapBuffers();
}
```

Listing 18.2 init() und display() der HMI-Variante 1

Hier geht der Grafik-Thread in seine Hauptschleife, deren Durchlaufzeit normalerweise von der eingestellten Bildwechselfrequenz bestimmt wird.

```
void COpenGL::run(void)
{
        glutMainLoop();
}
```

Listing 18.3 Main-Loop der Grafik

18.6 HMI in OpenGL, Snippets

Dem GLUT-Framework wird in diesem einfachen Beispiel lediglich die display-Funktion mitgeteilt, alle anderen Funktionen werden nicht genutzt. In der display-Funktion wird die MapViewer.Draw-Funktion aufgerufen. Aus einem GPS-Device wird von der main-Applikation alle Viertelsekunde eine aktuelle Position gelesen und dazu Nachbarknoten bestimmt. Die Position und die Nachbarknoten werden in ein Datenfeld GPSPos[] auf dem Heap oder im Shared-Memory geschrieben, auf das auch der Mapviewer Zugriff hat. Dieser kann, wenn die Daten sich verändert haben (if Notify), einen neuen Durchlauf der Grafikausgabe anstoßen. In diesem Durchlauf werden die Daten in ein eigenes Koordinatenfeld m_GPSPos[] bzw. m_SuccPosition[] übernommen und dann eine neue Grafikausgabe angestoßen. Andernfalls werden die alten Daten wiederholt. Das ist natürlich bezüglich CPU-Last durch Einsatz eines Semaphors optimierbar. Auch Zoom-, Scroll- und Rotate-Bedienungen werden von der main-Applikation angenommen und nicht vom Grafik-Framework. Die main-Applikation ruft dann Mapviewer-Funktionen (im Multithread-Fall) auf, die Grafik-Parameter verändern. Im Multi-Process-Fall würden Scroll- oder Zoom-Events über IPC-Kanäle an den Mapviewer übermittelt werden, mit denen dieser dann Grafik-Parameter verändert. Solange die bereits übertragenen Kacheln ausreichen, kann der Grafik-Thread Zoom- und Scroll-Aufgaben direkt und autark auf dem Grafik-Prozessor durchführen. Bei Navigationssystemen wird dennoch oft immer wieder alles neu gezeichnet, der Grund dafür liegt in der Straßenbeschriftung, die sich nicht mitdrehen oder sich nicht mit dem Cursor (Motte) stören soll und deshalb immer wieder neu berechnet werden muss.

```
void CMapViewer::Draw()
{
  // if (!Notify)        // Das geht auch als Abkürzung,
  // hängt von Bild-Refresh Strategien ab
  //    return;

if (Notify)              // atomic zur Einfach-Synchronisierung oder
// als Semaphor implementieren und den Thread schlafen lassen
{
// neue Orig Pos als Zentrum der Grafik
  m_CurrentPosition.setLatitude(GpsPosition[0].Latitude);
  m_CurrentPosition.setLongitude(GpsPosition[0].Longitude);

  m_GPSPos[0]=m_CurrentPosition.getLongitude();
  m_GPSPos[1]=m_CurrentPosition.getLatitude();
  m_GPSPos[2]=-50.0f;

  m_matchedPos[0]=GpsPosition[1].Longitude;       // matched POS
  m_matchedPos[1]=GpsPosition[1].Latitude;
  m_matchedPos[2]=-50.0f;

  for (unsigned int i=0, j=2; i<3*SuccAnzahl; )   // Nachfolger
  {
    m_SuccPosition[i++]= GpsPosition[j].Longitude;
    m_SuccPosition[i++]= GpsPosition[j++].Latitude;
    m_SuccPosition[i++]= -50;
  }
  Notify=false;
}

m_Parser.resetToFirstWayInTile(m_CurrentPosition.m_Kachel);
CBounds boundsVisible;
```

```cpp
GetVisibleArea( boundsVisible );

glScalef((GLfloat)m_iResolution,
   (GLfloat)(m_AspectRatio*m_iResolution),1.0f );
glTranslatef( -0.5f*(boundsVisible.getEastBound()+
   boundsVisible.getWestBound()),
   -0.5f*(boundsVisible.getNorthBound()+
   boundsVisible.getSouthBound()), 1.0 );
   ....

glClearColor(0.7, 0.7, 0.7, 1.0);              // Hintergrundfarbe
glClear(GL_COLOR_BUFFER_BIT | GL_DEPTH_BUFFER_BIT);  // alles loeschen

glColor4f(1.0f,1.0f, 1.0f, 1.0f );             // Vordergrund weiss
glEnableClientState(GL_VERTEX_ARRAY);

GLfloat *Lines = new (GLfloat[m_Parser.GetElementsPerTile()]);
CPosition myPosition;
unsigned int cnt=0;
unsigned int vertexcount=0;

// hier wird Map gezeichnet. Neun Kacheln gezeichnet um die eigene
// Position, damit ruckelfrei in alle Richtungen gescrollt werden kann.
for (int i=0; i<3; i++)
   for (int j=0; j<3; j++)
   {
      unsigned int tile = (((m_CurrentPosition.m_Kachel-1)+j)-256)+i*256;
      m_Parser.resetToFirstWayInTile(tile);
      do
      {
       cnt=0;
       vertexcount=0;
       // nun werden die Kanten (Strassen) gezeichnet
       while ( m_Parser.GetPosition(myPosition) )
       {
         Lines[cnt++]= (GLfloat) (myPosition.getLongitude());
         // array fuer einen ganzen way fuellen
         Lines[cnt++]= (GLfloat) (myPosition.getLatitude());
         Lines[cnt++]= -50.0f;
         vertexcount++;
       }
       glVertexPointer (3, GL_FLOAT, 0, Lines);
       glDrawArrays(GL_LINE_STRIP, 0, vertexcount);
      } while (m_Parser.GetNextWay());
   }
   // hier werden die verschiedenen Positionen gezeichnet
   glPointSize(4.0);
   glColor4f(1.0f, 0.0f, 0.0f, 1.0f ); // vordergrundfarbe rot
   glVertexPointer (3, GL_FLOAT, 0, m_GPSPos); // current GPS-Pos
   glDrawArrays(GL_POINTS, 0, 1);

   glColor4f(0.0f, 0.0f, 1.0f, 1.0f ); // vordergrundfarbe blau
   glVertexPointer (3, GL_FLOAT, 0, &m_matchedPos[0]);
   glDrawArrays(GL_POINTS, 0, 2);                 // matched Pos

   glColor4f(1.0f,1.0f, 0.0f, 1.0f );           // farbe rotgrn
   glVertexPointer (3, GL_FLOAT, 0, m_SuccPosition);
   glDrawArrays(GL_POINTS, 0, (SuccAnzahl));   // Nachfolgeknoten

   glColor4f(1.0f,0.0f, 1.0f, 1.0f );  // vordergrund pink, Alpha <1
      glPointSize(2.0);

   glDisableClientState(GL_VERTEX_ARRAY);
}
```

Listing 18.4 Der Map-Drawer

18.6 HMI in OpenGL, Snippets

Abb. 18.4 Variante 2, Grafik-Framework kontrolliert Zustände des Geräts

18.6.2 Variante 2 in OpenGL

Im folgenden Snippet ist die Variante 2 angedeutet. In dem Programm sollen mit einem Mapviewer in einer Karte die Nachfolgeknoten einer bestimmten Position angezeigt werden. Dem GLUT-Framework werden Funktionen übergeben, die zum Anzeigen, Berechnen der Positionen und bei Auftreten von Events wie Tastenbedienungen aufgerufen werden sollen, Abb. 18.4. Die Zustandsmaschine des Systems ist also unter GLUT-Kontrolle.

In der `main()` werden hier im Wesentlichen nur GLUT und OpenGL gestartet.

```
int main(int argc, char **argv)
{ // hier werden zu einem Node die Nachfolger gesucht
  // und beide in der Map angezeigt
  readAllFiles();
  glutInit(&argc, argv);

  COpenGL myOpenGL;
  myOpenGL.init();
  myOpenGL.run();
  return(0);
}
```

Listing 18.5 HMI-Anbindung Variante 2, main()

In der `COpenGL::init()` werden das Fenster und die Aufruffunktionen vereinbart:

```
void COpenGL::init(void)
{
    glutInitDisplayMode(GLUT_DOUBLE | GLUT_RGB);
    int width=1024;
    int height=768;

    glutInitWindowSize(width,height);
    glutInitDisplayMode(GLUT_DEPTH | GLUT_DOUBLE);
    glutInitWindowPosition(100, 100);

    glutCreateWindow( "OSM" );

    glClearColor(0.45, 0.43, 0.41, 0.0);
    glEnable(GL_DEPTH_TEST);
    glClearDepth(1.0);
    glDepthFunc(GL_LESS);

    glutDisplayFunc(display);
    glutReshapeFunc(reshape);
    glutMouseFunc ( OnMouseFunc  );
    glutMotionFunc( OnMotionFunc );
```

```
        glutKeyboardFunc( OnKeybordFunc );
        glutSpecialFunc( OnSpecialFunc );
        glutIdleFunc( OnIdle );
}
```

Listing 18.6 OpenGL::init der Variante 2

In der `COpenGL::run()`-Funktion geht das Programm in die Grafik-Hauptschleife.

```
void COpenGL::run(void)
{
        glutMainLoop();
}
```

Listing 18.7 Hauptschleife der Variante 2

Die eigenen Programm-Berechnungen zur Bestimmung der Nachfolgeknoten werden hier in der display-Funktion in der `.Draw()`-Funktion aufgerufen. Das ist sinnvoll, da in diesem Fall die Neuberechnungen auch nur für die Anzeige gebraucht werden. Die eigenen Berechnungen erfolgen also nur entsprechend der Bildwechselfrequenz.

```
void display(void)
{
    glClear(GL_COLOR_BUFFER_BIT | GL_DEPTH_BUFFER_BIT );
    glColor3f(0.3, 0.3, 0.3);
    glLoadIdentity();
    glTranslatef( 0.0f , 0.0f , 0.0f );
    myMapViewer.Draw();
    glFlush();
    glutSwapBuffers();
}
```

Listing 18.8 Display-Funktion der Variante 2

Die `Draw()`-Funktion soll hier nur in Ausschnitten dargestellt werden:

```
void display(void)
void CMapViewer::Draw() //in m_CurrentPosition steht die aktuelle
                       // GPS-Position. Sie wird Mittelpunkt
                       // der Grafik
{
  m_Parser.GetOSMPosition(m_CurrentIDPosition, m_CurrentPosition);
  // gibt den float Node zu einer ID zurueck
  m_Tile = m_CurrentPosition.getKachel();           //erforderliche Kachel
  m_Parser.resetToFirstWayInTile(m_Tile);           //laden und einrichten
  GetVisibleArea( boundsVisible );

  glMatrixMode(GL_MODELVIEW);                // Select The Modelview Matrix
```

18.6 HMI in OpenGL, Snippets

```
glLoadIdentity();
glClear(GL_COLOR_BUFFER_BIT);
glLoadIdentity();
glScaled((double)m_iResolution,
m_AspectRatio* (double)m_iResolution, 1.0 );
glTranslatef( -0.5f*(boundsVisible.getEastBound() +
               boundsVisible.getWestBound()),
              -0.5f*(boundsVisible.getNorthBound()+
               boundsVisible.getSouthBound()),0.0f );
glClearColor(0.7, 0.7, 0.7, 1.0);              // Hintergrundfarbe
glClear(GL_COLOR_BUFFER_BIT|GL_DEPTH_BUFFER_BIT); //alles loeschen
glColor4f(1.0f,1.0f, 1.0f, 1.0f );              // vordergrund weiss
glLineWidth(fOffset+3.0*fStep );
//hole alle Knoten eines Ways (Strasse) + zeichne die Kanten
do
{
  glBegin(GL_LINE_STRIP);
 while ( m_Parser.GetPosition(myPosition) )
    {
     if(boundsVisible.contains(myPosition))
       {
         glVertex3f(myPosition.getLongitude(),
                 myPosition.getLatitude(),-30.0);
       }
    }
  glEnd();
} while (m_Parser.GetNextWay());

DrawRedPoint(m_CurrentPosition.getLongitude(),
m_CurrentPosition.getLatitude(),-30.0);
// Nachfolger und Vorgänger berechnen
unsigned int IntField[FileParser::MaxSucc]={0};
m_Parser.getAllSuccessors( m_CurrentIDPosition, m_Tile, IntField );
if (0 != IntField[0]) // im IntField an erster Position die Anzahl
{
  for (unsigned int i=1; i < IntField[0]; i++)
    {
     m_Parser.GetOSMPosition(IntField[i], myPosition1);
     // Rueckgabe in myPosition1
     DrawBluePoint(myPosition1.getLongitude(),
     myPosition1.getLatitude(),-30.0);
     glColor4f(0.0f,0.0f, 1.0f, 1.0f );        // Vordergrund blau
     glBegin(GL_LINE_STRIP);
     // Linie zw.aktueller Pos und Nachfolger
     glVertex3f(m_CurrentPosition.getLongitude(),
     m_CurrentPosition.getLatitude(),-30.0);
     glVertex3f(myPosition1.getLongitude(),
     myPosition1.getLatitude(),-29.0);
     glEnd();
    }
 }
}
```

Listing 18.9 MapDraw()-Funktion der Variante 2

Anmerkung: Für OpenGL-ES müssen die glBegin()-, glEnd()- und die glVertex3f()-Funktionen ausgetauscht werden, siehe Variante 1.

Abb. 18.5 Variante 3, zwei Zustandsmaschinen

18.6.3 Variante 3 in OpenGL

Variante 3 ist eine Mischung aus beiden vorherigen Varianten. Das embedded System verwaltet seine eigenen Gerätezustände, die HMI ihre Bedienzustände, die zur grafischen Darstellung und für die Bedienlogik zuständig sind, siehe Abb. 18.5.

18.6.4 Variante 4 in OpenGL

Als Beispiel einer ausgelagerten Grafik dient das bekannte gears-Demo-Programm, das drei sich drehende Zahnräder zeigt, siehe Abb. 18.6.

Die in der Konsole angezeigte erreichbare Framerate gibt auch gleich ein Maß für die Leistungsfähigkeit der Übertragung und Grafikberechnung.

```
LONGLONG g_Frequency, g_StartTicks, g_CurrTicks;
int g_numFrames=0;

void display()
{
  gears_draw();
  ++g_numFrames;
  if(g_numFrames>=50)
  {
    QueryPerformanceCounter((LARGE_INTEGER*)&g_CurrTicks);
    double fps=(double)g_numFrames*g_Frequency /
                   (g_CurrTicks-g_StartTicks);
    printf("%.1f fps\n", fps);
    g_StartTicks=g_CurrTicks;
    g_numFrames=0;
  }
}
```

Listing 18.10 Display()-Funktion der Variante 3

Die Berechnungen der Zahnräder erfolgt auf dem KFZ-Client-System im Kofferraum. Zur Anzeige dient das intelligente Display als KFZ-Server-System. Bezogen auf den Grafikprozessor ist es aber selbst auch wieder Client, zur Unterscheidung nennen wir es dann genauer Grafik-Client. Im KFZ-Client-System werden nach den Berechnungen die entsprechenden OpenGL-Befehle aufgerufen, sie werden allerdings in einer per Linker überladenen <gl.cpp>-Datei auf eine Socket-Verbindung umgeleitet. Normalerweise inkludiert der Anwender die dazugehörige <gl.h> und stellt seiner Applikation die OpenGL-API zur Verfügung. Die eigentlichen Routinen befinden sich in einer Lib und werden dynamisch dazu gebunden.

18.6 HMI in OpenGL, Snippets

Abb. 18.6 Gears

Übersetzt man eine eigene <gl.cpp> im Projekt, wird diese vorrangig eingebunden. Im Detail gibt es mehrere Möglichkeiten der Verteilung:

1. Wir betrachten den OpenGL-Server als schlanken KFZ-Server, der nur noch Daten an den Grafikprozessor durchgibt und nicht selbst Client ist. Alle Dereferenzierungen müssen also schon auf der KFZ-Client-Seite erfolgen. Mit Enable
ClientState müssen Zustände gemerkt werden, um zu wissen, welche Array-Daten bei DrawArray-Befehlen transferiert werden müssen. Diese Lösung ist konsistent und braucht keine Array-Größen zu kennen.
1a. Auf dem OpenGL KFZ-Server gibt es demnach keine eigene Daten- oder Status-Speicherung. Dann gibt es dort aber auch keine Array-Befehle mehr und keine Vektor-Befehle, nur noch Primitive. Alle Array- und Vektor-Befehle müssen auf dem KFZ-Client schon zerlegt und dereferenziert werden.
1b. Die EnableStates werden auch im KFZ-Server=Grafik-Client gespeichert, damit nach Übertragung der selektierten Daten zum OpenGL KFZ-Server diese in kleinen Temp-Arrays aufgehoben und damit dann doch auch Draw-Befehle genutzt werden können.
2. Arrays werden auch auf dem OpenGL KFZ-Server angelegt, vorausgesetzt, wir kennen die Array-Größe auf der KFZ-Client-Seite. Oder wir lassen viel Luft. Der OpenGL KFZ-Server ist dann selbst Grafik-Client für den Grafik-Chip. Dann können die EnableClient-Zustände auf dem KFZ-Client und auf dem KFZ-Server gehalten und die Befehle ausgeführt werden.

2a. Auf dem KFZ-Client werden sie auch gebraucht, damit klar ist, welche Array-Daten zum KFZ-Client gesendet werden müssen. Wir senden dann alle Arrays, wenn ein Draw-Befehl aufgerufen wird, egal, welche Enable-States gesetzt sind.
2b. Noch besser wäre es, die ganzen Arrays immer dann zu transferieren, wenn die Vektoren definiert werden, dann würden die Enable-States im KFZ-Client nicht gebraucht. Allerdings dürfen dann in keiner Applikation nachträglich Daten verändert werden.

Die Performance der Varianten 2 wäre besser als die der Varianten unter 1. Allerdings scheitern diese Lösungen an der vorab unbekannten Array-Größe bei dynamisch erzeugten Arrays. Auch dürfen Daten nicht nachträglich verändert werden, denn es ist zu beachten, wo sich die Grafik-Objekte befinden. Nachdem sie serialisiert und übertragen wurden, dürfen sie nicht mehr auf der KFZ-Client-Seite verändert werden. Im Folgenden werden einige Snippets zur Variante 1b gezeigt. Bemerkenswert ist, dass die eigentliche Applikation von der Umleitung nichts bemerkt und nicht angepasst werden muss; es ist lediglich die eigene <gl.cpp> mit zu kompilieren und statisch zu linken, sie hat Vorrang vor der dynamischen <gl.so>. Alternativ kann auch die dynamische Lib auf dem System ausgetauscht werden oder es kann mit einem Library-Interposer gearbeitet werden, siehe auch [Cur] und ein Abschnitt im Kapitel zu Tools und Methoden. Folgende Funktionen werden für Gears verwendet und müssen deshalb mit einer zusätzlichen Serialisierung über eine Socket-Verbindung implementiert werden. Für die Serialisierung des Befehls bekommen sie eine aufgezählte Nummer, die auf der KFZ-Client-Seite dekodiert wird.

```
const GLenum    GL_ClearColor              =0;
const GLenum    GL_Clear                   =1;
const GLenum    GL_Enable                  =2;
const GLenum    GL_EnableClientState       =3;
const GLenum    GL_DisableClientState      =4;
const GLenum    GL_Flush                   =5;
const GLenum    GL_MatrixMode              =6;
const GLenum    GL_PushMatrix              =7;
const GLenum    GL_PopMatrix               =8;
const GLenum    GL_Frustum                 =9;
const GLenum    GL_Viewport                =10;
const GLenum    GL_LoadIdentity            =11;
const GLenum    GL_Rotatef                 =12;
const GLenum    GL_Translatef              =13;
const GLenum    GL_Normal3f                =14;
const GLenum    GL_VertexPointer           =15;
const GLenum    GL_NormalPointer           =16;
const GLenum    GL_DrawArrays              =17;
const GLenum    GL_ShadeModel              =18;
const GLenum    GL_Lightfv                 =19;
const GLenum    GL_Materialfv              =20;

GLboolean ClientState[8]={GL_FALSE};
GLint VertexSize;                    // = 2,3,4
GLenum VertexType;
GLsizei VertexStride;
const GLvoid * VertexPtr;

const GLint NormalSize=3;            // =3 wie Vertex behandeln
```

18.6 HMI in OpenGL, Snippets

```
GLenum  NormalType;
GLsizei NormalStride;
const GLvoid * NormalPtr;

char buffer[8];                    // bei Erweiterung auf andere Datentypen
                                   // gegebenenfalls vergrößern
CInetAddr addr;
CSockConnector mConnector;
CSockStream incoming;
bool sock_init=false;
```

Listing 18.11 Header der eigenen gl.cpp

Beispiele einiger einfachen umgesetzten Befehle:

```
GLAPI void GLAPIENTRY glClearColor( GLclampf red,
                                    GLclampf green,
                                    GLclampf blue,
                                    GLclampf alpha )
{
  if (!sock_init) socket_init();
  incoming.send( &GL_ClearColor, sizeof( GLenum ));
  incoming.send( &red,   sizeof(GLclampf));
  incoming.send( &green, sizeof(GLclampf));
  incoming.send( &blue,  sizeof(GLclampf));
  incoming.send( &alpha, sizeof(GLclampf));
}

GLAPI void GLAPIENTRY glClear( GLbitfield mask )
{
  if (!sock_init) socket_init();
  incoming.send( &GL_Clear, sizeof( GLenum ));
  incoming.send( &mask, sizeof(GLbitfield));
}

GLAPI void GLAPIENTRY glEnableClientState( GLenum cap )
{
  if (!sock_init) socket_init();
  ClientState[cap-GL_VERTEX_ARRAY] = GL_TRUE;    // store locally
  incoming.send( &GL_EnableClientState, sizeof( GLenum ));
  incoming.send( &cap, sizeof(GLenum));
}
```

Listing 18.12 Serialisierung umgeleiteter Befehle, ebenfalls gl.cpp

Nun Befehle, die eigentlich gemeinsame Pointer auf Vertex-Arrays nutzen und deshalb speziell serialisiert werden müssen,

```
GLAPI void GLAPIENTRY glVertexPointer( GLint size,
                                       GLenum type,
                                       GLsizei stride,
                                       const GLvoid *ptr )
{
  if (!sock_init) socket_init();
  // hier müsste die Größe des Arrays berechnet und an den Client
  // gegeben werden. Damit könnte schon mal der Speicher und ein
  // Zeiger darauf vereinbart werden. Geht aber nicht, die Größe
  // ist nicht bekannt! Deshalb wird der Pointer auf der
  // KFZ-Client Seite zwischengespeichert und
  // erst beim DrawArray-Befehl ausgewertet.
```

```
  VertexSize = size;     // save VertexData locally for DrawArray
  VertexType = type;
  VertexStride = stride;
  VertexPtr = ptr;

  incoming.send( &GL_VertexPointer, sizeof( GLenum ));
  incoming.send( &size, sizeof(GLint));
  incoming.send( &type, sizeof(GLenum));
  incoming.send( &stride, sizeof(GLenum));
}

GLAPI void GLAPIENTRY glDrawArrays( GLenum mode,
                                    GLint first,
                                    GLsizei count )
{
  if (!sock_init) socket_init();
  incoming.send( &GL_DrawArrays, sizeof( GLenum ));
  incoming.send( &mode, sizeof(GLenum));
  incoming.send( &first, sizeof(GLint));
  incoming.send( &count, sizeof(GLsizei));

  // now send data
  if (ClientState[GL_VERTEX_ARRAY-GL_VERTEX_ARRAY]==GL_TRUE)
  // enable = true
  {
    if (VertexType == GL_FLOAT)
    {
      GLfloat * locPtrF = (GLfloat *)VertexPtr;
      locPtrF+=first;
      for (GLint cnt=0; cnt<(count*VertexSize); cnt++)
      // count typweise durchs VertexArray
      // ggf. Byteweise:
      //for (GLint cnt=first;cnt<(first+count*VertexSize);cnt++)
      {
        incoming.send( locPtrF, sizeof(GLfloat));
        locPtrF++;
      }
    }
    else if (VertexType == GL_INT)
    {
      GLint * locPtrI = (GLint *)VertexPtr;
      locPtrI+=first;
      for (GLint cnt=0; cnt<(count*VertexSize); cnt++)
      {
        incoming.send( locPtrI, sizeof(GLint));
        locPtrI++;
      }
    }
    else
    {
      printf("andere Typen im Moment nicht implementiert \n");
    }
    // ggf. auch fuer float und short implementieren
  }

  if (ClientState[GL_NORMAL_ARRAY-GL_VERTEX_ARRAY]==1) //enable=true
  {
    if (NormalType == GL_FLOAT)
    {
      GLfloat * locPtrF = (GLfloat *)NormalPtr;
      locPtrF+=first;
      for (GLint cnt=0; cnt<(count*NormalSize); cnt++)
      {
        incoming.send( locPtrF, sizeof(GLfloat));
        locPtrF++;
      }
    }
```

18.6 HMI in OpenGL, Snippets

```
      else if (NormalType == GL_INT)
      {
        GLint * locPtrI = (GLint *)NormalPtr;
        locPtrI+=first;
        for (GLint cnt=0; cnt<(count*NormalSize); cnt++)
        {
          incoming.send( locPtrI, sizeof(GLint));
          locPtrI++;
        }
      }



      else
      {
        printf ("andere Typen im Moment nicht implementiert\n ");
      }
      // ggf. auch fuer float und short implementieren
    }
}
```

Listing 18.13 Weitere Beispiele speziellerer überladener Funktionen

Alle nicht implementierten Befehle werden mit einer Konsolenausgabe versehen, so dass man erkennen kann, falls es noch Arbeit gibt. Für eine nicht selbst implementierte Applikation, die auf ein intelligentes Display übertragen werden soll, empfiehlt sich die vollständige Implementierung aller Funktionen und der Einsatz eines Codegenerators.

Nun die Dekodierung auf der KFZ-Server Seite:

```
void myDecode(char * Buffer)
{
  switch (Buffer[0])
  {
    case GL_ClearColor:
    {
    // GLAPI void GLAPIENTRY glClearColor(GLclampf red,GLclampf green,
    // GLclampf blue, GLclampf alpha )
      GLclampf red, green, blue, alpha;
      incoming.recv( &red, sizeof(GLclampf));
      incoming.recv( &green, sizeof(GLclampf));
      incoming.recv( &blue, sizeof(GLclampf));
      incoming.recv( &alpha, sizeof(GLclampf));
      glClearColor( red, green, blue, alpha);     //do it
      break;
    }

        . . . .
    case GL_EnableClientState:
    {
      //GLAPI void GLAPIENTRY glEnableClientState( GLenum cap )
      GLenum cap;
      incoming.recv( &cap, sizeof(GLenum));
      ClientState[cap-GL_VERTEX_ARRAY] = GL_TRUE; // store locally
      glEnableClientState( cap );                 //do it
      break;
    }
```

```
case GL_VertexPointer:
{
//GLAPI void GLAPIENTRY glVertexPointer( GLint size, GLenum type,
//                      GLsizei stride,  GLvoid *ptr )
  incoming.recv( &VertexSize, sizeof(GLint));
  incoming.recv( &VertexType, sizeof(GLenum));
  incoming.recv( &VertexStride, sizeof(GLenum));
  // incoming.recv(  VertexPtr, sizeof(VertexPtr));
  // das wird nicht übertragen, Aufruf kommt erst mit
  // DrawArray oder anderen
  break;
}
case GL_DrawArrays:
//GLAPI void GLAPIENTRY glDrawArrays( GLenum mode,
                                      GLint first,
                                      GLsizei count )
{
  GLenum mode, first;
  GLsizei count;
  incoming.recv(  &mode, sizeof(GLenum));
  incoming.recv(  &first, sizeof(GLenum));
  incoming.recv(  &count, sizeof(GLsizei));

  //now calculate the size and set the vectors
  // finally receive the data
  if (ClientState[GL_VERTEX_ARRAY-GL_VERTEX_ARRAY] ==
               GL_TRUE)                              // enable = true
  {
    if (VertexType == GL_FLOAT)
    {
      locPtrF = new GLfloat[count*VertexSize];
      locPtrFsav=locPtrF;
      VertexPtr = (GLvoid *)locPtrF;
      glVertexPointer( VertexSize, VertexType,
      VertexStride, VertexPtr);
      // finally receive the data
      for (GLint cnt=0; cnt<(count*VertexSize); cnt++)
      {
         incoming.recv( locPtrF, sizeof(GLfloat));
         locPtrF++;
      }
    }
    else if (VertexType == GL_INT)
    {
      locPtrI = new GLint[count*VertexSize];
      locPtrIsav=locPtrI;
      VertexPtr = (GLvoid *)locPtrI;
      glVertexPointer( VertexSize, VertexType,
                    VertexStride, VertexPtr);
      // finally receive the data
      for (GLint cnt=0; cnt<(count*VertexSize);cnt++)
      {
        incoming.recv( locPtrI, sizeof(GLint));
        locPtrI++;
      }
    }
    else
    {
       printf( "andere Typen nicht implem.  \n");
    }
}
// todo: ggf. auch fuer float und short implementieren
if (ClientState[GL_NORMAL_ARRAY-GL_VERTEX_ARRAY]
     == GL_TRUE)                              // enable = true
{
  if (NormalType == GL_FLOAT)
  {
```

18.6 HMI in OpenGL, Snippets

```
            locPtrFN = new GLfloat[count*NormalSize];
            locPtrFNsav=locPtrFN;
            NormalPtr = (GLvoid *)locPtrFN;
            glNormalPointer( NormalType, NormalStride,NormalPtr);
            // finally receive the data
            for (GLint cnt=0; cnt<(count*NormalSize); cnt++)
            {
              incoming.recv( locPtrFN,sizeof(GLfloat));
              locPtrFN++;
            }
          }
          else if (NormalType == GL_INT)
          {
            locPtrIN = new GLint[count*NormalSize];
            locPtrINsav=locPtrIN;
            NormalPtr = (GLvoid *)locPtrIN;
            glNormalPointer( NormalType,
            NormalStride, NormalPtr);
            // finally receive the data
            for (GLint cnt=0; cnt<(count*NormalSize); cnt++)
            {
              incoming.recv( locPtrIN, sizeof(GLint));
              locPtrIN++;
            }
          }
          else
          {
            printf( "andere Typen nicht implementiert  \n");
          }
          // todo: ggf. auch fuer float und short implementieren.
          glDrawArrays( mode, first, count );                   //do it
          if (0!=locPtrIsav)
          {
            delete[] locPtrIsav;      //housekeeping
            locPtrIsav=0;
          }
          if (0!=locPtrFsav)
          {
            delete[] locPtrFsav;
            locPtrFsav=0;
          }
          if (0!=locPtrINsav)
          {
            delete[] locPtrINsav;
            locPtrINsav=0;
          }
          if (0!=locPtrFNsav)
          {
            delete[] locPtrFNsav;
            locPtrFNsav=0;
          }
          break;
      }
            ...
      default:
      printf ("unbekannte Codierung! \n ");
  }
}
```

Listing 18.14 Dekodierung auf der KFZ-Server-Seite

18.6.5 Variante 5, Nokia-Terminal-Mode

Ursprünglich wurde der sogenannte Terminal-Mode dazu verwendet, mithilfe physikalisch umgeschalteter RGB- oder LVDS-Signale zum Beispiel ein Video oder eine Rückfahrkamera einzublenden. Es gab dann aber keine einblendbaren Bedienelemente, auch waren Look&Feel nicht immer konsistent zu den anderen Menüs. Mittlerweile kann man mit der verfügbaren Rechen- und Grafikleistung regelmäßig den gesamten Inhalt des Framebuffers kopieren und an ein entferntes Terminal übertragen. Umgekehrt kann das Terminal über ein geeignetes Protokoll die Tastatur-Codes oder die Koordinaten der Touch-Elemente übertragen. Auch Bediengesten sind möglich. Die folgenden Beispiele sind [Bau Sch] entnommen. Grundprinzip ist immer, für die Übertragung des Bildsignals den Framebuffer anzuzapfen. Dieser kann dann pixelweise oder kodiert übertragen werden. Noch eine Abstraktion höher können natürlich auch Grafikbefehle noch vor dem Rendern übertragen werden, siehe Variante 4.

Unterschiedliche Endgeräte mit unterschiedlichen Betriebssystemen benötigen verschiedene Zugriffe.

18.6.5.1 Variante 5, Linux

Bei vielen Linux-basierten Betriebssystemen ist im Ordner </dev> oder in </dev/graphics> ein Gerät mit dem Namen fb0 vorhanden. Dieses Gerät repräsentiert den Inhalt des Bildschirms und kann unter root-Rechten direkt zum Beispiel mit memcpy() ausgelesen werden.

```
void readWriteFramebuffer()
{
    // Öffnen der Verbindung zum Framebuffers
    Int32 fdFramebuffer = open("/dev/fb0", O_RDWR);
    // Ermitteln der Auflösung und der Farbtiefe
    struct fb_var_screeninfo screeninfo;
    ioctl(mFileDescriptorFramebuffer, FBIOGET_VSCREENINFO, &screeninfo);
    UInt32 Width = screeninfo.xres;
    UInt32 Height = screeninfo.yres;
    UInt32 Bits_Per_Pixel = screeninfo.bits_per_pixel;
    UInt32 mFramebufferSize = Width * Height * Bits_Per_Pixel / 8;
    UInt8 *mFramebufferMemoryMap;
    // mappen des Framebuffer-Speichers in die Applikation
    mFramebufferMemoryMap = (UInt8*) mmap(0, mFramebufferSize, PROT_READ |
                            PROT_WRITE, MAP_SHARED,fdFramebuffer, 0);

    // lesen des Framebuffers
    memcpy(getFramebufferPtr(), mFramebufferMemoryMap, mFramebufferSize);

    // schreiben des Framebuffers
    memcpy(mFramebufferMemoryMap, getFramebufferPtr(), mFramebufferSize);

    // unmappen des Framebuffer-Speichers
    munmap(mFramebufferMemoryMap, mFramebufferSize);
    // Schließen der Verbindung zum Framebuffer
    close(fdFramebuffer);
}
```

Listing 18.15 Auslesen des Framebuffers, Linux-Konsole

18.6.5.2 Variante 5, X11

Für X11 gibt es fertige Methoden für den Zugriff auf den Framebuffer. Zunächst wird eine Verbindung zum Bildschirminhalt hergestellt. Danach erfolgt das Auslesen des Bildschirminhalts und die Ermittlung der Farbauszüge der einzelnen Pixel. Nach dem Auslesen wird die Verbindung wieder geschlossen.

```
void CX11FramebufferReadWrite::readFramebuffer()
{
   UInt8 *framebuffer = getFramebufferPtr();
   XImage *image;
   XColor color; UInt32 writepos=0;
   pDisplay = XOpenDisplay(NULLPTR);
   int defScreen = DefaultScreen(pDisplay);
   Colormap colMap = DefaultColormap(pDisplay, defScreen);
   XWindowAttributes attributs;
   XGetWindowAttributes(pDisplay, RootWindow(pDisplay, defScreen),
          &attributs);
   mWidth = attributs.width; mHeight = attributs.height;
   mBitsPerPixel = attributs.depth;
   image = XGetImage(pDisplay, RootWindow(pDisplay, defScreen), 0, 0,
                     mWidth, mHeight, AllPlanes, XYPixmap);
   mFramebufferSize = mWidth * mHeight * mBitsPerPixel / 8;

   for(UInt32 y=0;y<mHeight;y++)
   {
      for(UInt32 x=0;x<mWidth;x++)
      {
         color.pixel= XGetPixel(image, x, y);
         XQueryColor(pDisplay, colMap, &color);
         framebuffer[writepos]    = color.red;
         framebuffer[writepos+1] = color.green;
         framebuffer[writepos+2] = color.blue;
         writepos+=3;
      }
   }
   XFree(image);
   XCloseDisplay(pDisplay);
}
```

Listing 18.16 Auslesen des Framebuffers, X11

18.6.5.3 Variante 5, Android

Für das Betriebssystem Android 2 besteht analog zum BeagleBoard oder einem Linux-PC die Möglichkeit, direkt auf den Framebuffer des Geräts zuzugreifen. Dieser befindet sich allerdings unter `</dev/graphics/fb0>`. Ansonsten entspricht die Implementierung der des Linux-PCs.

Unter Android 3 scheint der Zugriff auf den Framebuffer unterbunden zu werden. Die reguläre Debug-Schnittstelle ADB bietet allerdings die Möglichkeit, einen Screenshot des angeschlossenen Geräts zu erstellen. Auf einem „gerooteten" Android-Gerät kann auf die Debug-Schnittstelle auch mit einem Tool mit dem Namen „ADB Wireless" zugegriffen werden. Dieses baut die Debug- Verbindung mit einem Server über WLAN auf. Die Analyse der Netzwerkpakete ergibt Header und Protokoll-Informationen, die in [Bau Sch] im Detail beschrieben werden.

18.6.5.4 Variante 5, iOS

In folgendem Beispiel wird ein OpenGl-Framebuffer eines IPAD angezapft und gesendet.

```
- (void) drawView
{
    // Initialisieren von OpenGL
    openGLInit();
    glBindFramebufferOES(GL_FRAMEBUFFER_OES, viewFramebuffer);
    // Bilderstellung
    myApp.SampleDraw();
    // Bild render
    glBindFramebufferOES(GL_FRAMEBUFFER_OES, viewFramebuffer);
    // Bild auslesen
    GLubyte Pixels[Width * Height * Bits_Per_Pixel / 8];
    glReadPixels(0, 0, Width, Height, GL_RGBA, GL_UNSIGNED_BYTE,
             &Pixels[0]);
    pseudoSend();
    [context presentRenderbuffer:GL_RENDERBUFFER_OES];
}
```

Listing 18.17 Anzapfen des Framebuffers unter OpenGl, IPAD

18.7 HMI in Qt, Snippets

Seit Version 4.5 gibt es Qt auch mit einer LGPL (engl.: „Lesser General Public License"). Mit dieser Lizenz ist es möglich, Qt auch für die Entwicklung proprietärer Software einzusetzen, ohne den Quellcode zu veröffentlichen und ohne eine kostenpflichtige Lizenz erwerben zu müssen. Qt unterstützt eine Vielzahl an Betriebssystemen wie z. B. Microsoft Windows, Mac OS und zahlreiche Unix- und Linux-Distributionen wie Ubuntu, MeeGo und viele mehr. Bekannte Beispiele für den Einsatz von Qt sind: KDE, eine Desktopumgebung für Unix-basierte Systeme, Skype, eine VoIP-Software mit Instant-Messaging-Funktion, Dateiübertragung und Videotelefonie, sowie Google Earth, eine Software, mit der Satellitenbilder auf einem virtuellen Globus betrachtet werden können. Eine aktuelle und interessante Entwicklung ist auch die Zusammenarbeit zwischen Intel und Nokia im Projekt MeeGo. MeeGo ist ein Linux-basiertes Betriebssystem, das für den Einsatz in Tablet-PCs, Mobiltelefonen und In-Vehicle-Infotainment Systemen entwickelt wurde. Es ist aber auch auf anderen Plattformen einsetzbar. In MeeGo wird Qt u. a. für die grafische Desktopumgebung genutzt.

18.7 HMI in Qt, Snippets

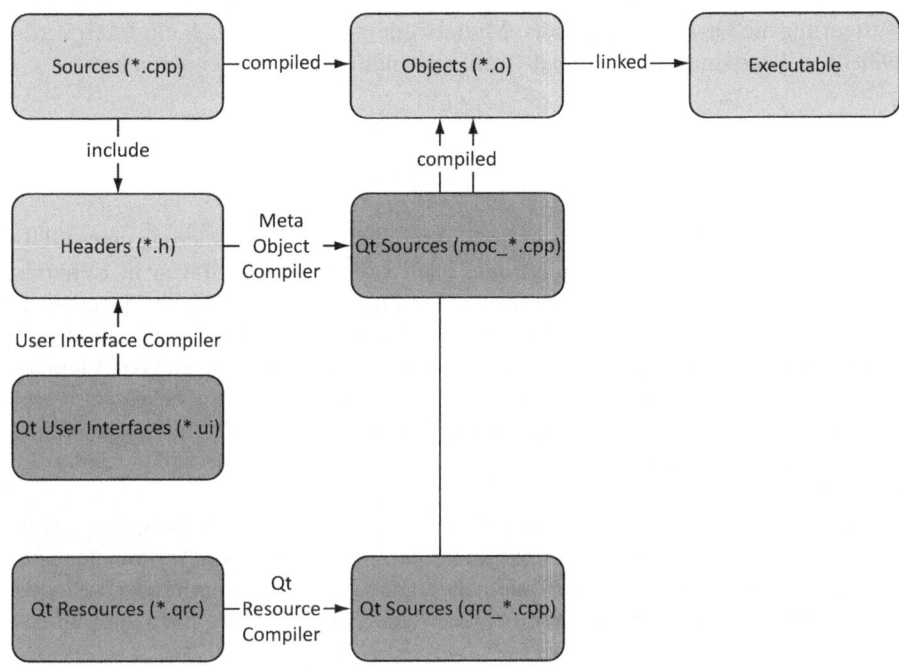

Abb. 18.7 Zusammenspiel von Qt-Dateien, Kompiler und Quellcode

18.7.1 Qt-Features

Qt führt eine Reihe von Features ein, die im Standard von C++ nicht enthalten sind. Der Grund dafür liegt in der geringen Flexibilität von C++ in bestimmten Problembereichen. Nach Meinung der Qt-Entwickler ist C++ zwar sehr schnell, die Entwicklung grafischer Benutzerschnittstellen bringt jedoch zahlreiche Probleme mit sich, die mit dem Standard C++ nicht einfach gelöst werden können. In Qt wird daher versucht, die Geschwindigkeit von C++ mit der Flexibilität des Qt-Modells zu vereinen. Das Qt-Modell beginnt mit der Basisklasse QObject. Alle Objekte, die Qt-Features nutzen, erben von dieser Basisklasse. Zum Beispiel sind Buttons, Widgets und Dialoge abgeleitete Klassen vom Typ QObject, siehe Abb. 18.7.

Klassen, die das Meta-Object-System nutzen wollen, das u. a. für komplexe Mechanismen wie die Kommunikation zwischen Qt-Objekten zuständig ist, müssen das Makro Q_Object im privaten Teil der Klasse definieren. Dieses Qt-Makro wird benötigt, um dem Meta-Object-Compiler (MOC) mitzuteilen, dass das Meta-Object-System in dieser Klasse benötigt wird. Der MOC durchsucht den Quellcode nach diesem Makro und erstellt bei Erfolg eine neue Quellcode-Datei mit dem Meta-Object-Quellcode für die jeweilige Klasse. Der generierte Quellcode wird dann kompiliert und zusammen mit dem normal kompilierten Quellcode beim späteren Linken zusammengeführt. Ältere Qt-Versionen gehen von einem Single-Thread-

System für die Qt-Anwendung aus. Mittlerweile gibt es aber auch ein `QThread`-Objekt, mit dem man MultiThread-Grafikanwendungen implementieren kann.

18.7.2 Signale und Slots

Wenn in einem HMI-Programm ein Ereignis eintritt, z. B. die Änderung eines GUI-Elements, so ist es oft notwendig, dass auch andere Objekte davon in Kenntnis gesetzt werden. In vielen Frameworks werden für diesen Zweck Callbacks genutzt. Ein Callback ist ein Zeiger auf eine Funktion. Wenn ein GUI-Element zum Beispiel ein anderes über eine Änderung informieren soll, so wird dem ersten GUI-Element ein Zeiger auf eine Funktion des zweiten übergeben. Tritt eine Änderung beim ersten ein, wird der Callback, also die Funktion im zweiten GUI-Element, ausgeführt. In Qt werden Callback-Funktionen durch Signale und Slots ersetzt. Dies hat zwei wesentliche Gründe.

Zum einen sind Callbacks nicht typsicher, d. h. es kann nicht mit Sicherheit davon ausgegangen werden, dass eine Funktion immer mit den richtigen Argumenten aufgerufen wird. In Qt wird dieses Problem durch den zusätzlich generierten Quellcode gelöst. Der Compiler meldet einen Fehler, wenn Signal und Slot nicht zusammenpassen.

Zum anderen ist die Vorgehensweise, Zeiger auf Funktionen zu verwenden, gelegentlich riskant. Wird die Instanz bzw. das Objekt zerstört, in dem die Funktion bzw. das entsprechende Code-Segment enthalten ist, zeigt der Zeiger ins Leere. Qt löst dieses Problem, indem es die Verbindung zwischen zwei Objekten automatisch aufhebt, sollte eines der beiden Objekte gelöscht werden. Jedes Qt-Objekt kann Signals und/oder Slots bereitstellen.

Die Kommunikation über Signal/Slots ist nur für Single- und Multi-Thread-Systeme vorgesehen. Laufen, wie in unseren Varianten, das embedded System und die HMI in verschiedenen Prozessen, so muss man die Kommunikation über die Prozessgrenze hinweg noch einmal umsetzen. Dafür gibt es gute Beispiele unter Verwendung des D-Bus'. Zum Beispiel nutzt man Events über Shared-Memory und Queues und erzeugt auf der anderen Seite aus den Events Signals, die in ihrer Thread-Umgebung dann Slots bedienen. Das folgende Beispiel zeigt die Verwendung von Signals und Slots anhand einer einfachen Klasse. Neu gegenüber normalem C++-Quellcode sind das Makro `Q_OBJECT` in Zeile vier und die Schlüsselwörter `slots` und `signals` in Zeile sieben und neun, die der MOC benötigt.

```
1 # include <QObject >
2 class MyClass : public QObject
3 {
4       Q_OBJECT
5       public :
6               MyClass () { m_value = 0;}
7       public slots :
8               void setValue (int value );
9       signals :
10              void valueChanged (int newValue );
```

18.7 HMI in Qt, Snippets   197

```
11      private :
12              int m_value ;
13   };
```

Listing 18.18 Signal und Slot Beispiel

Die gegebene Klasse bietet zum Beispiel ein Signal namens `valueChanged`. Qt-Objekte können nun auf dieses Signal reagieren, wenn sie einen passenden Slot aufweisen und das Signal mit dem Slot durch die Qt-Funktion `connect` verbunden wurde. Callback-Funktionen wie auch Signal-Slot-Mechanismen sind auf Multithread-Umgebungen beschränkt.

18.7.3 Ereignisse (Events) in Qt

Wie in den meisten GUI-Anwendungen werden Mausklicks, Tastatureingaben und System-Ereignisse auch in Qt durch Events behandelt. Wenn z. B. ein Dialog in seiner Größe verändert oder ein Mausklick an einer bestimmten Stelle in einem Fenster getätigt wird, löst dies ein solches Ereignis aus. Jede Qt-Anwendung hat eine Ereignisschleife, die Ereignisse verteilt. Qt unterscheidet drei verschiedene Arten bzw. Quellen von Ereignissen:

- Spontaneous-Events werden vom Window-System erzeugt, in einer System-Queue gespeichert und von der Qt-Ereignisschleife abgearbeitet.
- Posted-Events werden von Qt oder von der Applikation selbst erzeugt und in eine interne Queue eingereiht, die später von der Ereignisschleife verarbeitet werden. Ereignisse werden optimiert abgearbeitet, werden z. B. mehrere `update()`-Ereignisse hintereinander ausgelöst, wird nur ein einziges `update()` ausgeführt.
- Sent-Events werden von Qt oder von der Applikation erzeugt, aber direkt an das Ziel-Qt-Objekt geschickt. Alle Qt-Objekte, genauer die Instanzen von `Q_Object` (und dessen Unterklassen), können Ereignisse empfangen und darauf reagieren. Ereignisse haben die Basisklasse `QEvent`, von der alle Ereignisarten abgeleitet werden (z. B. QKeyEvent für Tastatureingaben).

Wenn Qt ein Ereignis (z. B. Tasteneingabe) auslöst, ruft es die Methode

`QApplication::notify(QObject* Receiver, QEvent* Event)`

auf. Diese Methode ist als virtuelle Methode in der Klasse QCoreApplication enthalten. Es ist die einzige Möglichkeit, alle Ereignisse einer Qt-Applikation abzufangen, bevor sie an Event-Filter oder Event-Handler weitergereicht werden. Event-Filter können in jedem QObject angelegt werden und sind dazu gedacht, bestimmte Ereignisse abzufangen, bevor sie am eigentlichen Event-Handler ankommen. Ereignisse werden solange weitergereicht, bis es keine übergeordnete Klasse mehr gibt oder das Ereignis verarbeitet wurde. Weitere Informationen zur Ereignisverwaltung in Qt gibt es in der Qt-Dokumentation. Die Hauptereignisschleife einer Qt-Applikation kann auch durch eine eigene Implementierung der abstrakten Klasse

`QAbstractEventDispatcher`

ersetzt werden. In der Literatur finden sich dazu jedoch nur wenige Beispiele. An dieser Stelle sei auf die Qt-Dokumentation verwiesen, die die Struktur und Funktionsweise der Klasse beschreibt.

18.7.4 UI-Entwicklung

Für Qt gibt es zahlreiche Möglichkeiten, UIs zu erstellen und einzubinden. Um einen Überblick zu erhalten, seien diese im Folgenden kurz erklärt. Eine genauere Beschreibung bietet die Qt-Dokumentation mit zahlreichen Beispielen und Tutorials zu diesem Thema. Für GUI-Oberflächen in Qt-Applikationen gibt es einen grafischen Editor namens QtDesigner. Oberflächen, die mit dem QtDesigner erstellt wurden, werden in einem XML-Schema als UI-Datei abgespeichert. Mit dem User-Interface-Compiler (kurz: UIC) wird Quellcode auf der Grundlage der UI-Dateien erzeugt. Die Header-Dateien enthalten generierten Quellcode, in dem die einzelnen GUI-Elemente erzeugt und initialisiert werden. Mit dem QtDesigner können auch Signals und Slots verbunden werden. Außerdem werden die Deklarationen hierfür generiert. Des Weiteren können UI-Dateien zur Laufzeit geladen werden. Die UI-Datei wird dabei geladen und interpretiert. Durch eine systematische Benennung der einzelnen GUI-Elemente können die Elemente später im Quellcode angesprochen werden. Eine weitere Möglichkeit der UI-Erzeugung ist die Verwendung von QScript, ein Modul, mit dem Skripte nach ECMA-Skript Standard zur Laufzeit interpretiert werden können.

18.7.5 Anbindung einer GUI an eigene Applikationen

Wir kommen zurück auf das Ausgangsproblem: Wie kann auf einfachem Weg eine Bedienoberfläche zu einer existierenden technischen Applikation in einem eigenen existierenden Framework implementiert und angebunden werden. Es wird davon ausgegangen, dass die HMI eine eigenständige Applikations-Komponente ist und alle Benutzereingaben an diese Komponente gesendet werden. Diese Komponente hat einen Main-Thread, der Nachrichten senden und empfangen kann. Weiterhin kann es einen oder mehrere weitere Threads geben, die z. B. die grafische Ausgabe oder ähnliche Aufgaben übernehmen können. GUI-Module können in unterschiedlichen Varianten in das Framework integriert werden, die sich in der Aufgabenverteilung unterscheiden. Die verschiedenen Varianten werden im Folgenden beschrieben und erläutert.

18.7 HMI in Qt, Snippets

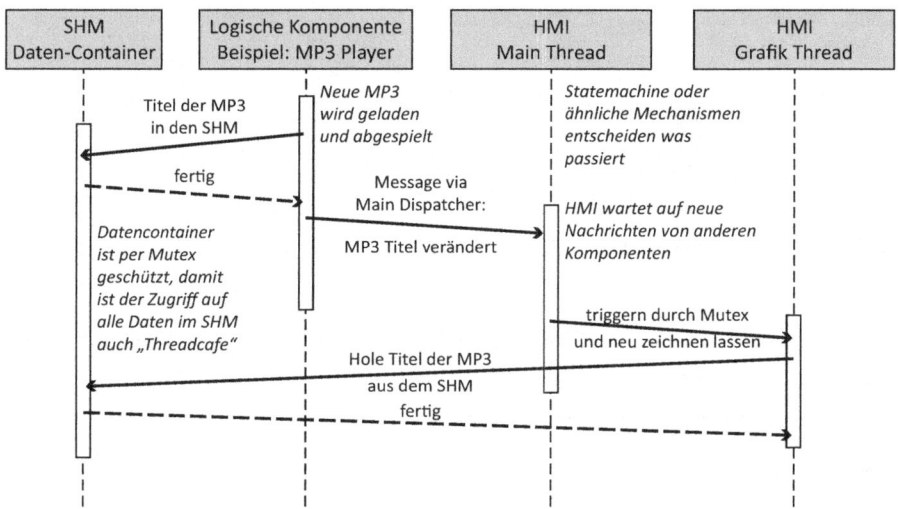

Abb. 18.8 Zusammenspiel zwischen Framework und Grafik-Thread

18.7.6 Variante 1 in Qt

In der ersten Variante besteht die HMI-Komponente aus zwei Threads, dem Main-Thread, den wir zum embedded System zählen, und einem Grafik-Thread. Im Main-Thread wird die Kommunikation des embedded Systems gehandhabt, d. h. alle Eingaben, die ein Benutzer tätigt, kommen hier an. Die Grafik bindet er an, indem er Daten in Container im Shared-Memory legt und/oder Events versendet, siehe Abb. 18.8. Für größere Implementierungen gibt es ein gut geeignetes Konzept der Ist- und Soll-Datencontainer, dies kann in [Wie Tra] nachgelesen werden. Beschränkt man das System auf eine Multithread-Version, kann statt des Shared-Memories auch ein Bereich des Heaps verwendet werden. Diese Lösung wäre dann aber weniger universal.

Der Grafik-Thread wird dazu genutzt, Daten aus dem Shared-Memory zu holen und für den Benutzer grafisch auszugeben bzw. die GUI zu zeichnen. Wird Qt nur zur grafischen Darstellung genutzt, wie in Variante 1 beschrieben, kann die Kontrolle der Hauptereignisschleife durch das embedded Framework übernommen werden. Die Voraussetzung dafür ist jedoch, dass in Qt ausschließlich GUI-Elemente erzeugt, verändert und dargestellt werden. Sobald in Qt Ereignisse generiert werden, deren Ursprung nicht auf das embedded Framework zurückzuführen sind, kann es zu Problemen mit der grafischen Oberfläche kommen. Wenn beispielsweise von Qt der Text eines Steuerelements aktualisiert wird, würde das daraus folgende Update-Ereignis keine Wirkung zeigen, weil der Qt-Thread schläft. Ereignisse werden in diesem Fall nicht ausgeliefert, sondern zwischengespeichert, bis sie beim nächsten Aufruf der Grafik abgearbeitet werden können. Im ersten Prototyp werden einzelne GUI-Elemente direkt im Quellcode deklariert und erzeugt. Ein typisches Beispiel,

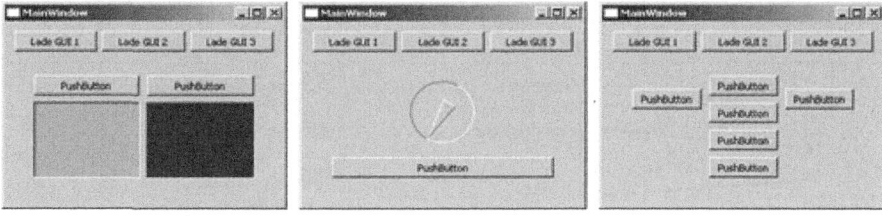

Abb. 18.9 Prototyp: QtGUIDynamicLoader, v.l.n.r.: GUI 1-3

das auch immer wieder in der Literatur [Bla] gezeigt wird, ist in folgendem Listing zu sehen.

```
1 # include <QApplication >
2 # include <QPushButton >
3 int main (int argc , char * argv [])
4 {
5 QApplication app (argc , argv );
6 QPushButton * myButton = new QPushButton (" Button To Quit ");
7 QObject :: connect ( myButton ,
                    SIGNAL ( clicked ()),
                    &app , SLOT ( quit ())));
8 myButton -> show ();
9 return app. exec ();
```

Listing 18.19 Beispiel Qt-GUI

In Zeile eins und zwei werden die benötigten Header-Dateien eingebunden. In Zeile fünf wird das Application-Objekt angelegt, das für grafische Anwendungen in Qt benötigt wird und Ressourcen der Applikation verwaltet. In Zeile sechs wird eine Schaltfläche (engl.: button) mit der Beschriftung `Button To Quit` erzeugt. Zeile sieben verbindet das Signal `clicked` des Buttons mit dem Slot `quit` der Applikation. Ein Klick auf den Button beendet so die Applikation. In der Zeile acht wird der Button grafisch dargestellt. In Qt muss ein GUI-Element nicht zwangsläufig einer GUI-Oberfläche, z. B. einem Dialog oder einem Fenster, zugewiesen werden. Wird kein Dialog bzw. Fenster vorgegeben, so wird das entsprechende GUI-Element selbst zum Fenster. In Zeile neun startet schließlich die Hauptereignisschleife von Qt. Für diesen Prototyp wird die grafische Oberfläche zunächst mithilfe des Qt-Designers gestaltet, siehe Abb. 18.9.

Die Oberfläche wird in einer Qt-UI-Datei abgespeichert, in der die GUI-Elemente im XML-Format verwaltet werden. UI-Dateien können auf unterschiedliche Weise eingebunden werden. Standardmäßig werden UI-Dateien mit dem UIC in Quellcode-Dateien umgewandelt, in denen die Steuerelemente erstellt und initialisiert werden. Das dynamische Laden und Interpretieren von UI-Dateien ist in dem Prototyp `QtGUIDynamicLoader` implementiert. In der Abb. 18.9 ist der Prototyp in drei unterschiedlichen Zuständen zu sehen.

Durch die drei Buttons auf dem Hauptdialog können drei unterschiedliche grafische Oberflächen geladen werden. Das folgende Listing zeigt, wie eine einfache

18.7 HMI in Qt, Snippets

Implementierung dieser Variante in der HMI-Komponente aussehen könnte. Sie unterscheidet sich nur geringfügig von anderen Implementierungen, in denen z. B. OpenGL eingesetzt wird. Daher wird auf eine detaillierte Beschreibung dieser Variante und eine konkrete Implementierung verzichtet.

```
void CHmiComponent :: run ( void )
{
  QApplication QtApp (argc , argv );
  mQt = qApp ; // Makro gibt Addresse der Qt - Applikation zurück
  mQtMainWindow = new MainWindow (); // Neues Fenster erzeugen
  mQtMainWindow -> setWindowTitle (" TestFenster ");
  mQtMainWindow -> show ();

  while ( true )
  {
    mQt -> processEvents (QEventLoop::AllEvents);
    //Qt-Ereignisse abarbeiten
    mDispatcher.dispatch(true); // Block. bis Nachricht eintrifft
  }
}
// Nachricht von ICM - Framework
void CHmiComponent :: handleMessage ( const CMessage & msg )
{ // Ändere die GUI ({\zb} den Titel des Fensters ändern ):
  mQtMainWindow->
    setWindowTitle(" Nachricht empfangen"+ QString (msg.getOpcode()));
}
```

Listing 18.20 Beispiel: Qt und Variante 1

18.7.7 Variante 2 in Qt

Im Folgenden wird Qt als GUI-Modul eingesetzt. Die Qt-Applikation verwaltet alle Zustände des Systems in einer Qt-eigenen Zustandsmaschine. Außerdem wird die grafische Oberfläche durch Qt gezeichnet. Nutzt das embedded System zusätzlich ein eigenes Event-System oder Framework, so muss der Main-Thread alle Nachrichten ohne Ausnahme an die Qt-Maschine weiterleiten. Dazu müssen die Nachrichten des Applikations-Frameworks in Qt-spezifische Nachrichten umgewandelt werden. Dies wird als Event-Mapping bezeichnet, siehe Abb. 18.10.

Die grafische Oberfläche und sämtliche GUI-Elemente sind als Qt-Widgets realisiert. Die HMI wird wieder in einen HMI-Thread der embedded Seite und in einen Qt-Thread aufgeteilt.

Der HMI-Mainthread (Klasse: `CHmiComponent`) empfängt Nachrichten des embedded Frameworks und führt ein Event-Mapping durch. Damit dies möglich wird, wird die Schnittstelle `IMessageHandler` implementiert. Beim Event-Mapping werden Ereignisse des embedded Frameworks in Qt-Ereignisse umgewandelt. Beispielsweise werden Benutzereingaben von der Tastatur, die von der Input-Komponente an die HMI geschickt werden, in Key-Events (Qt-Klasse: `QKeyEvent` abgeleitet von `QEvent`) umgewandelt. Innerhalb der Qt-Applikation können so die

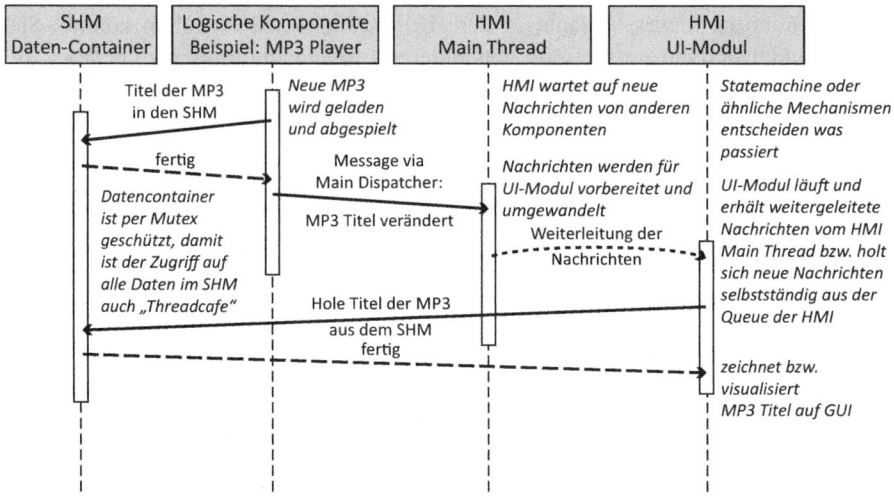

Abb. 18.10 Prototyp: Event-Mapping

normalen Ereignis-Funktionen genutzt werden, ohne dass spezielle Anpassungen notwendig sind.

Spezielle Ereignisse des embedded Framework, wie z. B. Update-Ereignisse einer logischen Komponente, werden in benutzerdefinierte Qt-Ereignisse umgewandelt. Dafür wurde ein neuer Ereignis-Typ namens CEFtoQtEvent von der Klasse QEvent abgeleitet. Intern erhält der neue Ereignis-Typ die Nummer QEvent::User+1. Alle Nummern, die kleiner als diese sind, werden für Qt-interne Ereignisse reserviert.

Nach dem Event-Mapping wird das neue Qt-Ereignis der Qt-Hauptereignisschleife hinzugefügt. Dazu wird die Methode postEvent(QObject*, QEvent*) der Qt-Applikations-Klasse QApplication genutzt. Sobald ein Ereignis übergeben wurde, kümmert sich Qt selbst um die Weiterleitung an die entsprechenden Ziel-Objekte. Um ein sofortiges Abarbeiten aller anstehenden Ereignisse in Qt anzustoßen, wird direkt nach dem Hinzufügen die Methode sendPostedEvents() aufgerufen. Beide Methoden sind threadsafe, so dass konkurrierende Zugriffe unterschiedlicher Threads problemlos funktionieren. Der Qt-Thread erzeugt eine Qt-Applikation und startet dessen Hauptereignisschleife. Diese wird ausgeführt, bis die Qt-Applikation durch ein Signal oder Ereignis beendet wird. Der Qt-Thread hat daher keine weiteren Aufgaben.

Das folgende Beispiel zeigt die Umsetzung des Event-Mappings für einen Beschleunigungssensor. Dieser Sensor liefert Beschleunigungswerte in Form von float-Werten. Diese Werte werden von einer seriellen Schnittstelle gelesen, anschließend verarbeitet und zur Visualisierung als Event an eine Qt-Applikation gesendet. Zunächst werden hierzu die Events des embedded Frameworks an die Qt-Applikation gesendet, anschließend das Event-Mapping durchgeführt und letztendlich das jeweilige Qt-Event in die Eventqueue der Qt-Applikation eingefügt.

18.7 HMI in Qt, Snippets

Dieses Event führt schließlich dazu, dass die Oberfläche entsprechend aktualisiert wird.

Die folgende Methode initialisiert die HMI-Komponente. Da die Qt-Event-Queue blockiert, muss sie in einem eigenen Thread laufen, welcher hier erzeugt und gestartet wird.

```
void CHmiComponent::init()
{
    mHmiEventLoop = new CQtEventLoop(mContext);
    static CThread mCQtEventLoopThread(*mCQtEventLoop, "CQtEventLoop",
            1000000, CThread::PRIORITY_NORM, CContext::QT_AFFINITY, false);
    mCQtEventLoopThread.start();
}
```

Listing 18.21 Variante 2, Initialisierung

Diese Methode übersetzt den für das GSensor-Widget wichtigen Teil der CMessages in Qt-Events und sendet diese Events an die Qt-Applikation.

```
void CHmiComponent::cMessageToQtEventMapper(const CMessage &msg)
{
    CEFtoQtEvent* myEvent = new CEFtoQtEvent();
    myEvent->setValue1(msg.getGValue1());
    myEvent->setValue2(msg.getGValue2());
    myEvent->setValue3(msg.getGValue3());
    myEvent->setTimeValue(msg.getGTimeValue());
    w = this->mCQtEventLoop->getQMainWindow()->getMainWidget();
    QApplication::postEvent(w, myEvent);
}
```

Listing 18.22 Variante 2, Event-Mapping

Im Folgenden wird gezeigt, wie ein benutzerdefiniertes Qt-Ereignis implementiert werden kann:

```
/*
 * Dieses Ereignis wird von QEvent abgeleitet und erhält die interne
 * Nummer Qevent::User+1
 */
CEFtoQtEvent::CEFtoQtEvent() : QEvent(QEvent::Type(QEvent::User+1)) {}

Int32 CEFtoQtEvent::getTimeValue() const
{
    return gTimeValue;
}

float CEFtoQtEvent::getValue1() const
{
    return gValue1;
}

...
```

```
void CQtGSensorEvent::setTimeValue(Int32 gTimeValue)
{
    this->gTimeValue = gTimeValue;
}

void CQtGSensorEvent::setValue1(float gValue1)
{
    this->gValue1 = gValue1;
}
```

Listing 18.23 Variante 2, Benutzer-QT-Event

Die folgende Methode initialisiert die Qt-Event-Loop-Komponente. Diese Komponente erzeugt die QApplication und das Hauptfenster für den G-Sensor. Die QApplication beinhaltet die Event-Queue dieser Qt-Anwendung. Das `gsensor`-Objekt beinhaltet die Qt-Widgets, die für die Anzeige des Beschleunigungssensors verwendet werden.

```
void CQtEventLoop::init()
{
    int argc = 2;
    char *argv[argc];
    argv[1] = "-qws";
    QApplication a(argc, argv);
    GSensor* gsensor = new GSensor();
    mw->setMainWidget(gsensor);
    m->showFullScreen();
    a.exec();
}
```

Listing 18.24 Variante 2, Qt-Event-Loop

Die Komponente `GSensor` ist von `QWidget` abgeleitet und dient der grafischen Darstellung des Beschleunigungssensors in Qt. Diese Methode muss innerhalb des entsprechenden QWidgets implementiert werden, um das Benutzer-Event verarbeiten zu können. Wenn ein Event vom Typ `Qevent::User+1` an dieses QWidget gesendet wird, so wird die Methode `setGValue()` mit den im Event enthaltenen Beschleunigungswerten aufgerufen. Die Methode `setGValue()` aktualisiert die Oberfläche mit den neuen Werten.

```
void GSensor::customEvent(QEvent *event)
{
    if (event->type() == QEvent::Type(QEvent::User + 1))
    {
        CQtGSensorEvent *myEvent = static_cast<CQtGSensorEvent *> (event);
        setGValue(myEvent->getValue1(), myEvent->getValue2());
    }
}
```

Listing 18.25 Variante 2, Verarbeitung des Customized-Events

18.7.7.1 Benutzerdefinierte Ereignisse und Zustandsmaschinen

Wenn Zustandsmaschinen innerhalb der Qt-Applikation genutzt werden, ist eine Anpassung der Applikation notwendig. Zustandsmaschinen werden mit der Qt-Klasse QStatemachine implementiert und haben eine eigene interne Ereignisschleife. Diese Ereignisschleife verarbeitet Standard-Qt-Ereignisse, jedoch keine benutzerdefinierten Ereignisse, wie z. B. CEFtoQtEvent. Um dieses Problem zu lösen, wird ein Workaround gebraucht, der benutzerdefinierte Ereignisse aus der Hauptereignisschleife von Qt in die Ereignisschleife der Zustandsmaschine kopiert. Ereignisse aus der Hauptereignisschleife werden mithilfe einer Re-Implementierung des Event-Handlers event(QEvent*) empfangen. Um benutzerdefinierte Ereignisse für Zustandswechsel in der Zustandsmaschine nutzen zu können, musste außerdem die Klasse

QEFtoQtEventTransition,

abgeleitet von der Klasse QAbstractTransition, implementiert werden. In der derzeitigen Implementierung wird das Attribut Opcode der Klasse CMessage für einen internen Vergleich mit eintreffenden Ereignissen genutzt, ausführliche Implementierungen siehe [Hol].

18.7.7.2 Kommunikation innerhalb der HMI

Die Kommunikation zwischen der TestText-Komponente und der HMI-Komponente sowie die interne Kommunikation zwischen HMI-Mainthread und Qt-Thread werden in dem folgenden Sequenzdiagramm (Abb. 18.11) noch einmal dargestellt.

Das Beispiel zeigt, wie eine Tastatureingabe einen Übergang in der Zustandsmaschine der Test-Applikation auslöst. Dadurch wird eine Nachricht an eine Komponente geschickt, die wiederum eine Aktualisierungs-Nachricht an die HMI schickt. Die HMI leitet diese als benutzerdefiniertes Qt-Ereignis an die Test-Applikation weiter. Infolgedessen wird ein Text auf der grafischen Oberfläche aktualisiert.

18.7.8 Variante 3 in Qt

Variante drei ist eine Mischung aus Variante eins und zwei. Ein mögliches Beispiel könnte wie folgt sein. Während die Zustände des Systems im Main-Thread verwaltet werden, werden die Zustände der Darstellung innerhalb des UI-Moduls verwaltet. Insbesondere bei der Verwendung von HTML/JavaScript als Darstellungsschicht mit QWebView als QtWidget hätte dies Vorteile. Die HMI muss kein komplett neues HTML-Dokument generieren, wenn sich z. B. eine Grafik auf der grafischen Oberfläche geändert hat. Stattdessen kann per JavaScript-Funktion eine Anweisung erteilt werden, die die Änderung der Grafik auslöst. Diese Vorgehensweise ist auch beim Realisieren von Animationen sinnvoll, wenn z. B. eine neue Oberfläche ein-

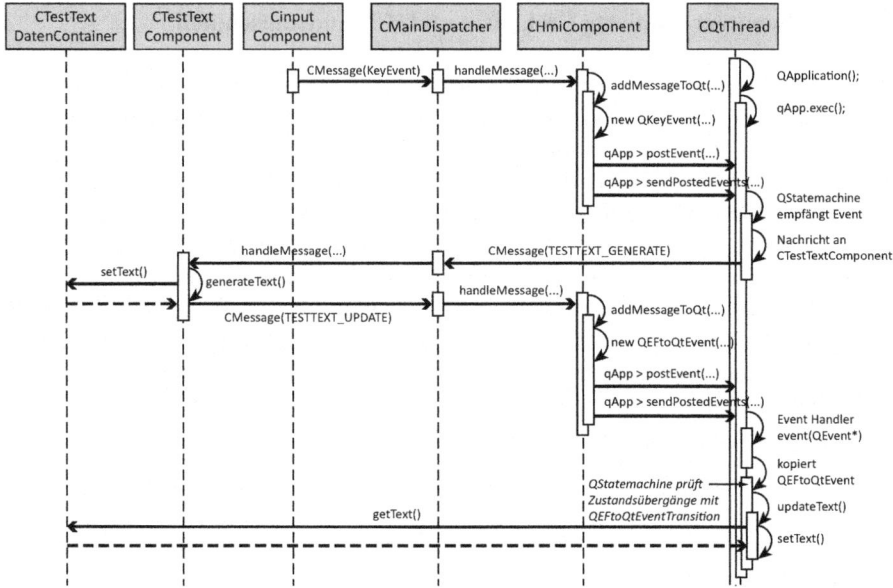

Abb. 18.11 Prototyp: HMI-Kommunikation

geblendet werden soll bzw. ein Menüwechsel stattfindet. Jedoch werden an diesem Beispiel auch gleich einige Probleme sichtbar. So muss der zusätzliche Kommunikationsaufwand berücksichtigt werden, der zwischen den beiden Threads entsteht. Dieser wird nötig, um zum Beispiel zu überprüfen, ob eine Grafik erfolgreich geladen wurde oder nicht bzw. ob eine Animation beendet ist oder nicht. Näheres findet sich unter [Hol].

Kapitel 19
Java für Embedded Systeme

Die Programmiersprache Java wird zunehmend auch für embedded Systeme eingesetzt. Sie ist leichter zu erlernen und zu beherrschen als C/C++ und die Produktivität der Entwickler ist höher. Zudem verspricht sie eine bessere Plattformunabhängigkeit.

19.1 Grafik

Mit AWT, Swing und SWT werden Bibliotheken zur Verfügung gestellt, die auch das effiziente Erstellen von GUI-Komponenten erleichtern. Das AWT (Abstract Window Toolkit) bietet Primitiv-Funktionen zum Zeichnen, eine Ereignisbehandlung und einen Satz von GUI-Komponenten an. Es bedient sich dabei sogenannter Peer-Klassen, die dann auf vorhandenen Betriebssystemfunktionen aufsetzen, siehe auch [Ull]. Damit wird die Plattformunabhängigkeit allerdings wieder eingeschränkt.

Swing ist der Populärname der „Java Foundation Classes", die AWT um viele Widgets erweitern und so den Gedanken der schnellen GUI-Erstellung unterstützen. Swing ist zudem leichtgewichtiger als AWT.

Das Standard Widget Toolkit (SWT) ist ursprünglich eine Eigenentwicklung von IBM, welche nun unter einer Open-Source-Lizenz steht. Mithilfe eines später zu besprechenden nativen Interfaces JNI nutzt SWT die Betriebssystemfunktionen, um Widgets darzustellen. Es ist dadurch flexibler als AWT und schneller als Swing.

19.1.1 Performance-Überlegungen

Bekanntlich ist ein wesentliches Merkmal von Java, dass das kompilierte Programm nicht direkt auf dem Plattform-Prozessor ausgeführt wird, sondern unter einer standardisierten virtuellen Maschine, der Java-Virtual-Machine (JVM), auf der der vorher kompilierte Bytecode interpretiert wird. Das Interpretieren des Bytecodes erfordert naturgemäß mehr Performance oder braucht mehr Laufzeit als ein kompiliertes Pendant. Mittlerweile gibt es allerding auch just-in-time-Compiler (JIT), die einen Faktor von 10-30 erzielen können. Allerdings sind sie jeweils für unterschiedliche OS ausgelegt, womit die universelle und unbesehene Portierbarkeit eingeschränkt wird. Weiterhin beachtet Java das Sandbox-Prinzip, so dass direkte Zugriffe auf Speicher oder Hardware verhindert werden. Ein weiteres, besonders im automotiven Umfeld zu beachtendes Thema ist die Startzeit. Die VM braucht mit heutigen Prozessoren und voller Zuteilung 5-10 Sekunden zum Starten. Dazu kommt dann noch die Zeit für das Starten eines Java-Frameworks, das wegen der durchweg dynamischen Objekte noch einige Sekunden zusätzlich braucht.

19.1.2 Garbage-Collection

Eine Eigenschaft von Java, welche das fehlerfreie Programmieren erleichtern soll, ist das Fehlen einer `delete()`-Funktion. Es ist nicht möglich, ein einmal angelegtes Objekt explizit zu löschen. Für das Löschen eines Objekts ist der Garbage-Collector (GC) zuständig. Der Garbage-Collector gibt den Speicher eines Objekts wieder frei, wenn keine Referenz auf das Objekt mehr vorhanden ist. Dazu muss er alle Objekte auf noch vorhandene Referenzen untersuchen oder die Referenzen mitführen. Dies kann die Leistungsfähigkeit eines Systems beeinträchtigen und wird deshalb auch gern als Argument gegen Java aufgeführt. Moderne JVMs besitzen verschiedene Verfahren, um zu verhindern, dass der GC die Performance eines Programmes übermäßig negativ beeinflusst. Es gibt unterschiedliche Ausprägungen des Garbage-Collectors, das Grundkonzept ist aber bei nahezu allen gleich. Ist für ein neues Objekt nicht genügend Speicher auf dem Heap frei, übernimmt der Thread, welcher den Speicher angefordert hat, die Kontrolle und führt den GC aus. Dazu werden alle Threads gestoppt. Dies wird deshalb auch Stop-The-World-Collection (STW) genannt. GC wird in drei Phasen ausgeführt, welche Mark, Sweep und Compaction heißen.

Die erste Phase ist die Mark-Phase, in der alle erreichbaren Objekte markiert werden. Dazu wird auf dem Stack nach Objektreferenzen gesucht. Die gefundenen Objektreferenzen werden rekursiv nach weiteren Objekten durchsucht. Jeder so auf dem Heap gefundene Speicherbereich wird in einem sogenannten Mark-Bitvektor als referenziert markiert.

Objekte, welche nach dieser Phase nicht markiert sind, werden auch nicht mehr referenziert und können gelöscht werden. In der Sweep-Phase wird nach derartigen Speicherbereichen gesucht, welche allokiert sind, aber nicht markiert wurden. Diese Speicherbereiche werden dann als frei markiert.

Nach der Sweep-Phase ist der Speicher fragmentiert und wird anschließend in der Compaction-Phase wieder defragmentiert. Diese Phase kostet sehr viel Zeit, da Objekte verschoben und danach alle Referenzen auf die neuen Objekte geändert werden müssen. Aus diesem Grund wird die Compaction-Phase nur ausgeführt, wenn nach der Sweep-Phase immer noch nicht ausreichend Platz auf dem Heap ist. Ist selbst nach der Compaction-Phase der Platz auf dem Heap noch nicht ausreichend, so wird je nach Strategie und Einstellungen der Heap vergrößert.

19.1.2.1 Optimieren der Garbage-Collection

Ein GC-Lauf kann unter Umständen sehr viel Zeit in Anspruch nehmen. Man versucht deshalb, einen solchen GC-Lauf möglichst zu verhindern oder zu beschleunigen. Der erste Gedanke ist oft, die Garbage-Collection auszuschalten und nur bei Bedarf selbst auszuführen. Es ist aber bei keiner der bekannten JVMs möglich, GC auszuschalten. Auch das vorzeitige Initiieren eines GC-Laufes, wenn gerade keine kritischen Operationen anstehen, ist nicht empfehlenswert. Das Ausführen der Funktion System.gc() ist für solche Zwecke gedacht. Jedoch erzwingt diese Funktion einen GC-Lauf nicht, sondern empfiehlt ihn nur. Auch wird beim Ausführen der GC nach diesem Funktionsaufruf immer die Compaction-Phase ausgeführt, die sehr zeitaufwendig ist. Schließlich kann man bei interaktiven Systemen nie vorher sagen, ob in Kürze eine kritische Operation anstehen könnte. Die Mark- und Sweep-Phasen sind sehr effektiv und stören den Ablauf eines Programmes normalerweise nicht. Die Compaction-Phase sollte jedoch auf jeden Fall vermieden werden. Diese Phase kann besonders dann auftreten, wenn sehr große Objekte oder Arrays erstellt werden. Es kann also von Vorteil sein, diese aufzusplitten.

Neuere JVMs besitzen zwei GC-Methoden, welche die Verzögerung bei der GC verringern können. Der Parallel-Collector führt pro vorhandenem Prozessor einen GC-Thread aus. Dadurch kann GC auf Mehrprozessorsystemen erheblich beschleunigt werden. Der Concurrent-Collector von Suns VM kann einen Großteil der Mark- und Sweep-Phasen parallel zu den anderen Threads ausführen und muss nur am Beginn und am Ende der Mark-Phase eine Stop-The-World-Phase ausführen. Dadurch werden die Phasen, in denen das System steht, sehr klein und behindern das System nicht. Es gibt auch VMs, die ein Concurrent-Mark beherrschen, das im laufenden System nach unreferenzierten Objekten sucht und dadurch eine Mark-Phase bei einem GC überflüssig machen. Werden beim Starten eines Java-Programms viele Objekte angelegt, kann die Startzeit verringert werden, indem die minimale Heap-Größe erhöht wird.

19.2 Java-HMI Anbindung

Da Java eine plattformunabhängige Programmiersprache ist, kann man keine betriebssystemspezifischen Mechanismen für die Kommunikation mit anderen Prozessen nutzen. Im Folgenden werden die von Java unterstützten Methoden zur Inter-Prozess-Communication vorgestellt.

19.2.1 Sockets

Die eigentliche, von Sun für Java vorgesehene Methode zur IPC ist die Kommunikation über Network-Sockets. Diese Methode funktioniert wie bei anderen Programmiersprachen auch und soll hier nicht weiter erläutert werden. Es gibt verschiedene APIs, welche das Entwickeln von verteilten Anwendungen unter Java vereinfachen und auf Sockets aufsetzen. Dies sind zum Beispiel Remote-Method-Invocation (RMI) oder Soap und werden von Sun für IPC vorgeschlagen. Die Kommunikation über Network Sockets ist jedoch verhältnismäßig langsam.

19.2.2 Pipes

Eine weitere Methode, welche weniger Overhead produziert als Sockets, ist die Kommunikation über Pipes. Unter Java gibt es verschieden Möglichkeiten mithilfe von Pipes Daten zwischen Prozessen auszutauschen.

1. Wird das Java-Programm innerhalb einer Pipeline gestartet, so kann es mithilfe der System.in-Funktion die Ausgaben des in der Pipeline vorausgehenden Programmes einlesen bzw. mit System.out dem nachfolgenden Programmdaten übergeben. Jedoch funktioniert diese Pipe nur in eine Richtung und ist somit als Interprozesskommunikation ungeeignet.
2. Wird ein Prozess durch die Funktion Runtime.getRuntime().exec() gestartet, so kann die Ausgabe dieses Prozesses mit der Funktion getInputStream() gelesen werden.
3. Auf POSIX-kompatiblen Betriebssystemen ist es möglich, Named-Pipes zu nutzen. Dies funktioniert, da solche Pipes gegenüber der Anwendung als normale FileOutputStreams genutzt werden können. Das Anlegen einer Pipe ist unter Java leider nicht möglich, wodurch das Ausführen von externen Programmen oder nativem Code über Java-Native-Interface (JNI) notwendig wird, siehe Abschn. 19.2.5.

19.2.3 Marshalling für serielle IPC

Auch die Übertragung über Socket oder Pipe ist eine serielle Übertragung unter Verlust der Typisierung. Will man die Daten streamen, so müssen alle Elementardatentypen und alle nutzerdefinierten Daten- oder Event-Typen den Streaming-Operator implementieren. Dies ist besonders dann notwendig, wenn innerhalb eigener Datentypen Referenzen verwendet werden, die nachverfolgt werden müssen. Das Serialisierungskonzept in Java funktioniert allerdings nur innerhalb der Java-Welt. Weiter unten wird die JNI-Anbindung besprochen, in der dann die Übergabe serialisierter Daten oder die Serialisierung selbst in C++ stattfinden könnte. Ein Beispiel einer Serialisierung eines Strings in C++ folgt hier:

19.2 Java-HMI Anbindung

```
IOStream& operator<<( IOStream& stream, const CString& str)
{
   const UInt32 numOfBytes(str.mStrObj->size);
   stream << numOfBytes;
   (void)stream.write( reinterpret_cast<const UInt8*>(str.getBuffer()),
                       numOfBytes);
   return stream;
}

IIStream& operator>>( IIStream& stream, CString& str )
{
   // retrieve the length (in bytes) of the string
   UInt32 numOfBytes(0);
   stream >> numOfBytes;

   // use a local buffer so that a single read() suffices
   UInt8* buf = new UInt8[numOfBytes + 1];
   if(numOfBytes!=0)
   {
      (void)stream.read( buf, numOfBytes );
   }

   // append the terminating '\0'
   buf[numOfBytes] = '\0';

   // assign local buffer to string
   str = reinterpret_cast<const char*>(buf);

   delete [] buf;
   return stream;
}
```

Listing 19.1 Marshalling für serielle IPC

Alternativ kann über Shared-Memory kommuniziert werden.

19.2.4 Shared-Memory

Die Kommunikation zwischen einer HMI-Komponente in Java und einem embedded System in C++ kann über ein Shared-Memory erfolgen. Dies entspricht der in [Wie Tra] besprochenen C++ Architektur, in der für jede Komponente eines Systems ein Kontext im Shared-Memory angelegt wird, über den die Komponenten kommunizieren können. Innerhalb des Kontextes finden sich Queues und die notwendigen Synchronisierungsmittel. Innerhalb eines C++Frameworks kennt jede Komponente den Gesamtkontext und kann deshalb ohne Weiteres mit einer queue.add()-Funktion Nachrichten in Queues anderer Komponenten schreiben oder mit queue.get() Nachrichten der eigenen Queue lesen.

Die Kenntnis der Speicherbereiche ergibt sich aus der Erzeugung der Komponenten durch Verwendung der fork()-Funktion, bei der alle Adressen kopiert werden, auch die der vorher erzeugten Kontextbereiche. Alternativ können Named-Shared-Memory verwendet und die erforderlichen Adressen über Offsets berechnet werden.

Allerdings ist der direkte Zugriff auf gemeinsamen Speicher unter Java unmöglich. Es ist unter Java weder möglich, Shared-Memory anzulegen, noch auf bereits angelegten Speicher zuzugreifen. Da dies dem Grundgedanken einer Virtuellen-Maschine auch zuwiderlaufen würde, wird es solche Funktionen auch in Zukunft nicht geben. Man kann Shared-Memory jedoch indirekt nutzen, indem man das Java Native Interface (JNI) verwendet. Dafür wird eine native Bibliothek gebraucht, welche über JNI angesprochen wird, und welche die Zugriffe auf Kontexte bzw. Queues in C/C++ implementiert und die Adressen der Queues und der Synchronisationsmittel kennt.

Wenn in embedded Systemen Speicher bzw. Shared-Memory statisch und zur Compile-Zeit festgelegt wird, darf in der JNI-Library von einer festen und gleichen Lage und Größe der Objekte ausgegangen werden. Gegebenenfalls kann beim Anlegen des Shared-Memory das Mapping in den Speicher vorgegeben werden, statt es dem Betriebssystem zur Laufzeit zu überlassen. Die Queue-Objekte werden zunächst im C++-Framework angelegt und initialisiert und können anschließend von einer JNI-Library zugegriffen werden. Es ist zu beachten, dass die Objekte nur einmal initialisiert werden dürfen. Aus diesem Grund initialisiert die JNI-Library keine Objekte und muss immer nach dem C++-Framework gestartet werden. Ein einfaches Start-Skript kann dies sicherstellen.

19.2.5 JNI-Anbindung

Um C oder C++ Code aus einer Java-Anwendung heraus aufzurufen, kann die Java-Anwendung eine spezielle Shared-Library laden und darin enthaltene Funktionen ausführen, als wären es statische Java-Funktionen. Dies kann z. B. erforderlich sein, um schnelle C-Grafik aufzurufen, eine serielle Schnittstelle zu bedienen oder Audio-CDs zu lesen. Verallgemeinert wird dies immer dann benötigt, wenn auf die tatsächlichen Ressourcen des Computers zugegriffen werden soll oder wenn das Thema Performance kritisch ist. Dazu werden native Methoden aufgerufen, um die sich das Java-Native-Interface JNI kümmert. Mit dieser API können aus der JVM heraus plattformspezifische Funktionen verwendet werden. Umgekehrt können auch C-Programme über die Invocation-API auf Java-Programme zugreifen.

19.2.5.1 Beispielklasse

Eine Java JNI-Klasse, welche beispielsweise Funktionen aus einer Shared-Library importieren möchte, muss diese zu importierenden Funktionen prototypisch und mit dem Schlüsselwort `native` bekannt machen. Die Funktionen besitzen, wie abstrakte Methoden, keine Implementierung.

19.2 Java-HMI Anbindung

```
public class CMessageHandler
{
  public static native int initSharedMem (CMessage objMessage);
  public static native int getMessage ( CMessage objMessage );
  public static native int sendMessage( CMessage objMessage );
}
```

Listing 19.2 JNI-Funktionen get/send-Message()

Da es sich bei diesen Klassen um statische Funktionen handelt, ist es nicht notwendig, eine Instanz dieser Klasse anzulegen. Die Klassen werden in einer dynamisch ladbaren und mit speziellen Namenskonventionen versehenen Bibliothek gebunden. Das Laden der Shared-Libary sollte in einen statischen Initialisierungsblock erfolgen, da eine Library nur einmal geladen wird.

```
static
{
  System.loadLibrary ("MessageHandler");
}
```

Listing 19.3 Laden der notwendigen JNI-Library

Es ist zu beachten, dass der Name der Library nicht mit dem Dateinamen der Library übereinstimmt. Der Dateiname ist abhängig vom Betriebssystem und lautet auf POSIX-Systemen

```
<lib{Library-Name}.so>
```

und auf Win32-Systemen

```
<{Library-Name}.dll>
```

In diesem Zusammenhang kann die folgende Funktion nützlich sein, die den erwarteten Dateinamen der Library zurückgibt.

```
System.mapLibraryName("MessageHandler")
```

19.2.5.2 Java-Snippets

Im Folgenden sind zwei der drei Funktionen exemplarisch dargestellt, siehe auch [Bed], Details des ursprünglichen C++Frameworks können in [Wie Tra] nachgelesen werden. Zunächst die initSharedMem-Funktion der JNI-Library:

```
JNIEXPORT jint JNICALL Java_CMessageHandler_initSharedMem
( JNIEnv *env , jclass msgHandler, jobject message )
{
  CContext::createContexts ();
  // buffer often used Objects
  // jclass clsMessage
```

```
clsMessage = env -> GetObjectClass ( message );
mHMISystemQueuePtr = &CContext::getHMIContext().getSystemQueue();
mHMINormalQueuePtr = &CContext::getHMIContext().getNormalQueue();

mHMITriggerSemaphorePtr =
        &CContext::getHMIContext().getTriggerSemaphore();
mMainDispatcherQueue =
        &CContext::getMainDispatcherContext().getNormalQueue();
return 0;
}
```

Listing 19.4 Implementierung der JNI-InitSharedMem-Funktion

JNI repräsentiert ein Java-Objekt durch `jobject`. Um auf Attribute eines Java-Objekts zuzugreifen, müssen wir zunächst das die zugehörige Klasse repräsentierende Objekt per `GetObjectClass()` erfragen.

```
jclass cls = (*env)->GetObjectClass( env, obj );     // in C
jclass cls = env->GetObjectClass( obj );             // in C++
```

Listing 19.5 Erfragen der Klassendefinition

`obj` repräsentiert das Objekt, für das wir das Klassendefinitionsobjekt erfragen. In obigem Beispiel:

```
clsMessage = env -> GetObjectClass(message);         // in C++
```

Listing 19.6 Erfragen des CMessage Klassendefinitionsobjekts

In dem nachfolgenden Snippet kann dann mit `GetFieldID()` auf den Zeiger auf den Speicherplatz eines Feldes zugegriffen werden (ähnlich der Reflection). Hier wird zum Beispiel die Sender-ID des Objekts `Message` gesetzt oder gelesen.

```
jfieldID senderID   = env->GetFieldID(clsMessage, "sender", "I");
```

Listing 19.7 Schreibzugriff auf ein Objekt-Attribut

Das erste Argument ist der Zeiger auf das Klassendefinitionsobjekt, das zweite gibt den Namen der Variablen an (sender in der Klasse CMessage), und das letzte Argument kennzeichnet den Typ der Variablen. Das große I bezeichnet einen `int`. Mit einer Set- oder `GetIntField`-Funktion kann dann das Attribut gelesen oder geschrieben werden.

```
env -> SetIntField(message, senderID, mMessage.getSenderID());
                            //mMessage ist mein C++-Objekt

Folgende Signaturen und Funktionen stehen als set- und get-Funktionen
für die angegebenen Datentypen zur Verfügung:

Z             boolean                SetBooleanField()
```

19.2 Java-HMI Anbindung

```
B                  byte                SetByteField()
C                  char                SetCharField()
S                  short               SetShortField()
I                  int                 SetIntField()
J                  long                SetLongField()
F                  float               SetFloatField()
D                  double              SetDoubleField()
V                  void
LName              Objekttyp           SetObjectField()
[Typ               Feld mit Typ
```

Listing 19.8 Zugriff auf ein Attribut der Klasse eines Objekts, Signaturen

In der unten stehenden Funktion `getMessage()` ist die Funktionalität des Dispatchers, sowie die Konvertierung der C++-Nachricht in die Java-Nachricht implementiert.

```
JNIEXPORT jint JNICALL Java_CMessageHandler_getMessage
              ( JNIEnv *env ,jclass msgHandler ,jobject message )
{
   bool hasMessage = false ;
   // as long as the dispatcher is not interrupted
   // it will block if no message is available
   while ( false == hasMessage )
   {
      // try to get a system command
      hasMessage = mHMISystemQueuePtr -> getMessage( mMessage );
      if ( false == hasMessage )
      {
         hasMessage = mHMINormalQueuePtr -> getMessage( mMessage );
      }
      if ( true == hasMessage )
      {
         // a command has been found
         break ;
      }
      mHMITriggerSemaphorePtr -> take();
   }
   if ( true == hasMessage )
   {
      jfieldID senderID    = env->GetFieldID(clsMessage,"sender","I");
      jfieldID receiverID  = env->GetFieldID(clsMessage,"receiver","I");
      jfieldID opCode      = env->GetFieldID(clsMessage,"opCode","I");

      ...

      env ->SetIntField(message ,senderID, mMessage.getSenderID());
      env ->SetIntField(message ,receiverID ,mMessage.getReceiverID());
      env ->SetIntField(message ,opCode, mMessage.getOpcode());
      ...
      return 0;
   }
   return -1;
}
```

Listing 19.9 Dispatchen einer empfangenen C++-Nachricht nach Java

Beim Senden einer Nachricht wird diese in eine C++-Nachricht kopiert und wie im C++-Framework über die `add()`-Funktion der Main-Dispatcher-Queue verschickt.

Die folgenden zwei Snippets zeigen die Kommunikation zwischen JAVA und einem MOST-Treiber:

```
#include <jni.h>
#include "CMostIO.h"
#ifdef __cplusplus
    extern "C" {
#endif
CMostIO mostSender;
CMostIO mostReceiver;
MostMessage rMessage;
MostMessage sMessage;

/**
 * This library provides all Most related functions to the JFramework.
 */

/**
 * Initialize Most. One stream for sending and one for receiving.
 */
JNIEXPORT jint JNICALL Java_CMostDispatcher_initMost
  (JNIEnv *env, jclass)
{
        //Initialize Sender and Receiver
        int resultSender   = mostSender.init();
        int resultReceiver = mostReceiver.init();

        //return 1 if error
        if (!resultSender && !resultReceiver)
                return 0;
        else
                return 1;
}

/**
 * Get a message from most and relay it to Java.
 */
JNIEXPORT jint JNICALL Java_CMostDispatcher_getMostMessage
  (JNIEnv *env, jclass, jbyteArray message)
{
        UInt8 *data = (UInt8*) &rMessage;
        mostReceiver.getMessage(rMessage);
        jsize len = env->GetArrayLength(message);
        jbyte *body = env->GetByteArrayElements(message, 0);
        for (int i=0; i<len;i++)
        {
                body[i]=data[i];
        }
        env->ReleaseByteArrayElements(message, body, 0);
return 0;
}

/**
 * Get a message from Java and relay it to most.
 */
JNIEXPORT jint JNICALL Java_CMostDispatcher_sendMostMessage
  (JNIEnv *env, jclass, jbyteArray message)
{
        jsize len = env->GetArrayLength(message);
        UInt8 *data = (UInt8*) &sMessage;
        jbyte *body = env->GetByteArrayElements(message, 0);

        sMessage.senderType = body[0];
        sMessage.FBlockID = body[1];
        sMessage.Instance = body[2];
```

19.2 Java-HMI Anbindung

```
        sMessage.FkID = body[3] + (body[4] <<8);
        sMessage.OPType = body[5];
        sMessage.Length = body[6] + (body[7] <<8);

        for (int i=0; i<12;i++)
        {
                sMessage.data[i]=body[i+8];
        }
        env->ReleaseByteArrayElements(message, body, 0);
        mostSender.sendMessage(sMessage);
        return 0;
    }
}
#ifdef __cplusplus
}
#endif
```

Listing 19.10 Senden einer Java-Nachricht ins C++-Framework

Es gibt Generatoren (cxxwrap, SWIG), die aus C++ Header-Dateien Klassen für die Java-Seite und Delegates für die JNI-Seite erzeugen.

19.2.5.3 Kompilieren des Java-Codes

Zum Erstellen der Shared-Library wird eine Headerdatei benötigt, welche aus dem Java-Code generiert werden kann. Der Befehl

```
<javah classname>
```

aus dem JDK liest aus der Java-Klasse die Signatur und generiert daraus eine C/C++-Headerdatei, welche Prototypen für alle JNI-Funktionen der Klasse enthält. Auch ein Ant-Skript kann Verwendung finden. Anschließend wird die Header-Datei zum Beispiel in ein Library-Projekt unter Eclipse importiert und der Code implementiert. Welche Funktionen unter welchem erweiterten Namen benötigt werden, kann nochmal direkt in der Header-Datei angesehen werden. Die Methodennamen enthalten nun auch den Paketnamen und den Namen der Java-Klasse. Das Kompilieren von Hand funktioniert genau wie bei Programmen mit dem zusätzlichen Kommandozeilenparameter

```
_-shared_.
```

Ein Beispiel mit dem GNU-Compiler:

```
g++ -shared -o libMessageHandler.so CMessageHandler.cpp
```

Das folgende Beispiel zeigt, wie eine Bibliothek für QNX-Neutrino auf einem SH4-System kompiliert wird:

```
qcc -Vgcc\_ntoshle -lang-c++ -shared -o
    libMessageHandler.so CMessageHandler.cpp
```

Sollte beim Laden der Library eine Fehlermeldung erscheinen, welche auf _Unresolved Symbols_ verweist, kann durch Entfernen des Kommandozeilenparameters _-shared_ überprüft werden, welche Bibliotheken fehlen. Werden alle Bibliotheken gefunden, so sollte nur eine Fehlermeldung erscheinen, welche auf die fehlende main-Funktion verweist.

19.2.5.4 Deployment der Library

Die Library wird wie gewohnt unter dem Projektpfad im jeweiligen Target-Verzeichnis erstellt. Für unsere Zwecke (JNI) ist nur die Shared-Variante mit der Endung <.so> wichtig. Die Library muss auf dem jeweiligen Target in ein Verzeichnis kopiert werden, welches nach Libraries durchsucht wird. Dies ist auf POSIX-Systemen jeder Pfad, welcher in der Umgebungsvariablen LD_LIBRARY_PATH vorkommt sowie auf Win32-Systemen die Ordner

```
%SYSTEM%\system32
```

und der Startordner des ladenden Programms. Sollte die Bibliothek nicht gefunden werden, so kann der Pfad zur Bibliothek beim Starten von Java wie folgt angegeben werden:

```
java -Djava.library.path =
  <Pfad zur Bibliothek> <zu startende Klasse>.
```

19.2.5.5 Debugging

Zum Debugging muss die Shared-Library mit Debugging-Symbolen kompiliert werden. Zu erkennen ist sie an der Endung _g. Das Debuggen von optimiertem Code ist nahezu unmöglich. Aus diesem Grund sollte der _Optimization-Level_ auf _no optimize _ eingestellt werden. Die Variable CCFLAGS sollte wie folgend gesetzt sein (QNX):

```
CCFLAGS+=-Y _ecpp_ne -O0
```

Die Debug-Version der Library wird automatisch geladen, wenn die JVM im Debug-Modus (-Xdebug) gestartet wird.

19.2.6 Performance-Tipps

19.2.6.1 Native Methoden

Falls die Portabilität weniger wichtig ist, können native Methoden in C die Performance deutlich verbessern, siehe JNI. Dies wird gerne für ganze Grafikpakete genutzt.

19.2.6.2 Dynamischer Speicher

Obwohl Java ja von dynamischen Objekten lebt, sollte man in embedded Anwendungen auf den sparsamen Einsatz der Funktionen new() achten, da diese Fragmentierung und Garbage-Collection zur Folge haben. Wann immer möglich, sollten Objekte und Verweisvariablen (Referenzen) zu Beginn des Programmes einmalig angelegt und nicht mehr freigegeben werden.

19.2.6.3 Object-Pools

Wird von den Klassen oft instantiiert und die Objekte nur temporär gebraucht, sollte man die Objekte besser wiederverwenden als sie wegzuwerfen. In einem Object-Pool werden Objekte gleicher Klasse bevorratet. Wird ein Objekt gebraucht, wird es per Referenz übernommen, später an den Pool zurückgegeben. Object-Pools lassen sich auch nachträglich gut einführen, die Analyse der Speicherallokationen bestehender Systeme hilft, die lohnenswerten Stellen zu finden.

Beispielimplementierung

Objekte eines Pools müssen Referenzzähler haben. Die Klasse Poolable kapselt einen Zähler und dient als Basisklasse für wiederverwendbare Objekte:

```
public class PoolAble
{
  protected int mRefCounter = 0;
  synchronized void addRef()
  {
      mRefCounter++;
  }

  synchronized void  removeRef()
  {
      assert(mRefCounter > 0);
      mRefCounter--;
  }
}
// typesafe since Java 5 possible
interface IObjectFactory
{
  public PoolAble createObject();
}
public class ObjectPool
{
  private IObjectFactory mFactory;
  private PoolAble[] mStack;
  private int mSize;

  public ObjectPool(IObjectFactory f, int cap )
  {
      assert(cap > 0);
      mFactory = f;
      mStack = new PoolAble[cap];
  }
```

```
public synchronized PoolAble getObject()
{
        PoolAble obj;
        if (mSize == 0)
        {
                obj = mFactory.createObject();
        }
        else
        {
                obj = mStack[--mSize];
        }
        return obj;
}
public synchronized void freeObject(PoolAble obj)
{
        if (mSize < mStack.length)
        {
                mStack[mSize++] = obj;
        }
    }
}
```

Listing 19.11 Object-Pool

19.2.6.4 Setter und Getter

Die üblichen Setter- und Getter-Methoden für den Zugang zu privaten Daten sind nur für Elementardatentypen und String-Objekte sinnvoll. Für Objekte eigener Klassen führen sie gegebenenfalls zu unnötig viel dynamischer Erzeugung und späterem Löschen von Instanzen. Dies führt zu häufigerer Garbage-Collection. Besser ist es, z. B. einer Getter-Methode eine Referenz auf ein Objekt mitzugeben, das innerhalb der Getter-Methode mit den Werten gefüllt wird. Beispielsweise kann man statt der ersten Version die zweite Version mit dem Recycling-Prinzip verwenden.

```
Dimension getDimension()
{
     return new Dimension(w,h);
}
besser:
void getDimension(Dimension a)
{
   a.w = this.w; a.h = this.h;
}
```

Listing 19.12 Recycling von Objekten

19.2.6.5 Ungenutzte Methoden und Klassen

Während der Entwicklungsphase entstehen oft Methoden und Klassen, die am Ende tatsächlich nicht genutzt werden. Dies führt zwar zunächst nicht zu Per-

19.2 Java-HMI Anbindung

formanceproblemen, verbraucht aber unnötig Speicher, was wieder in frühzeitigem Garbage-Collection resultieren kann. Der Java-Compiler kann die ungenutzten Klassen und Methoden nicht löschen oder nicht beachten, da die dynamische Nutzung per Reflection nicht vorhersagbar ist. Per Inspektion oder mit Tools (z. B. Cross-Compiler) lassen sich Kandidaten für ungenutzte Methoden und Klassen finden und eliminieren.

19.2.6.6 toString-Methoden

`toString`-Methoden brauchen viel Code und erzeugen viele temporäre Objekte. Meistens benötigen wir solche Methoden nur zum Debuggen. Wir können `toString`-Methoden per Basisklasse verbieten:

```
public class EmbeddedObject extends Object {
//Base class for all embedded objects
{
    public final String toString() { assert(false); return "";}
    public void toString(OurStream out) { }
}
```

Listing 19.13 Verbieten der toString-Methoden

Stattdessen kann eine alternative Methode
`toString(OurPrintStream out)`
implementiert werden, die Elementardaten und String ausgeben kann.

19.2.6.7 Compile- statt Run-Time

Auch in Java lassen sich kleine Berechnungen bereits in die Compile-Zeit verlagern.

```
public static long rechnung(long a)
{
    return Math.round(((a/100000D) * Math.pow(2, 31)) / 180);
}
```

Listing 19.14 Berechnung zur Run-Time

Stattdessen

```
return Math.round( a * ((double) 0x80000000L/18000000D) );
```

Listing 19.15 Berechnung zur Compile-Time

19.2.6.8 Double und Float

Die Mischung aus float- und double-Berechnungen sollte vermieden werden, da sie unnötig Performance und Speicher braucht.

```
static float delta(double d, double d1)
{   // R1 und R2 sind zwei double-Konstanten
    float f = (float)(d1 - d);                  d1 -= d;
    if((double)f < -R1)                         if (d1 < -R1)
        f = (float)((double)f + R2);            d1 += R2;
    else if((double)f > R1)                     else if (d1 > R1)
        f = (float)((double)f ? R2);            d1 -= R2;
    return f;                                   return (float) d1;
} // 52 bytes                                   // 38 bytes
```

Listing 19.16 Vermeiden float und double in Kombination

19.2.6.9 Thread-Safety

Ein häufig zu findender Fehler ist, dass ein Teil eines Codes durch ein synchronized-Keyword geschützt wird. Die darin verwendeten Elemente sind aber in anderen Kontexten nicht oder nicht ausreichend geschützt. Ein anderer Fehler betrifft durch mehrere Threads zugegriffene Container. Anstatt den ganzen Container während einer Schleife zu sperren, werden lediglich die Zugriffe auf die Elemente geschützt. Gute Werke zu diesem recht komplexen Thema sind [Dou] und [Goe].

19.2.6.10 Synchronisierung

Ein Standard-Thema auch in C++ ist das zu globale Synchronisieren von Zugriffen. In unten stehendem Beispiel wird ein Zugriff gelockt, wenn gerade ein anderer auch nur testet, ob es das Objekt schon gibt (Singleton-Pattern), um danach doch nur die Instanz zu bekommen.

```
public synchronized static A getInstance()
{
    if (instance == null)
        instance = new A();
    return instance;
}
```

Listing 19.17 Testen mit Synchronisation

Stattdessen gibt es das Muster Double-Checking, in dem erst unsynchronisiert geprüft wird, ob bereits eine Instanz existiert. Im positiven Fall, der ja außer beim ersten Zugriff der Standard ist, kommt es dann zu keinerlei Wartezeiten.

```
public static A getInstance()
{
   if (instance == null)
   {
     synchronized(A.class)
     {
         if (instance == null)
            instance = new A();
     }
   }
   return instance;
}
```

Listing 19.18 Double-Checking

19.2.6.11 Final oder nicht

Durch das Deklarieren einer Methode einer Klasse als `final` kann man das Überschreiben der Methode durch Subklassen untersagen. Dies erlaubt mit `javac` mit der `-o Option` und dem JIT-Compiler grundsätzlich, diese Methode zu „inlinen". Klassen und private Methoden sind Inline-Kandidaten für den JIT-Compiler.

In der Regel können Setter- und Getter-Methoden nicht inline gesetzt werden. Für Getter-Methoden gilt allerdings eine Ausnahme, wenn sie readonly-Objekte lesen und auf public gesetzt werden können. Die Zugriffe sind dann zwar nicht mehr gekapselt, dafür sind sie schneller und erzeugen weniger Code.

19.2.6.12 Innere Klassen

Eine Klasse, die innerhalb einer anderen Klasse definiert wird, wird „nested class" genannt. Wird sie zudem nicht „static" definiert, nennt man sie innere Elementklasse.

Anonyme Klassen sind Elementklassen, deren Namen vom Compiler vergeben werden. Eine innere Elementinstanz kann nur innerhalb einer Instanz der umschließenden Klasse existieren.

Innere Klassen dürfen auf alle Elemente der umfassenden Klasse zugreifen. Allerdings kennt die JVM keine inneren Klassen. Der Compiler generiert für den Programmierer unsichtbare Zugriffsmethoden auf private Elemente, was Code-Overhead verursacht.

Zum Beispiel: Für die Klasse

```
class TestInner
{
    private int a;
    private void f()
    {
        a++;
    }
```

```
    // demo for overhead with inner class
    class B
    {
        void g()
        {
            f();
        }
    }
}
```

Listing 19.19 Nested-Class

erzeugt der Compiler die folgenden Zugriffsmethoden auf die Methode f

```
static void access$000(TestInner);
  Code:
   0:   aload_0
   1:   invokespecial    #1; //Method f:()V
   4:   return
```

Listing 19.20 Zugriffsmethoden auf innere Klasse

Um den Overhead zu vermeiden, sollten die aus einer inneren Klasse heraus zugegriffenen Elemente die Paketsichtbarkeit (ohne Modifizierer private) haben.

19.2.6.13 Statische- oder Objekt-Methoden

Oft werden Objektmethoden deklariert, die keine Objektdaten nutzen. Der Compiler fügt dann implizit eine unnötige Referenz auf das aktuelle Objekt, den sogenannten `this`-Zeiger, hinzu. Durch Definition als „static" kann dies vermieden werden.

19.2.6.14 Char

Statt den Typ `char` zu verwenden, der 2 Byte braucht, soll oft eigentlich nur ASCII genutzt werden, dann reicht eine eigene ASCII-String-Klasse.

19.2.6.15 Strings

Das Zusammenfügen von Strings erzeugt oft unnötige Objekte. Zum Beispiel:

```
Str = newString() + newString("Text");

Besser:

Str = " " + "Text";
```

Listing 19.21 Zusammenfügen von Strings

19.2 Java-HMI Anbindung

Die meisten Texte in Programmen sind Debug- oder Ausgabetexte bekannter und begrenzter Länge. Deshalb lohnt es sich, eine Klasse für Texte begrenzter Länge einzuführen (char Array oder ASCII Array).

19.2.6.16 ArrayList/Collection

Um unnötige Dynamik zu vermeiden, ist es sinnvoll, ArrayLists und Collections mit geschätzter Startgröße zu erzeugen.

19.2.6.17 Iteratoren

Das Traversieren eines Containers verwendet häufig einen Iterator, was bei späteren Änderungen der Collection sinnvoll ist. Ein Iterator wird häufig durch ein temporäres Objekt dargestellt und verursacht dadurch Müll. Wenn aber die Container vom ArrayList-Typ sind, kann man die klassische for-Schleife mit einer Indexvariablen einsetzen, was schneller ist und kein Objekt benötigt.

19.2.6.18 Datentypen byte, short und int

Intern werden die Datentypen `short`, `char` und `byte` in `int` gewandelt. Deshalb ist es besser, gleich `int` zu verwenden (mit Ausnahme von `Array`).

19.2.6.19 Datentypen long und int

Der Zugriff und die Manipulation von `long` ist teurer als von `int`. Beispiel:

```
// 73 bytes
final public int getInt(int pos)
{
    int value;
    value = buffer[pos] & 0xFF;
    value <<= 8;
    value |= buffer[pos + 1] & 0xFF;
    value <<= 8;
    value |= buffer[pos + 2] & 0xFF;
    value <<= 8;
    value |= buffer[pos + 3] & 0xFF;
    return value;
}

// 163 bytes
final public long getLong(int pos)
{
    long value;
    value = buffer[pos] & 0xFF;
    value <<= 8;
    value |= buffer[pos + 1] & 0xFF;
    value <<= 8;
    value |= buffer[pos + 2] & 0xFF;
    value <<= 8;
```

```
    value |= buffer[pos + 3] & 0xFF;
    value <<= 8;
    value |= buffer[pos + 4] & 0xFF;
    value <<= 8;
    value |= buffer[pos + 5] & 0xFF;
    value <<= 8;
    value |= buffer[pos + 6] & 0xFF;
    value <<= 8;
    value |= buffer[pos + 7] & 0xFF;
    return value;
}
```

Listing 19.22 Datentypen long und int

Alternative Implementierung:

```
// alternative Lösung
// 57 bytes
final public int getInt(int pos)
{
  int value;
  value = (buffer[pos] << 24)
        | (buffer[pos + 1] & 0xFF) << 16
        | (buffer[pos + 2] & 0xFF) << 8
        |  buffer[pos + 3] & 0xFF;
  return value;
}

// 21 bytes - shorter and faster
public long getLong(int pos)
{
  int ret1 = getInt(pos);
  int ret2 = getInt(pos);
  return (((long) ret1) << 32) | ret2 ;
}
```

Listing 19.23 Alternative Implementierungen

19.2.6.20 Increment/Decrement

Das Inkrementieren oder Dekrementieren von Java.lang.Integer-Werten erzeugt jedes Mal ein neues Objekt. Eine Wrapper-Klasse mit inc()- und dec()-Methoden und die Caching-Technik können schneller sein.

19.2.6.21 New Integer

In den meisten Java-Libraries ist der Ausdruck

```
new Integer(i)
```

19.2 Java-HMI Anbindung

teurer als

```
Integer.valueOf(i)
```

wegen des Cachings der Integer-Klasse. Integer-Objekte werden oft als Keys für Hash-Tabellen genutzt.

19.2.6.22 Return this statt void

Wenn mehrere `void`-Methoden desselben Objekts nacheinander aufgerufen werden, muss jedes Mal die Objektreferenz geladen werden. Mit `this` können die Aufrufe verkettet werden. Beispiel:

```
// without chaining - 23 bytes
t.putInt(0, 1000);
t.putInt(4, 2000);
t.putInt(8, 12345678L);

// with chaining - 21 bytes - 2 bytes saved
// due to aload_1
t.putInt(0, 1000).putInt(4, 2000);
t.putLong(8, 12345678L);
```

Listing 19.24 return this statt void

19.2.6.23 Null-Objekte

Die Implementierung eines Null-Objekts mit

```
new Type[0]
```

ist teurer als ein statisches Objekt, weil im gesamten System nur ein Null-Objekt benötigt wird.

19.2.6.24 Debugging-Nachrichten

Dies ist ein universelles Thema: Statt Debug-Strings über den ganzen Code zu verteilen und über Schnittstelle nach außen zu versenden, sollte eine Tabelle aller Nachrichten eingeführt werden, deren Index oder Hash-Code gesendet wird. Damit kann auch das Zusammenfügen (string concatenation) von Teil-Nachrichten vermieden werden. Eine einfache Möglickeit ist die direkte Verwendung von StringBuilder mit der entsprechenden Größe. Beispiel:

```
public class StringOpt
{
    public static final String TXT = "Das ist eine Ausgabe ";
    public static void main(String[] args)
```

```
    {
        String s1 = "Test";             // Object at compiler time
                                        // stored in object pool
        String s2 = new String("Bad");  // two objects
                                        // one in object pool, one on heap
        System.out.println(TXT + s1 + s2);
        // Interna:
        // sysout(new StringBuilder().append("Das ist eine Ausgabe ").
        //                 append(s1).append(2).toString())
        // new StringBuilder() a temporary object with 10 char!
        // => at least two StringBuilder objects are needed
        // Better - when the length is known
        StringBuilder b = new StringBuilder(30);
        b.append(TXT).append(s1).append(s2);

        System.out.println(b.toString());
        // if the concatenation is often needed a static
        // StringBuilder object can be introduced
    }
}
```

Listing 19.25 Debug-Nachrichten

19.2.6.25 Interfaces

Interfaces, die nur von einer Klasse implementiert werden, sollten eleminiert werden. Sie verursachen unnötigen Code-Overhead. Stattdessen kann man die Klasse direkt definieren.

```
interface I1
{
    public void f();
}
interface I2
{
    public void g();
}
class A implements I1, I2
{
    public void f() {}
    public void g() {}
}

Compile with javac -O .g:none A.java
I1.class,I2.class each 72 Bytes,A.class 198 Bytes (together 342 Bytes)

For comparison:

class A
{
    public void f() {}
    public void g() {}
}
only 178 Bytes
```

Listing 19.26 Interfaces

19.2.6.26 Switch case vs. if

Ein Vergleich zeigt, wie ein switch-case und das entsprechende if-else-Konstrukt kompiliert werden, ein Blick in den Byte-Code lohnt sich oft:

```
class A {
  public static void main(String[] args) throws Exception
  {
    int i = System.in.read();
    switch (i)
    {
      case 0:
      case 1:
      case 2:
      System.out.println("klein");
      break;
      case 100: case 101: case 102:
      System.out.println("gross");
      break;
      default:
      System.out.println("unbekannt");
    }
  }
}
  Code:
   0:   aload_0
   1:   invokespecial   #1; //Method java/lang/Object."<init>":()V
   4:   return

public static void main(java.lang.String[]) throws java.lang.Exception;
  Code:
   0:   getstatic #2; //Field java/lang/System.in:Ljava/io/InputStream;
   3:   invokevirtual   #3; //Method java/io/InputStream.read:()I
   6:   istore_1
   7:   iload_1
   8:   lookupswitch{ //6
      0:  68;
      1:  68;
      2:  68;
      100:    79;
      101:    79;
      102:    79;
      default: 90 }
   68:     getstatic #4; //Field
             java/lang/System.out:Ljava/io/PrintStream;
   71:     ldc #5; //String klein
   73:     invokevirtual #6; //Method
             java/io/PrintStream.println:(Ljava/lang/String;)V
   76:     goto 98
   79:     getstatic #4; //Field
             java/lang/System.out:Ljava/io/PrintStream;
   82:     ldc #7; //String gross
   84:     invokevirtual #6; //Method
             java/io/PrintStream.println:(Ljava/lang/String;)V
   87:     goto 98
   90:     getstatic #4; //Field
             java/lang/System.out:Ljava/io/PrintStream;
   93:     ldc #8; //String unbekannt
   95:     invokevirtual #6; //Method
             java/io/PrintStream.println:(Ljava/lang/String;)V
   98:     return
}
```

If-else

```
class A
{
    public static void main(String[] args) throws Exception
    {
    int i = System.in.read();
    if (i >= 0 && i <= 2)
        System.out.println("klein");
    else if (i >= 100 && i <= 102)
        System.out.println("gross");
    else
        System.out.println("unbekannt");
    }
}
    Code:
    0:     aload_0
    1:     invokespecial #1; //Method java/lang/Object."<init>":()V
    4:     return

public static void main(java.lang.String[]) throws java.lang.Exception;
    Code:
    0:     getstatic #2; //Field
               java/lang/System.in:Ljava/io/InputStream;
    3:     invokevirtual #3; //Method
               java/io/InputStream.read:()I
    6:     istore_1
    7:     iload_1
    8:     iflt 27
    11:    iload_1
    12:    iconst_2
    13:    if_icmpgt 27
    16:    getstatic #4; //Field
               java/lang/System.out:Ljava/io/PrintStream;
    19:    ldc #5; //String klein
    21:    invokevirtual #6; //Method
               java/io/PrintStream.println:(Ljava/lang/String;)V
    24:    goto    58
    27:    iload_1
    28:    bipush     100
    30:    if_icmplt    50
    33:    iload_1
    34:    bipush     102
    36:    if_icmpgt    50
    39:    getstatic    #4; //Field
               java/lang/System.out:Ljava/io/PrintStream;
    42:    ldc   #7; //String gross
    44:    invokevirtual    #6; //Method
               java/io/PrintStream.println:(Ljava/lang/String;)V
    47:    goto    58
    50:    getstatic    #4; //Field
               java/lang/System.out:Ljava/io/PrintStream;
    53:    ldc   #8; //String unbekannt
    55:    invokevirtual    #6; //Method
               java/io/PrintStream.println:(Ljava/lang/String;)V
    58:    return
}
```

Listing 19.27 switch-case vs. if

Kapitel 20
Einfaches Multimedia-Framework, Linux

Auch wenn die Erzeugung von Sound und das Abspielen von Medien in unserem kleinen embedded Kontext eigentlich nicht Thema sind, so ist doch mittlerweile auch bei kleinen Systemen das Abspielen einiger Quittungs-Beeps und vielleicht sogar einiger aufgezeichneter gesprochener Texte erforderlich. Wir setzen im Folgenden eine funktionsfähige Audio-Ausgabe voraus, ein Sound-Chip-Treiber ist installiert und funktionsfähig. Eine eigene Audioverarbeitung zu implementieren ist für die kleine Aufgabenstellung zu aufwendig. SDK-Lösungen aus der Desktop-Welt wie MPlayer oder VLC sind zu groß.

Eine angemessene Lösung scheint die Verwendung eines flexiblen Frameworks wie GStreamer zu sein, [Bec]. Im Internet gibt es einige gute Quellen zum Thema GStreamer, siehe auch die Links 22.8.4. GStreamer ist Desktop-unabhängig und ist in allen üblichen Linux-Distributionen enthalten.

Mit einem MM-Framework werden Applikationen einer MM-Engine wie Player, Ripper und Jukebox mit Filtergraphen verbunden, siehe Abb. 20.1. GStreamer arbeitet dreistufig, es gibt eine Eingabe (Quelle), Filter und die Ausgabe (Senke).

Ein Beispiel für ein Quellen- und für ein Senken-Element finden sich in Abb. 20.2 und in Abb. 20.3.

Die Filtergraphen enthalten eine „Pipeline" von Quellen, einzelner Filter und Senken. Sie beschreiben die Verbindungen und ggf. den Kontrollfluss, Abb. 20.4.

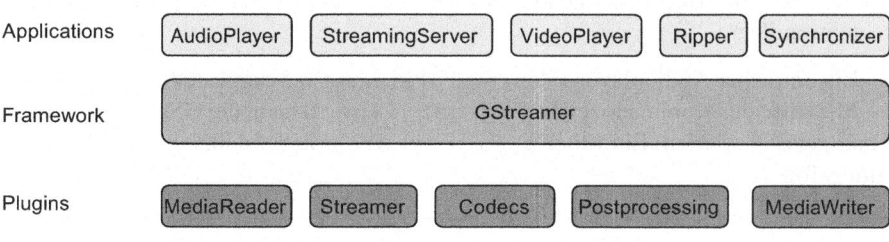

Abb. 20.1 GStreamer

Abb. 20.2 Source-Element

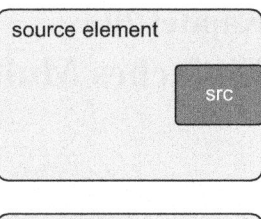

Abb. 20.3 Sink-Element

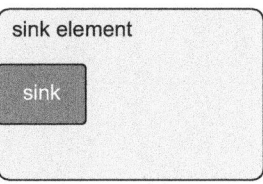

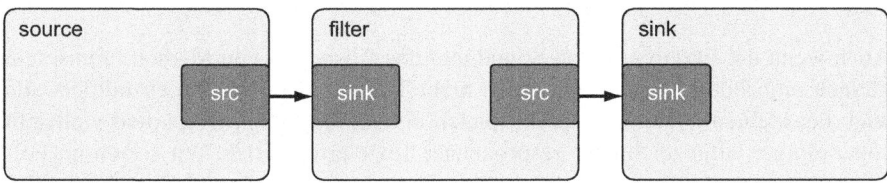

Abb. 20.4 Filtergraph

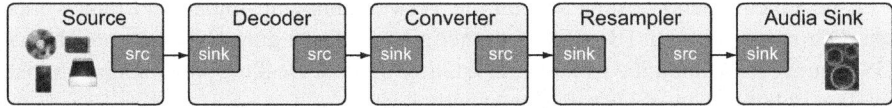

Abb. 20.5 Einfacher Audioplayer

Die Filter selbst enthalten die eigentliche Signaldatenverarbeitung und werden in ihrer Funktion mit einem Satz von APIs beschrieben. Folgende Filtertypen sind üblich;

- Quellen, Senken (Reader, Streamer, Writer)
- Anayse und Kontrolle (Parser, Demultiplexer, Navigator)
- Verarbeitung (Decoder, Encoder, Mixer, A/V-Synchronisierer, Queue, Abtastratenwandler)

Ein einfacher Audioplayer-Filtergraph ist in Abb. 20.5 dargestellt.

Mit Hilfe des Kommanozeilen-Tools `gst-launch` kann die GStreamer-Umgebung getestet werden. Ein Filter `audiotestsrc` erzeugt dabei einen konstanten Sinus-Ton:

```
gst-launch audiotestsrc ! audioconvert ! audioresample ! alsasink
```

Listing 20.1 Filtergraph-Implementierung eines einfachen Audioplayers

20 Einfaches Multimedia-Framework, Linux

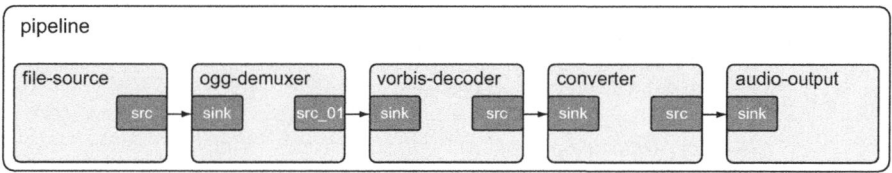

Abb. 20.6 Hello-World-Graph

Das übliche „Hello World"-Beispiel der Multimedia-Domäne ist ein einfacher Ogg/Vorbis-Player, der in Abb. 20.6 dargestellt ist.

Der `gst_launch`-Aufruf auf der Konsole ist ebenfalls einfach:

```
gst-launch filesrc location=<my_file.ogg> ! oggdemux ! vorbisdec
               ! audioconvert ! audioresample ! alsasink
```

Listing 20.2 Konsolenaufruf eines einfachen Ogg/Vorbis-Audioplayers

Zur Vereinfachung enthält das Gstreamer-Element `decodebin` eine Kollektion der wichtigsten Codecs und detektiert an Hand der Dateien selbst, welcher Codec verwendet werden muss. Ein etwas allgemeinerer Player wird deshalb realisiert mit:

```
gst-launch filesrc location=<my_file.m4a> ! decodebin ! audioconvert
               ! audioresample ! osssink
```

Listing 20.3 Konsolenaufruf eines einfachen allgemeineren Audioplayers

oder sogar

```
gst-launch playbin uri=file:///<my_uri.mp3>
```

Listing 20.4 Konsolenaufruf eines einfachen MP3-Audioplayers

Die C-Implementierung des Ogg/Vorbis-Players findet sich hier:

```
#include <gst/gst.h>
#include <glib.h>

static gboolean bus_call (GstBus *bus,
                          GstMessage *msg,
                          gpointer data)
{
    GMainLoop *loop = (GMainLoop *) data;

    switch (GST_MESSAGE_TYPE (msg)) {
```

```c
        case GST_MESSAGE_EOS:
                g_print ("End of stream\n");
                g_main_loop_quit (loop);
            break;

            case GST_MESSAGE_ERROR: {
                gchar *debug;
                GError *error;

                gst_message_parse_error (msg, &error, &debug);
                g_free (debug);
                g_printerr ("Error: %s\n", error->message);
                g_error_free (error);
                g_main_loop_quit (loop);
                break;
        }

        default:
        break;
    }
    return TRUE;
}

static void
on_pad_added (GstElement *element,
                            GstPad *pad,
                            gpointer data)
{
    GstPad *sinkpad;
    GstElement *decoder = (GstElement *) data;

    /* We can now link this pad with the vorbis-decoder sink pad */
    g_print ("Dynamic pad created, linking demuxer/decoder\n");

    sinkpad = gst_element_get_static_pad (decoder, "sink");
    gst_pad_link (pad, sinkpad);
    gst_object_unref (sinkpad);
}

int
main (int argc,
      char *argv[])
{
    GMainLoop *loop;

    GstElement *pipeline, *source, *demuxer, *decoder, *conv, *sink;
    GstBus *bus;

    /* Initialisation */
    gst_init (&argc, &argv);

    loop = g_main_loop_new (NULL, FALSE);

    /* Check input arguments */
    if (argc != 2) {
        g_printerr ("Usage: %s <Ogg/Vorbis filename>\n", argv[0]);
        return -1;
    }

    /* Create gstreamer elements */
    pipeline = gst_pipeline_new ("audio-player");
    source   = gst_element_factory_make ("filesrc",     "file-source");
    demuxer  = gst_element_factory_make ("oggdemux",    "ogg-demuxer");
    decoder  = gst_element_factory_make ("vorbisdec",   "vorbis-decoder");
    conv     = gst_element_factory_make ("audioconvert","converter");
```

```c
  sink = gst_element_factory_make ("autoaudiosink","audio-output");

  if (!pipeline || !source || !demuxer || !decoder || !conv || !sink)
  {
     g_printerr ("One element could not be created. Exiting.\n");
     return -1;
  }

  /* Set up the pipeline */
  /* we set the input filename to the source element */
  g_object_set (G_OBJECT (source), "location", argv[1], NULL);

  /* we add a message handler */
  bus = gst_pipeline_get_bus (GST_PIPELINE (pipeline));
  gst_bus_add_watch (bus, bus_call, loop);
  gst_object_unref (bus);

  /* we add all elements into the pipeline */
  /* file-source | ogg-demuxer | vorbis-decoder |
   * converter | alsa-output
   */
  gst_bin_add_many (GST_BIN (pipeline),
  source, demuxer, decoder, conv, sink, NULL);

  /* we link the elements together */
  /* file-source -> ogg-demuxer ~> vorbis-decoder ->
   * converter -> alsa-output
   */
  gst_element_link (source, demuxer);
  gst_element_link_many (decoder, conv, sink, NULL);
  g_signal_connect (demuxer, "pad-added",
                    G_CALLBACK (on_pad_added), decoder);

  /* note that the demuxer will be linked to the decoder dynamically.
   The reason is that Ogg may contain various streams (for example
   audio and video). The source pad(s) will be created at run time,
   by the demuxer when it detects the amount and nature of streams.
   Therefore we connect a callback function which will be executed
   when the "pad-added" is emitted.*/

  /* Set the pipeline to "playing" state*/
  g_print ("Now playing: %s\n", argv[1]);
  gst_element_set_state (pipeline, GST_STATE_PLAYING);

  /* Iterate */
  g_print ("Running...\n");
  g_main_loop_run (loop);

  /* Out of the main loop, clean up nicely */
  g_print ("Returned, stopping playback\n");
  gst_element_set_state (pipeline, GST_STATE_NULL);

  g_print ("Deleting pipeline\n");
  gst_object_unref (GST_OBJECT (pipeline));
  return 0;
}
```

Listing 20.5 C-Implementierung des „Hello World"Players

Liegt eine Standard-Installation von GStreamer vor (zB. Ubuntu), so wird diese „Hello World"-Applikation kompiliert mit dem Aufruf:

```
gcc -Wall $(pkg-config --cflags --libs gstreamer-0.10)
    helloworld.c -o helloworld
```

Hinweis: Es gibt in Ubuntu-11.10 eine Modifikation im gcc, für die die Position von pkg-config verändert werden muss:

```
gcc -Wall $(pkg-config --cflags gstreamer-0.10)
    helloworld.c
    -o helloworld $(pkg-config --libs gstreamer-0.10)
```

Kapitel 21
Fehler

Das folgende Kapitel beschäftigt sich mit Fehlern. Der Umgang mit Software ist naturgemäß immer auch der Umgang mit Fehlern. Dem Autor war es in den letzten Jahren möglich, im Rahmen von Kooperationen und Task-Forces zur Rettung von großen Produkt-Anläufen, Einblick in eine Vielzahl von Fehlern und Fehlerursachen zu bekommen. Daraus ließen sich einige Erkenntnisse abstrahieren.

21.1 Gründe für Fehler

- Ungenügendes Programmierwissen
- Ungenügendes paralleles Denken
- Implementierungen unter unbegründeten Annahmen
- Zu komplexes Vorgehen

Grundlage für diese Auswertung war ein Fehlerverfolgungssystem, in dem jeder Fehler verzeichnet und mit Fehlerursache und Korrekturaufwand bewertet wurde. Erstaunlicherweise kommen Fehlerursachen wie schlechte Spezifikation, fehlerhafte Prozesse und schlechte Frameworks oder Betriebssysteme nur sehr wenig vor. Die Fehlerursachen, die am Ende mehr als 30 % aller Personal-Ressourcen gekostet hatten und den termingerechten Anlauf hochgradig gefährdeten, waren die oben genannten. Auch die Antworten auf die Probleme sind banal, es helfen Reviews, Ausbildung und bessere Feedback-Loops. Vorausgesetzt, Prozesse, Konfigurationsmanagement und Tools sind auf einem praktikablen Stand. CMM-Level 2–3 helfen bei weiteren Prozessverbesserungen und CMM-Level Bemühungen, jedoch helfen sie nicht wesentlich bei der Vermeidung riskanter oder teurer Fehler.

21.2 Fehlerarten

Wir wollen uns im Folgenden damit beschäftigen, wie Fehler effizient zu finden sind, also mit dem sogenannten Debugging. Bevor wir zu den verschiedenen Methoden der Fehlersuche kommen, werden die Fehlerarten klassifiziert.

21.2.1 Einfache Applikationsfehler

Die zahlreichsten Fehler, die üblicherweise aber auch schon bei einer gründlichen Inbetriebnahme, bei Unit-Tests oder bei Qualitätsfreigaben schnell gefunden werden, resultieren aus:

- logischen Fehlern,
- Spezifikationsfehlern und Missverständnissen,
- Standard Implementierungsfehlern (im weiteren Sinne Typos).

Diese Art von Fehlern sind schnell beseitigt und außer durch ihre hohe Zahl nicht übermäßig riskant für ein Projekt.

21.2.2 Teure Applikationsfehler

Für die folgenden Fehlerarten braucht es regelmäßig eine ausgewiesene Systemgruppe, obwohl die Fehler noch auf der Applikationsebene verursacht sind:

- nicht beherrschte parallele Logik,
- überlappende Fehler,
- implizite Zustandsautomaten, fehlende Defaults,
- Fehler zwischen Domänen (im Niemandsland).

Entwickler überschätzen sich oft bei der Anzahl der für sie beherrschbaren parallelen Threads und Logiken. Ein weiterer Fehlerschwerpunkt ist Logik, die im Laufe der Zeit wächst und eigentlich von Anfang an als Zustandsautomat hätte implementiert werden sollen. Da sie mit if-else-Konstrukten und verteilten Zustandsvariablen realisiert wurde, werden normalerweise nicht alle möglichen Zustände erkannt und behandelt (Default). Kommt es durch Timing-, Unterspannungs- oder sonstige Effekte doch einmal zu dem nicht bedachten Zustand, kann ein System in versteckte Zyklen geraten und sich verklemmen. Die Blockierung löst sich erst mit dem nächsten Reset, oft erst bei Trennung von der Versorgungsspannung, und ist dann unwiederbringlich verschwunden. Diese Fehler sind hochsporadisch und in der Suche (Architektur- und Implementierungs-Reviews) teuer. Gibt es in einem Projekt unterschiedliche Teams, die unterschiedliche Komponenten oder Domänen bearbeiten, so wird es immer auch Niemandsland-Bereiche geben, für die sich keiner zuständig fühlt. Eine Systemgruppe muss sich die Expertise in diesem Niemandsland erarbeiten und die (politische) Blockade auflösen.

21.2.3 System-Fehler

Für folgende Fehlerarten braucht es eine Expertengruppe, die auch mit Expertentools umgehen und gegebenenfalls Core-Files lesen kann.

21.2.3.1 Speicher-Crashs

Läuft das Gesamtsystem oder eine Domänenapplikation in Speicherprobleme, stürzt oft das Gesamtsystem so ab, dass es ohne Spezialtools nicht möglich ist, die Ursache zu erkennen. Gebraucht wird hier eine post-mortem-Analyse, die in dem Folgekapitel besprochen wird. Speicherprobleme können im Einzelnen wie folgt verursacht sein:

- Speichermangel auf dem Heap,
- Speichermangel auf dem Stack (oft Default Limit zu klein),
- Segmentation-Error, Pointer-, Array-Probleme,
- Speicherlecks, die über die Laufzeit den Speicher „fressen",
- Fragmentierung des Heaps (DMA, SHM mapping),
- Kernel memory low (zero page),
- Speicherprobleme und Fragmentierung können sich auch im Bereich des Grafikspeichers ereignen. Moderne Grafik-Karten und -Module versuchen dann, Speicher in den Hauptspeicher auszulagern und damit Platz für Garbage-Collection zu bekommen. Dies passt normalerweise nicht in ein embedded Design.

21.2.3.2 Speicherkorruption

Es ist der MMU bzw. dem Kernel nicht immer möglich, den illegalen Zugriff auf Speicher zu detektieren und die Code-Ausführung zu beenden. Wenn ein Prozess mehrere Threads hat, hat jeder dieser Threads einen Stack im gemeinsamen Speicherbereich. Man kann diese Stacks durch Guard-Pages dazwischen gegen gegenseitiges Überschreiben durch Overflow schützen. Diese Guard-Pages würden bei Zugriff in der MMU ein Signal auslösen. Überschreibt aber zum Beispiel ein vagabundierender Pointer direkt in einen fremden Stack und überspringt dabei die Guard-Page, so wird ein fremder Thread korrumpiert, ohne dass das von der MMU detektierbar wäre. Multithread-Systeme sind sehr anfällig gegen diese Art Fehler, weshalb es immer ratsam ist, zunächst mit Multiprozess-Systemen zu entwickeln und gegebenenfalls erst am Ende der Entwicklung das Framework mit wenigen Eingriffen auf eine Multithread-Umgebung umzustellen, siehe auch [Wie Tra]. Das Gleiche könnte auf dem Heap leicht durch Indexüberschreitung eines Array-Zugriffes passieren, da der Heap allen Threads eines Prozesses gemeinsam ist. In beiden Fällen wird die Fehlerwirkung an einer ganz anderen Stelle als die Fehlerursache auftreten. Es gibt Malloc-Debug-Libraries, die jede Speicher-Allokation und -Freigabe protokollieren. Auch eigene Überladungen von new() und delete() sind gut realisierbar. Ein Beispiel wird später bei den eigenen Tools gezeigt.

21.2.3.3 Watchdog-Resets

- Watchdog Resets hang ups, loops, high load
- Cores

Watchdog-Resets kommen durch Verklemmer, Endlosschleifen oder durch Hochlastprobleme zustande. Wie im Kapitel über Reset&On/Off beschrieben, wird der Watchdog nicht rechtzeitig getriggert und löst deshalb einen unvermittelten Reset aus. Um eine post-mortem-Analyse zu ermöglichen, müssen in den Watchdog-Routinen Analysedaten ausgegeben oder gespeichert werden, die nach dem Reset noch auswertbar sind. Die Verklemmer lassen sich wie folgt charakterisieren.

21.2.3.4 Locks

- Deadlocks
- Livelocks
- Starvation
- Prioritätsprobleme z. B. Atapi, global locks

Deadlocks sind in der Literatur gut beschrieben, das bekannteste Beispiel ist das Philosophenproblem. Die beteiligten Threads blockieren und warten so aufeinander, dass sich die Blockade zeitweise oder für immer nicht mehr löst. In Livelocks warten ebenfalls die SW-Partner aufeinander, blockieren aber nicht, sondern arbeiten weiterhin Codezeilen ab, z. B. auch Polling-Schleifen. Starvation ist ein Resultat ungleicher Lastverteilung, ein Thread/Prozess belastet die CPU so sehr, dass andere nicht mehr zeitgerecht gescheduled werden. Ein Beispiel wäre ein hochprioer Thread, der in einer Polling-Schleife auf die Antwort eines niederprioren Threads wartet, die dieser aber nicht geben kann, da er nicht drankommt. Aber auch eine Überlast des Gesamtsystems zum Beispiel durch intensive Grafikausgaben kann dazu führen, dass niedrigpriore andere Aufgaben nicht mehr rechtzeitig bearbeitet werden, so dass es zum Watchdog-Reset kommt. Sehr oft sind die Programmstellen, die den WD auslösen, selbst Opfer, nicht Täter; dies muss bei der Fehlersuche immer beachtet werden.

21.2.3.5 Audio-Probleme

- Audio-Aussetzer, Buffer Under-/Over-run
- Stottern, Kratzen, Verzerrungen

Übliche Audio-Probleme resultieren aus Buffer-Overruns oder -Underruns. Sie sind sporadisch selten und das Problem ist, den Zeitpunkt des gehörten Problems mit den Aufzeichnungen und Traces in Verbindung zu bringen. Audio-Probleme geschehen im fehlerhaften Zusammenspiel zwischen Hardware und Software, oft sind spezielle Timing-Situationen oder ungünstige Prioritätsvergaben das Problem. Wird z. B. ein Puffer nicht rechtzeitig aufgefüllt, weil der entsprechende Thread nicht gescheduled wird, so wird ein alter oder ein leerer Puffer ausgegeben. Um

21.2 Fehlerarten

nicht zuviele MByte an Kernel-Trace-Daten analysieren zu müssen, siehe unten, muss man sich spezielle Audiosignale generieren, die man in den Traces gut bewerten kann.

21.2.3.6 Unterspannungsprobleme

Unterspannungsprobleme sind ein spezielles Problem im KFZ und bei mobilen Geräten. Oft wurde in der Hardware-Auslegung und der nachfolgenden Startsoftware nicht an langsam steigende Spannungen (Rampenverhalten) beim Laden der Akkus oder beim Fremdstarten gedacht. Besonders langsam steigende Betriebsspannungen zeigen unterschiedliche Reset-Schwellen verschiedener Teilschaltungen auf, mit ungeplanter Startreihenfolge als Resultat. Laufwerke mit ihrer Mechanik und ihren Motoren stellen schon bei Spannungen ihre Datenlieferung ein, bei denen der elektronische Teil noch funktioniert und auch keine Fehler meldet. Ausbleibende Daten für einige Sekunden können die Folge sein, was Treiber aus dem PC-Umfeld normalerweise nicht verkraften.

- Rampenverhalten
- Verteilte Resets
- Treiberabstürze oder klemmende Treiber

21.2.3.7 Speicherprobleme Flash

Flash-Probleme wurden an anderer Stelle ausführlich besprochen, hier nur noch einmal die Auflistung üblicher Probleme:

- Langsam, besonders über Lebensdauer, in SW nicht eingeplant
- Nicht deterministisches Verhalten in Reclaim-Fällen
- Reclaim-Probleme bezüglich Timing und Blockierung
- Verletzung der Lebenszyklen

21.2.3.8 Startprobleme

- Startzeit zu lang
- Races zwischen Threads
- Races zwischen Objekten
- System startet nicht

21.2.3.9 Performance-Probleme

Mit Performance-Problemen sind Effekte gemeint, in denen erwartete Reaktionen des Systems zu lange brauchen, oder auch temporäre Störungen von wahrnehmbaren Signalen (Audio, Video), siehe Auflistung unten. Die Effekte resultieren aus einer Überlastung des Systems oder aus einer schlechten Ausbalancierung der verfügbaren CPU-Leistung.

- Audioprobleme (Knacksen, Zwitschern)
- Schlechte Reaktivität bei Bedienung, temporäre Freezes des Displays
- Spracherkennung, langsam oder fehlerhaft
- Navigation, Routenberechnung zu langsam
- Grafik-Animationen oder Navikartendarstellung zu langsam oder temporär eingefroren
- Quittungs-Beeps zu spät
- Protokolle im Timing verletzt, Audio, MOST, IPOD-Verbindung

Viele der beschriebenen Effekte beruhen auf falscher Prioritätsvergabe. Dabei muss allerdings auch konstatiert werden, dass es bei bis zu 1000 Threads in einer automotiven Headunit nicht möglich ist, einen Gesamtüberblick zu bewahren. Auch gibt es keine praktizierten Spezifikationen für CPU-Last und Last-Dynamik von Applikationen, die oft von vielen verschiedenen Zulieferern in ein System eingebaut werden. Es gibt auch einige Missverständnisse, wie in verschiedenen Betriebssystemen Prioritäten vererbt werden. Oft finden sich bei der Problemsuche Polling-Schleifen, die vornehm mit „aktivem Warten" umschrieben werden und die unnötig CPU-Leistung verbrauchen. Wenn sich Applikationen in ihrem Lastverhalten ändern, obwohl nur von außen probehalber die Priorität verändert wird, dann sind sie Kandidaten für eine Polling-Suche.

- Priorisierung
- Prioritätsvererbung: Missverständnisse, welche Syncs ihre Priorität vererben und von wem geerbt wird. Wurde bei einem Thread nach seinem Start später die Priorität geändert, wird trotzdem noch immer die ursprüngliche Priorität weitervererbt.
- Aktives Warten (Polling) ist nicht erlaubt, wie detektieren (Prio ändern).

21.2.3.10 Betriebssystem, Prozessorprobleme

Probleme rund um Betriebssystem und Prozessor sind nicht zu verallgemeinern und immer wieder einzeln und neu. Einige aktuelle Probleme aus der Erfahrung im Einzelnen:

- File-System nicht unterspannungsfest,
- Kernel-Crashes bei zu wenig Speicher,
- Memory-Management langsam, Page-Colouring,
- Atapi Prio-Inversion durch Global-Lock,
- Memcpy, unzureichendes Wissen,
- System-Clock knowledge, monolithic, system = adjustable.

Ein Problem, das nur bei embedded Systemen mit instabiler Betriebsspannung wie im KFZ (beim Anlassen) sichtbar wird, ist, dass die Dateisystemtreiber nicht vollständig Spannungsfest sind, selbst bei Journal-Dateisystemen. Man muss also damit

21.2 Fehlerarten

rechnen, dass man sporadisch selten einzelne Dateien oder sogar eine ganze Partition verliert.

Bei einigen Prozessoren und HW-Konfigurationen kann der Kernel nur innerhalb der Zero-Page Speicher verwalten. Beachtet man die resultierende Limitierung z. B. auf 128 Mbyte nicht, so stürzt das Betriebssystem mit sehr seltsamen und schwer deutbaren Fehlern ab. Ein Hinweis auf dieses Problem kann es sein, wenn die Abstürze bei Eröffnen neuer Threads oder Prozesse auftreten.

Es gibt auch in der embedded Gemeinde die Einstellung, dass Fragmentierungsprobleme vom Betriebssystem gelöst werden müssen, schließlich gibt es eine MMU, mit der Speicherseiten von typisch 4 kByte gemapt werden. Dabei wird übersehen, dass DMA-Puffer physikalisch zusammenhängenden Speicher benötigen und dass bei übermäßiger Speicherdynamik das MMU-Management (page colouring) sehr langsam im Bereich von Millisekunden werden kann.

Beide Betriebssysteme, QNX und Linux, verwenden global Locks im Dateisystem. Deshalb kann es passieren, dass ein niederpriorer Thread einen komplexeren Schreibzugriff noch nicht beendet hat, aber bereits von einem höherprioren Thread unterbrochen wird. Dieser kann dann aber weder lesend noch schreibend auf das Dateisystem zugreifen. Dieses Phänomen könnte man als eine Art Prioritätsinversion bezeichnen.

Gerne wird übersehen, dass die Funktion `memcpy()` in ihrer Kopierreihenfolge nicht spezifiziert ist. Sie kann sich über Version hinweg auch ändern, was zu originellen Fehlern an vielen Stellen im Code führt.

Linux und QNX haben zwei Systemuhren. Verstellt man im Betrieb die Uhr, von der blockierende Funktionen mit Timeout ihre Zeit ableiten, kann man schwer zu findende Blockaden erzeugen. Leider ist es genau die System-Clock, um die es geht. Das Problem hat eine historische Ursache, früher gab es RTC-Bausteine, mit denen die System-Clock beim Hochstart zuerst gestellt wurde. Mittlerweile gibt es diese Bausteine nicht mehr, z. B. im Auto holt man sich die Uhrzeit erst lange nach der Bootphase aus dem Kombi-Instrument und bekommt das Problem.

21.2.3.11 Hard-Core Fehler

Fast nicht zu debuggen sind die folgenden Probleme:

- PCI-Probleme
- FPGA-Probleme
- DMA-Blockaden
- Interrupt-Probleme
- Races mit kritischem Timing

PCI- und FPGA-Probleme sind sehr hardwarenah und müssen aufwendig mit Logikanalysator, Oszilloskop und PCI-Analysator gefunden werden. Da in solchen Fällen auch die gesamte SW nicht mehr stabil läuft, kann nicht mit SW-Methoden gesucht werden. Blockiert ein Interrupt oder ein DMA-Zugriff, so ist das zumeist durch ein SW-Problem in der Treiber-Routine verursacht. Zum Beispiel wird die

Anzahl der Elemente falsch gezählt oder eine Interrupt-Routine blockiert aufgrund einer falschen Bedingung. Da der Prozessor dann vollständig steht und sogar kalt wird, können SW-Tools ab diesem Zeitpunkt nicht mehr helfen. Ein Thermometer und die Vorgeschichte des Verklemmers geben aber Hinweise auf den Kandidaten. Auch dass eigene, Interrupt-gesteuerte zyklische Tools nicht mehr funktionieren, gibt Hinweise auf die Absturzursache.

21.3 Debugging

Die effizienteste Methode der Fehlersuche im laufenden Programm ist der Einsatz eines Debuggers. Am weitverbreitetsten ist der GDB. Wir unterscheiden zwei Varianten des Debuggings, zum einen auf der zu untersuchenden Hardware selbst das Target-Debugging. Zum anderen in Verbindung mit einem Host-System, der ans Target angeschlossen wird. Dies nennt man Remote-Debugging. Der Feature-Umfang ist in beiden Fällen vergleichbar: Man kann Exceptions fangen, Breakpoints setzen, den Prozessor dort anhalten lassen und von dort in Einzelschritten den Programmablauf verfolgen. Man kann Daten und Registerwerte analysieren und verändern. Auch MultiCore- und MultiThread-Debugging ist einfach, man verbindet („attached") sich auf den entsprechenden laufenden Thread. Der Debugger ist normalerweise in die Entwicklungsumgebung integriert, meistens ist es eine Eclipse-Umgebung.

21.3.1 Remote-Debugging

Remote-Debugging bedeutet das Debuggen von einem Host-Computer aus auf einem Zielsystem (Target). Es gibt drei wesentliche Gründe für den Einsatz von Remote-Debuggern:

- Das Target-System besitzt keinen Videoausgang, man kann daher keine komfortable Debugging-Oberfläche darstellen.
- Der Speicherplatz ist sehr beschränkt, man möchte das Programm nur ohne Symbol-Tabellen in gestrippter Form aufs Target bringen und man braucht nur einen GDB-Server auf dem Target, der sehr viel kleiner als der ganze GDB ist.
- Man hat keine vollständige Toolchain auf dem Target zur Verfügung und entwickelt ohnehin mit Cross-Tools auf einem üblichen Host-PC.

21.3.1.1 Remote-Debugging unter QNX

Unter QNX ist in der Entwicklungsumgebung bereits das Remote-Debugging vorgesehen, über die `qconn`-Verbindung verbindet sich der Debugger mit dem GDB-Server auf dem Target, dessen IP-Adresse angegeben werden muss. Alternativ ist auch eine serielle Verbindung möglich. Über diese Verbindung kann das Programm

21.3 Debugging

zu Beginn ins Target geladen oder auf das File-System des Targets zugegriffen werden. In dem Debug-View stehen dann alle Optionen zum Debuggen zur Verfügung.

21.3.1.2 Remote-Debugging unter Linux

Auf der Target-Maschine muss sich das zu debuggende Programm befinden, der Gdbserver, der sich in den Toolchain-Verzeichnissen befindet und am besten auch ein SSH-Server, mit dem Daten zwischen Target und Host übertragen werden können. Der SSH-Server muss gegebenenfalls nachinstalliert werden mit

```
apt-get install ssh.
```

Der Gdbserver ist ein Unix/Linux-Programm, das sich mit dem GDB auf dem Host via IP oder serieller Schnittstelle verbinden lässt. Zuerst wird auf dem Target der gdbserver gestartet:

```
target> gdbserver communication myProgram [ args ... ]
```

oder er wird an ein laufendes Programm attached:

```
target> gdbserver communication --attach pid
```

<Communication> steht z. B. für </dev/com1> oder <host:Portnumber>. Auf der Host-Seite befindet sich eine Programmversion mit vollständigen Debug-Informationen. Für ein Debugging innerhalb der Eclipse-Umgebung müssen über die Eclipse-Update-Funktion folgende Pakete installiert werden:

- Mobile and Device Development/Eclipse C/C++
- Mobile and Device Development/Remote System Explorer
- Target Management Terminal

Nach Anwahl des Debug-Views kann das Debugging gestartet werden. Zuerst muss die Verbindung zum Remote-System hergestellt werden.

- Hierzu wird die Perspektive "Remote Systems" geöffnet und über "New -> Connection" eine neue Verbindung erstellt.
- Als Systemtyp Linux auswählen.
- IP-Adresse des Boards eingeben und der Verbindung einen Namen geben.
- ssh.files auswählen.
- processes.shell.linux auswählen.
- ssh.shells auswählen.
- ssh.terminals auswählen.

Um schließlich auf dem Target remote-debuggen zu können, muss eine entsprechende Konfiguration angelegt werden: Main:

- unter „Debug Configurations" eine „C/C++ Remote Application"-Konfiguration erzeugen,
- unter Connection die Verbindung wählen,
- die Build-Configuration so einstellen, dass für den OMAP-Prozessor gebaut wird (Cross-Compile),

- die Application sowie den Datei-Pfad (inkl. Dateiname) auf dem Remote-System einstellen.

Debugger:

- als Debugger

  ```
  remote gdb/mi
  ```
  wählen
- den Pfad des Debuggers auf dem Host auswählen

  ```
  (~/x-tools/arm-cortex_a8-linux-gnueabi
      /bin/arm-cortex_a8-linux-gnueabi-gdb)
  ```
- den Eintrag des GDB-Command-File löschen

Sind diese Einstellungen vorgenommen, so kann die Fehlersuche beginnen.

Falls kein Eclipse verwendet wird, kann die Debugging-Session wie folgt gestartet werden:

```
Host> target remote /dev/ttyb
```

oder mit

```
(gdb) target remote target:Portnumber
```

21.4 Weitere Tools und Methoden zur Fehlersuche/Findung

Es gibt Systeme und Fehler, die man nicht Realtime debuggen kann. Warum nicht? Zum Beispiel sind die Fehler hochsporadisch und man muss deshalb versuchen, sie aufzuzeichnen. Man braucht dafür aber eine Trigger-Bedingung in HW oder SW, mit der man eine Aufzeichnung starten oder eine bereits gestartete Ringbuffer-Aufzeichnung beenden kann. Systeme, die Echtzeitbedingungen genügen müssen und andernfalls in Reset gehen, kann man nicht mit Breakpoints oder Single-Steps untersuchen. Auch Mehrkomponentensysteme, die z. B. unlimitierte Queues implementiert haben, könnten, wenn man eine Komponente mit dem Debugger anhält, per Queue-Wachstum den Gesamtspeicher sprengen, da die nicht angehaltenen Komponenten weiter Events in die Queue liefern. Möglicherweise sind die Systeme so verbaut, z. B. im Auto, dass man kein Entwicklungs/Debug-System anschließen kann. In all diesen Fällen benötigt man Tools oder Methoden, die off-line oder an einer Aufzeichnungsschnittstelle funktionieren.

21.4.1 Banale aber wirksame Debugging-Methoden

- LEDs
- Thermometer
- Versionsvergleich, binäre Suche (setzt regelmäßigen dokumentierten Build und Test voraus)

21.4 Weitere Tools und Methoden zur Fehlersuche/Findung 247

Mit einer oder mehreren LEDs kann man sich ein optisches printf-Debugging ohne erforderliche Schnittstelle nach außen realisieren. Mit einem Thermometer lässt sich überprüfen, ob der Prozessor überhaupt läuft. Möglicherweise bringt ihn ja ein klemmender Interrupt oder DMA-Zugriff zum Stehen. Viele Fehler lassen sich am schnellsten per Versionsvergleich und Eingrenzung (binäre Suche) finden, vorausgesetzt, der Fehler ist reproduzierbar und das Versionsmanagement funktioniert. Diese Art der Suche entspricht zwar nicht der Vorstellung professioneller Softwerker, ist aber auch ohne großen Personaleinsatz sehr effizient. Erst zu dem anschließenden Review der Problemkandidaten werden Experten benötigt.

21.4.2 Reviews

Nach der Eingrenzung des Problems auf wenige Fehlerkandidaten wird das Review vorbereitet. Oft reicht schon die Ankündigung einer gemeinsamen Code-Inspektion als Motivation für den Entwickler, das Problem vorher selbst zu finden. Das gemeinsame Review, eine Präsentation der Implementierung durch den Entwickler und das Erstellen von Klassen- und Sequenzdiagrammen hilft ebenfalls. Wenn das Problem sehr sporadisch ist, muss der Reviewer in der Lage sein, parallel zu denken, sich Race-Conditions vorzustellen und zu überzeugen: Wir wissen, das kann nicht passieren aber was wäre, wenn es doch passiert?

21.4.3 Trace-Client, Trace-Server

Hat man auf dem System keinen Remotedebugger oder kann aus o.g. Gründen kein Realtime-Debugging vornehmen, dann bleibt nur eine eigene komfortablere printf-Version. Jede Komponente des Systems gibt nach einem vorgegebenen Format, mit Debug-Level (Verbosity) und Trace-Score ein- oder ausschaltbare Trace-Ausgaben in einen Komponentenpuffer, aus denen der Trace-Server abwechselnd Nachrichten herausnimmt, mit einem Header versieht und über eine Schnittstelle im Nachrichtenmultiplex nach außen gibt. Ein Trace-Client, z. B. ein PC oder ein Aufzeichnungsgerät (Logger), empfängt den Datenstrom, zerlegt ihn wieder in die Komponentennachrichten und zeigt sie entsprechend an. Mit einer Kommunikation zwischen Trace-Client und Trace-Server kann der Debug-Level vereinbart und gespeichert werden, so dass im Betrieb ohne Veränderung der installierten Gerätesoftware Debug-Nachrichten an- oder abgeschaltet werden können. Wenn das embedded System mit einem Event-System intern kommuniziert, reicht es in der Regel, die Events mit dem Trace-Client aufzuzeichnen, eventuell mit einer Erweiterung für spezielle Daten aus Datencontainern. Oft geben Entwickler aber auch Dateizugriffe mit allen Zugriffspfaden aus oder umfangreiche Texte; dies sprengt schnell die Übertragungskapazität oder die Performance des Systems. Stattdessen lassen sich diese Nachrichten auch tabellarisieren und nur der Index oder Hash-Code wird übertragen.

21.4.4 Performance-Tools, Profiler

21.4.4.1 gprof (Linux)

gprof ist ein Profiling-Programm. Es nutzt Informationen, die das Laufzeitsystem während der Ausführung sammelt und in einer Datei <gmon.out> ablegt. Zuvor muss es dafür mit der Option -pg übersetzt worden sein. Anhand der Aufzeichnungen kann bestimmt werden, welche Funktionen in einem Programm wie oft aufgerufen wurden. Auch die Laufzeit einzelner Funktionen und die Aufruf-Häufigkeit können herausgelesen werden. Damit ist es leicht möglich, bei einer notwendigen Performance-Optimierung zuerst die Schwergewichte in einem Programm zu identifizieren.

21.4.4.2 Profiling in Eclipse (QNX)

QNX besitzt in der Entwicklungsumgebung Eclipse eine eigene View zur Unterstützung von Application-Profiling. Es sind drei Profilings möglich:

- Statistisches Profiling. Der Profiler nimmt regelmäßig (1 ms) eine Stichprobe des aktuellen Kontextes und speichert die aktuelle Adresse ab. Damit ist es nach einer längeren Aufzeichnung möglich, die Aufenthaltshäufigkeiten anzugeben. Für diese Art der Profilierung ist keine Veränderung am Programm erforderlich.
- Instrumentiertes Profiling. Wenn für die Übersetzung des Programmes Profiling enabled wird, kann der Profiler Call-Pairs aufzeichnen, um anzugeben, welche Funktion welche andere Funktion aufgerufen hat. Dafür wird der Quellcode modifiziert, um die Adressen von Caller und Callee aufzuzeichnen. Die Angaben sind exakt und nicht statistisch, wie in dem vorherigen Fall.
- Post-mortem-Profiling (mit Hilfe der Standard gmon.out files). Entspricht einer grafischen Variante des oben genannten gprof-Tools.

21.4.4.3 Profiling in Eclipse (Linux)

Es gibt einige Profiling-Plugins für C/C++, zum Beispiel das oben erwähnte gprof, das PTPT-plugin oder die Valgrind-Tools.

21.4.4.4 hogs (QNX)

Bei Lastproblemen kann hogs aufgerufen werden, um eine Liste der Highrunner zu erzeugen. Das Tool iteriert über alle Prozesse und Threads, misst die gebrauchten CPU-Zeiten und stellt die Daten in einer Rangliste zur Verfügung. Zu beachten ist, dass das Tool ungenau und selbst bezüglich Last sehr teuer ist.

21.4 Weitere Tools und Methoden zur Fehlersuche/Findung

```
hogs                   // Lists the processes that are hogging the CPU
Syntax:

hogs [options] [pids ...]

Options:
-n
Show the names of processes (hogs always displays the process IDs).
-p priority
Run hogs at the given priority (default:
        the same as the parent process).
-s sec
Sleep this long between updates (default: 3 seconds).
-\% num
Show only processes that consume this percentage or more CPU.
You can use this option to reduce the amount of output.
```

Listing 21.1 hogs-Syntax

Eine Beispielausgabe:

```
# hogs
Load          Pid    Tid Prio  Name
45.8%           1      1 0     procnto - Idle
25.1%     1122381      1 10r   simload_25percent
 7.0%      536647      1 10r   myapp - main
 2.0%       45077      2 10r   io-pkt-v4-hc
 1.1%       86052      5 18r   ndr
 0.8%      536647      1 15r   myapp - thread_1
 0.7%      536647      2 17s   myapp - thread_2
```

Listing 21.2 hogs-Ausgabe

21.4.5 pidin (QNX)

Zeigt Systemstatistiken an. Man kann aus den Ausgaben viel über Speicherbelegung, Threads, Interrupt-Routinen etc. eines Proezsses herausfinden.

21.4.6 malloc-Library

Die Möglichkeit und der Sinn von Malloc-Libraries zum Debuggen wurden weiter oben schon angesprochen. Üblicherweise werden die Funktion zur dynamischen Speichervergabe

```
malloc(), realloc(), free(), calloc()
```

aus der Shared-Library `libc.so` gerufen. Diese Methoden können direkt durch eine neue Library `libmc.so` überladen werden, die alle Aufrufe instrumentiert und dann auf die alten Aufrufe weiterleitet. Ein Code-Snippet wäre:

21.4.6.1 Sample-Code

```
void *malloc(size_t len)
{
  void *rv;
  pthread_once(&once_control, malloc_stats_init);

  rv = __real_malloc(len+1);
  alloc_stat (rv);
  return rv;
}
```

Listing 21.3 Überladen von malloc()

__real_malloc ist der Name der alten malloc-Funktion ohne Instrumentierung. Es wird in der Instrumentierung ein Byte mehr als gefordert allokiert, da hier die ID des Callers gespeichert wird. Damit kann man dem Problem begegnen, dass gelegentlich Speicher von anderen Threads freigegeben werden als sie vorher allokiert wurden. Dies wird von den Funktionen

  alloc_stat() (accounting allocation)

und

  alloc_free() (accounting free) berücksichtigt.

```
static void alloc_stat (void * rv)
{
   if(rv)
   {
      int tid = pthread_self();
      *((char *)rv + _msize(rv) - 1)=(unsigned char) tid; // store tid
      ++table[tid].tot_allocs;
      table[tid].tot_alloc+=_msize(rv); // sometimes more memory used
   }
}
```

Listing 21.4 alloc_stat() zum Eintragen der ID

21.4.6.2 Schnittstelle

Es gibt zwei Möglichkeiten, die gesicherten Informationen zu extrahieren:

- Ein Signal an den instrumentierten Prozess könnte die Ausgabe veranlassen. Dazu installiert die Library einen Signalhandler SIGHUP während der Initialisierung (malloc_stats_init).
- Ein Ressource-Manager-Interface könnte aufgerufen werden, das während der Initialisierung attached wird.

21.4 Weitere Tools und Methoden zur Fehlersuche/Findung

Variante 1 ist leicht zu implementieren, allerdings werden Signale in Frameworks oft verboten. Signale sind besondere Events, deren Zustellung Last- und Prioritätenabhängig ist. Auch ist nicht klar, welcher Thread den Signalhandler trägt, wenn das Signal an den ganzen Prozess gesendet wird. Variante 2 ist robuster und flexibler, z. B. kann man die Ausgabe in eine Datei umleiten. Der Aufruf des RM kann durch einen weiteren Thread erfolgen, der während der Initialisierung erzeugt wird und einen Mount-Point registriert hat.

```
"/dev/memstats/application_name".
# cat /dev/memstat/ application_name
TID,Name,Mallocs,Frees,Diff,SumMalloc,SumFree,Diff
0001,MainThread,527,41,486,108920,14272,94648
0002,libmc_RM_Thread,9,3,6,95112,46944,48168
0004,Receive,623,581,42,70176,68784,1392
0005,Send,5,1,4,200,48,152
0006,Testthread,51,29,22,9392,2144,7248
```

Listing 21.5 RM-Ausgabe der malloc-Statistik

Alles was nun noch zur Nutzung der Debug-Malloc-Lib nötig ist, ist die Library durch Setzen der Umgebungsvariablen zu aktivieren bzw. zu laden.

```
# export LD_PRELOAD=/usr/lib/libmc.so
```

21.4.6.3 Mögliche Verbesserungen

Statt nur die Summe der Allokationen und Freigaben zu beobachten, kann die Analyse auch komponentenweise (oft gibt es mehr als eine Komponente pro Thread) mit mehr Aufwand verfeinert werden. Mögliche Traces:

- Zu jeder Allokation/Freigabe wird der Callstack in ein File im Shared-Memory geschrieben. Dort stehen auch Informationen über Shared-Objects, die der Prozess gemappt hat. Wird dieses File über Schnittstelle ausgelesen, kann der Host die Allokationen und Freigaben anhand der Callstacks genauer analysieren.
- Bei Überschreiten von spezifizierten Speichergrenzen werden alle noch nicht freigegebenen Allokationen in ein File oder auf Schnittstelle ausgegeben.

Beide Möglichkeiten sind sinnvoll, wenn nach konkreten Problemen gesucht werden muss. Allerdings ist der Overhead bezüglich Speicher und CPU-Load beträchtlich, so dass sich eventuell das veränderte Timing auf das Fehler- und das Geräte-Verhalten auswirkt. Beispiel einer Instrumentierungsausgabe:

```
TID 1, type: malloc, PTR 0x8052318, SIZE 80
0x7033ec2e     gcc2_compiled. (libc.so.2)
0x70340be2     resmgr_open_bind (libc.so.2)
0x70332cc0     iofunc_ocb_attach (libc.so.2)
0x70333036     iofunc_open_default (libc.so.2)
0x80434d4      io_open (dev-mydriver)                    stack enrolled
```

```
// allocation of open control block

5          TID 1, type: malloc, PTR 0x80536f0, SIZE 16
0x804843c         SetRegVal (dev-mydriver)

6          TID 1, type: malloc, PTR 0x8053708, SIZE 16
0x804843c         SetRegVal (dev-mydriver)

7          TID 1, type: malloc, PTR 0x8053720, SIZE 16
0x804843c         SetRegVal (dev-mydriver)

8          TID 1, type: malloc, PTR 0x8053738, SIZE 16
0x804843c         SetRegVal (dev-mydriver)

...

5242880 TID 1, type: malloc, PTR 0x80d2e10, SIZE 16
0x804843c         SetRegVal (dev-mydriver)
```

Listing 21.6 Beispiel einer Instrumentierungsausgabe

Dieses Beispiel zeigt, dass der Treiber bei jedem Betreten der SetRegVal-Methode 16 Byte allokiert, schließlich sind ca. 80 Mbyte vergeben. Dies ist sicher eine nützliche Information bei der Speichersuche.

21.4.7 Library-Interposer

Die Überladung der libc-Bibliothek wurde bereits oben für die malloc-Überladung verwendet. In einigen Literaturstellen, z. B. in [Cur] und [Nak], hat die Überladung dynamischer Bibliotheken einen eigenen Namen bekommen, „library interposition". Diese Technik ist immer dann nützlich, wenn man Performanz-Optimierungen vornehmen oder statistische Information zu seiner SW beschaffen will. Das Prinzip ist immer, verwendete dynamische Bibliotheken wie `libc` oder `OpenGl` zu überladen.

21.4.7.1 Ein einfacher Interposer

Dafür wird eine eigene „shared library" erzeugt und die Umgebungsvariable

`LD_PRELOAD`

entsprechend dem vollständigen Pfad gesetzt. Der dynamische Linker wird zunächst nach dieser Bibliothek suchen. Als Beispiel wird wieder die malloc()-Library aus der Standard-C-Bibliothek gewählt. In dem ersten Beispiel von [Nak] werden bei jedem Aufruf zunächst die Argumente des malloc()-Aufrufes ausgegeben und dann mit

`RTLD_NEXT`

und der Funktion

21.4 Weitere Tools und Methoden zur Fehlersuche/Findung

```
func()
// function ptr auf die urspruengliche malloc()-Fkt
```

als Zeiger auf die normale dynamische Linker-Reihenfolge wieder die malloc()-Funktion aus der Standard-Bibliothek /usr/lib/libc.so.1 aufgerufen.

Der Quellcode der Routine aus [Nak] wie folgt:

```
// malloc_interposer.c

/* Example of a library interposer: interpose on
 * malloc().
 * Build and use this interposer as following:
 * cc -o malloc_interposer.so -G -Kpic malloc_interposer.c
 * setenv LD_PRELOAD $cwd/malloc_interposer.so
 * run the app
 * unsetenv LD_PRELOAD
 */
#include <stdio.h>
#include <dlfcn.h>
void *malloc(size_t size)
{
  static void * (*func)();

  if(!func)
    func = (void *(*)()) dlsym(RTLD_NEXT, "malloc");
    printf("malloc(%d) is called\n", size);
  return(func(size));
}
```

Listing 21.7 malloc_interposer, Linux

In einem weiteren Beispiel wird in [Nak] gezeigt, wie man einige statistische Informationen über den malloc()-Gebrauch gewinnen kann.

21.4.8 Post-mortem-Analyse, Core-Dump

QNX und Linux unterstützen den Einsatz von MMUs (Memory Management Unit). Diese können das Betriebssystem benachrichtigen, wenn einer der Prozesse Adressen zugreifen will, die ihm nicht zugewiesen sind oder für die er nicht die beanspruchten Zugriffsrechte besitzt. Der Kernel kann dann die Abarbeitung der Instruktionen abbrechen und durch Aufruf eines Dumpers einen sogenannten Core-Dump schreiben. Auch illegale Operationen, z. B. Division durch Null, können den Dumper auslösen. Damit können Prozesse oder der Kernel selbst vor fremdem Zugriff geschützt werden.

21.4.8.1 Grundlagen

Das gedumpte Core-File kann mit einem Debugger interpretiert werden. Dabei wird der Call-Stack ausgewertet, auf dem die letzten Aufrufhierarchien mit Parametern (stack-Frames) zu finden sind. Man analysiert also, welche Funktion als letztes aufgerufen wurde und mit welchen Parametern. Voraussetzung ist, dass der Call-Stack den Absturz überlebt hat und das Betriebssystem noch in der Lage war, diesen zu speichern oder auszugeben. Das Dump-File wird dann zusammen mit dem Source-Code und den Debug-Informationen geladen.

```
gdb <path to your application> <path to your dump file>
```

Der Dumper öffnet ein Resource-Manager-Interface /proc/dumper. Anschließend wartet er auf ein write() auf dieses Interface. Der Schreibzugriff enthält die PID des dumpenden Prozesses in textueller Form. Deshalb kann man mit

```
echo "PID" /proc/dumper
```

selbst einen Core-Dump auslösen. Detektiert der Kernel eine Zugriffsverletzung, indem der Prozess und der Proc-Manager ein Signal zugestellt bekommen, dann schreibt dieser die betroffene PID auf den Dumper-Resource-Manager. Ein Beispiel wäre ein Segmentation-Fault durch eine De-Referenzierung eines Null-Pointers. Es gibt allerdings auch viele Fälle, in denen der Dumper nicht helfen kann. Stürzt in einer Thread-Umgebung ein Thread ab, weil ihm ein anderer den Speicher überschreibt, sind Ursache und Absturz an verschiedenen Stellen und die Suche mit dem Dumper ist zwecklos. Dann hilft eher die später beschriebene Malloc-Library.

21.4.8.2 Null-Pointer-Beispiele

Im Log-File oder auf der Konsole eines Beispielfalls bekommt man:

```
12:47:39.3207 SERIAL #1 | Process 81959 (NavCore)
    terminated SIGSEGV code=1 fltno=11 ip=08315f6e ref=0000001c
Das Core-File und die Quellen werden geladen:
#> ntosh-gdb NavCore NavCore.core
(gdb) bt    = backtrace
//  Instr.Ptr = 0x08315a6e   hier ist der Absturz
#0  0x08315a6e in NtmcShMem::TmcMsgDataManager::scanDeleted
    (this=0x87be1d0, complete=true)
    at platform\common\tmcshmaccess\private\TmcMsgDataManager.cpp:1039
//  return adr
#1  0x081ef1ce in NNav::CTmcSharedMemoryManager::removeAllMessages
    (this=0x87be1cc)
    at platform\mostdev\collect\navsubsystem\src\NavCore\tmc\
       private\ctrli\shma/CTmcSharedMemoryManager.cpp:1865
#2  0x081e39ea in tmc_power_down_check (controller=@0x8686fe0)
    at platform\mostdev\collect\navsubsystem\src\NavCore\tmc\
       private\tmcmain.cpp:523
#3  0x081e3ac0 in tmc_power_down_check_sleep
    (sleep100=25, controller=@0x8686fe0)
    at platform\mostdev\collect\navsubsystem\src\NavCore\tmc\
       private/tmcmain.cpp:491
```

21.4 Weitere Tools und Methoden zur Fehlersuche/Findung

```
#4  0x081e3b98 in (anonymous namespace)::tmc_wait_for_dbm
    (controller=@0x8686fe0)
    at platform\mostdev\collect\navsubsystem\src\NavCore\tmc\
    private/tmcmain.cpp:295
#5  0x081e3f6a in tmc_main ()
    at platform\mostdev\collect\navsubsystem\src\NavCore\tmc\
    private/tmcmain.cpp:364
#6  0x0806e0e4 in nav_module_preamble (selfRef=0x8577d20)
    at platform\mostdev\collect\navsubsystem\src\NavCore\main\
    private/CModule.cpp:174
#7  0x0806b0f0 in start_task (argument=<value optimized out>)
    at platform\mostdev\collect\navsubsystem\src\NavCore\acios\
    private\/mux_moccav2_qnx.cpp:419
#8  0x0806cb0a in CNavCoreMoCCAv2WrapperThread::execute(this=0x7e70f30)
    at platform\mostdev\collect\navsubsystem\src\NavCore\acios\
    private\/mux_moccav2_adapter.cpp:399
#9  0x0806ca28 in CNavCoreWorkerThread::run (this=0x7e70f30)
    at platform\mostdev\collect\navsubsystem\src\NavCore\acios\
    private\/mux_moccav2_adapter.cpp:307
#10 0x0805d7f6 in IRunnable::runFromThread
    (this=0x7e70f30, pThread=<value optimized out>)
    at framework\core\oswrapper\private\IRunnable.cpp:50
#11 0x0805df14 in CThread::run (this=0x87ac934, runnable=@0x7e70f30)
    at framework\core\oswrapper\private\CThread.cpp:467
#12 0x0806d08a in
    TThread<CNavCoreMoCCAv2WrapperThread>::TH3<void const*,
      void (* const*)(void const*), void const* const*,
        char const* const*>::threadProc (p=<value optimized out>,
          thread=@0x87ac934)
    at ./framework/core/oswrapper/CThread.hpp:906
#13 0x0805e598 in CThread::runThreadProc (pArgs=0x7fa8dfc)
    at framework\core\oswrapper\private\CThread.cpp:296
#14 0x0805b2f0 in CThread::startThreadProc (p=0x7fa8dfc)
    at framework\core\oswrapper\private\CThreadQNX.cpp:59
#15 0x7031f500 in ?? ()
    from I:/qnx/qssl/nto/qnx632/Trunk/target/qnx6/shle/lib/libc.so.2
(gdb)
```

Listing 21.8 Core-Dump

Mit <bt full> können alle verfügbaren Stack-Informationen ausgegeben werden:

```
(gdb) bt full
#0  0x08315a6e in NtmcShMem::TmcMsgDataManager::scanDeleted
    (this=0x87be1d0, complete=true)
    at platform\common\tmcshmaccess\private\TmcMsgDataManager.cpp:1039
        res = 141062108
        elem = (NtmcShMem::TmcMsgStorageElement *) 0x0
        curr = 136198412
#1  0x081ef1ce in NNav::CTmcSharedMemoryManager::removeAllMessages
    (this=0x87be1cc)
    at platform\mostdev\collect\navsubsystem\src\NavCore\tmc\
    private\ctrli\shma/CTmcSharedMemoryManager.cpp:1865
    ...
```

Listing 21.9 Ausgabe mit bt full

Man kann mit dem Debugger den Code an der interessierenden Stelle disassemblieren:

```
(gdb) disassem 0x08315a6c

0x08315a6c <_ZN9NtmcShMem17TmcMsgDataManager11scanDeletedEb+84>:
  mov.l   @(4,r4),r1
0x08315a6e <_ZN9NtmcShMem17TmcMsgDataManager11scanDeletedEb+86>:
  mov.l   @(28,r1),r10
...
```

Listing 21.10 Disassembly

Das wird aber doch ein bisschen kompliziert. Wir sehen, dass Register r10 mit Daten aus dem Speicher geladen wird. Die Adresse wird mit einem Displacement auf r1 berechnet. Diese effektive Adresse scheint ein Problem zu bereiten. Wir könnten nun r1 (info register) anschauen und das Register zurückverfolgen, um den Segmentation-Fault zu erklären. Stehen aber die Debug-Informationen des Builds zur Verfügung (alle Builds im Versionsmanagement aufheben), kann das Problem auch direkt im Source-Code erkennbar sein. In der angezeigten Zeile von TmcMsgDataManager.cpp:1039:

```
1028 // memory handling: move deleted messages to free list
1029 bool TmcMsgDataManager::scanDeleted(bool complete)
1030 {
1031    bool res = false;
1032    TmcMsgStorageElement* elem;
1033
1034    // first scan for unused elements at head of list
1035    TmcMsgStorageID curr;
1036    while ( (curr = storage->deletedMsgs.first) != 0 )
1037    {
1038       elem = getElementPtr(curr);
1039       if ( elem->useCount != 0 )
1040          break;
1041
1042       // remove from deleted elements list
1043       storage->deletedMsgs.first = elem->next;
1044       ...
1052    }
```

Listing 21.11 Die fehlerhaften Zeilen

Es gibt offensichtlich die Möglichkeit, dass ein Null-Ptr dereferenziert wird, wenn <curr> nicht in der Liste gefunden wird. Es fehlt eine Prüfung des Pointers selbst auf Null. Dies ist wieder eine Gelegenheit, dem Entwickler den Wert von Debugging-Kenntnissen zu beweisen, hatte er doch behauptet, dass das Referenzieren von Null-Pointern an dieser Stelle nicht passieren könnte.

```
Der Fix könnte so aussehen:
1039    if ( ( 0 == elem ) || ( elem->useCount != 0 ) )
1040       break;
```

Listing 21.12 Bugfix

21.4.8.3 SIGABRT-Beispiel

Manchmal werden Applikationen durch ein Signal (z. B. SIGABRT) abgebrochen oder sie aborten sich selbst. Dies kann man ebenfalls in Core-Dumps erkennen:

```
Program terminated with signal 6, Aborted.
(gdb) bt
#0   0x70335692 in SignalFault () from libc.so.2
#1   0x703279b8 in raise () from libc.so.2
#2   0x7032632c in abort () from libc.so.2
#3   0x080e8e36 in panic ()
#4   0x080aa348 in interrupt_entry_remove ()
#5   0x78239fca in mlb_shutdown (arg=0x0)
    at D:/Perforce/DTBS/qnx/dev/dev-mlb/trunk/src/devnp/fpga/mlb_np.c:451
#6   0x080bfdc6 in doshutdownhooks ()
#7   0x080d15b6 in segv_handler ()
#8   0x70319c3a in __signalstub () from libc.so.2

Backtrace stopped: frame did not save the PC
(gdb)
```

Listing 21.13 SIGABRT, eigener Panik-Handler

Hier hat ein Prozess seinen eigenen Handler für Segmentation-Faults implementiert. Der Treiber versucht einige Shutdown-Aufrufe, bevor er beendet. Die Methode

   <interrupt_entry_remove>

hat einen „unrecoverable error" detektiert und eine eigene Panik-Funktion panic() aufgerufen, die ihrerseits abort() ruft. Diese Method generiert ein SIGABRT-Signal zur Beendigung des Programms. Vermutlich wäre es besser, der Prozess würde den Dumper aufrufen und dann terminieren.

21.4.9 Kernel-Traces in QNX

Ein extrem komfortables Debug-Tool ist der Kernel-Tracer von QNX. Das Betriebssystem kommuniziert im Inneren des Microkernels mit synchronen Events. Diese können mittels Kernel-Trace nach außen gebracht und z. B. in einem Speicher hinterlegt werden. Auf diese Weise kann man Blockaden, Abstürze und Performance-Probleme sehr schön finden, siehe Beispiele weiter unten. Voraussetzung dafür ist, dass man das Problem reproduzieren kann und Trigger findet. Genauere Erklärungen werden sehr gut verständlich in QNX-Tutorials angeboten. Im Folgenden sei deshalb anhand von Beispielen nur gezeigt, welche Einsichten man mit Kernel-Traces gewinnen kann. Auf die Programmzeile genau kann man die Arbeit des Prozessors verfolgen, klar wird daran aber auch, dass man sich in der tiefsten Detaillierung befindet und die kritischen Stellen in einer großen Datenmenge finden muss. Auch wird klar, dass die Namensgebung für Prozesse und Thread wichtig ist und wechselnde, namenlose Workerthreads schwer zuzuordnen sind.

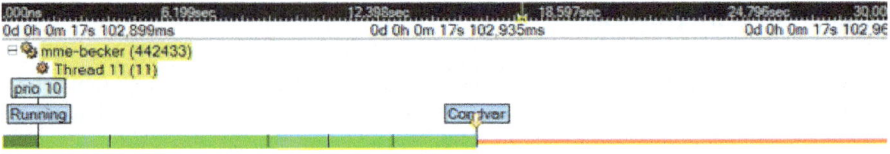

Abb. 21.1 Blockierendes Warten

21.4.9.1 Blockierendes Warten

Als erstes Beispiel sei blockierendes Warten auf eine Condition-Variable mit Timeout gezeigt, siehe Abb. 21.1. Gezoomt ist ein Zeitraum um 17 sec nach Start der Aufzeichnung. Der Thread 11 des Prozesses 442433 wird am Anfang gescheduled und ändert damit seinen Zustand von READY auf RUNNING. Man erkennt den Aufruf der TimerTimeout()-Funktion, die den Timeout-Wert einer CondVar setzt, in der textuellen Mitschrift. Die Funktion endet bei ..924 ms. Bei 935 ms blockiert der Thread auf der Condition-Variablen durch Aufruf von SyncCondvarWait() und geht in Blocked.

Beispiel einer Blockierung auf einer „Condvar mit Timeout":

```
#680533, 17s 102ms 919us, mme-becker (442433) Thread 11 (11),
         TimerTimeout Enter,
         id 2 timeout_flags 0x4000 ntime(sec) 2 ntime(nsec) 0
         event->sigev_notify 0 event->sigev_notify_ptr 0x0
         event->sigev_value 0x0 event->sigev_notify_attributes_ptr 0x0
#680534, 17s 102ms 924us, mme-becker (442433) Thread 11 (11),
         TimerTimeout Exit,
         prev_timeout_flags 0x0 otime(sec) 0 otime(nsec) 0

#680535, 17s 102ms 928us, mme-becker (442433) Thread 11 (11),
         SyncCondvarWait Enter, sync_ptr 0x822bc48 mutex_ptr 0x822bc50
         sync->count 0 sync->owner 0xfffffffb
         mutex->count 2147483661
         mutex->owner 0x4041000b
#680536, 17s 102ms 935us, mme-becker (442433) Thread 11 (11),
         Condvar,
         pid 442433 tid 11 priority 10 policy 2 partition 0
         sched_flags 0
```

Listing 21.14 Kernel-Trace, QNX

21.4.9.2 Blockierung durch Preemption

Im Beispiel in Abb. 21.2 wird ein Thread 9 des Prozesses 53273 der Priorität 15 von einem Thread 2 des Prozesses 45074 verdrängt, da dieser die höhere Priorität 21 hat. Der Thread 9 wechselt daher von Running auf Ready, der Thread 2, der vorher Idle war, geht nun auf Running. Zur Erläuterung: Der Thread 9 ist ein Applikations-Thread, der die Grafik aufruft. Thread 2 ist der Grafiktreiber, der vom Hauptprozessor aus den Grafikprozessor ansteuert. Die Interrupts, die man im Kernel-Trace erkennt, werden vom Grafikprozessor in der Kommunikation mit dem Treiber ausgelöst.

21.4 Weitere Tools und Methoden zur Fehlersuche/Findung

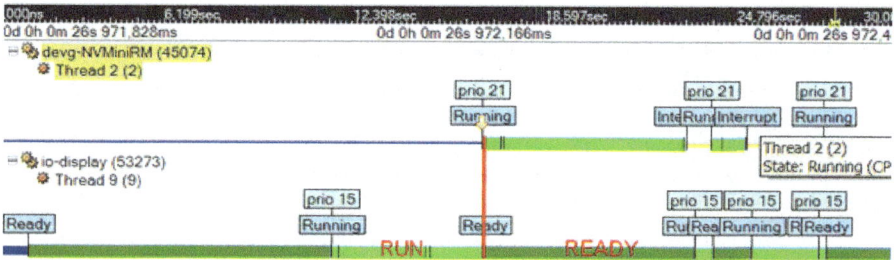

Abb. 21.2 Blockierung durch Preemption

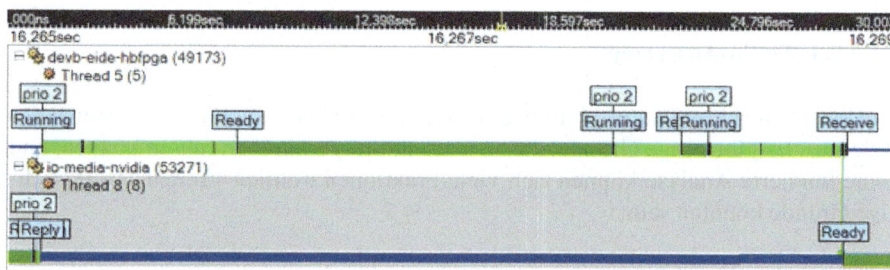

Abb. 21.3 Blockierung durch Request

21.4.9.3 Blockierung durch Request

In Abb. 21.3 sendet der Thread 8 eine Write-Nachricht für 64 kByte (0x10000) per synchronem Event an Thread 5 und wartet reply-blockiert auf die Antwort.

```
#650098, 16s 265ms 439us, io-media-nvidia (53271) Thread 8 (8),
         MsgSendv Enter,
         coid 0x1a sparts 2 rparts 0 msg0 0x100102 msg1 0x10000
         msg2 0x0 function write()
#650099, 16s 265ms 442us, io-media-nvidia (53271) Thread 8 (8),
         Send Message, rcvid 0x7002a pid 49173 process devb-eide-fpga
```

Listing 21.15 KT, Blockierung durch Request

Die Nachricht weckt Thread 5, der auf Running geht und das Schreiben auf die Festplatte ausführt.

```
#650101, 16s 265ms 464us, devb-eide-fpga (49173) Thread 5 (5),
         Running, pid 49173 tid 5 priority 2 policy 2
         partition 0 sched_flags 0
```

Listing 21.16 KT, Blockierung durch Request, Fortsetzung

Nach 3–4 ms hat Thread 5 das Schreiben abgeschlossen und antwortet mit der Anzahl der geschriebenen (0x10000).

```
#650345, 16s 269ms 177us, devb-eide-fpga (49173) Thread 5 (5),
         MsgReplyv Enter,
         rcvid 0x7002a sparts 0
         status 0x10000 msg0 0x0 msg1 0x0 msg2 0x0
#650346, 16s 269ms 182us,
         devb-eide-fpga (49173) Thread 5 (5),
         Reply, tid 8 pid 53271 process io-media-nvidia
#650347, 16s 269ms 186us, io-media-nvidia (53271) Thread 8 (8),
         Ready,
         pid 53271 tid 8 priority 2 policy 2 partition 0 sched_flags 0
```

Listing 21.17 KT, Blockierung durch Request, Fortsetzung

21.4.9.4 Audio-Aussetzer

Ein klassisches Problem in Multimediasystemen ist Knacksen im Audio-Signal des Telefons. Es gibt einige Gründe, die zu solchen Störgeräuschen führen können, und ohne fundierte Analyse können sich viele Fraktionen trefflich streiten. Zwei wichtige Gründe könnten sein:

- schlechte Signalqualität durch schlechten Empfang, gestörte Bluetooth-Übertragung, Antennenprobleme,
- Probleme in der Audiosignalverarbeitung.

In diesem Beispiel wird das Audiosignal des Bluetooth-Telefons als serielles Signal an das Prozessorsystem geführt und dort per A/D-Wandlung in ein FPGA geführt. Der Audio-Interrupt-Treiber `io-audio` überträgt Daten mittels DMA vom und zum FPGA. Intern werden die Daten als QNX-Message verarbeitet. Der Telefon-Prozess `PSSBSSProcess-AudioInThread` liest die Daten alle 11 ms vom Treiber und legt die Daten in die interne Verarbeitungskette, in der weitere Verarbeitungsschritte wie z. B. die Echo-Kompensation gerechnet werden. Offensichtlich braucht dies gelegentlich zu lang, siehe Abb. 21.4.

- Der `AudioIn Thread` liest alle 11,9 ms die Daten vom Treiber `io-audio` und gibt sie an
- `Saip_SyncThread`, der die Daten weiterverarbeitet und anschließend an
- `SaopCoreThread` gibt. Dieser gibt die Daten weiter an
- `AudioOut Thread`, der sie in den Audio-Treiber `io-audio` schreibt. Dieser blockiert, bis neue Daten gebraucht werden, weil der Puffer leer ist.

Man kann einen Gut- und einen Schlecht-Fall im Trace erkennen.

Im vorderen Fall stellt der `SaopCore-Thread` Thread 80 dem AudioTreiber die Daten rechtzeitig zur Verfügung. Im Schlechtfall hat der `SaopCore-Thread` noch keine Daten geliefert, der `AudioOut-Thread` wurde aber schon vom leeren Buffer gestartet und wird ungültige Daten ausgeben. Dies führt zum Knacksen oder zu Mute-Pausen (falls Nullen eingefügt wurden). Verursacht wird das Problem durch den `saip_Sync Thread`, der im Schlechtfall 3 ms beansprucht, ungefähr 0.5 ms zu viel. Derartige Probleme sind nicht leicht zu finden, da man selbst in kurzen Aufzeichnungen viele tausend Sequenzen überprüfen müsste. Mit einem Skript

21.4 Weitere Tools und Methoden zur Fehlersuche/Findung

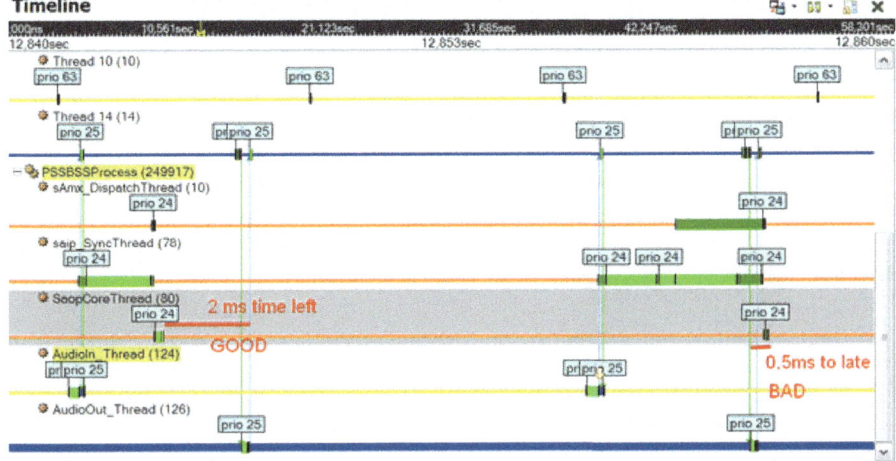

Abb. 21.4 Audioaussetzer

wurden im vorliegenden Fall die Kernel-Events auf richtige Reihenfolgen überprüft und so die Stelle gefunden. Man kann auch eigene User-Events definieren, zum Beispiel wenn leere Buffer gelesen werden, die dann mit im Kernel-Trace erscheinen.

21.4.9.5 Interrupt-Behandlung

Die Analyse von Interrupt-Problemen ist oft schwierig, weil auch Tools wie Debugger gestört werden oder nicht mehr funktionieren. Der Interrupt-Aufruf für den Proc-Tracker hängt am Timer-Tick und kommt regelmäßig im 1 ms Abstand. Im Fehlerfall in Abb. 21.5 erkennen wir ein Ausbleiben des Interrupts für 5 ms. Offensichtlich wird hier sogar der Systemtimer von einem zu lange rechnenden Interrupt-Handler gestört, unsere Systemuhr würde jetzt um 4 ms nachlaufen, auch Timeout-Mechanismen z. B. von Semaphoren mit Timeout und selbst der Scheduler werden um diesen Betrag gestört.

Schaut man die Interrupts in Abb. 21.6 genauer an, so erkennt man zwei Interrupt-Handler, die für den Interrupt 0x200C registriert sind: der Kernel-Timer procnto-instr und der eigene Handler für den Proc-Tracker.

Im vorliegenden Fall braucht eine eigene Interrupt-Routine namens Proc-Tracker normalerweise 2 us und der aufgerufene Interrupt-Handler 10 us, siehe unten in der Textausgabe.

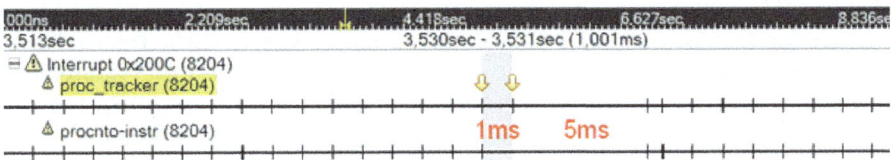

Abb. 21.5 Interrupt-Behandlung

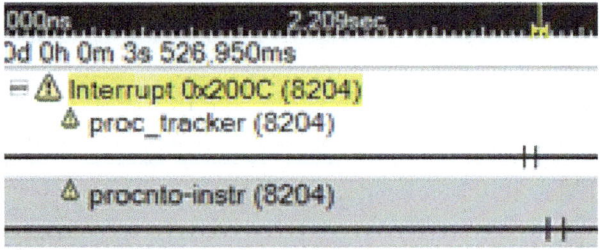

Abb. 21.6 Zoom in die Problemzone

```
94669, 3s 530ms 7us, Interrupt 0x200C (8204) proc_tracker (8204),
Handler Entry, pid 348231 interrupt 0x200c ip 0x8040f18
area 0x0 process proc_tracker

94670, 3s 530ms 9us, Interrupt 0x200C (8204) proc_tracker (8204),
Handler Exit, interrupt 0x200c sigev_notify 0

94671, 3s 530ms 10us, Interrupt 0x200C (8204) procnto-instr (8204),
Handler Entry, pid 1 interrupt 0x200c ip 0x88050fa0
area 0x0 process procnto-instr

94676, 3s 530ms 20us, Interrupt 0x200C (8204) procnto-instr (8204),
Handler Exit, interrupt 0x200c sigev_notify 0
```

Listing 21.18 KT, Textausgabe

Im Kernel-Trace in Abb. 21.7 ist zu erkennen, dass der eigene InterruptHandler gelegentlich sehr viel länger bis zu seinem Exit-Event braucht.

Der Proc-Tracker hat die Aufgabe, in regelmäßigen Abständen den gerade aktuell laufenden Thread namentlich auf die serielle Schnittstelle auszugeben, zum Beispiel alle 2 s. Dafür zählt er die Ticks auf und startet alle 2000 Ticks die Ausgabe. Bei langen Thread-Namen braucht die serielle Ausgabe zu lange, weshalb nachfolgende Interrupts noch blockiert bleiben. Entstanden ist dieser Fehler bei einer kosmetischen Verschönerung, statt der PID und TID wollte ein Entwickler lieber die Klartextnamen ausgeben. Ohne Kernel-Trace hätte man nach diesem Fehler sehr lange suchen müssen, vermutlich wäre die einzige andere wirksame Strategie der Versionsvergleich gewesen.

21.4.9.6 Fehlender Interrupt

Zu hörendes Phänomen war ein stotterndes Audiosignal. Ein Bluetooth-Handy ist über den BT-Empfänger über eine serielle Schnittstelle am System angeschlossen. Der TelefonProzess liest A2DP-Bluetooth-Pakete aus dem seriellen Treiber. Nach interner Verarbeitung werden sie in einen Container gelegt und dort von einem Dekoder-Thread (io-media-nvidia) geholt, wenn der Audio-Ausgabepuffer leer ist. Offensichtlich sind viele Threads beteiligt, es ist zunächst nicht ersichtlich, wo Daten verloren gehen. Die Verarbeitungskette:

21.4 Weitere Tools und Methoden zur Fehlersuche/Findung

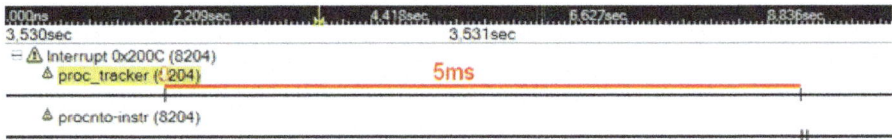

Abb. 21.7 Interrupt-Handler braucht zu lange

- io-media-nvidia liest Daten von PSSBSS,
- PSSBSSProcess-MediaRmPlayer akzeptiert und bedient die `read()`-Aufforderung,
- Thread for media out (123) antwortet mit den Daten, sobald genügend vorhanden sind.
- In diesem Fall übernimmt io-media-nvidia 512 Byte Daten, die innerhalb 10–20 ms geliefert werden.

Im Screenshot (Abb. 21.8) sind zwei lange Pausen zu erkennen (150ms und 200ms), in denen io-media-nvidia Reply-blocked ist.

Etwas Hintergrundwissen und eine weiterer Screenshot sind nun nötig: Wir erkennen in der nächsten Abb. 21.9, dass der Thread, der die Daten von devc-ser8250 liest, ebenfalls nicht genug Daten bekommt, siehe PSSBSSProcess-read

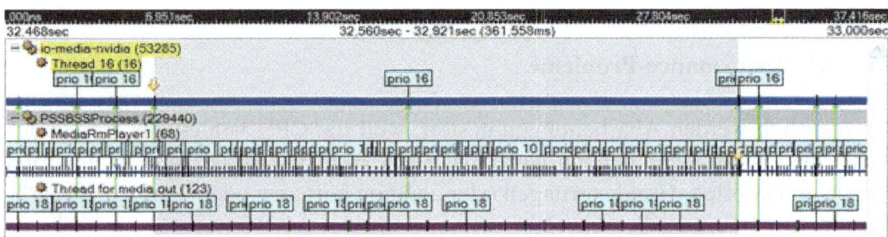

Abb. 21.8 Lange Pausen

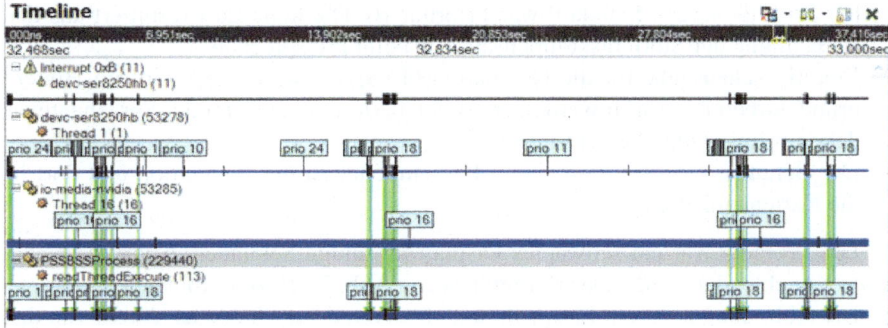

Abb. 21.9 Ausbleiben der Daten

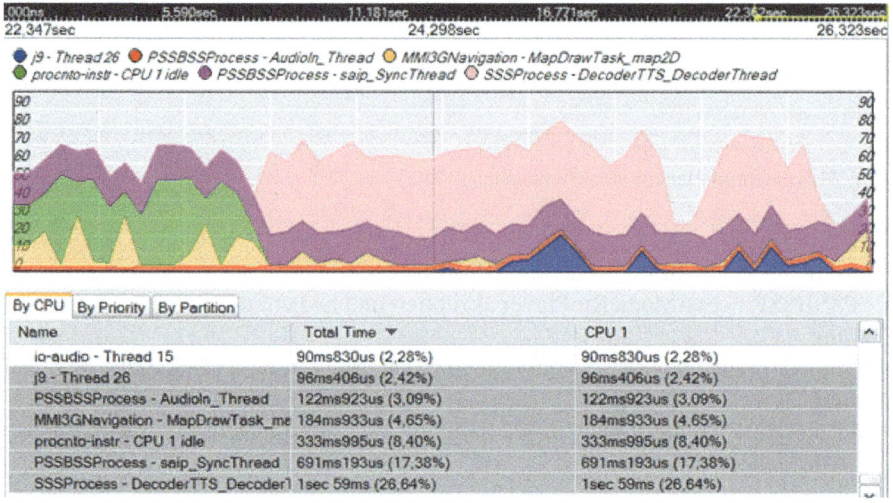

Abb. 21.10 Performance-Problem

ThreadExecute. Dieser Thread beantwortet den `read()` von PSSBSS nicht, weil in dieser Zeit die Interrupts des devc-ser8250 (11) ausbleiben.

Diese blieben aus, weil das Bluetooth-Device wegen einer fast leeren Batterie sporadisch keine Daten mehr sendete.

21.4.9.7 Performance-Probleme

Gelegentlich werden Abarbeitungen gestört, weil die CPU von einem Thread auf hoher Priorät zu lange genutzt wird. Das führt zu nicht tolerierbaren verzögerten Benutzerantworten, Grafikstörungen oder anderen hörbaren oder sichtbaren Verzögerungen ("In einem Porsche gibt es keine verzögerten Menues"). Im nächsten Beispiel gab es den folgenden Use-Case:

- Ein laufendes Telefongespräch über Freisprechen belastete zu 20–30 % die CPU auf Priorität `>=23`, Standard war Priorität 10. Die hohe Last resultiert aus der Berechnung der Störungskompensationen beim Freisprechen.
- Eine Sprachausgabe für die Navigation (TTS, text to speech) wird im Hintergrund vorbereitet. Dafür werden entweder Texte synthetisiert oder Sprachdateien dekomprimiert und dann ausgegeben.
- Der Benutzer wechselt von einem Bedienmenue in die Navigation und dort in die Kartendarstellung.

Das Problem war ein schwarzes Display für einige Sekunden, bevor die Navikarte eingeblendet wurde. Der Kernel-Trace in Abb. 21.10 zeigt folgende Situation:

Die Abbildung zeigt ein Lastprofil und den Anteil verschiedener Threads an der CPU-Last. Offensichtlich ist das System im mittleren Bereich (Sekunde 23,5–26) nicht Idle (grüne Darstellung), es gibt keine freien CPU-Zeiten, die CPU ist zu

21.4 Weitere Tools und Methoden zur Fehlersuche/Findung

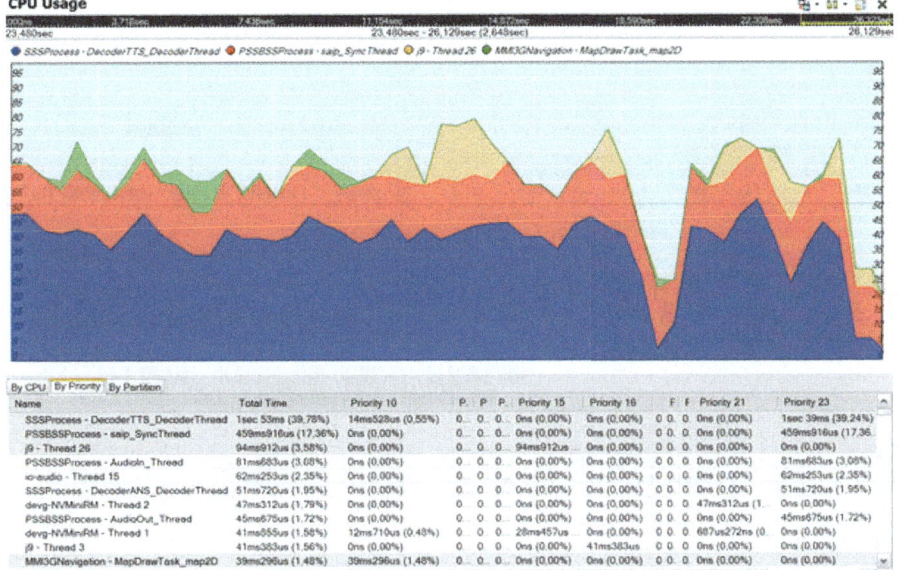

Abb. 21.11 CPU-Usage

100 % ausgelastet. In dieser Zeit ist der `DecoderTTS_DecoderThread` sehr aktiv. Das könnte der Grund sein, warum der MapDrawTask (gelb) nicht genug CPU bekommt. In dieser Ansicht ist die Priorität nicht dargestellt, diese kann man im folgenden Zoom des interessierenden Bereichs sehen, siehe Abb. 21.11.

Zu erkennen ist, dass nur 2 % der CPU-Zeit für die Standard-Priorität 10 zur Verfügung steht. Der `TTSDecoder` bekommt 40 % auf Priorität 23, die Telefon-Threads (z. B. `saip_SyncThread`, `AudioIn_thread`) zusätzliche 20 %. Deshalb bleiben für den MapDrawTask nur noch 1,5 % auf Priorität 10.

In der Timeline-Darstellung in Abb. 21.12 sind weitere Informationen erkennbar: Der `TTS_DecoderThread` verursacht mit seiner CPU-Last von ca. 40 % auf Priorität 23 lange Ready-Zeiten der Priorität 10-Threads. Dadurch wird das Rendern stark verzögert und ruckelig. Menuewechsel werden so stark verzögert, dass schwarze Bilder zu sehen sind. Der TTSDecoder bereitet eine Sprachausgabe vor (Laden und Dekodieren eines Audio-Streams) und gibt anschließend den Stream an die Audi-Ausgabe. Man könnte die Priorität dieses Threads verändern oder die CPU-Last limitieren. Dies würde allerdings die Vorbereitungszeit verlängern und damit den Start der Ausgabe verzögern (Wenn die Abfahrt zur Tankstelle vorbei ist, nutzt die Ansage nichts mehr). Solche kurzen Performance-Themen zu analysieren und zu verstehen ist mit Kernel-Traces sehr gut möglich. Viel schwieriger wenn nicht sogar unmöglich wäre die Analyse mit Tools wie hogs, top oder einem Standard-Debugger. Die Lösung für dieses Problem wird sein, einmal die Datenwege der Algorithmen des Decoder-Threads zu untersuchen. Oft werden der sauberen Architektur wegen Datenpakete durch einige Schichten aufwendig kopiert, statt Adressen von Puffern zu übergeben.

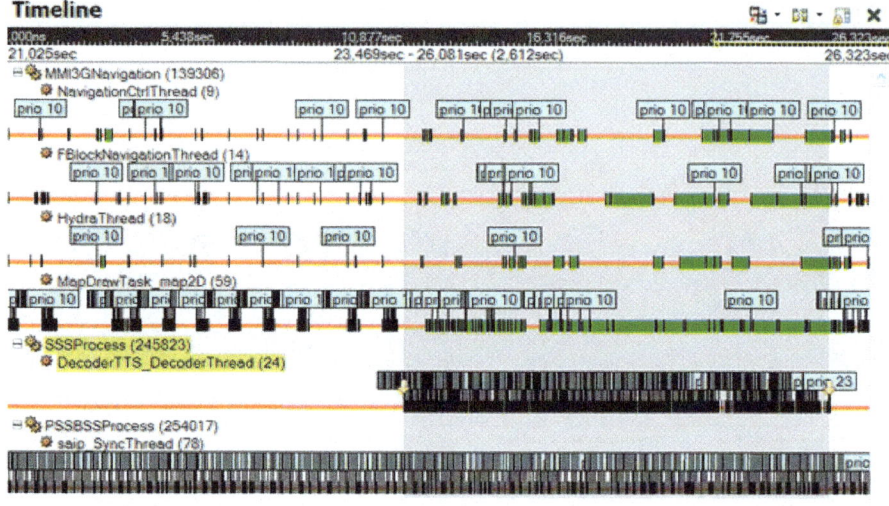

Abb. 21.12 Timeline

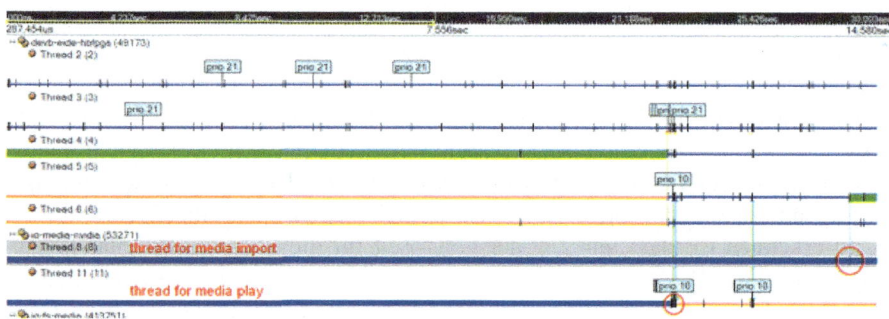

Abb. 21.13 Prioritätsinversion

21.4.9.8 Prioritätsinversion

Die Beanstandung war, dass die Wiedergabe von MP3-Dateien gestört wurde, wenn im Hintergrund gleichzeitig Daten auf die Festplatte geschrieben wurden (Jukebox-Import). Mit Hintergrund war hier gemeint, dass nach und nach alle Daten eines Sticks oder einer CD auf die Festplatte geschrieben werden sollen, immer dann, wenn dafür Zeit ist. Also wurde dieser Thread auf niedrige Priorität definiert, ein Hintergrund-Thread oder Lumpensammler. In dem gegebenen System wurde der Import auf Priorität 2 betrieben. Wenn das System vollständig ausgelastet wurde, z. B. durch Scrollen der Navikarte, dann wurde die gleichzeitige Wiedergabe von MP3-Dateien gestört (Knacksen, Mute-Pausen). Im Kernel-Trace ist in Abb. 21.13 zu sehen (leider ohne Anfang des Problems), dass das Lesen des io-media-nvidia Threads auf hoher Priorität nicht rechtzeitig beantwortet wurde, deshalb der Puffer leer lief und damit die Wiedergabe gestört wurde.

21.4 Weitere Tools und Methoden zur Fehlersuche/Findung

Von Beginn des Traces an ist der Thread devb-eide-fpga/4 READY auf seiner Priorität 2. Im Profile kann man sehen, dass die CPU auf Prioritäten >2 voll ausgelastet ist. Die READY-Zeit ist also plausibel. In Sekunde 11 (linker roter Kreis) gibt der devb-eide-fpga-Thread den internen write-Lock in devb-eide-fpga frei, so dass andere Threads die Anfragen ihrer Clients beantworten können. Nun kann die CondVar, die Thread 5/6 blockiert hatte, signalisiert werden und Thread 5 kann den read()-Aufruf von io-media-nvidia/11 auf Priorität 10 beantworten. Schließlich wird der write()-Aufruf in Sekunde 14 (rechter roter Kreis) ausgeführt. Ein angefangener Schreibzugriff auf niedriger Priorität hat demnach mit seinem CondVar-Lock höhere Threads blockiert. Da CondVars keinen Besitzer haben, viele Threads könnten die Condvar signalisieren, kann das Betriebssystem auch nicht den Verursacher des Problems zeitweise höher priorisieren, wie das bei Mutexen möglich ist (priority inheritance). Einen Lock beim Schreiben von Daten zu setzen, ist eine verständliche Maßnahme, um das Dateisystem vor Inkonsistenz zu schützen. Bis das Schreiben jedoch vollständig abgeschlossen ist, kann kein anderer Thread daraus lesen. Läuft das System unter Volllast und hat der Schreib-Thread niedrige Priorität, so wird er unterbrochen und kann seinen Lock nicht freigeben. Dadurch kann es zu lang andauernden Blockaden kommen. Man könnte dies auch als Prioritätsinversion bezeichnen. Ein ähnliches Problem gab oder gegebenenfalls gibt es auch noch bei Linux. Eine Lösung kann sein, die eigentlichen Schreibaufrufe von der Hintergrundapplikation zu trennen und so hoch wie die anderen Dateizugriffe zu priorisieren.

21.4.9.9 Startzeitoptimierung

Als Grundregel muss hier gelten: Keine Idle-Zeiten während des Hochfahrens, es gibt keine Zeit zu verlieren. Während es sonst ausgesprochen ungesund ist, ein System über längere Zeit ohne Idle zu betreiben, da hierbei alle Prioritätsinversionsprobleme zu Tage treten (siehe oben), sollte die Startphase ohne Verzug durchlaufen. Mit Kernel-Traces kann man Idle-Zeiten suchen und analysieren. In unten beschriebenem System gibt es einen Startup-Manager, der einen Prozess startet, wenn alle Vorbedingungen erfüllt sind (required interfaces). Als Beispiel wird das USB-Interface für den Telefon-Prozess gebraucht, da das HW-Modul per USB angeschlossen ist. Deshalb wird der USB-Treiber gestartet, dann wartet der Startup-Manager auf das Resource-Manager-Interface dev/io-usb, anschließend wird die nächste Treiberschicht devc-serusb gestartet, auf die virtuellen com-Ports dev/usb gewartet und schließlich der Telefon-Prozess gestartet. Diese Abhängigkeiten können aber auch zu Idle-Zeiten führen, die man im Kernel-Trace in Abb. 21.14 identifizieren kann.

Im Bild sind zwei größer Idle-Zeiten blau markiert, die in der nächsten Abb. 21.15 gezoomt werden.

Auf was hier gewartet wird, kann man in der Timeline-Darstellung in Abb. 21.16 sehen:

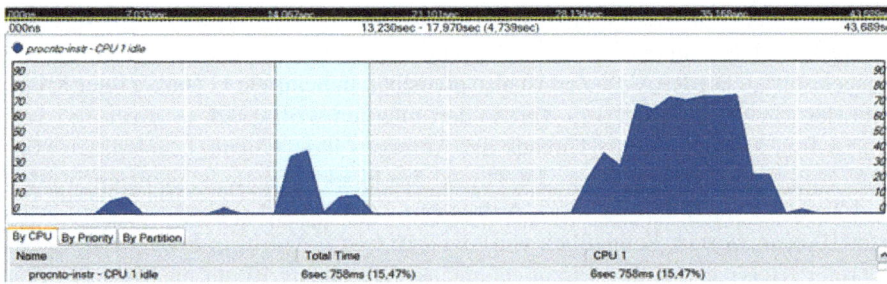

Abb. 21.14 CPU-Load während des Start-Up

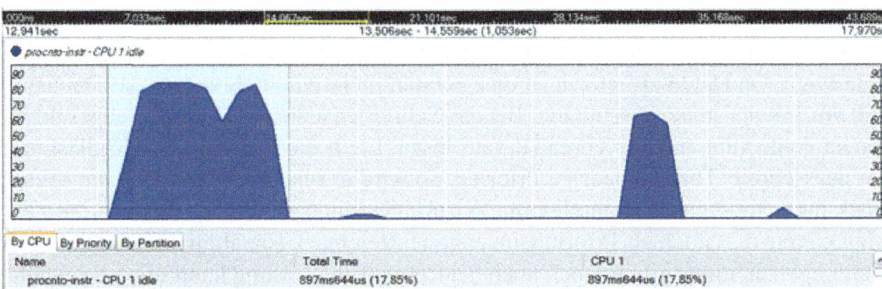

Abb. 21.15 CPU-Load während des Start-Up, Zoom

Abb. 21.16 CPU-Load während des Start-Up, Timeline

Nach dem markierten Zeitraum (900 ms) setzt der Startup-Prozess seine Arbeit der Reihe nach fort. Offensichtlich gibt es eine Startbedingung des ksh-Threads auf den io-usb-Thread, der erst sein Resource-Manager-Interface bereitstellen muss. In dieser Zeit ist das System idle.

Diesen Zeitraum weiter aufgelöst zeigt Abb. 21.17 Thread 1 im Zustand NANO-SLEEP. Die Summation der Zeiten zeigt 35 ms RUNNING des Gesamtprozesses, die restliche Zeit wird in NANOSLEEP verbracht. Offensichtlich wird hier auf

21.5 Kernel-Traces in Linux

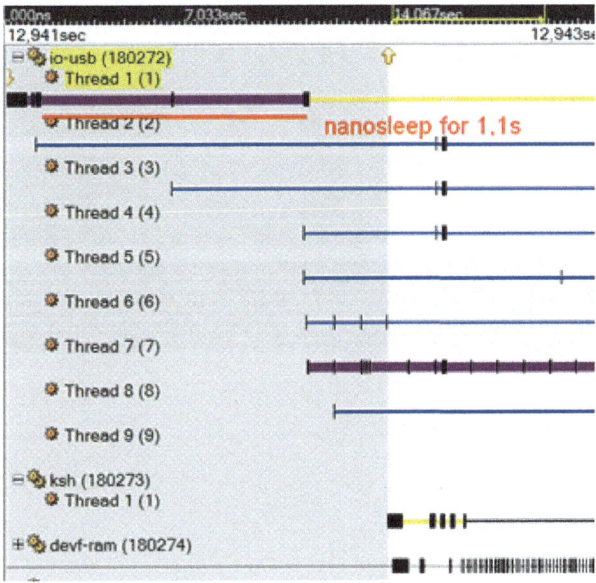

Abb. 21.17 CPU-Load während des Start-Up, Timeline Zoom

Hardware-Vorgänge gewartet. Eine gute Lösung ist, den io-usb-Prozess früher zu starten, so dass die HW-Zeiten nicht stören und das Interface bereit ist, wenn es gebraucht wird. Im vorliegenden Fall konnte die Startzeit damit um 2 s verbessert werden.

21.5 Kernel-Traces in Linux

Ein extrem komfortables Debug-Tool ist der Kernel-Tracer von QNX. Entsprechend Pendants gibt es auch unter Linux.

21.5.1 LTT

Da Linux allerdings intern nicht mit Events kommuniziert, muss man mit Debug-Libraries zusätzliche Instrumentierungen einführen, in denen Events generiert werden. An Linux Kernelspace-Tracing-Tools sind unter anderen LTTng und Systemtap zu nennen. Für den Userspace-Trace gibt es UST. Das Linux-Trace-Toolkit ist beispielsweise ein Kernel-Debug-Tool, mit dem sich die Events des Kernels tracen lassen. Diese Traces können gefiltert und visualisiert werden, um eine komfortable Analyse zu ermöglichen. In der Abb. 21.18 wird das GUI des Linux-Trace-Toolkit gezeigt. Es gibt die Möglichkeit, für die verschiedenen Ansichten Filter zu definie-

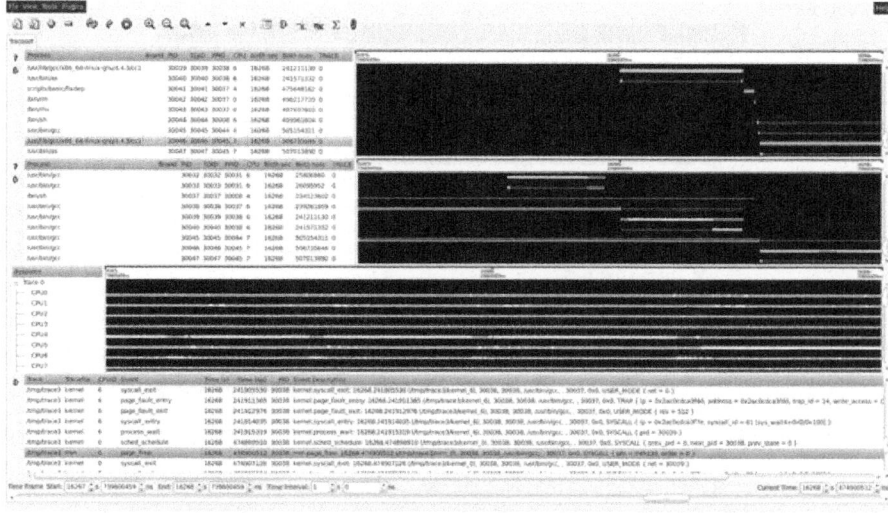

Abb. 21.18 Bedienoberfläche von LTT

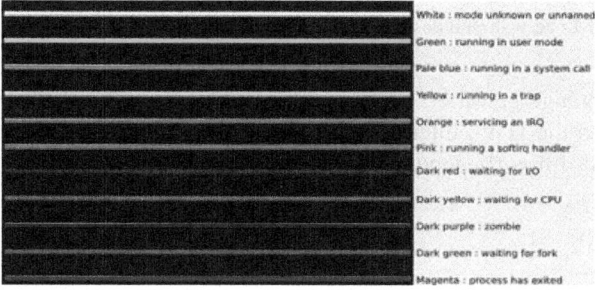

Abb. 21.19 Legende von LTT

ren und damit die Menge an Daten überschaubar zu halten. In einem Zeitfenster wird dargestellt, welcher Prozess sich zu welcher Zeit in welchem Modus befindet. Zusätzlich wird deutlich, welche Ressource (CPU, Irq oder SoftIrq) zu dieser Zeit in welchem Maße in Anspruch genommen wurde. Schließlich kann detailliert analysiert werden, welche Kernel-Events, inklusive detaillierter Beschreibung, aufgetreten sind.

Die Abb. 21.19 zeigt die Legende der farbigen Linien.

Eine Alternative zum Linux-Trace-Toolkit ist SystemTap, welches ein flexibles und erweiterbares System ist, um den Linux Kernel zu tracen und diese Traces zu analysieren. SystemTap wird über Skripte gesteuert, mit deren Hilfe Informationen über Events und Systemcalls des Kernels gesammelt und ausgegeben werden können. Das folgende Beispiel ist ein einfaches Script, welches die in den letzten 5 s am häufigsten ausgeführten Kernel-Funktionen auflistet:

21.5 Kernel-Traces in Linux

```
#! /usr/bin/env stap
global profile, pcount
probe timer.profile {
  pcount <<< 1
  fn = probefunc ()
  if (fn != "") profile[fn] <<< 1
}
probe timer.ms(5000) {
  printf ("\n--- %d samples recorded:\n", @count(pcount))
  foreach (f in profile- limit 10) {
    printf ("%-30s\t%6d\n", f, @count(profile[f]))
  }
  delete profile
  delete pcount
}
Die Ausgabe ist wie folgt:
--- 1572 samples recorded:
acpi_idle_enter_bm             1491
acpi_idle_enter_c1             33
acpi_idle_enter_simple         5
_spin_unlock_irqrestore        4
thread_return                           3
finish_task_switch                      3
do_select                               3
0x7f647b62113d                 2
0xffffffffa04c5fff                      2
0x7f00af063a00                 1

--- 1404 samples recorded:
acpi_idle_enter_bm             1340
acpi_idle_enter_c1                      29
acpi_idle_enter_simple         5
0x7f647b621bef                 2
thread_return                           2
_spin_unlock_irqrestore        2
0xffffffffa04c5fff                      2
0xffffffffa033c093                      2
system_call_after_swapgs       1
0x7f647b6732ad                 1
```

Listing 21.19 SystemTap, häufigste Kernel-Aufrufe der letzten 5 Sekunden

Das folgende Script ist einer Internet-OpenSource entnommen, nähere Informationen siehe dort:

http://sourceware.org/systemtap/examples/process/schedtimes.stp

Es zeichnet die Systemaufrufe auf, welche für Polling verwendet werden, und gibt die Prozesse aus, die diese Systemaufrufe aufgerufen haben:

```
#! /usr/bin/env stap
##############################################################
# Schedtimes.stp
# Author: Jason Baron <jbaron@redhat.com>
# profiles threads and displays their run times, queued times,
# wait times, including i/o wait times.
# Has two modes. When no arguments are given it profiles all
# threads. Alternatively, you can pass -c "program name"
##############################################################
```

```
//constants
global RUNNING=0, QUEUED=1, SLEEPING=2

global traced_pid
global run_time, queued_time,  sleep_time, io_wait_time
global pid_state, pid_names
global previous_timestamp
global io_wait_count
global io_wait_incremented

function get_iowait:long(queue:long)
{
  return @cast(queue,"rq","kernel")->nr_iowait->counter;
}

probe kernel.trace("sched_switch") {
  previous_pid = $prev->pid;
  next_pid = $next->pid;
  if (traced_pid) {
    if (previous_pid != traced_pid) {
      previous_pid = 0;
    }
    if (next_pid != traced_pid) {
      next_pid = 0;
    }
  }
  if (previous_pid) {
    if (!([previous_pid] in pid_state)) {
      //use this state as entry into state machine
      previous_timestamp[previous_pid] = gettimeofday_us();
      pid_names[previous_pid] = kernel_string($prev->comm);
      if ($prev->state > 0) {
        pid_state[previous_pid] = SLEEPING;
      } else if ($prev->state == 0) {
        pid_state[previous_pid] = QUEUED;
      } else {
        printf("unknown transition:\n");
        printf("pid state: %d our state: %d\n",
          $prev->state, pid_state[previous_pid]);
      }
    } else if (pid_state[previous_pid] == RUNNING) {
      pid_names[previous_pid] = kernel_string($prev->comm);
      t = gettimeofday_us();
      run_time[previous_pid] += (t - previous_timestamp[previous_pid]);
      previous_timestamp[previous_pid] = t;
      if ($prev->state > 0) {
        if (@defined($rq) && (get_iowait($rq) -
            io_wait_count[previous_pid]) > 0)
          io_wait_incremented[previous_pid] = 1;
        pid_state[previous_pid] = SLEEPING;
      } else if ($prev->state == 0) {
        pid_state[previous_pid] = QUEUED;
      } else {
        printf("unknown transition:\n");
        printf("pid state: %d our state: %d\n",
          $prev->state, pid_state[previous_pid]);
      }
    } else {
      printf("unknown transition:\n");
      printf("%s pid state: %d our state: %d\n",
          pid_names[previous_pid],
          $prev->state, pid_state[previous_pid]);
    }
  }
  if (next_pid) {
    if (@defined($rq))
      io_wait_count[next_pid] = get_iowait($rq);
```

21.5 Kernel-Traces in Linux

```
      if (!([next_pid] in pid_state)) {
        //use this state as entry into state machine
        previous_timestamp[next_pid] = gettimeofday_us();
        pid_state[next_pid] = RUNNING;
        pid_names[next_pid] = kernel_string($next->comm);
      } else if (pid_state[next_pid] == QUEUED) {
        t = gettimeofday_us();
        queued_time[next_pid] += (t - previous_timestamp[next_pid]);
        previous_timestamp[next_pid] = t;
        pid_state[next_pid] = RUNNING;
        pid_names[next_pid] = kernel_string($next->comm);
      } else {
        printf("unknown transition:\n");
        printf("%s pid state: %d our state: %d\n",
          pid_names[next_pid],
          $next->state, pid_state[next_pid]);
      }
    }
}

probe kernel.trace("sched_wakeup") {
  wakeup_pid = $p->pid;
  if (traced_pid && (wakeup_pid != traced_pid)) next
  if ((!$success) && (pid_state[wakeup_pid] != SLEEPING)) next
  if (!wakeup_pid) next

  if (!([wakeup_pid] in pid_state)) {
    //use this state as entry into state machine
    previous_timestamp[wakeup_pid] = gettimeofday_us();
    pid_state[wakeup_pid] = QUEUED;
    pid_names[wakeup_pid] = kernel_string($p->comm);
  } else if (pid_state[wakeup_pid] == SLEEPING) {
    t = gettimeofday_us();
    sleep_time[wakeup_pid] += (t - previous_timestamp[wakeup_pid]);
    if (io_wait_incremented[wakeup_pid] == 1) {
      io_wait_time[wakeup_pid] += (t - previous_timestamp[wakeup_pid]);
      io_wait_incremented[wakeup_pid] = 0;
    }
    previous_timestamp[wakeup_pid] = t;
    pid_state[wakeup_pid] = QUEUED;
    pid_names[wakeup_pid] = kernel_string($p->comm);
  } else {
    printf("unknown transition:\n");
    printf("pid state: %d our state: %d\n",
      $p->state, pid_state[wakeup_pid]);
  }
}

probe begin {
  traced_pid = target();
  if (traced_pid == 0) {
    printf("all mode\n");
  } else {
    printf("target mode\n");
    printf("traced pid: %d\n", traced_pid);
  }
}

probe end {
  t = gettimeofday_us();
  foreach (pid in pid_state) {
    if (pid_state[pid] == SLEEPING)
      sleep_time[pid] += (t - previous_timestamp[pid]);
    if (pid_state[pid] == QUEUED)
      queued_time[pid] += (t - previous_timestamp[pid]);
    if (pid_state[pid] == RUNNING)
      run_time[pid] += (t - previous_timestamp[pid]);
```

```
    }
    printf ("%16s: %6s %10s %10s %10s %10s %10s\n\n",
            "execname", "pid", "run(us)", "sleep(us)", "io_wait(us)",
            "queued(us)", "total(us)")
    foreach (pid+ in run_time) {
      printf("%16s: %6d %10d %10d %10d %10d %10d\n",
             pid_names[pid], pid, run_time[pid], sleep_time[pid],
             io_wait_time[pid], queued_time[pid],
             (run_time[pid] + sleep_time[pid] + queued_time[pid]));
    }
}
```

Listing 21.20 SystemTap, Systemcalls mit Polling

Die Ausgabe ist wie folgt:

```
   Pid |poll select epoll itimer futex  nanosle signal| process
  2196 |1380    0     0     0     0      0       0   | wnck-applet
  2253 | 317    0     0     0     0      4       0   | gnome-terminal
  4746 | 277    0     0     0     5      0       0   | soffice.bin
  7625 |   0    0     0     0     0    271       0   | stapio
  2169 | 160    0     0     0     0      0       0   | compiz
  2215 | 135    0     0     0     0      0       0   | multiload-apple
  2745 |  56    0     0     0    74      0       0   | firefox-bin
  2207 |   0    0     0     0     0     67       0   | gvfs-afc-volume
  1581 |  66    0     0     0     0      0       0   | vmware-usbarbit
  1562 |   0   57     0     5     0      0       0   | Xorg
  2145 |  42    0     0     0     0      0       0   | gnome-settings-
  1988 |  33    0     0     0     0      0       0   | hald-addon-stor
  1987 |  33    0     0     0     0      0       0   | hald-addon-stor
  1984 |  33    0     0     0     0      0       0   | hald-addon-stor
  1985 |  33    0     0     0     0      0       0   | hald-addon-stor
  1992 |  33    0     0     0     0      0       0   | hald-addon-stor
  1986 |  33    0     0     0     0      0       0   | hald-addon-stor
  2202 |  33    0     0     0     0      0       0   | udisks-daemon
  2151 |  20    0     0     0     0      0       0   | gnome-panel
  1890 |  13    0     0     0     0      0       0   | rtkit-daemon
```

Listing 21.21 Ausgabe des Skripts

21.6 Eigene Tools (QNX)

An dieser Stelle sollen einige Anregungen für eigene Tools gegeben werden. Es werden keine fertigen Implementierungen gezeigt, da die Anforderungen doch sehr unterschiedlich sein werden.

21.6.1 CyclicCheck

Die Idee ist, in regelmäßigen Abständen den freien Speicher und die CPU-Last zu prüfen, sozusagen den Puls zu prüfen. Werden bestimmte Grenzbedingungen erreicht, so können einige Analysen gestartet werden:

21.6 Eigene Tools (QNX)

- Memory-Dump für Prozesse und Threads.
- Hogs starten, um die Highrunner zu identifizieren.
- Start eines eigenen Tools, das die Instruction-Pointer abfragt, siehe unten.

Das Tool sollte konfigurierbar in seinen Timing-Parametern sein (Interval time, time intervals for detecting critical conditions).

21.6.2 Speichercheck

Mit

```
<stat("/proc", &st);>
```

kann der symbolische Mountpoint des Prozessmanagers von QNX angesprochen werden. In

```
st.st_size (bytes)
```

findet sich der Gesamtspeicherverbrauch. Zur Erklärung die Struktur mit allen Informationen:

```
stat(), stat64()   // Get information about file or directory,
                   // given a path
Synopsis:
#include <sys/stat.h>

int stat( const char * path,
          struct stat * buf );

int stat64( const char * path,
            struct stat64 * buf );

Arguments:
Path
   The path of the file or directory that you want information about.
Buf
   A pointer to a buffer where the function can store the information;
   see below.
struct stat {
#if _FILE_OFFSET_BITS - 0 == 64
    ino_t          st_ino;           /* File serial number. */
    off_t          st_size;          /* File size in bytes.  */
#elif !defined(_FILE_OFFSET_BITS) || _FILE_OFFSET_BITS == 32
#if defined(__LITTLEENDIAN__)
    ino_t          st_ino;           /* File serial number. */
    ino_t          st_ino_hi;
    off_t          st_size;
    off_t          st_size_hi;
#elif defined(__BIGENDIAN__)
    ino_t          st_ino_hi;
    ino_t          st_ino;           /* File serial number. */
    off_t          st_size_hi;
    off_t          st_size;
#else
 #error endian not configured for system
#endif
#else
```

```
       #error _FILE_OFFSET_BITS value is unsupported
       #endif
          dev_t      st_dev;      /* ID of the device containing the file. */
          dev_t      st_rdev;     /* Device ID.                            */
          uid_t      st_uid;      /* User ID of file.                      */
          gid_t      st_gid;      /* Group ID of file.                     */
          time_t     st_mtime;    /* Time of last data modification.       */
          time_t     st_atime;    /* Time when file data was last accessed.*/
          time_t     st_ctime;    /* Time of last file status change.      */
          mode_t     st_mode;     /* File types and permissions.           */
          nlink_t    st_nlink;    /* Number of hard links to the file.     */
          blksize_t  st_blocksize; /* Size of block used by st_nblocks*/
          _int32     st_nblocks;  /* Num of blocks st_blocksize. */
          blksize_t  st_blksize;  /* Prefer.I/O block size for obj   */
       #if _FILE_OFFSET_BITS - 0 == 64
          blkcnt_t   st_blocks;          /* No. of 512-byte blocks
                                            allocated for a file. */
       #elif !defined(_FILE_OFFSET_BITS) || _FILE_OFFSET_BITS == 32
       #if defined(__LITTLEENDIAN__)
          blkcnt_t   st_blocks;   /* No.of 512-byte blocks allocated
                                            for a file. */
          blkcnt_t   st_blocks_hi;
       #elif defined(__BIGENDIAN__)
          blkcnt_t   st_blocks_hi;
          blkcnt_t   st_blocks;
       #else
       #error endian not configured for system
       #endif
       #else
       #error _FILE_OFFSET_BITS value is unsupported
       #endif
       };
```

Listing 21.22 Struct stat, QNX

Alternativ lassen sich mit `pidin` (Proces ID Information) die Systemstatistiken auswerten.

```
# ls -ld /proc
dr-xr-xr-x   2 root      root         132591616 Jan 01 01:25 /proc
# pidin in
CPU:SH  Release:6.3.2
        FreeMem:126Mb/484Mb
        BootTime:Jan 01 00:00:00 UTC 1970
Processor1: 271582976 SH7785 (SH4A) 792MHz FPU
#
```

Listing 21.23 Pidin, Systemstatistik

21.6.3 Speicherversteck (QNX)

Die Absicht ist, zu Beginn eines Projekts einen großen Bereich Speicher zu verstecken, so dass alle Entwickler sparsam bleiben. Die Erfahrung ist ja, dass auf Speicherverbrauch nicht geachtet wird, solange er ausreichend vorhanden scheint. Mit der API für Shared-Memory lässt sich namenloser Speicher der Größe `<size>` anlegen.

21.6 Eigene Tools (QNX)

```
fd = shm_open(name, O_CREAT|O_RDWR|O_EXCL, 0666);
if(shm_ctl(fd, SHMCTL_ANON, 0, size) == -1)
    // SHMCTL_ANON alloc: anonymous memory.
{
    // failed to grow Shared-Memory object
}
return 0;
```

Listing 21.24 Verstecken von Speicher, QNX

Erst wenn das Projekt in Not gerät oder vor der Produktfreigabe steht, wird der Speicher freigegeben. Auch für lange Kernel-Traces ist ein Speicherversteck von Vorteil. Will man über mehr als ein paar Sekunden tracen, kann man schnell 64-128 MByte gebrauchen und sie aus dem Versteck holen. Das Gleiche ist für die CPU-Last möglich, allerdings lässt sich das entsprechende Lastprogramm nicht so gut verstecken.

Die Allokation physikalisch zusammenhängenden Speichers muss immer während des Bootens geschehen, später ist möglicherweise durch Fragmentierung des Speichers kein zusammenhängender Speicher mehr verfügbar.

21.6.4 Speicherversteck (Linux)

Eine weitere Möglichkeit, zusammenhängenden Speicher schon beim Booten zu Allokieren, ist eine der folgenden Funktionen.

```
#include <linux/bootmem.h>
void *alloc_bootmem(unsigned long size);
void *alloc_bootmem_low(unsigned long size);
void *alloc_bootmem_pages(unsigned long size);
void *alloc_bootmem_low_pages(unsigned long size);
```

Listing 21.25 Verstecken von Speicher, Linux

Siehe auch [Rub et al].

21.6.5 CPU-Last

Mit ClockID() und ClockTime() können die Thread-Zeiten gemessen werden, auf den Idle-Thread angewendet, lässt sich mit folgendem (Pseudo-) Code die Auslastung des Systems prüfen:

```
// get clock ID for Idle Thread
id = ClockId(1, 1);
for( ;; ) {
    // get clock value (identified by id)
```

```
        ClockTime(id, NULL, &start);
        sleep(1);
        ClockTime(id, NULL, &stop);
        printf("load = %f%%\n", (1000000000.0 - (stop-start))/10000000.0);
}
```

Listing 21.26 CPU-Last messen

Ersichtlich werden Stichproben summiert, das Ergebnis kann sehr ungenau werden, wenn die Applikation regelmäßig immer nur für kurze Zeiten läuft. Auch das QNX-Tool `hogs` bestimmt auf diese Weise Auslastungswerte. Bei detektierten Speicherproblemen könnten die Speicher-Allokationen von verdächtigen und instrumentierten Threads ausgegeben werden. Auch könnte der Watchdog aufgerufen werden. Mit

    showmem [options]

lassen sich Speicherinformationen über Stack, Heap und Libraries aller Prozesse/ Threads gewinnen, siehe auch QNX-Doku
[http://www.qnx.com/developers/docs]

```
showmem                  // Display memory information
    Syntax:
    showmem [options]

    Options:

    -D[lsh]
    Show detailed process information:
    l - libraries
    s - stack
    h - heap
    -d file
    Dump the raw mapinfo to the specified file.
    -P
    Show process / sharedlibrary / summary for the system.
    -S
    Show memory summary (free/used) for the system.

    # showmem -P
    Process listing (Total, Code, Data, Heap, Stack, Other)
          0           0         0         0         0       0      1 procnto
     401408      176128     32768    167936     24576       0  12290 devf-generic
     131072       24576     16384     69632     20480       0 172035 appl1
     122880       16384     20480     69632     16384       0  12292 appl2
     192512       61440     16384    102400     12288       0  16389 appl3
     ...
    Shared shared objects (Total, Code, Data, Heap, Stack, Other)
          0           0         0    0     0  (134217728)  -1 /dev/mem
     409600      409600         0    0     0            0  -1 proc/boot/libc.so.2
     106496      106496         0    0     0            0  -1 mnt/ifs-root/lib/libecpp-ne.so.4
     ...
```

Listing 21.27 Showmem

Da beim Aufsammeln der Speicherdaten nicht alle Debug-Informationen richtig gezählt werden können, sind die Ergebnisse etwas ungenau. Oft reicht aber auch

21.6 Eigene Tools (QNX)

der Vergleich. Bei Lastproblemen kann hogs aufgerufen werden um eine Liste der Highrunner zu erzeugen. Das Tool iteriert über alle Prozesse und Threads, misst die gebrauchten CPU-Zeiten und stellt die Daten in einer Rangliste zur Verfügung. Zu beachten ist, dass das Tool ungenau und selbst bezüglich Last sehr teuer ist.

21.6.6 IP-Scanner

Ein weiteres eigenes Tool scannt die genutzten Instruction-Pointer über einen Zeitraum und kann so bei einer post-mortem-Analyse die letzten Prozessoraktivitäten zeigen. Die Vorgehensweise entspricht dem statistischen Profiling. Die Idee ist, Timer-gesteuert in einer Interrupt-Routine die verdrängte Routine anhand ihres Instruction-Pointers zu bestimmen (liegt auf dem Stack) und damit zu interpretieren, in welchem Codebereich der Prozessor bei der Stichprobe war. Mit dieser Methode lassen sich zum Beispiel sehr leicht Dauerschleifen finden oder hochpriore Codebereiche, die andere unzulässig verdrängen.

```
Calling IP-Scanner for process PID 536647, TID 1
# [IP-Scanner] - start dump
7034ab12 784b20d0 784b36a0 78fc1580 78efb07e 78491040 78f2382e 703203f0
78fc7ba8 78464fe0 7829febc 7829fec2 080938ce 703203e8 78474846 782a007a
78b223e0 78474b5a 7846bad0 78462920
...
[IP-Scanner] -timer interrupted pid 536647 813 times,500 IP(s) recorded
proc/boot/libc.so.2 0x70301000
...
[IP-Scanner] - end dump

Implementierung:
static const struct sigevent *ir_handler(void *data, int id)
{
    ...
    InterruptDisable();
    pp = SYSPAGE_ENTRY(system_private)->kdebug_info->kdbg_private;
    InterruptEnable();
    ...
    // interpret syspage info, if last active pid and tid is pid/tid to
    // sniff, then remember instruction ptr
}

int main(...)
{
    // get IO privileges with ThreadCtl(_NTO_TCTL_IO, 0)
    // set clock period to required value
    irq_id = InterruptAttach(Qtp->intr, ir_handler, &irdata,
    sizeof(irdata), _NTO_INTR_FLAGS_PROCESS | _NTO_INTR_FLAGS_TRK_MSK);
    //sleep
    InterruptDetach(irq_id);
    // dump list
}
```

Listing 21.28 IP-Scanner

21.6.7 Proc-Tracker

Statt Statistiken aufzusammeln, kann auch zyklisch in einem int-Handler der gefundene IP direkt auf die serielle Schnittstelle (Kernel-Callout) ausgegeben werden. Dabei wird keine Rücksicht auf andere serielle Ausgaben genommen, damit der Int-Handler nicht blockiert wird.

```
static const struct sigevent *ir_handler(void *data, int id)
{
    InterruptDisable();
    kpp    = SYSPAGE_ENTRY(system_private)->kdebug_info->kdbg_private;#
    InterruptEnable();
    // syspage interpretation, get active pid and tid, get processname,
    // priority etc. from syspage, build a string
    // use a special method for direct output to hw serial interface
    // (instead of device driver) - "kernel callout"
    kprintf("[track(prc) %s %d %d %d %x]\n", pname, active->process->pid,
            active->tid + 1, active->priority, ip);
}
int main(...)
{
    // get IO privileges to attach interrupts
    irq_id = InterruptAttach(Qtp->intr, ir_handler, NULL, 0,
           _NTO_INTR_FLAGS_PROCESS | _NTO_INTR_FLAGS_TRK_MSK);
    return 0;
}
```

Listing 21.29 Proc-Tracker

21.6.8 Snoopy (QNX)

Die Idee ist, Zugriffe auf Dateisysteme zu monitoren. Dies ist nützlich zur Qualitätssicherung, zum Debuggen von Black-Box-Software und bei ungeklärten File-Zugriffen. Dazu wird ein Resource-Manager als Proxy eingesetzt, der sich auf den gewünschten Mountpoint attached. Alle Client-Zugriffe (Events)auf das darunterliegende File-System werden damit auf den eigenen RM umgelenkt. Diese Events werden damit tracebar und filterbar und umfassen alle Funktionsaufrufe:

```
(open, unlink, rename, mknod, readlink, link,
 read, write, close, stat, notify...)
```

Listing 21.30 Funktionsaufrufe, die durch Snoopy überwacht werden, QNX

und die devctl ids

```
(DCMD_ALL_GETFLAGS, DCMD_ALL_SETFLAGS,
 DCMD_ALL_GETMOUNTFLAGS, DCMD_ALL_GETOWN,...).
```

Listing 21.31 Devctls, die durch Snoopy überwacht werden, QNX

Wenn das Tool z. B. für /mnt/efs-persist gestartet wird, sieht der Trace wie folgt aus:

```
# cat trace.txt
630861,1,cat,OPEN,/mnt/efs-persist/trace.txt,No error,r
630861,1,cat,READ,/mnt/efs-persist/trace.txt,No error,12/4096
0 0 0 0 0 0
630861,1,cat,READ,/mnt/efs-persist/trace.txt,No error,0/4096
630861,1,cat,CLOSE,/mnt/efs-persist/trace.txt,No error
```

Listing 21.32 Ausgabe von Snoopy

21.6.9 Script-Launcher

Oft ist ein laufendes Gerät beim Kunden so tief verbaut, dass ein Target-Debugging nicht möglich ist. Es ist sehr sinnvoll, sich für diesen Fall einen Script-Launcher zu schaffen. Gibt es eine serielle Schnittstelle, einen Slot für eine SD-card oder einen USB-Port, so kann man einen Launcher implementieren, der bei Konnektierung automatisch startet, eine Authentifizierung vornimmt und dann Skripte ausführt. Das können Debug-Skripte sein, die zusätzliche Tools installieren, Dump-Speicher auslesen oder auch Korrekturen einspielen. Da solche Launcher sehr vom System abhängen, wird hier keine Implementierung gezeigt.

21.7 Neue Probleme bei MultiCore

Wenn eine bestehende und erprobte SingleCore-SW auf einem MultiCore-System nicht mehr funktioniert, so ist eins der folgenden Probleme ein Kandidat:
- SW, die annimmt, dass der Prozessor zu einer Zeit nur an einem Ort sein kann, z. B. beim Vereinbaren weiterer Threads oder Prozesse,
- FIFO scheduling,
- SW, die Reihenfolgen durch Prioritäten festgelegt hat,
- Interrupt-Handler (bottom halves), die DINT verwenden.

Das Paradigma, dass ein Prozessor zu einer Zeit nur eine Codezeile ausführen kann und alle Abläufe nur quasi-parallel sind, gilt nun nicht mehr. Daraus resultieren u. a. die folgenden Problempunkte. Wurde in der SingleCore-SW FIFO-Scheduling zum Festlegen von Abfolgen verwendet, so wurden die kooperativen Eigenschaften von FIFO-Scheduling ausgenutzt. Erst wenn ein Thread seine Aufgabe beendet und die CPU abgegeben hatte, wurde der nächste Thread gleicher Priorität gestartet. Ein MultiCore-System würde diese beiden Threads gleichzeitig parallel ausführen und zum Beispiel gleichzeitig auf Datenbereiche zugreifen oder mit ungültigen Daten arbeiten. Wurden Datenbereiche statt mit Synchronisierungsmitteln wie Semaphoren durch Priorisierung der zugreifenden Threads geschützt, so funktioniert das nun nicht mehr. Auch Threads verschiedener Priorität können gleichzeitig von verschiedenen Cores abgearbeitet werden. Ein Aufruf eines disable-Interrupts dient oft dazu, erst die Interruptverarbeitung sicherzustellen und die Weiterverarbeitung der Daten zu sichern, bevor der nächste Interrupt zugelassen wird. Im MultiCore-Fall wird nur der aktuelle Core für Interrupts gesperrt, ein anderer Core darf noch Interrupts ausführen.

Kapitel 22
Anhang

22.1 /procfs-Beispiel

Beispiel der Übertragung von Daten mit /proc und einer Interrupt-Routine. Mit jedem Druck auf den User-Button des Boards wird ein Interrupt-Zähler inkrementiert. Mit der `read()`-Funktion des `procfs` kann der Zählerstand ausgelesen werden. Da der Zugriff auf den `int`Zähler atomar ist, braucht er nicht synchronisiert zu werden.

```
/*
 * Created on: 21.09.2011
 * Author: Clemens Fischer clemens.fischer@h-da.de
 *
 * This kernel module is tested with kernel 3.0.0
 * armv7l on a beagleboard
 *
 * This kernel module demonstrates the use of the proc file system
 * to copy data from kernelspace to userspace. When an interrupt is
 * thrown from the beagleboard userbutton, a counter is incremented.
 * A userspace programm can read the counted number of times
 * the userbutton was pushed from /proc/myProcFile.
 */

#include <linux/module.h>        // Grundgeruest fuer ein Kernelmodul
#include <linux/workqueue.h>     // Work-Queue handling für Linux
#include <linux/proc_fs.h>       // Für procfs
#include <linux/gpio.h>
#include <linux/interrupt.h>

// Noetig um "Kernel taint" beim Laden zu vermeiden
MODULE_LICENSE("GPL");

// Funktionsprototypen
int myProcFile_init(void);
void myProcFile_exit(void);

// Init- und Exit-Funktionen festlegen
module_init( myProcFile_init );
module_exit( myProcFile_exit );
```

```c
// Globale Variablen
static int interruptExecutedCounter = 0;  // Zaehler fuer Interrupt
#define PROC_ENTRY_FILENAME "myProcFile"  // Name des Proc Eintrags

//Userpin des Beagleboards
#define USER_PIN 7

//Preprozessor Makro definiert in
  arch/arm/plat-omap/include/plat/gpio.h

#define IRQ_IO  OMAP_GPIO_IRQ(USER_PIN)
/*
 * Diese Funktion inkrementiert bei jeder Ausführung
 * den Zähler interruptExecutedCounter.
 */
static irqreturn_t irq_thread_fn(int irq, void *dev_id) {
   printk("irq_thread_fn aufgerufen\n");
   interruptExecutedCounter++;  // Zaehlt die Anzahl der ausgelösten
                                // Interrupts (Anzahl der Knopfdruecke)
   return IRQ_HANDLED;
}

/*
 * Diese Funktion wird beim Auslösen des Interrupts ausgeführt.
 * Sie weckt den handler thread und führt irq_thread_fn aus
 */
static irqreturn_t irq_handler(int irq, void *dev_id) {
   printk("irq_handler aufgerufen\n");
   /*
    * Interrupts abschalten...
    */
   return IRQ_WAKE_THREAD;    //Dieser Rückgabewert weckt den handler
                              // thread und führt irq_thread_fn aus
}

/*
 * Daten von myProcFile lesen
 */
static ssize_t myProcFile_read(char *page, char **start, off_t off,
                               int count, int *eof, void *data) {
   printk("myProcFile_read: Lese von myProcFile\n");
   // Daten vom Kernelspace in den Userspace kopieren
   int length = sprintf(page, "Button pushed %d times\n",
                    interruptExecutedCounter);
   // Positionszeiger auf neuen Wert setzen
   off = length;
   // Anzahl der kopierten Bytes zuerueckgeben
   return length;
}

/*
 * Modulinitialisierung:
 * Proc Eintrag erstellen und Interrupt registrieren
 */
int myProcFile_init(void) {
   int requestThreadedIrqReturnValue;
   struct proc_dir_entry *myProcFile;  // Struktur die einen
                                       // Proc Eintrag beschreibt
   //Einen Proc Eintrag erstellen der speziell zum lesen gedacht ist
   myProcFile = create_proc_read_entry(PROC_ENTRY_FILENAME, 0644, NULL,
                              myProcFile_read, NULL);
   // Auf Fehler beim Erstellen des Proc Eintrags überprüfen
   if (myProcFile == NULL) {
      remove_proc_entry(PROC_ENTRY_FILENAME, NULL);
      printk("Error creating %s Proc file\n", PROC_ENTRY_FILENAME);
      return -1;
   }
```

22.2 Producer-Consumer-Beispiel mit Semaphore

```
/*
 * Diese Funktion registriert einen Threaded Interrupt
 * Wenn der Interrupt auftritt wird zunächst irq_handler aufgerufen.
 * Wenn diese Funktion IRQ_WAKE_THREAD zurückgibt wird irq_thread_fn
 * ausgeführt
 */
requestThreadedIrqReturnValue =
    request_threaded_irq(IRQ_IO, irq_handler,
    irq_thread_fn, IRQF_TRIGGER_RISING, "led-driver", NULL);

printk("/proc/%s created\n", PROC_ENTRY_FILENAME);
return 0;
}
/*
 * Modul exit:
 * Proc Eintrag entfernen und Interrupt freigeben
 */
void myProcFile_exit(void) {
    // ProcFile entfernen
    remove_proc_entry(PROC_ENTRY_FILENAME, NULL);
    free_irq(IRQ_IO, NULL);
    printk("Removing myProcfs module...\n");
}
```

Listing 22.1 /procfs-Beispiel

Das proc-File kann nun mit den üblichen Systemcalls die Dienste des Kernels anfordern. Die wesentlichen Systemcalls des Interfaces für den Zugriff auf Dateien und Geräte heißen:

```
open(), close(), read(), write(),
select(), fcntl(), lseek(), ioctl()
```

Das verwendete Makefile wie folgt:

```
module-name     := procfs
obj-m           := $(module-name).o
KDIR            := PATH_TO_LINUX_SOURCE
PWD             := $(shell pwd)
FLAGS           := ARCH=arm CROSS_COMPILE=arm-cortex_a8-linux-gnueabi-

TARGET_DIR      := /lib/modules/3.0.0

all:
        $(MAKE) -C $(KDIR) M=$(PWD) $(FLAGS) modules

clean:
        $(MAKE) -C $(KDIR) M=$(PWD) $(FLAGS) clean
```

Listing 22.2 /procfs-Beispiel, Makefile

22.2 Producer-Consumer-Beispiel mit Semaphore

In folgendem Beispiel wird mit einem User-Button ein Interrupt ausgelöst. Der Producer ist zweiteilig: Die ISR ruft den Threaded-Interrupt auf. Dort wird eine

Signalisations-Semaphore entsperrt, die das blockierte Chardev im User-Kontext freigibt. Es wird nur der Weckmechanismus demonstriert, es werden keine Daten übergeben.

Das Szenario in dem Beispiel ist also:

- Das Kernel-Modul myChardev registriert ein Chardev.
- Das Kernel-Modul myChardev registriert per myChardev_init einen Interrupt mit einer ISR und einem Threaded-Int.
- Die Kernelfunktion myChardev_read() wird durch Lesen vom chardev im Userspace-Programm gerufen.
- Die Kernelfunktion myChardev_read() ruft down(&sem) auf und blockiert.
- irq_thread_fn wird durch den Interrupt des Userbuttons des BeagleBoards aufgerufen.
- irq_thread_fn ruft up(&sem) auf und löst die Blockade.

```c
//Datei semaphore_kernelspace.c
/*
 *
 * This kernel module is tested with kernel 3.0.0
 * armv7l on a beagleboard
 * This kernel module demonstrates the use of a character device for
   kernelspace vs userspace locking
 */

#include <linux/module.h>       // Grundgeruest fuer ein Kernelmodul
#include <linux/fs.h>           // Chardev Structs und Funktionen
#include <linux/slab.h>         // kmalloc und kfree
#include <linux/uaccess.h>      // copy_to_user und copy_from_user
#include <linux/gpio.h>
#include <linux/interrupt.h>

// Noetig um "Kernel taint" beim Laden zu vermeiden
MODULE_LICENSE("GPL");
// Deklaration der noetigen eigenen Funktionen

// Funktionsprototypen
int myChardev_init(void);
void myChardev_exit(void);
static int myChardev_open(struct inode *inode, struct file *filp);
static int myChardev_release(struct inode *inode, struct file *filp);
static ssize_t myChardev_read(struct file *filp, char *buf,
                              size_t count, loff_t *f_pos);
static ssize_t myChardev_write(struct file *filp, const char *buf,
                               size_t count, loff_t *f_pos);

// Alle Charakterdevices verwenden die gleichen grundlegenden
// Funktionen, wie z.B. Daten vom Device lesen oder schreiben.
// Die "file_operations" Struktur legt dabei fest welche Funktion
// fuer welchen Teil des Charakterdevices zustaending ist,
// z.B. myChardev_write fuer alle Schreiboperationen auf myChardev.

static struct file_operations myChardev_fops =
{
   read: myChardev_read,
   write: myChardev_write,
   open: myChardev_open,
   release: myChardev_release
};
```

22.2 Producer-Consumer-Beispiel mit Semaphore

```c
// Init- und Exit-Funktionen festlegen
module_init( myChardev_init );
module_exit( myChardev_exit );

// Globale variablen
static const int myChardev_major = 60;
static const char * myChardev_name = "myChardev";
static char * myChardev_buffer; // der Kernelbuffer-Ptr
static int myChardev_isopen = 0;
struct semaphore sem;

//Userpin des Beagleboards
#define USER_PIN 7

// Preprozessor Makro definiert in
// arch/arm/plat-omap/include/plat/gpio.h
#define IRQ_IO   OMAP_GPIO_IRQ(USER_PIN)

static irqreturn_t irq_thread_fn(int irq, void *dev_id) {
  printk("irq_thread_fn aufgerufen\n");

  printk("IRQ: Entsperre sem\n");
  up(&sem);         //incr. Semaphore sem (entsperrt falls gesperrt)
  printk("IRQ: sem entsperrt\n");

  return IRQ_HANDLED;
}

static irqreturn_t irq_handler(int irq, void *dev_id) {
  printk("irq_handler aufgerufen\n");

  /*
   *...
   */
  return IRQ_WAKE_THREAD;
// Dieser Rückgabewert weckt den handler thread und
// führt irq_thread_fn aus
}

int myChardev_init(void) {
  int result;
  int requestThreadedIrqReturnValue;
  sema_init(&sem, 0);
//initialisiere die Semaphore sem mit 0 (beim nächsten down sperrt sie)

/*
 * Diese Funktion registriert einen Threaded Interrupt
 * Wenn der Interrupt auftritt wird zunächst irq_handler aufgerufen.
 * Wenn diese Funktion IRQ_WAKE_THREAD zurückgibt
 * wird irq_thread_fn ausgeführt
 */
  requestThreadedIrqReturnValue =
          request_threaded_irq(IRQ_IO, irq_handler,
    irq_thread_fn, IRQF_TRIGGER_RISING, "led-driver", NULL);

  // Registriere chardev device
  result = register_chrdev(myChardev_major,
            myChardev_name, &myChardev_fops);

  // Mit Fehlermeldung abbrechen falls Registrierung fehlgeschlagen
  if (result < 0) {
    printk( KERN_DEBUG "myChardev:cannot obtain major number %d\n",
            myChardev_major);
    return result;
  }
```

```c
  // Speicherallokation
  myChardev_buffer = kmalloc(17, GFP_KERNEL);// 17 Byte, std kernel mem

  // Auch hier auf Fehler pruefen und gegebenenfalls abbrechen
  if (!myChardev_buffer) {
    result = -ENOMEM;
    myChardev_exit();
    return result;
  }

  // Speicher mit definierten Werten ueberschreiben
  memset(myChardev_buffer, 0, 17);
  printk( KERN_DEBUG "Starting myChardev module...\n" );
  return 0;
}

// myChardev beenden,
void myChardev_exit(void) {
  // Chardev entfernen
  unregister_chrdev(myChardev_major, myChardev_name);

  // Bei der Initialisierung reservierten Speicher wieder freigeben
  if (myChardev_buffer) {
    kfree(myChardev_buffer);
  }

  free_irq(IRQ_IO, NULL);

  printk( KERN_DEBUG "Removing myChardev module...\n" );
}

// myChardev oeffnen
static int myChardev_open(struct inode *inode, struct file *filp) {
  // myChardev bereits offen?
  if (myChardev_isopen)
  {
    return -EBUSY;
  }
  // myChardev auf "geoeffnet" setzen
  myChardev_isopen = 1;
  return 0;
}

// myChardev freigeben
static int myChardev_release(struct inode *inode, struct file *filp) {
  // myChardev auf "geschlossen" setzen
  myChardev_isopen = 0;
  return 0;
}

// Daten von myChardev lesen
static ssize_t myChardev_read(struct file *filp, char *buf,
        size_t count, loff_t *f_pos) {
  printk("myChardev_read: Lese von myChardev\n");
  // Laenge des Strings in myChardev zaehlen
  int length = 0;
  char *ptr = myChardev_buffer;
  while (*ptr++) {
    length++;
  }

  // Limit fuer Anzahl der zu kopierenden Bytes
  if (count < length) {
    length = count;
  }
```

22.2 Producer-Consumer-Beispiel mit Semaphore

```c
  // Limit fuer Positionszeiger
  if (*f_pos >= length) {
    return 0;
  }

  // Daten vom Kernelspace in den Userspace kopieren
  copy_to_user(buf, myChardev_buffer + *f_pos, length);

  // Positionszeiger auf neuen Wert setzen
  *f_pos = length;

  printk("myChardev_read: down(&sem)...\n");
  down(&sem);
  // Decr. sem (wenn sem < 0, blockiere) Unlock nur durch Interrupt
  printk("myChardev_read: down(&sem) done\n");

  // Anzahl der kopierten Bytes zuerueckgeben
  return length;
}

// Daten zu myChardev schreiben
static ssize_t myChardev_write(struct file *filp, const char *buf,
               size_t count, loff_t *f_pos) {
  printk("myChardev_write: Schreib nach myChardev\n");
  // Speicher mit definierten Werten ueberschreiben
  memset(myChardev_buffer, 0, 16);

  // Daten aus dem Userspace kopieren (maximal 15 Byte)
  copy_from_user(myChardev_buffer, buf, (count > 15) ? 15 : count);

  // Anzahl der geschriebenen Bytes zurueckgeben
  return count;
}


//Datei semaphore_userspace.c
/*
 *      This program is tested with kernel 3.0.0
 *  armv7l on a beagleboard
 *
 *      This Program reads 1 char from the device "/dev/myChardev"
 */

#include <fcntl.h>           //open + O_RDONLY
#include <unistd.h>          //read
#include <stdio.h>           //printf

int main(int argc, char *argv[]) {
  char dev[] = "/dev/myChardev";        //Geräte String
  int fd = open(dev, O_RDONLY);         //Öffne das Gerät (Read-only)
  char buffer[1];                       //Lesepuffer
  int size = 1;                         //Lesepuffer Größe

  printf("semaphore_userspace: Lese von %s...\n", dev);
  read(fd, buffer, size);  // Lese von Gerät "/dev/myChardev" in
                           // Puffer "buffer" "size" chars
  printf("semaphore_userspace: %d chars gelesen: %s\n", size, buffer);

  return 0;
}
```

Listing 22.3 Producer-Consumer, chardev-Beispiel

22.3 tint-Beispiel mit procfs

Das folgende Linux Kernel-Modul stellt ein Device zur Verfügung, welches die Zeit seit dem Öffnen des Devices in Minuten und Sekunden (MM:SS) ausgibt. Dazu attached es sich an einen IRQ (im Beispiel 22, einfach einen wählen, der oft genug getriggert wird). Im ISR-Handler werden nach jeder Sekunde ein Zähler hochgezählt und alle im `io_read` blockierten Userspace-Programme gescheduled.

```
# cat /proc/tint
00:00
00:01
00:02
```

Listing 22.4 tint-Ausgabe

Das Beispiel zeigt die Implementierung eines Threaded-Interrupts, der an einen bereits vorhandenen Interrupt angehängt wird und im Sekundentakt einen schlafenden Prozess aufweckt.

Der schlafende Prozess wird mithilfe eines `procfs`-Eintrages realisiert. Bei einem lesenden Zugriff mit z. B. cat /proc/tint wird eine Waitqueue aktiviert, die auf ein Signal des Kernel-Moduls wartet. Das Kernel-Modul selbst prüft bei jedem Interrupt die verstrichene Zeit, ist diese größer als eine Sekunde, so wird der schlafende Prozess geweckt und mit passenden Daten versorgt. Wegen der festen zeitlichen Reihenfolge muss der Zugriff auf den Buffer nicht synchronisiert werden.

Mittels <`./show_interrupts.sh`> kann eine Liste der vorhandenen Interrupts angezeigt werden. Dabei funktionieren nicht alle Interrupts, bei bestimmten Typen wie z. B. `PCI-MSI-*` schlägt <`request_threaded_irq`> fehl, hier sind also ein paar Experimente gefragt, vor allem, da sich die Interrupts von Maschine zu Maschine sehr stark unterscheiden können.

```
-------------------------------------------
tint Kernel-Modul mit Procfs

-------------------------------------------
Verwendung:
-------------------------------------------
make

sudo insmod ./tint.ko
dmesg | tail     // gibt message buffer des Kernels aus

cat /proc/tint
cat /proc/tint
./show_tint.sh           # Strg+C zum abbrechen

sudo rmmod ./tint.ko
dmesg | tail

-------------------------------------------
Cross-Compiling (z.B. BeableBoard/Igep):
-------------------------------------------
make \
PATH=/path/to/cross/compiler:$PATH \
```

22.3 tint-Beispiel mit procfs

```
ARCH=arm \
CROSS_COMPILE="arm-vendor_tuple-linux-gnueabi-" \
KDIR=/path/to/cross/kernel
```

```
-------------------------------------------------
Makefile zum Bauen
-------------------------------------------------
obj-m   := tint.o
KDIR    := /lib/modules/$(shell uname -r)/build
PWD     := $(shell pwd)
MAKE    := make

all:
        $(MAKE) -C $(KDIR) M=$(PWD) modules

clean:
        $(MAKE) -C $(KDIR) M=$(PWD) clean
```

```
----------------------------------------------------
Script show-interrupts.sh
----------------------------------------------------
#!/bin/bash

# Shows content of /proc/interrupts

while test 1
do
        clear
        echo ---- /proc/interrupts ----
        cat /proc/interrupts
        sleep 1
done
```

```
----------------------------------------------------
Script show-tint.sh
----------------------------------------------------
#!/bin/bash

# Shows content of /proc/tint
while test 1; do cat /proc/tint || sleep 1; done
```

```
-------------------------------------------------
MODULE_AUTHOR("Christian Steiger nach Vorlage von Enrico Bedau");
/*
 *
 *   Aufgabe: TINT
 *
 */

/* Includes */
#include <linux/module.h>        /* Grundgeruest fuer ein Kernelmodul */
#include <linux/proc_fs.h>       /* Funktionen fuer ProcFS */
#include <linux/interrupt.h>     /* request_irq und free_irq */
#include <linux/time.h>          /* getnstimeofday, timespec-struct */
#include <linux/wait.h>          /* wake_up_interruptible u.s.w. */
#include <linux/sched.h>         /* Wird von wait.h verwendet */

/* Noetig um "Kernel taint" beim Laden zu vermeiden */
MODULE_LICENSE("GPL");

/* Defines */
#define TINT_IRQ        23
```

```c
#define TINT_IRQ_TYPE    IRQF_SHARED

/* Globale variablen */
static const char *name = "tint";
static const char *tint_irq_name = "tint_irq";
static struct proc_dir_entry *procfs_file;
static wait_queue_head_t tint_waitqueue;

struct tint_struct
{
  struct timespec last_time;
  struct timespec total_time;
  unsigned int counter;
  unsigned char wakeup;
} tint_data;

/* Interrupt-Handler */
static irqreturn_t tint_irq_handler(int irq, void *dev_id)
{
  /* Hier passiert genau das Gleiche wie in einem normalen IRQ-Handler,
   * wie Test auf richtigen IRQ, IRQ sperren und dergleichen,
   * mit dem Unterschied dass die Verarbeitung so früh wie moeglich
   * an den IRQ-Thread weitergereicht wird. Der IRQ-Thread ist dabei
   * auch für das Entsperren des IRQs zustaendig und gibt eine passende
   * Rueckmeldung (wie z.B. "IRQ_HANDLED") an den Kernel zurueck. */
  return IRQ_WAKE_THREAD;
}

/* Interrupt-Thread */
static irqreturn_t tint_irq_thread(int irq, void *dev_id)
{
   struct tint_struct *tint = dev_id;
   struct timespec actual_time;
   __kernel_time_t time_diff;

  /* Aktuelle Zeit auslesen,
     Differenz zu last_time auf total_time addieren. */
     getnstimeofday(&actual_time);
     time_diff = actual_time.tv_sec - tint->last_time.tv_sec;
     tint->total_time.tv_sec += time_diff;
     tint->last_time.tv_sec = actual_time.tv_sec;

  /* Interrupts zaehlen */
    tint->counter++;

   /* Wenn differenz groeßer 0 */
    if (time_diff >= 0)
    {
      tint->wakeup = 1;
      wake_up_interruptible(&tint_waitqueue);
    }
    return IRQ_RETVAL(0);
}

/* Von ProcFS Eintrag lesen */
static int tint_procfs_read(
            char *buffer, char **buffer_start,
            off_t offset, int size, int *eof, void *data)
{
  int length = 0;
  if (offset > 0)
  {
    *eof = 1;
    return 0;
  }
```

22.3 tint-Beispiel mit procfs

```
    /* Waitqueue-Bedingung zuruecksetzen */
    tint_data.wakeup = 0;

    /* Prozess schlafen legen, bei jeder Unterbrechung in der
     * Applikation auf die uebergebene Bedingung testen,
     * Prozess fortsetzen falls zutreffend */
    wait_event_interruptible(tint_waitqueue, tint_data.wakeup == 1);

    length = snprintf(
        buffer, size,
        "%d interrupts since start. Module runtime: %02d:%02d\n",
        tint_data.counter,
        (int)tint_data.total_time.tv_sec / 60,
        (int)tint_data.total_time.tv_sec % 60
        );
    return length;
}
/* tint beenden */
void tint_exit(void)
{
    printk(KERN_INFO "tint: Unloading module...\n");

    /* ProcFS-Eintrag entfernen */
    remove_proc_entry(name, 0);

    /* IRQ freigeben */
    free_irq(TINT_IRQ, &tint_data);
}

/* tint initialisieren */
int tint_init(void)
{
    int result;
    printk(KERN_INFO "tint: Loading module...\n");

    /* ProcFS-Datei erstellen */
    procfs_file = create_proc_entry(name, 0666, 0);
    if (!procfs_file) {
        printk(KERN_ALERT "tint: Couldn't create /proc/%s!\n", name);
        return -1;
    }

    /* ProcFS Lese- (und Schreibfunktionen) zuweisen */
    procfs_file->read_proc = (read_proc_t *)tint_procfs_read;

    /* Registriere Threaded-Interrupt-Handler */
    result = request_threaded_irq(
            TINT_IRQ,
            tint_irq_handler,
            tint_irq_thread,
            TINT_IRQ_TYPE,
            tint_irq_name,
            &tint_data
    );

    if (result) {
        printk(KERN_ALERT "tint: Requesting irq %d failed!\n",
                          TINT_IRQ);
        remove_proc_entry(name, 0);
        return result;
    }

    /* Initialisiere Warteschlange */
    init_waitqueue_head(&tint_waitqueue);
```

```
        /* Startzeit setzen */
        getnstimeofday(&tint_data.last_time);
        return 0;
}

/* Init- und Exit-Funktionen festlegen */
module_init(tint_init);
module_exit(tint_exit);
```

Listing 22.5 tint, Implementierung mit procfs

22.4 tint-Beispiel mit chardev und Nutzung von cdev

Das folgende Linux Kernel-Modul stellt ein Device zur Verfügung, welches die Zeit seit dem Öffnen des Devices in Minuten und Sekunden (MM:SS) ausgibt. Dazu attached es sich an einen IRQ (im Beispiel 22, einfach einen wählen, der oft genug getriggert wird). Im ISR-Handler werden nach jeder Sekunde ein Zähler hochgezählt und alle im `io_read` blockierten Userspace-Programme gescheduled.

```
# cat /dev/tint
00:00
00:01
00:02
```

Listing 22.6 tint-Ausgabe

Das Beispiel zeigt die Implementierung eines Threaded-Interrupts, der an einen bereits vorhandenen Interrupt angehängt wird und im Sekundentakt einen schlafenden Prozess aufweckt. Wegen der festen zeitlichen Reihenfolge muss auch hier der Zugriff auf den Buffer nicht synchronisiert werden.

```
-------------------------------------------------
tint Kernel-Modul mit chardev und Nutzung von cdev
-------------------------------------------------
Verwendung:
-------------------------------------------------
make
sudo insmod ./tint.ko
dmesg | tail    // gibt message buffer des Kernels aus

cat /dev/tint
cat /dev/tint
./show_tint.sh          # Strg+C zum abbrechen

sudo rmmod ./tint.ko
dmesg | tail

-------------------------------------------------
Cross-Compiling (z.B. BeableBoard/Igep):
-------------------------------------------------
make \
PATH=/path/to/cross/compiler:$PATH \
ARCH=arm \
CROSS_COMPILE="arm-vendor_tuple-linux-gnueabi-" \
```

22.4 tint-Beispiel mit chardev und Nutzung von cdev

```
KDIR=/path/to/cross/kernel

------------------------------------------------
Makefile zum Bauen
------------------------------------------------
obj-m   := tint.o
KDIR    := /lib/modules/$(shell uname -r)/build
PWD     := $(shell pwd)
MAKE    := make

all:
        $(MAKE) -C $(KDIR) M=$(PWD) modules
clean:
        $(MAKE) -C $(KDIR) M=$(PWD) clean

------------------------------------------------------
MODULE_AUTHOR("Enrico Bedau");
/*
 *
 *  Aufgabe: TINT
 *
 */
//-------------------------------------------------
// includes
//-------------------------------------------------
#include <linux/module.h>
#include <linux/init.h>
#include <linux/cdev.h>
#include <linux/kernel.h>    /* printk */
#include <linux/errno.h>     /* error codes */
#include <linux/slab.h>      /* kmalloc */
#include <linux/interrupt.h>
#include <linux/fs.h>
#include <linux/device.h>
#include <linux/sched.h>     /* wait_* */
#include <asm/uaccess.h>     /* copy_*_user */
//-------------------------------------------------
MODULE_AUTHOR("Enrico Bedau");
/* MODULE_LICENSE GPL is needed to use functions only exported
 * for GPL modules (like class_create) */
/* Noetig um "Kernel taint" beim Laden zu vermeiden */

MODULE_LICENSE("Dual BSD/GPL");

#define TINT_IRQ 22

static const char driver_name[] = "tint";
static const int dev_minor = 0;
static int dev_major = 0;
static const int nr_of_devs = 1;

struct class *tint_class;

struct tint_dev
{
    struct cdev cdev;
    void **data;
    struct device sys_dev;
    long next_jiffy;
    int irq_attached;
} tint_device;

struct tint_open_time
{
    long timer_begin;
    long timer_old;
};
```

```c
static void intrpt_routine(struct work_struct *work);
static DECLARE_WAIT_QUEUE_HEAD(data_wait_queue);
static long timer_intrpt = 0;

static irqreturn_t irq_handler(int irq, void *dev_id)
{
   struct tint_dev *tdev = dev_id;
   if ( jiffies >= tdev->next_jiffy)
   {
      tdev->next_jiffy = jiffies + HZ;
      timer_intrpt++;
      wake_up_interruptible(&data_wait_queue);
   }
   return IRQ_RETVAL(0);
}


ssize_t tint_read(struct file *filp,
                  char __user *buf,
                  size_t count, loff_t *f_pos)
{
   static const int max_string_length = 8;

   ssize_t retval = 0;
   char time[max_string_length];
   int minutes;
   struct tint_open_time *t_otime = filp->private_data;
   // new data available?
   if ( timer_intrpt == t_otime->timer_old)
   {
      if (wait_event_interruptible(data_wait_queue, // sleep
          timer_intrpt != t_otime->timer_old))
         {
            return -ERESTARTSYS;
         }
   }

   t_otime->timer_old = timer_intrpt;
   minutes = (timer_intrpt - t_otime->timer_begin) / 60;
   retval = snprintf(time,
                     max_string_length, "%02d:%02ld\n",
                     minutes,
                     (timer_intrpt - t_otime->timer_begin) -
                     ( minutes * 60));
   if (copy_to_user(buf, time, count < retval ? count : retval))
   {
      retval = -EFAULT;
   }
   return retval;
}

static int tint_open(struct inode *inode, struct file *filp)
{
   struct tint_open_time *t_otime =
            kmalloc(sizeof(struct tint_open_time), GFP_KERNEL);
   t_otime->timer_begin = timer_intrpt;
   t_otime->timer_old = -1;
   filp->private_data = t_otime;
   printk(KERN_WARNING "tint: open called\n");
   return 0;
}

static int tint_release(struct inode *inode, struct file *filp)
{
   kfree(filp->private_data);
   return 0;
}
```

22.4 tint-Beispiel mit chardev und Nutzung von cdev

```
static const struct file_operations tint_fops =
{
    .owner = THIS_MODULE,
    .read = tint_read,
    .open = tint_open,
    .release = tint_release,
};

void tint_cleanup_module(void)
{
    dev_t device = MKDEV(dev_major, dev_minor);
    if (tint_device.irq_attached)
        free_irq(TINT_IRQ, &tint_device);
    device_destroy(tint_class, device);
    class_unregister(tint_class);
    class_destroy(tint_class);

    cdev_del(&tint_device.cdev);
    unregister_chrdev_region(device, 1);
}


int tint_init_module(void)
{
    dev_t device = 0;
    int err = 0;
    printk(KERN_WARNING "tint: start, HZ: %d\n", HZ);
    /* register char device */
    err = alloc_chrdev_region(&device, dev_minor, 1, driver_name);
    cdev_init(&tint_device.cdev, &tint_fops);
    tint_device.cdev.owner = THIS_MODULE;
    tint_device.cdev.ops = &tint_fops;
    err = cdev_add (&tint_device.cdev, device, 1);
    /* Fail gracefully if need be */
    if (err)
    {
        printk(KERN_ERR "Error %d adding module %s tint\n",
               err, driver_name);
        return err;
    }
    /* register class to notify userspace about or device major/minor */
    tint_class = class_create(THIS_MODULE, "tint_class");
    tint_device.sys_dev =
         *device_create(tint_class, NULL, device, NULL, driver_name);
    if ( (err = request_threaded_irq(TINT_IRQ, NULL, irq_handler,
              IRQF_SHARED, "tint_irq", &tint_device)))
    {
        /* attaching to irq failed, we should clean up or stuff */
        tint_cleanup_module();
        return err;
    }
    else
    {
        tint_device.irq_attached = 1;
    }

    return 0; /* succeed */
}

// macros to register the init and exit routines, needed if used as
// kernel module

module_init(tint_init_module);
module_exit(tint_cleanup_module);
```

Listing 22.7 tint, Implementierung mit cdev

22.5 Treiber mit Threaded-Interrupt und Speichermapping

In diesem Snippet wird der Datenaustausch zwischen Kernelspace und Userspace über ein Shared-Memory demonstriert. Dafür legt der Kernelprozess einen Speicher an und gibt ihn für den Userprozess frei. Der Userprozess mappt sich den Speicher in seinen Adressbereich.

22.5.1 User-Prozess

```
/*
 * Created on: 2011.10.07
 * Author: Clemens Fischer clemens.fischer@h-da.de
 *
 * This application demonstrates the use of kernel memory from userspace
 *
 * mmap is called with the file descriptor of the character device
 *
 * For demonstration the value is decremented once
 */
#include <stdio.h>
#include <unistd.h>
#include <sys/mman.h>
#include <sys/types.h>
#include <sys/stat.h>
#include <fcntl.h>
#include <stdlib.h>

int main()
{
    unsigned long *kadr;
    char dev[] = "/dev/myChardev";
    int fd;

    /*
     * len is the size of the memory segment
     * it must be a factor of pagesize
     * one page is 4096 bytes on the beagleboard
     * which is enough for one value
     */
    int len = getpagesize();

    /*
     * Open the character device
     */
    fd = open(dev, O_RDWR|O_SYNC);

    /*
     * Mapping kernel memory to kadr
     */
    kadr = mmap(0, len, PROT_READ|PROT_WRITE,
                MAP_SHARED| MAP_LOCKED, fd, 0);

    printf("\nvalue before:%lu\n", kadr[0]);

    /*
     * Decrement the value
     */
```

22.5 Treiber mit Threaded-Interrupt und Speichermapping

```
        kadr[0]--;

        printf("\nvalue after:%lu\n", kadr[0]);
        return 0;
}
```

Listing 22.8 Treiber-Beispiel mit Speichermapping, User-Applikation

22.5.2 Kernel-Prozess

```
/*
 * Created on: 2011.10.07
 * Author: Clemens Fischer clemens.fischer@h-da.de
 *
 * This kernel module is tested with kernel 3.0.0 armv7l
 * on a beagleboard
 * This module creates a kernel memory space which is then remapped into
 * userspace via a reimplemented character device mmap function.
 *
 * For demonstration purposes the first value inside the "shared memory"
 * is incremented by an interrupt thrown by the user button of the
 * beagleboard
 */

#include <linux/interrupt.h>        //irq_handler, irq_thread_fn
#include <linux/gpio.h>             //OMAP_GPIO_IRQ
#include <linux/mm.h>               //remap_pfn_range
#include <linux/slab.h>             //get_zeroed_page
#include <linux/fs.h>               //open, release, mmap

#define MODVERSIONS
MODULE_LICENSE("GPL");
#define USER_PIN 7
#define IRQ_IO   OMAP_GPIO_IRQ(USER_PIN)

static unsigned long *page_ptr;
static long vmaLength;
static int ret;
static const int myChardev_major = 60;      // z.B. 60
static const char * myChardev_name = "myChardev";

/*
 * Threaded irq function.
 * On every thrown interrupt the first value inside the "shared memory"
 * is incremented.
 */
static irqreturn_t irq_thread_fn(int irq, void *dev_id)
{
    printk("shm_kernelspace_userspace module irq_thread_fn called\n");
    printk("\nvalue before:%d\n", page_ptr[0]);
    /*
     * Increment the value
     */
    page_ptr[0]++;
    printk("\nvalue after:%d\n", page_ptr[0]);
    return IRQ_HANDLED;
}
```

```c
/*
 * IRQ handler which wakes up the handler thread and runs irq_thread_fn
 */
static irqreturn_t irq_handler(int irq, void *dev_id)
{
    printk("shm_kernelspace_userspace module irq_handler called\n");
    /*
     * This return value wakes up the handler thread and
     * runs irq_thread_fn
     */
    return IRQ_WAKE_THREAD;
}

/*
 * Reimplementation of the character device open function
 * It is called when the device is opened
 * This function is only for demonstration purposes
 */
static int chardev_open(struct inode *inode, struct file *file)
{
    return 0;
}

/*
 * Reimplementation of the character device release function
 * It is called when the device is released
 * This function is only for demonstration purposes
 */
static int chardev_release(struct inode *inode, struct file *file)
{
    return 0;
}

/*
 * Reimplementation of the character device mmap function
 * It is called when mmap is called from user space with the character
 * devices file descriptor.
 *
 * It maps the kernel space virtual memory into userspace address space
 * and uses the user VMA = virtual memory area for that, which
 * is generated by the kernel during the user mmap(). Fills in
 * page frame number and size.
 * Since we use virtual kernel memory, we don't need to expect swapping
 */
static int chardev_mmap(struct file *file, struct vm_area_struct *vma)
{
    printk("shm_kernelspace_userspace chardev_mmap\n");
    vmaLength = vma->vm_end - vma->vm_start; //The length of the vma

    /*
     * remap kernel memory to userspace
     *
     * int remap_pfn_range ( struct vm_area_struct * vma,
     *                      unsigned long     addr,
     *                      unsigned long     pfn,
     *                      unsigned long     size,
     *                      pgprot_t          prot);
     * vma: user vma to map to
     * addr: target user address to start at
     * pfn: physical address of kernel memory,
     *      page frame number of first page
     * size: size of map area
     * prot: page protection flags for this mapping
     */
    ret = remap_pfn_range( vma,
                    vma->vm_start,
                    virt_to_phys((void *)page_ptr) >> PAGE_SHIFT,
```

22.5 Treiber mit Threaded-Interrupt und Speichermapping

```
                        vmaLength,
                        vma->vm_page_prot
                        );
   if (ret < 0)
   {
      return ret;
   }
   return 0;
}
/*
 * Definition of the file operations on the character device
 */
static struct file_operations chardevMmap_ops =
{
   .open = chardev_open,
   .release = chardev_release,
   .mmap = chardev_mmap,
};

static int __init initmodule()
{
   printk("shm_kernelspace_userspace module loading\n");

   /* This function registers a threaded Interrupt
    * If the interrupt occurs, a thread is created which
    * executes the function irq_thread
    */
   ret = request_threaded_irq(IRQ_IO, irq_handler, irq_thread_fn,
                        IRQF_TRIGGER_RISING,"led-driver",NULL);

   printk("Allocate one page\n");

   /*
    * Allocate one zero filled page.
    * Because the page is mapped into user space
    * the page should be zero initialized
    * If it is not zero initialized
    * sensitive kernel data could be contained in the page
    */
   page_ptr = get_zeroed_page(GFP_KERNEL);

   /*
    * Allocating page failed
    */
   if(!page_ptr)
   {
      printk("Allocating page failed\n");
      return -1;
   }

   /*
    * Register character device
    */
   if (register_chrdev(myChardev_major, myChardev_name,
                     &chardevMmap_ops) == 0)
   {
      printk("registered chardev %s\n", myChardev_name);
   }
   else
   {
      printk("register chardev %s failed!\n",myChardev_name);
   }

   /*
    * Inititlize the first value
    */
```

```
        page_ptr[0] = 12345;
        return 0;
}

static void __exit cleanupmodule()
{
        int i;
        printk("shm_kernelspace_userspace module unloading\n");
        /*
         * Free the interrupt
         */
        free_irq(IRQ_IO, NULL);
        /*
         * Unregister the character device
         */
        unregister_chrdev(myChardev_major, myChardev_name);
        /*
         * Free allocated page
         */
        free_page(page_ptr);
}
module_init( initmodule);
module_exit( cleanupmodule);
```

Listing 22.9 Treiber-Beispiel mit Speichermapping, Applikation

22.6 QNX Treiber (ISR + Resource-Manager)

QNX-Treiber mit ähnlichem Funktionsumfang wie das oben beschriebene tint-Linux-Modul.

```
#include <errno.h>
#include <fcntl.h>
#include <stdio.h>
#include <stdlib.h>
#include <string.h>
#include <unistd.h>

#include <sys/neutrino.h>
#include <sys/syspage.h>
#include <inttypes.h>
#include <sys/trace.h>
#include <ctype.h>


// Ressource-Manager stuff:
// Define our overides before including <sys/iofunc.h>
struct ocb;
#define IOFUNC_OCB_T struct ocb
#include <sys/iofunc.h>
#include <sys/dispatch.h>

static const int BUFFER_SIZE = 128;
static const char device_name [] = "/dev/tint";
struct sigevent int_event;
/* the SIGEV_INTR event to awaken InterruptWait() */

uint64_t cycles_per_sec;
```

22.6 QNX Treiber (ISR + Resource-Manager)

```
/* if clocks exceeds this, we delayed too long...*/
uint64_t last_clocks, clocks, delta;
volatile uint64_t sdelta;
volatile unsigned int count = 0;
unsigned int sec_open = 0;
volatile unsigned int sec_since_start = 0;

// function prototypes, needed below
static IOFUNC_OCB_T * ocb_calloc (resmgr_context_t *ctp,
                                  IOFUNC_ATTR_T *attr);
static void ocb_free (IOFUNC_OCB_T *ocb);

// method for writing the buffer
static int io_read(resmgr_context_t *localCtp, io_read_t *msg,
                   IOFUNC_OCB_T *rocb);

// attribute structure for the ressourcemanager
static iofunc_attr_t gsAttr;

// dispatch context for the rm dispatcher
static dispatch_context_t* gsCtp = 0;

// structure with the functions for
// connecting to the rm (filled in in initResourceManager)
static resmgr_connect_funcs_t gsConnectFuncs;
// struct with the functions for IO (filled in initResourceManager)
static resmgr_io_funcs_t gsIOFuncs;

// struct with the ocb fctions for resource-managers mount structure
static iofunc_funcs_t gsOcb_funcs =
{ _IOFUNC_NFUNCS,
        ocb_calloc,             /* ocb allocating*/
        ocb_free,               /* ocb freeing */
        NULL, NULL, NULL };

// mnt struct contain. ptr to the fctions for allocate/free the ocb
static iofunc_mount_t gsMountpoint = {0,0,0,0,&gsOcb_funcs,0 };

// this is our own ocb block (open control block)
// The OCB is created, when the client open()s the RM interface.
// There can be more than one "sessions" at one time,
// so we have to guarantee, that each client has it's own buffer,
// containing the statistic at the time, he open()s the interface.
// The buffer is remembered in the ocb, so we have to override
// the generic struct with our own version.

struct ocb
{
  iofunc_ocb_t hdr; // placed first for the default functions
  int open_time;
  int last_read;
  int blocked_rcvid;
};

// this is called as a result of a open
// (in default open handler iofunc_open_default)
// the buffer which is returned to the client is dynamically
// allocated in this function
static IOFUNC_OCB_T *ocb_calloc (resmgr_context_t *ctp,
                                 IOFUNC_ATTR_T *attr)
{
  IOFUNC_OCB_T * _ocb;
  _ocb = calloc(sizeof (*_ocb));
  _ocb->open_time = sec_since_start;
  return _ocb;
}
```

```
static void ocb_free (IOFUNC_OCB_T *ocb)
{
  if (0 == ocb)
  return;
  free (ocb);
}

static int io_read(resmgr_context_t *localCtp,
                   io_read_t *msg, IOFUNC_OCB_T *ocb)
{
  int status = 0;
  int nbytes = 0;
  int nparts = 0;

  char buffer[BUFFER_SIZE];

  if ((0 == localCtp) || (0 == msg) || (0 == ocb) )
  {
    return 0;
  }
// check for read permissions of the calling process
if (EOK != (status = iofunc_read_verify (localCtp, msg,
                              (iofunc_ocb_t*)ocb, NULL)))
  {
    return status;
  }

  // no extended flag should be set. we don't handle them.
  if ((msg->i.xtype & _IO_XTYPE_MASK) != _IO_XTYPE_NONE)
  {
    return ENOSYS;
  }

  if ( sec_since_start == ocb->last_read )
  {
    ocb->blocked_rcvid = localCtp->rcvid;
    /* ToDO "return (_RESMGR_NOREPLY);" */
    return (_RESMGR_NPARTS (nparts));
  }
  ocb->blocked_rcvid = 0;

  // On all reads (first and subsequent),
  // calculate how many bytes we can return to the client,
  // based upon the number of bytes available (nleft) and
  // the client's buffer size
  nbytes = snprintf(buffer, BUFFER_SIZE, "%d\n",
                    sec_since_start - ocb->open_time );
  // nleft = (ocb->buffer_size) - ocb->hdr.offset;
  nbytes = __min(msg->i.nbytes, nbytes);

  if (nbytes > 0)
  {
    // set up the return data IOV
    SETIOV (localCtp->iov, buffer , nbytes);
    // set up the number of bytes (returned by client's
    read())
    _IO_SET_READ_NBYTES (localCtp, nbytes);
    // advance the offset by the number of bytes
    ocb->hdr.offset += nbytes;
    nparts = 1;
  }
  else
  // they've asked for zero bytes or they've
  // already previously read everything
```

22.6 QNX Treiber (ISR + Resource-Manager)

```
    {
      _IO_SET_READ_NBYTES (localCtp, 0);
      nparts = 0;
    }
    // mark the access time as invalid (we just accessed it)
    if (msg->i.nbytes > 0)
    {
      ocb->hdr.attr->flags |= IOFUNC_ATTR_ATIME;
    }

    return (_RESMGR_NPARTS (nparts));
}

static int initResourceManager()
{
  // declare variables we'll be using
  resmgr_attr_t resmgrAttr;
  dispatch_t *dpp;
  int id;

  // initialize dispatch interface
  if ((dpp = dispatch_create()) == NULL)
  {
    // Unable to allocate dispatch handle
    return -1;
  }

  // initialize resource-manager attributes
  memset(&resmgrAttr, 0, sizeof resmgrAttr);
  resmgrAttr.nparts_max = 1;
  resmgrAttr.msg_max_size = 2048;

  // initialize functions for handling messages
  iofunc_func_init(_RESMGR_CONNECT_NFUNCS,
                   &gsConnectFuncs,
                   _RESMGR_IO_NFUNCS,
                   &gsIOFuncs);
  gsIOFuncs.read = io_read; // overwrite read functions

  /* initialize attribute structure used by the device */
  iofunc_attr_init(&gsAttr, S_IFNAM | 0666, 0, 0);
  gsAttr.nbytes = 256;

  // this will contain our ocb allocating
  // and freeing functions
  gsAttr.mount = &gsMountpoint;

  /* attach our device name */
  id = resmgr_attach(
                  dpp, // dispatch handle
                  &resmgrAttr, //resource-manager attrs
                  device_name, //device name
                  _FTYPE_ANY, //open type
                  0, //flags
                  &gsConnectFuncs, //connect routines
                  &gsIOFuncs, // I/O routines
                  &gsAttr); //handle
  if (id == -1)
  {
    // unable to attach name
    return 1;
  }

  gsCtp = dispatch_context_alloc(dpp);
  /* allocate a context structure */
  return 0;
}
```

```c
static void * rm_thread(void * dummy)
{
  sigset_t sigSet;
  // block all signals:
  if (sigfillset(&sigSet) == 0 &&
      pthread_sigmask(SIG_BLOCK, &sigSet, NULL) ==EOK)
  {
    // start the resource-manager message loop
    while (1)
    {
      if ((gsCtp = dispatch_block(gsCtp)) == NULL)
      {
        // dispatch_block error...
        return 0;
      }
      // message received
      if (0 != dispatch_handler(gsCtp))
      {
      }
    }
  }
  else
  {
    printf("libmc-Error setting thread's signal mask (tid: %u)\n",
    pthread_self());
    return 0;
  }
}

const struct sigevent * interrupt_handler(void *area, int id)
{
  count++;
  if( count > cycles_per_sec )
  {
    count = 0;
    sec_since_start++;
    return &int_event;
  }
  else
    return NULL;
}


/* print error and exit */
void error_out( char *msg, int error )
{
  printf("hw_interrupt: %s, errno %d:%s\n", msg, error,
  strerror(error) );
  exit(0);
}

int main (int argc, char **argv)
{
  pthread_attr_t attr;
  pthread_t tid;

  if (0 == initResourceManager())
  {
    if (EOK != pthread_create(&tid, &attr, rm_thread, 0))
    {
      // error starting RM thread
    }
    (void)pthread_setname_np(tid, "libmc_RM_Thread");
  }
  setvbuf(stdout, NULL, _IOLBF, BUFSIZ );
  cycles_per_sec = SYSPAGE_ENTRY(qtime)->cycles_per_sec;
```

```
/* request I/O privity */
if( ThreadCtl(_NTO_TCTL_IO, 0) == -1)
  error_out( "threadctl", errno );

/* use the SIGEV_INTR_INIT() macro to set up the int_event
   structure with a SIGEV_INTR event for the ISR to return,
   when the interrupt is generated, ultimately this event will
   be delivered. When it is, InterruptWait() will unblock.
*/
SIGEV_INTR_INIT(&int_event);

/* register an interrupt handler */
if (InterruptAttach(SYSPAGE_ENTRY(qtime)->
     intr,interrupt_handler, NULL, 0, 0) == -1)
{
  error_out("interrupt attach", errno );
}
printf("Using interrupt 0x%lx\n", SYSPAGE_ENTRY(qtime)->intr );

while (1)
{
  /* block here waiting for the notification event
     from our interrupt handler */
  InterruptWait (0, NULL);

  printf("secounds since open:%d\n", sec_open);
}
}
```

Listing 22.10 Treiber-Beispiel in QNX

22.7 QNX Treiber (ISR + Resource-Manager) für BeagleBoard

Das folgende Beispiel implementiert einen Treiber für den User-Button des BeagleBoards. Dieser ist mit einem GPIO-Eingang (Modul 1, Pin 7) des Prozessors verbunden und kann einen Interrupt auslösen.

Zu Beginn müssen die Interrupt-Control-Register entsprechend initialisiert werden, hier wird der Interrupt für die steigende Flanke aktiviert. Hardwareseitig gibt es nur einen Interrupt für alle 32 Eingänge des ersten GPIO-Moduls. QNX stellt jedoch im Startup für den OMAP-Prozessor kaskadierte Interrupts zur Verfügung, d. h. im sogenannten Callout-Code wird das entsprechende Status-Register gelesen und ein spezieller Interrupt für diesen einen Pin generiert und zugestellt.

Der Treibers benutzt das QNX-Framework für Resource-Manager. Es wird eine Schnittstelle zur Verfügung gestellt, über die andere Applikationen mit einem blockierenden read()-Aufruf auf das Drücken des Tasters warten können. Zurückgegeben wird der String ‚pressed'.

Der Interrupt-Handler versendet bei einem Interrupt ein Event an einen Thread, der dann die offenen Anfragen der Applikationen beantwortet. Der Resource-Manager läuft im Haupt-Thread und implementiert die übliche Funktionalität eines Resource-Managers, dazu gehören z. B. die Bearbeitung von open() und close(). Etwas kompliziert wird das Beispiel durch die Möglichkeit eines blockierenden read()-Zugriffs: Diese Anfragen werden in einer Queue solange gespeichert, bis sie vom Interrupthandler-Thread beantwortet werden können. Der anfragende Thread bleibt solange REPLY-blockiert. Identifiziert wird die Anfrage eines Threads über die ‚Receive-Id'; diese wird zwischengespeichert und benötigt, um die Antwort an den anfragenden Thread schicken zu können.

Das Beispiel in der QNX-Dokumentation (siehe Link in Abschn. 11.7 'QNX-Treiber mit Resource-Manager Implementierung,') speichert die Receive-Id als Bestandteil eines erweiterten Open-Control-Blocks, dies ist eine OCB-Datenstruktur, die für jedes open() eines Client angelegt wird, ab und bildet eine doppelt verkette Liste über alle OCBs. Wenn Daten eintreffen bzw. in unserem Beispiel der Interrupt aufgrund einer gedrückten Taste verarbeitet wird, dann kann diese Liste iteriert und jede offene Anfrage beantwortet werden.

Hier werden die Receive-Ids jedoch in einer eigenen Queue gespeichert. Der OCB wird nur dazu verwendet, um den momentanen Offset zu speichern: Ein Client muss nicht zwangsläufig den ganzen String ‚pressed' lesen, er kann mit dem read()-Aufruf die maximale Größe der Antwort beschränken. Die gewünschte Größe der Antwort wird ebenfalls in der Queue gespeichert. Nachteil dieser Implementierung ist, dass ein Client eventuell nicht mehr existiert, wenn die Anfrage beantwortet werden soll, der MsgReply()-Aufruf des Resource-Managers wird in diesem Fall einen Fehler zurückgeben.

```
/*
 * GPIO user-button ressource manager Beagle Board (based on OMAP3530)
 * (c) 2011 comlet GmbH, Simon Kretschmer
 * not implemented:
 *   - signal hander: we should attach to important signals, like SIGTERM
 *   - cleanup: InterruptDetach(intr_id), munmap_device_memory(...),...
 */

#include <stdio.h>
#include <stdlib.h>
#include <unistd.h>
#include <hw/inout.h>
#include <sys/neutrino.h>
#include <sys/mman.h>
#include <errno.h>
#include <string.h>
#include <sys/siginfo.h>
#include <signal.h>
#include <pthread.h>
#include <stdbool.h>

#include <sys/iofunc.h>
#include <sys/dispatch.h>

#include <arm/omap.h>
#include <arm/omap2420.h>
#include <arm/omap3530.h>

// see ~\qnx\momentics-workspace\bsp-TI-omap3530-
//     src\src\hardware\startup\boards\omap3530\beagle.build

/*
 * GPIO module 1 is handled over hw interrupt vector 29.
 * QNX is able to split all 32 possible
 * input pins into extra interrupts (cascading interrupts).
 * This is specified in the callouts,
```

22.7 QNX Treiber (ISR + Resource-Manager) für BeagleBoard

```
 * setup can be found in startup code (init_intrinfo.c),
 * callout code for detection which
 * reads/writes the appropriate STATUS register of GPIO1 interrupt in
 * callout_interrupt_omap2420_gpio.S*/

// base vector is 128, pin 7 is 128+7=135
#define OMAP3530_GPIO1_7_MPU_IRQ 135

// see beagleboard manual and OMAP3530 documentation,
// user button on module 1
#define BB_PIN_USRBTN 7

// will hold mapped address base of gpio module 1
uint32_t ptr_intr = 0;

// event for communication between ISR and application
struct sigevent event;

// resourcemanager stuff
static resmgr_connect_funcs_t connect_funcs;
static resmgr_io_funcs_t io_funcs;

/* attributes of our resource manager (see iofunc.h),
 * in our example mainly used for initialization
 * and for storing number of bytes we will try to send
 * to each clients read().
 */
static iofunc_attr_t attr;

// return string for our clients
const char * buffer = "pressed";

// stores a blocked read() from a client until data is available
struct element {
        int mRcvId;
    int mRequestedBytes;
    RESMGR_OCB_T * mOcb;
};

/* simple queue for the outstanding (blocked) read() requests
 * NOTE: no thread safety, the mutex lock/unlock is left to the user
 */
static struct queue {
    unsigned int mElements;
    struct element * mQueueData;
    int mHead;
    int mTail;
    int mItemsUsed;
    int mItemsFree;
    pthread_mutex_t mMutex;
} gReadQueue;

void initQueue(struct queue * q, unsigned int elements) {
    q->mElements = elements;
    q->mHead = 0;
    q->mItemsFree = elements;
    q->mItemsUsed = 0;
    q->mTail = elements-1;
    q->mQueueData = 0;
    q->mQueueData = malloc (sizeof (struct element) * elements);
    pthread_mutex_init(&q->mMutex, 0);
}

bool addEvent(struct queue * q, struct element * event) {
    if (0 == q->mItemsFree)
        return false;
    q->mQueueData[q->mHead] = *event;
```

```c
      q->mHead = (q->mHead == (q->mElements-1)) ? 0 : ++q->mHead;
      ++q->mItemsUsed; --q->mItemsFree;
      return true;
}

bool getEvent(struct queue * q, struct element * event) {
    if (0 == q->mItemsUsed)
        return false;

    // update mTail
    q->mTail = (q->mTail == (q->mElements-1)) ? 0 : ++q->mTail;
    --q->mItemsUsed; ++q->mItemsFree;
    *event = q->mQueueData[q->mTail];
    return true;
}


// handler for interrupt
const struct sigevent * isr_handler(void *arg, int id)
{
    // disable this interrupt until it's enabled again in the handler thread
    InterruptMask(OMAP3530_GPIO1_7_MPU_IRQ, id);
    // wake up interrupt handler thread
    return (&event);
}

// attaches to interrupt and then waits in an endless loop
// for pulse sent fom ISR
void *interruptthread(void* arg)
{
    // configure interrupt: set pin 7 of GPIO1 to input!
    out32(ptr_intr + OMAP_GPIO_DIRECTION, in32(ptr_intr +
          OMAP_GPIO_DIRECTION) | (1 << BB_PIN_USRBTN));

    /* interrupts we are interested in were not set in our startup
     * so we have to configure them now. please consider,
     * that register values are not reset, if our binary is started again.
     * There are 4 registers (LEVELDETECT1/0 (high/low) and
     * RISING/FALLINGDETECT (edge triggered). We have to enable/disable
     * the pin we are interested in by setting it to 1/0. It's possible
     * to register for more than one type of interrupt,
     * {\eg} RISING and FALLING!
     */

    // enable only rising edge, disable all other
    out32(ptr_intr + OMAP2420_GPIO_LEVELDETECT0, in32(ptr_intr
          + OMAP2420_GPIO_LEVELDETECT0) & ~(1 << BB_PIN_USRBTN));
    out32(ptr_intr + OMAP2420_GPIO_LEVELDETECT1, in32(ptr_intr
          + OMAP2420_GPIO_LEVELDETECT1) & ~(1 << BB_PIN_USRBTN));
    out32(ptr_intr + OMAP2420_GPIO_RISINGDETECT, in32(ptr_intr
          + OMAP2420_GPIO_RISINGDETECT) | (1 << BB_PIN_USRBTN));
    out32(ptr_intr + OMAP2420_GPIO_FALLINGDETECT, in32(ptr_intr
          + OMAP2420_GPIO_FALLINGDETECT) & ~(1 << BB_PIN_USRBTN));

    /* this would enable interrupts for our pin manually. not needed,
     * because InterruptAttach will automatically enable it. Startup
     * sets all pins to 0 (disabled)! */
    //out32(ptr_intr + OMAP_GPIO_IRQENABLE1, in32(ptr_intr +
    //      OMAP_GPIO_IRQENABLE1) | (1 << BB_PIN_USRBTN));

    // initialize event
    SIGEV_INTR_INIT( &event );
    // register interrupt and remember it (used for unmasking later)
    int intr_id = InterruptAttach(OMAP3530_GPIO1_7_MPU_IRQ,
                                  isr_handler, NULL, 0, 0);
```

22.7 QNX Treiber (ISR + Resource-Manager) für BeagleBoard 311

```c
      // wait for pulse
      while (1) {
         // wait until ISR returns an event.
         InterruptWait(NULL, NULL);

         struct element el;
         int nbytes;
         /* lock queue while responding to the clients:
          * without a lock the resourcemanager thread
          * will be able to asynchronously add new read() requests
          * to the queue while we are still busy clearing the queue.
          * Now addEvent will block until mutex is freed after
          * the while(getEvent()) loop.
          */
         pthread_mutex_lock( &gReadQueue.mMutex );
         while (getEvent(&gReadQueue, &el))
         {
            /* calculate bytes to return to client: if data for client
             * (attr.nbytes) does not fit in the client's buffer
             * (el.mRequestedBytes), we will answer only partly,
             * client will get remaining data with next read.
             */
            nbytes = (attr.nbytes > el.mRequestedBytes) ? el.mRequestedBytes
                   : attr.nbytes;

            /* remember nbr of bytes sent in the OCB, we will need this,
             * when client requests remaining data with the next read()
             */
            el.mOcb->offset = nbytes;
            // actually replies
            MsgReply(el.mRcvId, nbytes, buffer, nbytes);
         }
         // now unlock, all queued requests were handled
         pthread_mutex_unlock( &gReadQueue.mMutex );

         /* if the isr_handler did an InterruptMask, then this thread
          * should do an InterruptUnmask to
          * allow interrupts from the hardware again*/
         InterruptUnmask(OMAP3530_GPIO1_7_MPU_IRQ, intr_id);
      }
}

int io_read(resmgr_context_t *ctp, io_read_t *msg, RESMGR_OCB_T *ocb)
{
   int nleft;
   int nbytes = 0;
   int nparts = 0;
   int nonblock;
   int status;

   /* helper function that checks if the client has access to the resource
    * and if client wants to be blocked until data is available
    * (nonblock==0)
    */
   if ((status = iofunc_read_verify(ctp, msg, ocb, &nonblock)) != EOK)
      return (status);

   /* check extended information (see Neutrino documentation
    * http://www.qnx.com/developers/docs/6.4.1/neutrino/
    *        resmgr/read_write.html#XTYPE)
    * this flag is used to adjust standard behaviour of IO functions
    * and we do not support this (returning ENOSYS)
    */
   if ((msg->i.xtype & _IO_XTYPE_MASK) != _IO_XTYPE_NONE)
      return (ENOSYS);
```

```c
    /* On all reads (first and subsequent), calculate how many bytes
     * we can return to the client, based upon the number of bytes
     * available (nleft) and the client's buffer size.
     * We use the field offset in the OCB (Open Control Block - object
     * exists "per open") to remember if there is remaining data to
     * deliver to a client: ocb->offset is always the nbr
     * of bytes which were sent to the client up to now */
    if (ocb->offset)
    {
        // how many bytes do we have for the client?
        nleft = ocb->attr->nbytes - ocb->offset;
        // maximum of what we have for client and what client expects
        nbytes = (msg->i.nbytes > nleft) ? nleft : msg->i.nbytes;
    }

    // if data is available (previous read() did not return all data,
    // give a instant reply
    if (nbytes > 0)
    {
        // set up the return data IOV
        SETIOV (ctp->iov, buffer + ocb->offset, nbytes);
        // set up the number of bytes (returned by client's read())
        _IO_SET_READ_NBYTES (ctp, nbytes);
        // advance the offset by the number of bytes returned to the client.
        ocb->offset += nbytes;
        nparts = 1;
    } else {// client is currently unblocked, reading...
        // client expects more than zero byte
        if (msg->i.nbytes > 0)
        {
            // shall we block?
            if (nonblock)
            {
                return (EAGAIN);
            } else {
                /* block client until data arrives, therefore we add the
                 * receive-id (ctp->rcvid) and the nbr of bytes expected
                 * into a queue. We will reply to all clients when data
                 * is available (interrupt is handled)
                 */
                struct element el = { ctp->rcvid, msg->i.nbytes, ocb };
                pthread_mutex_lock( &gReadQueue.mMutex );
                if (!addEvent(&gReadQueue, &el))
                    fprintf(stderr, "critical error: queue is full\n");
                pthread_mutex_unlock( &gReadQueue.mMutex );

                // will block the client
                return (_RESMGR_NOREPLY);
            }
        } else { // client asked for zero bytes
            _IO_SET_READ_NBYTES (ctp, 0);
            ocb->offset = 0; // reset offset
        }
    }

    // mark the access time as invalid (we just accessed it)
    if (msg->i.nbytes > 0)
        ocb->attr->flags |= IOFUNC_ATTR_ATIME;

    return (_RESMGR_NPARTS (nparts));
}

int main(int argc, char *argv[])
{
    // request I/O privileges
    ThreadCtl(_NTO_TCTL_IO, 0);
```

22.7 QNX Treiber (ISR + Resource-Manager) für BeagleBoard

```c
/* map hw addresses into out process space, this memory will be used
 * by the interrupt handler thread for initialization of the
 * user button interrupt
 */
ptr_intr = (uint32_t)mmap_device_memory(0, OMAP3530_GPIO_SIZE,
            PROT_READ | PROT_WRITE | PROT_NOCACHE, 0,
            OMAP3530_GPIO1_BASE);

if (ptr_intr == (uint32_t)MAP_FAILED)
{
   fprintf(stderr, "mmap_device_memory for physical address failed\n");
   exit(EXIT_FAILURE);
}

// initialize rm dispatch interface
dispatch_t *dpp; // dispatch handle
if ((dpp = dispatch_create()) == NULL)
   return EXIT_FAILURE;

// initializerm attributes
resmgr_attr_t resmgr_attr;
memset(&resmgr_attr, 0, sizeof resmgr_attr);
resmgr_attr.nparts_max = 1;
resmgr_attr.msg_max_size = 2048;

/* initialize functions for handling messages, we will use
 * the default message handlers for the most messages,
 * except the read function.
 */
iofunc_func_init(_RESMGR_CONNECT_NFUNCS, &connect_funcs, _
               RESMGR_IO_NFUNCS, &io_funcs);

// this function is called from the resmgr layer when a message
// with type _IO_READ is received
io_funcs.read = io_read;

// initialize attribute structure used by the device
iofunc_attr_init(&attr, S_IFNAM | 0666, 0, 0);

// statically define the nbr of bytes we will return for each read.
// This is kept simple.
attr.nbytes = strlen(buffer) + 1;

// attach our device name
int id = resmgr_attach(dpp, // dispatch handle
      &resmgr_attr, // resource manager attrs
      "/dev/userbutton", // device name
      _FTYPE_ANY, // open type
      0, // flags
      &connect_funcs, // connect routines
      &io_funcs, // I/O routines
      &attr); // handle
if (id == -1)
   return EXIT_FAILURE;

// allocate a context structure
dispatch_context_t *ctp;
ctp = dispatch_context_alloc(dpp);

// the queue (20 entries) stores clients which are blocked by
// read()ing
initQueue(&gReadQueue, 20);

// setup a thread which we will use to handle the
// user button interrupts
pthread_attr_t attr;
pthread_attr_init(&attr);
```

```
    pthread_attr_setdetachstate(&attr, PTHREAD_CREATE_DETACHED);
    pthread_create(NULL, &attr, interruptthread, NULL);

    /* start the resource manager message loop: this hides a lot of
     * implementation detail from our main loop. We do not have to call
     * MsgReceive() function to wait for incoming messages and we don't
     * call the appropriate callbacks, {\eg} io_read() for an incoming
     * _IO_READ message, this is part of the resmgr layer
     */
    while (1) {
        if ((ctp = dispatch_block(ctp)) == NULL)
            return EXIT_FAILURE;

        // actually handles the event received in dispatch_block,
        // {\eg} call our callback io_read()
        dispatch_handler(ctp);
    }

    return EXIT_SUCCESS;
}
```

Listing 22.11 Treiber-Beispiel in QNX, BeagleBoard

22.8 Links

22.8.1 QNX

http://www.qnx.com/developers/docs/6.4.1/neutrino/sys_arch/about.html

Building Embedded Systems:
http://www.qnx.com/developers/docs/6.4.1/neutrino/building/about.html

How to create individual startup:
http://www.qnx.com/developers/docs/6.3.2/neutrino/prog/resmgr.html

How to develop your own Resource Manager
http://community.qnx.com/sf/docman/do/downloadDocument/projects.bsp/docman.root/doc1247

QNX 6.41 BSP für Beagle Board:
http://community.qnx.com/sf/wiki/do/viewPage/projects.bsp/wiki/Bspdown_ti_omap_3530_evm

MultiCore-Systeme:
http://www.qnx.com/download/download/20963/multicore_user_guide.pdf

Listing 22.12 Links zu QNX, Architektur

22.8.2 BeagleBoard

http://beagleboard.org/
http://beagleboard.org/resources
http://community.qnx.com/sf/wiki/do/viewPage/projects.bsp/wiki/AM_OMAP_boot_resources

Reference Manual BeagleBoard Revision C4:
http://beagleboard.org/static/BBSRM_latest.pdf

Reference Manuel BeagleBoard-xM:
http://beagle.s3.amazonaws.com/design/xM-A/BB_xM_SRM_A2_01.pdf

Beagle-Board Wiki:
http://elinux.org/BeagleBoard
http://elinux.org/BeagleBoardBeginners

TI-Dokumentation OMAP35xx:
http://focus.ti.com/lit/ug/spruf98k/spruf98k.pdf
http://www.ti.com/litv/pdf/spruf98u

MMC cards für Beagle:
http://code.google.com/p/beagleboard/wiki/LinuxBootDiskFormat

Crosstool:
http://crosstool-ng.org/download/crosstool-ng

Listing 22.13 Links zu BeagleBoard

22.8.3 Java

Die Java Native Interface Specification unter
http://java.sun.com/javase/6/docs/technotes/guides/jni/spec/jniTOC.html
ist eine der wichtigsten Quellen.

Im Tutorial-Stil sind:
http://java.sun.com/developer/onlineTraining/Programming/JDCBook/jniref.html und
http://java.sun.com/docs/books/tutorialNB/download/tut-native1dot1.zip.

Eine JNI-FAQ bietet die Webseite von JGuru:
http://www.jguru.com/faq/JNI.

Listing 22.14 Links zu Java

22.8.4 GStreamer

http://gstreamer.freedesktop.org http://lac.linuxaudio.org/2010/download/GStreamerAudioApps.pdf
http://en.wikipedia.org/wiki/Ogg http://en.wikipedia.org/wiki/Vorbis

Listing 22.15 Links zu GStreamer

22.8.5 Linux

www.kernel.org – The Linux Kernel Archives (Quellen)
www.elinux.org – Embedded Linux Wiki
www.linuxfoundation.org – Linux Foundation
www.tldp.org – The Linux Documentation Project

Listing 22.16 Links zu Linux

22.8.6 Arbeiten am ICM, h_da

https://www.fbi.h-da.de/organisation/personen/ wietzke-joachim/lehrveranstaltungen/studentische-arbeiten/uebersicht-abgeschlossener-arbeiten.html

Listing 22.17 Links zu h_da-Bachelor- und Masterarbeiten

Literatur

Bau Sch. Bauer, E., Scheuermann, C.: Terminalmode. Masterprojekt, University of Applied Sciences, Darmstadt (Oktober 2011)

Bec. Becker, M.: Automotive Multimedia in a Linux Environment. Diploma Thesis, FH Kaiserlautern (2010)

Ben et al. Bengel, G. et al.: Grundlagen und Programmierung von Multicoreprozessoren. Multiprozessoren, Cluster und Grid. Vieweg+Teubner, Wiesbaden (2008)

Bed. Bedau, E.: Entwicklung eines Automotiven Embedded Java Frameworks. Masterarbeit, University of Applied Sciences, Darmstadt (August 2005)

Bla. Blanchette, J., Summerfield, M.: C++ GUI Programming with Qt. Prentice Hall, Upper Saddle River (2006)

Blo. Bloch, J.: Effektiv Java programmieren. Addison-Wesley, München (2001)

Bor. Borman, S.: Sensible Sanitation Understanding the IBM Java Garbage. IBM. http://www-106.ibm.com/developerworks/ibm/library/igarbage1/, (2004)

Bro Bro. Brookner, E., Brookner,: Tracking and Kalman Filtering Made Easy, Revised. Wiley, New York (1998)

Cur. Curry, T.W.: Profiling and tracing dynamic library usage via interposition. Proceedings of the USENIX Summer 1994 Technical Conference on USENIX Summer 1994 Technical Conference – Bd. 1)

Deg. Degenhardt, H., Kupris, G., Brinker, T.: Embedded Linux: Praktische Umsetzung mit uClinux, Vde-Verlag, Berlin (2007)

Dou. Doug, L.: Concurrent Programming in Java: Design Principles and Patterns. Addison Wesley, Amsterdam (1999)

Dow. Dow, E.: Take charge of processor affinity. IBM developerWorks, (September 2005)

Goe. Goetz, B. et al.: Java Concurrency in Practice. Addison Wesley, Amsterdam (2006)

Hol. Holstein, T.: Konzipierung und Erstellung einer generischen HMI-Komponente für ein Embedded Framework. Masterarbeit, University of Applied Sciences, Darmstadt (August 2010)

Kni. Knirsch, A.: Fast Startup Concept for Embedded Systems. Masterarbeit, University of Applied Sciences, Darmstadt (Oktober 2009)

Kni et al. Knirsch, A., Moore, R., Wietzke, J., Dowland, P.: An Approach for Structuring Heterogeneous Automotive Software Systems by use of Multicore Architectures. Proceedings of the Sixth Collaborative Research Symposium on Security, SEIN 2010, Plymouth (Nov. 2010)

Kni et al1. Knirsch, A., Wietzke, J., Moore, R., Dowland, P.: Resource Management for Multicore Aware Software Architectures of In-Car Multimedia Systems, Informatik schafft Communities. Lecture Notes in Informatics, Berlin, November 2011. Gesellschaft für Informatik

KniVer. Knirsch, A., Vergata, S.: Herausforderungen durch Echtzeitbetrieb; Informatik aktuell: Integration zukünftiger In-Car-Multimediasysteme unter Verwendung von Virtualisierung und Multi-Core-Plattformen. Springer, Heidelberg (2012)

Knu. Knuth, D.E.: Structured Programming with go to Statements. (ACM Computer Surveys 6 (1974), Nr. 4) http://doi.acm.org/10.1145/356635.356640. – ISSN 0360-0300 8

Kro. Kroah-Hartman, G.: Linux Kernel in a Nutshell: Linux 2.6 Kernel in Detail (In a Nutshell). O'Reilly Media, Cambridge (2007)

Lar. Larmann, C., Guthrie, R.: Java 2 Performance and Idiom Guide Prentice Hall International, Upper Saddle River (1999)

Lov01. Love, R.: Linux Kernel Development: A thorough guide to the design and implementation of the Linux kernel, 3. Aufl. Sams, Upper Saddle River (2010)

Lov02. Love, R.: CPU Affinity. Linux J. Issue 111, July (2003)

Nak. Nakhimovsky, G.: Building library interposers for fun and profit. Unix Insider July (2001)

Pop Gol. Popek, G.J., Goldberg, R.P.: (1974), Formal Requirements for Virtualizable Third Generation Architectures. Commun. ACM **17**(7)

Qua. Quade, J., Kunst, E.-K.: Linux-Treiber entwickeln: Eine systematische Einführung in die Gerätetreiber- und Kernelprogrammierung, 3. Aufl. (dpunkt.verlag, Heidelberg, 2011)

Rau. Rauber, T., Rünger, G.: Parallele Programmierung, 2. Aufl. Springer, Heidelberg (2007)

Rub et al. Rubini, A., Corbet, J., Kroah-Hartman, G.: Linux Device Drivers. O'Reilly Media, Cambridge (2005)

Sal. Salzman, P.J., Burian, M., Pomerantz, O.: The Linux Kernel Module Programming Guide. Createspace, (2009)

Sut. Sutter, H.: The Free Lunch Is Over, Dr Dobb's Journal **30**(3) (2005)

Shi. Shirazi, J.: Java Performance Tuning, 2. Aufl. O'Reilly Media, Cambridge (2003)

Tan01. Tanenbaum, A.S.: Computerarchitektur. Strukturen – Konzepte – Grundlagen, 5. Aufl. Pearson Studium, München (2005)

Tan02. Tanenbaum, A.S.: Moderne Betriebssysteme, 3. Aufl. Pearson Studium, München (2009)

Ull. Ullenboom, C.: Java ist auch eine Insel: Das umfassende Handbuch, 9. Aufl. Galileo Computing, Bonn (2010)

Wie Tra. Wietzke, J., Tran Manh Tien: Automotive Embedded Systeme. Springer, Heidelberg (2005)

Wil. Wilson, S., Kesselman, J.: Java(tm) Platform Performance: Strategies and Tactics (Java). Addison-Wesley Longman, Amsterdam (2000)

Yag. Yaghmour, K. et al.: Building Embedded Linux Systems, 2. Aufl. O'Reilly Media, Cambridge (2008)

Sachverzeichnis

A

Abschaltphase 31
Adobe Flash 171
Affinities 152
Allgemeine Betrachtungen 32
AMP, Asymmetric Multiprocessing 150
Application-Virtualisierung 159
Audio-Probleme 240
Ausführungsmodell einer CPU 32
AWT 207

B

BeagleBoard 15, 44
Betriebssystem 5
Binary-Translation 161
BMP, Bound Multiprocessing 151
Boot 38, 53
Boot-ROM 45
Booten unter Linux 53
Booten unter QNX 38
Booten: Zusammenfassung 37
Bootloader 33, 38, 45
Bootphase 29
Bootvorgang 45
Bottom-Half 116
Bottom-Half Implementierungen 134
Build 15
Build-System 16
Busybox 18

C

Callouts 40
Char 224
Character-Devices 83

chardev 96
Core-Dump 253
CSS 172

D

Danksagung v
Dateioperationen 110
Datenaustausch 100
Datentypen long und int 225
Deadlock 62
Debugging 244
Deregistrieren, QNX 147
Deregistrierung 127
Design-Regeln 128
Devices 83
Distribution 14

E

EFS 44
Emulator 4
ETFS 44

F

Fehlerarten 238
Fehlergründe 237
Final, Java 223
Flankensteuerung 118
Flash-Filesystem 43
Flash-Memory 67

G

Garbage-Collection 208
Geräte 83

GNU/Linux 13
gprof (Linux) 248
GStreamer 231

H

Hard-Core Fehler 243
Hauptschleife 3
HDD 75
HDD-Probleme 75
Hidden-Reset 62
HMI 169
hogs (QNX) 248
HTML 172

I

IFS 42
Image 34
Innere Klassen, Java 223
Interfaces, Java 228
Interposer 252
Interrupt-Behandlung 261
Interrupt-Handler 127
Interrupt-Handler, QNX 145
Interrupt-Latenz 114
InterruptAttachEvent 146
interruptible 94
Interrupts 113
Interrupts sperren 130
Interrupts unter Linux 123
Interrupts unter QNX 141
IPL 32, 38
ISR 115
ISR unter QNX 141
Iteratoren, Java 225

J

Java für Embedded Systeme 207
Java-HMI Anbindung 209
JavaScript 172
JNI-Anbindung 212
JTAG-Adapter 4

K

Kernel verkleinern 26
Kernel-Callouts 40
Kernel-Funktionen 99
Kernel-Kontext 123
Kernel-Modul 79
Kernel-Threads 124
Kernel-Traces in Linux 269

Kernel-Traces in QNX 257
Kernelmode 6
Kernelspace 6, 13, 77
kmalloc 92
Komponentensystem 11
Kopierfunktionen 91
Korrespondenzen 99
Kritische Bereiche schützen 128

L

Library-Interposer 252
Linux 13
Linux als Zielplattform 21
Linux-Build 15
Linux-Konfiguration 15
Linux-Treiber 78
Livelock 62
Locks 240
LTT 269

M

Major, Minor 85
malloc-Library 249
Memory-Management 10
Message-Passing 10
Microkernel 9, 11
Minimal-Buildfile 46
MMU 5, 7
Modul 79
Monolithische Kernel 13
MultiCore 149
MultiCore-Scheduling 154

N

Nested-Interrupts 117
Node 85
Notfall-Persistenz 72

O

Object-Pool, Java 219
OpenGL 171, 176
OS-Level-Virtualisierung 162

P

Para-Virtualisierung 160
Pegelsteuerung 120
Performance-Probleme 241
Pfadnamen-Management 10
pidin (QNX) 249
Pipes 210
POSIX 14
post-mortem-Analyse 65, 253

Sachverzeichnis

Priorität des WD-Threads 61
Prioritätsinversion 266
Process-Manager 10
Procfs 100
Profiling 248
Prozess 5

Q

QNX 9
QNX-Messaging 11
QNX-Treiber 107
Qt 172, 194

R

Reclaim 71
Registrieren des Devices 86
Registrieren des Resource-Managers 108
Registrieren, QNX 143
Registrierung 85
Registrierung eines Int-Handlers 126
Remote-Debugging 244
Remote-Display 176
Reset 57
Reset und On/off 57
Reset-Strategie 62
Resource-Manager 10, 107
Ressourcen-Virtualisierung 163
Reviews 247
Ringpuffer oder Doppelpuffer 129
Run-Loop 3

S

Scheduler 6
Scheduling 9
Serielles EEPROM 3
Shared-Interrupt-Handler 127
Shared-Interrupts 118
Shared-Memory, Java 211
Signale/Slot 196
SMP, Symmetric Multiprocessing 151
Sockets 210
SoftIrq 134
Speicher-Virtualisierung 162
Speicherkapselung 91
Speicherkorruption 239
Speichermodell 55
Speichersegmente 55
Spinlocks 114, 132
Startphase 30
Startphase eines Systems 29
Startprobleme 241

Startup-Image 34
Startzeitoptimierung 267
Starvation 63
Strings 224
SW-DUMMY-Watchdog 63
SW-Watchdog 61
Swing 207
SWT 207
Synchronisierung, Java 222
Syscall 94
System-Fehler 239
Systemaufruf 94
Systemaufrufe 78
Systemcalls 78

T

Tasklets 135
Terminal-Mode 176, 192
Thread 5
Threaded-Interrupts 138
Toolchain 16
Top-Half 116
toString-Methoden 221
Trace-Client 247
Trace-Server 247
Treiber 77, 79

U

Überwinden der Speicherkapselung 91
UIP 43
Unterspannungsprobleme 241
User-Funktionen 99
User-Kontext 123
Usermode 6
Userspace 6, 77

V

Virtuelle Maschinen 157

W

wait queue 93
Warteschlange 93
Watchdog 60
Watchdog-Resets 240
Watchdog-Vorwarnung 63
Work-Queues 136

X

XIP 34

The manufacturer's authorised representative in the EU is Springer Nature Customer Service Centre GmbH, Europaplatz 3, 69115 Heidelberg, Germany. If you have any concerns regarding our products, please contact ProductSafety@springernature.com

Printed and bound by CPI Group (UK) Ltd, Croydon, CR0 4YY
23/03/2026
02076677-0003